초보자를 위한

온라인판매
핵심 비밀노트

초보자를 위한 온라인판매 핵심 비밀노트

김태호 지음 (필명 유노연)

중앙경제평론사

감사의 글 》》

2021년에 필자의 세 번째 책 『왕초보 온라인판매 사관학교』가 출간되고 3년의 시간이 지났다. 3년의 시간 동안 국내 온라인 유통에는 엄청난 변화가 있었다. 가장 큰 변화는 코로나19 시기를 거치며 쿠팡이 엄청난 성장을 하면서 국내 온·오프라인 유통을 통틀어 판매 순위 1등에 등극했다는 점이다. 그러면서 다양한 온라인 유통 채널에도 생존을 위한 치열한 전쟁이 펼쳐졌다. 게다가 기존 『왕초보 온라인판매 사관학교』 내용에 많은 수정 및 업데이트도 필요한 사항인지라 3년 만에 새 책을 출간하게 되었다.

온라인 유통 전반에 너무나 급격한 변화가 있었던 터라 새로운 책 집필에 큰 어려움을 겪었다. 필자도 국내에서 온라인 유통을 직접 하고 있고 베트남 현지 쇼핑몰 앱도 운영하는 등 온라인 유통에서는 나름 전문가지만 특정 세부 영역에 대해서는 그 분야에 잔뼈가 굵은 분들에 비하면 많이 부족하다. 그래서 그런 영역에 대해서

책에 쓸 때는 관련 분야의 고수님들께 문의도 드리고 해당 분야의 책, 강의, 교육들을 통해 하나하나 공부하면서 내용을 검증하고 보강했다. 외부 전문가들의 도움도 많이 받았지만 아무래도 필자가 직접 운영하는 네이버 유통노하우연구회 카페(https://cafe.naver.com/aweq123) 내의 유통, 마케팅 분야의 고수님들에게 많은 도움을 받았다. 다시 한번 감사의 말씀을 드린다.

이번 책과 필자가 운영하는 네이버카페 유통노하우연구회(유노연)에서 열심히 공부한다면 누구나 온·오프라인 유통 초보에서 중수 이상은 갈 수 있으리라 확신한다. 그 이상의 추가 유통 마케팅 공부를 원한다면 필자가 2025년 1월 직접 강의 녹화한 20시간 68강 분량의 '온·오프라인 유통 마케팅 마스터 클래스(www.retailcampus.co.kr)'를 들으면 큰 도움이 될 것이다(+5개월 무제한 1:1 카카오톡 코칭).

집필에 많은 도움을 준 유통노하우연구회 카페 회원분들 및 부운영자 하나비님, 유앤아이엔젤스 강상석 대표님, 샤크마켓 정성원 대표님, 유통과학연구회 이현만 회장님, 1인기업아카데미 장영광 대표님, 여러모로 힘들 때마다 항상 힘을 주었던 차차님과 귀찮은 인터뷰 요청에도 흔쾌히 응해주신 많은 제조, 유통업체 대표님들에게도 감사의 말씀을 드린다. 그리고 필자가 20대 후반 이후 삶에 대한 태도와 방향을 결정하는 데 가장 크게 영향을 주신 세이노님과, 온·오프라인 유통 전문가로 성장하는 데 20년간 많은 기회와 도움을 준 전 직장 롯데마트에도 진심으로 감사의 말씀을 전한다.

마지막으로 지금의 나를 있게 해준 사랑하는 가족들에게 가장 감사한다. 특히 힘든 상황에서도 미국 아이비리그 명문 코넬대학교에 합격해준 사랑하는 딸 수아에게 고맙다는 말을 전하고 싶다.

김태호(필명 유노연)

차례 》》

1장
급변하는 온라인 유통 최신 트렌드

2장
국내 온라인 유통 1등 쿠팡
집중 분석 및 실전 판매 전략

3장
쿠팡과 양대산맥, 네이버쇼핑
집중 분석 및 실전 판매 전략

4장

힘이 빠지고 있는 전통의 온라인 유통 채널
집중 분석 및 실전 판매 전략

5장

틈새 시장 온라인 유통 채널
집중 분석 및 실전 판매 전략

6장
반드시 알아야 할 온라인 판매 핵심 포인트

7장
절대 실패하지 않는 온라인 유통 실전 전략 수립

8장
가성비갑 온라인 유통 판매 노하우

9장
반드시 공략해야 하는 급성장 온라인 쇼핑몰

1장

급변하는
온라인 유통
최신 트렌드

오프라인 유통이 저물어가고 온라인 유통, E커머스(Electronic Commerce; 전자상거래)의 시대가 본격적으로 열렸다. 대부분의 사람들이 과거와 같이 대기업 유통인 롯데, 신세계가 향후에도 국내 유통을 좌지우지할 것이라 생각하지 않는다. 오프라인 유통의 시대에서는 트렌드의 변화가 심하지 않아 몇 년이 지나도 주도적인 유통채널과 마케팅 트렌드는 그리 크게 변하지 않았다. 그러나 온라인 유통의 시대가 오면서 트렌드의 변화가 비약적으로 빨라졌다. 혜성같이 등장해 고객들을 빨아들인 판매 채널이더라도 불과 1~2년 만에 시장에서 몰락하는 일이 일반적인 시대가 되었다.

이러한 시대에 상품을 판매하는 입장에서 오프라인 유통에만 집중한다며 E커머스 시장을 등한시하는 일은 몰락의 지름길이다. 특히 오프라인 유통에서 자리를 잡은 업체일수록 이런 경향이 심한데 익숙하지 않은 E커머스 시장에 첫발을 내딛기가 쉽지 않더라도 지속적인 시도를 해야 한다. 지금은 롯데, 신세계와 같은 유통 공룡조차도 3~4년 뒤에는 어떻게 될지 아무도 모르는 세상이다. E커머스 시장이 오프라인 유통의 매출을 계속 빼앗아올 것이라는 사실은 누구나 알 수 있다.

2025년 기준 전체 유통 시장의 거래액 순위 1, 2등은 롯데, 신세계가 아닌 쿠팡, 네이버쇼핑으로, 이미 E커머스업체가 오프라인 유통 공룡을 넘어섰다. 국내 빅3 대형 유통업체들도 매년 악화하는 실적 앞에 생존의 두려움을 느끼며 E커머스를 강화하고자 전사적인 투자와 노력을 하고 있다. 쿠팡의 경우 2023년 전체 매출액은 31조 8000억 원으로, 전체 유통업체 중 매출액 순위 1등에 등극했는데 롯데와 신세계 같은 오프라인 유통 공룡과의 격차는 해가 갈수록 커질 것으로 예상된다.

2023년 유통업체별 매출액, 영업이익 실적

유통업체	매출액	영업이익
쿠팡	31조 8298억 원	6174억 원
롯데쇼핑	14조 5559억 원	5084억 원
이마트	29조 4722억 원	−469억 원
신세계	6조 3570억 원	6397억 원
현대백화점	4조 2075억 원	3035억 원

※ 출처 : 와이즈앱

앞으로는 E커머스업계에서 성공하는 업체만이 살아남을 것이고, E커머스업계에서 도태되면 생존을 기약할 수 없다. 1장에서는 E커머스업계의 과거, 현재, 미래 전략에 대해 알아보고 주요 E커머스 플랫폼들의 특징 및 코로나19 전후 E커머스업계의 변화에 대해 알아보도록 하겠다.

왜 온라인 유통, E커머스인가

아직도 롯데쇼핑, 신세계가 국내 유통을 주도하고 있다고 생각하는가? 할인점, 백화점, 대기업 슈퍼마켓의 미래가 밝다고 생각하고 있는가? 아마 99%의 사람들은 "그렇지 않다"라고 대답할 것이다. 뉴스만 봐도 오프라인 유통이 매우 힘들다고 말하며 미래 전망이 밝지 않다고 앵무새처럼 매년 반복해서 말한다. 유통에 대해 전혀 알지 못하는 사람들조차도 온라인 유통이 대세라는 사실을 알고 있다.

유통업계에서 오프라인 유통에 대해 이렇다 저렇다 이야기하는 사람들은 시대에 뒤처진 사람들이라 여기는 경향이 있다. 물론 오프라인 유통이 전체적인 덩치에서는 온라인 유통에 밀리지는 않지만 매년 매출이 감소하고 있고 온라인 유통에 빠르게 매출을 빼앗기고 있는 현실은 누구도 부인할 수 없는 사실이다. 그 예로 롯데쇼핑의 2023년 전체 매출액은 14조 5000억 원으로, 전년보다 5.9% 감소했으며, 이마트의 경우 실적 부진으로 2024년 창사 이래 처음으로 희망퇴직을 단행했다. 이런 오프라인 대형 유통업체의 현실을 보면 우리가 왜 온라인 유통으로 갈아타야 하는지에 대한 감이 올 것이다.

롯데쇼핑, 신세계 모두 E커머스 사업부에 막대한 투자를 하고 향후 전사적인 집중을 하겠다는 전략을 매년 발표하고 있지만 오프라인 유통에 익숙한 유통 공룡들의 E커머스 실적은 투자 대비 성과가 만족스럽지 않다. 롯데쇼핑은 온라인 사업을 차세대 유통 사업의 핵심 성장 동력으로 삼아 2018년 E커머스 사업본부를 출범시켰지만 수년간 적자가 눈덩이처럼 불어나고 있다. 아울러 E커머스 사업본부 핵심 사업으로 2020년 야심차게 런칭한 '롯데ON'은 사용자들의 불만 섞인 목소리와 함께 성장에 한계가 있다는 부정적인 전망도 제기된다. 공정거래위원회 자료에 따르면 2022년 국내 온라인 쇼핑 전체 거래액 기준으로 롯데ON은 4.9%, 신세계연합(G마켓, 옥션, SSG닷컴)은 10.1%의 구성비로 24.5%의 쿠팡, 23.3%의 네이버쇼핑 대비 많이 뒤처진다.

국내 온라인 쇼핑 시장에서 전문가들은 오프라인 대형 유통업체의 DNA가 온라인 유통에는 맞지 않는다는 이야기를 많이 한다. 반면 온라인 유통과 E커머스업계는 어떠한가? 코로나19 팬데믹 이전에도 E커머스업계는 매년 무섭게 성장했지만 코로나19는 E커머스

업계를 비약적으로 성장시켰다. 코로나19로 인해 할인점, 백화점, 슈퍼마켓에 찾아가는 일이 꺼려지기 때문에 비대면 온라인 쇼핑으로 상품을 구매하는 것이 트렌드가 되어버렸다. 코로나19의 방역 조치가 해제된 2023년에는 코로나19 기저 효과로 온라인 유통과 E커머스업계의 성장률이 둔화되긴 했지만 앞으로도 오프라인 유통의 점유율을 계속 뺏어올 것이라는 사실을 누구나 예상할 수 있다.

통계청에 따르면 온라인 쇼핑 상품 거래액은 코로나19 초기인 2020년에는 127조 원으로, 전년 대비 무려 26% 성장했으며 2021년에는 13%, 2022년에는 8%의 성장률을 보였다.

2020년~2024년 온라인 쇼핑 상품 거래액

구분	2020년	2021년	2022년	2023년	2024년
온라인 쇼핑 상품 거래액	127조 원	143조 원	155조 원	162조 원	171조 원
전년 대비 증가율	26%	13%	8%	4%	6%

※ 출처 : 통계청

코로나19 팬데믹으로 인해 온라인에 익숙하지 않은 40대 이상 중장년, 노년층조차도 온라인 쇼핑을 하게 되고 SNS를 접하게 되었다. 우리 주변에서도 할머니와 할아버지들이 유튜브를 하루에 몇 시간씩 보고, 쿠팡 로켓배송으로 수시로 상품을 주문하는 것을 쉽게 볼 수 있다. 온라인 이용 취약 계층인 중장년과 노년층까지 이렇듯 SNS와 온라인 쇼핑을 하니 향후 E커머스업계가 엄청나게 성장할 것은 불을 보듯 뻔한 일이다.

알리익스프레스, 테무, 쉬인 등 중국 쇼핑몰의 영향으로 예전에는 마니아층의 전유물이었던 해외 직구 시장 역시 폭발적으로 성장하고 있다. 일부 10대와 20대 위주의 시장에서 이제는 30~50대까지 해외 직구 고객층이 넓어지고 있다. 중국 직구의 경우 상품 거래액이 2022년에는 1조 5000억 원에서 2023년에는 3조 3000억 원으로 두 배 이상 성장했다.

2022년~2023년 국가별 해외 직구 구매액

구분	중국	미국	일본
2022년	1조 5000억 원	2조 원	4000억 원
2023년	3조 3000억 원	1조 8000억 원	5000억 원

※ 출처 : 통계청

코로나19 팬데믹으로 언택트(Untact; 비대면) 소비 트렌드가 확산되고, 4차 산업혁명 기반 IT기술이 유통산업에 적용되면서 E커머스 시장이 빠르게 성장하고 있다. E커머스 시장이 성장하고 있다는 말은 역으로 이야기하면 오프라인 유통이 그만큼 축소되고 있다는 의미이다.

쿠팡은 2021년 3월 11일 미국 뉴욕 증시에 상장되었는데 쿠팡의 첫날 시가총액은 무려 100조 원이었다. 당시 100조 원이라는 시가총액은 한국거래소에 상장되어 있던 코스피 유통업종 65개 종목의 시총을 모두 합친 73조 원을 압도했다. 물론 65개 종목 안에는 유통 빅3인 롯데쇼핑, 신세계, 현대백화점이 모두 포함되어 있다.

쿠팡 상장 관련 기사

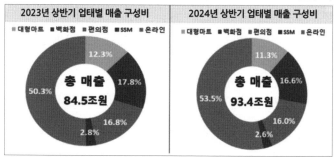

100조원 쿠팡 시총, 신세계+이마트+현대百+롯데쇼핑의 7배

[쿠팡 美증시 상장] 상장 첫날 주가 41% 급등… 유통업계 "망할 줄 알았는데 이런 일이"

변희원 기자

입력 2021.03.12 23:10 | 수정 2021.03.12 23:10

Advertisement

※출처 : 조선일보

미국 뉴욕 증시 상장 전에는 창사 이래로 계속 적자였던 쿠팡이 어떻게 국내 모든 유통업체보다도 높은 몸값을 가질 수 있을까? 이는 당연히 미래에 대한 성장가능성 때문이다. 오프라인 유통은 갈수록 규모가 줄어들고 온라인 유통은 성장할 것을 누구나 알기 때문이다. 게다가 E커머스업계에서 혁신을 불러일으키고 있고 경쟁자들과의 격차를 매년 큰 차이로 벌리고 있는 쿠팡이라고 하면 그

2023년, 2024년 상반기 업태별 매출 구성비

(단위 : %)

2023년 상반기 업태별 매출 구성비

■대형마트 ■백화점 ■편의점 ■SSM ■온라인

총 매출 84.5조원

12.3%
17.8%
16.8%
2.8%
50.3%

2024년 상반기 업태별 매출 구성비

■대형마트 ■백화점 ■편의점 ■SSM ■온라인

총 매출 93.4조원

11.3%
16.6%
16.0%
2.6%
53.5%

※ 출처 : 산업통상자원부

20

가치가 하락 트렌드를 겪을 수밖에 없는 롯데쇼핑, 신세계보다 성장가능성이 훨씬 높을 수밖에 없는 것은 당연한 일이다. 쿠팡은 2023년 드디어 흑자전환을 해 매출액에 있어서도 롯데, 신세계를 넘어서서 명실상부 온라인과 오프라인 유통을 평정했다.

산업통상자원부의 유통 분석자료만 살펴봐도 2024년 상반기에 2023년 대비 매출 구성비가 증가한 업태는 온라인이 유일하다. 전통적인 대형마트, 백화점, 편의점, 슈퍼마켓 모두 전년 대비 매출 구성비가 줄어들었으며 이런 트렌드는 매년 지속될 것이라 생각한다.

무섭게 성장하고 있는 온라인 유통의 성장 속도를 감안하면 현재 오프라인 업체들이 오프라인에서 올리고 있는 매출과 이익이 1, 2년 뒤에도 계속될지는 알 수 없다. 그런 이유로 오프라인 유통에 안주하며 온라인 유통에 빨리 적응하지 못하는 업체의 미래는 암울할 것이다.

국내 유통 시장의 흐름과 역사

E커머스의 최신 트렌드를 알아보기 전에 먼저 국내 유통 시장의 흐름과 역사에 대해 알아볼 필요가 있다. 국내 유통 시장은 1990년 대 이전에는 재래 시장과 슈퍼마켓이 유통의 대다수를 차지했고, 대형 유통으로는 백화점이 유일했다. 슈퍼마켓의 경우도 작은 규모의 동네 슈퍼마켓이 대부분이었으며 규모가 크다는 슈퍼마켓도 100~200평 정도였다. 중산층 이상을 겨냥한 백화점과 쇼핑센터가 각광을 받았는데 지금의 할인점처럼 당시 대도시에는 크고 작은 백화점과 쇼핑센터들이 활발히 영업을 하고 있었다. 이때까지만 해도 제조업이 유통업을 능가하는 힘을 발휘했었는데 상품의 공급이 수요를 따라가지 못했기 때문이다.

이러한 트렌드가 뒤집힌 시기는 1990년대 초로, 할인점 사업이 시작한 이후이다. 이 시기에 킴스클럽, 이마트 등이 등장하면서 유통의 대형화 시대가 열리기 시작했는데 경제 발전에 따라 집집마다 차로 이동하며 쇼핑을 했고, 대량 구매와 대량 판매로 인해 상품 가격을 낮출 수 있었던 할인점은 큰 인기를 얻어 롯데마트, 홈플러스, 코스트코까지 가세하며 엄청나게 성장했다. 그 결과 소비자들은 쾌적한 환경에서 싼 가격에 상품을 구매할 수 있었지만 이에 대한 반대급부로 재래 시장과 동네 슈퍼마켓은 침체의 길을 걷게 되었다.

할인점에 이어 대기업들이 운영하는 '기업형 슈퍼마켓(SSM; Super Super Market)'까지 골목 곳곳에서 오픈하면서 대형 유통업체들은 엄청난 매입량으로 인해 상품 가격을 더욱 절감할 수 있었으며, 제조업체에 대한 협상력을 크게 높일 수 있었다. 전국 방방곳곳에서 오픈한 할인점과 기업형 슈퍼마켓들은 저렴한 가격과 특별 할인, 증정, 시식 행사를 거의 상시 진행하다 보니 동네 슈퍼마켓이나 재래 시장보다 비교할 수 없는 메리트를 얻게 되었고, 늘어난 매출과 이익으로 인해 경품, 수수료, 판촉비까지 제조업체로부터 지원받을 수 있게 되었다. 이때부터 본격적인 규모의 경제가 시작된 것이다.

할인점 전성시대 이전의 백화점이나 쇼핑센터의 경우 할인점과 기업형 슈퍼마켓과 같이 제조업체로부터 상품을 매입해 직접 판매하는 직매입 거래 체제가 아닌 매출에 따른 수수료 거래이거나 임대차 거래 방식이었기 때문에 점포의 수가 늘어나더라도 규모의 경제를 이루기에는 한계가 있었다. 그래서 1996년 정부에서 국내 유통 시장을 외국에 개방한다고 했을 때 국내 유통 시장이 월마트, 까르푸 등 외국 글로벌 유통업체에 넘어갈 것이라는 우려가 많았다. 그러나 막상 뚜껑을 열고 보니 이들 글로벌 유통업체들은 한국 정서에 맞는 현지화를 하지 않고 각 업체의 글로벌 스탠다드 형식의 매장 인테리어 및 운영 방식을 전개한 끝에 국내 토종기업인 이마트, 롯데마트에 밀려 결국 한국 사업에서 철수하게 되었다.

1990년대 후반부터는 우리나라에 TV 홈쇼핑이 도입되었는데 2000년대 들어 매년 엄청난 성장을 하며 할인점, 기업형 슈퍼마켓과 함께 우리나라 유통 시장을 뒤흔들었다. 또한 2000년대 중반에는 지금은 사라진 삼성몰, 한솔CSN 등 종합쇼핑몰이 초창기 인터넷 쇼핑 시장을 주도했고 뒤이어 새로운 포맷의 오픈마켓인 옥션이 새로운 인터넷 쇼핑 시장의 강자로 부상했는데 2000년대 후반 G마켓이 결국 시장의 선두주자로 자리매김했다. 이때의 인터넷 쇼핑은 지금처럼 모바일 기반이 아닌 PC 기반의 쇼핑몰로서 현재의 모바일 쇼핑과는 성격이 많이 달랐다.

이러한 트렌드가 지속되던 2000년대 중후반까지만 해도 전체 유통 시장은 베이비부머 세대가 주력 소비층이었으며 한국 경제의 호황이 유지되는 시기였다. 이 시기에 한국 유통업은 매년 막대한 성장을 지속하며 기업형 신유통 매출 비중이 60~70% 수준까지 다다르며 선진국 수준인 80%에 도달하게 되었다.

할인점, 기업형 슈퍼마켓, 백화점 등 오프라인 유통 강자들의 엄청난 성장에 제동이 걸리고 한국 오프라인 유통이 정체기에 들어간 시기는 전 세계적인 금융위기를 불러온 미국 리먼브라더스 사태를 거친 2010년부터이다. 이전까지만 해도 대형 유통업체들은 매년 5~10%씩 고성장을 했으나 2010년 이후부터는 경제성장률과 비슷한 성장을 보이며 하향 안정화 시대에 돌입했다. 한국의 경제성장률 둔화, 인구 증가율 정체, 인구 고령화에 따른 구매력 저하, 정부의 대형 유통업체 출점·영업 시간·수수료 규제 등에 따라 할인점, 기업형 슈퍼마켓, 백화점 등 거의 모든 유통업태에서 신규 출점 여력 감소와 함께 성장률이 급격히 감소했다.

2010년 이후 거의 모든 유통업계의 어려움 속에서도 지속적으로 성장하고 있는 유통 채널이 있는데 바로 온라인 유통, E커머스업계이다. 온라인 유통의 경우 2000년대에 고성장하던 PC 기반의 인터넷 쇼핑(주력은 오픈마켓, 종합몰)이 스마트폰을 기반으로 한 모바일 쇼핑으로 진화하면서 소셜커머스(주력 업체는 쿠팡, 티켓몬스터, 위메프)라는 스타 유통 채널을 만들었다. PC 기반의 오픈마켓, 종합몰, 전문몰도 모두 모바일 앱을 런칭하며 PC를 통한 매출에서 모바일 매출로 대체되고 있다. 폭발적으로 성장 중인 모바일 쇼핑은 2024년 기준 전체 온라인 쇼핑 시장에서 매출 구성비가 이미 74%를 넘어섰으며, 1년 기준 160조 원 이상의 시장을 만들어냈다. 향후 온라인 쇼핑 내에서 스마트폰 기반의 모바일 쇼핑은 논란의 여지 없이 고성장을 지속할 예정이다.

오프라인 유통업체 중 선전하고 있는 유통 채널은 코스트코를 필두로 트레이더스가 주도하고 있는 창고형 할인점인데 일반 할인점보다 5~15% 더 저렴한 오프라인 최저 가격과 차별화된 수입 상품 구색으로 인기를 끌고 있다. 신세계의 경우 향후 성장 동력으로 이마트 대신 트레이더스를 내세우고 있으며 공격적인 출점과 막대한 투자를 하고 있다. 이와 같은 창고형 할인점의 인기는 전 세계적인 오프라인 유통의 추세로 이미 선진국에서 그 성공이 증명되었다. 미국, 유럽 등 선진국에서도 월마트, 까르푸, 테스코 등 전통적인 할인점의 성장률 둔화에 이어 코스트코, 메트로 같은 창고형 할인점인 캐시 앤 캐리(Cash & Carry)가 오프라인 유통 채널 중 그나마 인기를 누리고 있다.

창고형 할인점과 함께 오프라인 유통 중 가장 선전하고 있는 업태는 바로 편의점이다. 편의점은 1982년 11월 오픈한 롯데세븐 신당동점이 국내 1호점인데 당시 영업 시간은 오전 7시부터 오후 11까지였다. 이후 롯데세븐은 3호점까지 개설했지만 당시 편의점에 대한 사회적 인식 부족으로 1983년 9월 신당동점을 시작으로 차례로 철수했다. 이후 1988년 코리아세븐을 시작으로 1990년대 초반 훼미리마트, 미니스톱 등의 외국계 편의점 진출이 활발해지면서 성장하기 시작했는데 이러한 편의점은 소득 증가, 트렌디 상품 소비 증가 등의 이슈로 인해 많은 사랑을 받게 되었다. 특히 편의점은 코로나19 시기에 근거리 쇼핑, 1인 가구 증가 등의 이슈로 인해 오프라인 유통 채널 중 가장 높은 성장률을 기록했다. 엔데믹 이후 성장세가 꺾이기는 했지만 인구 구조 변화에 따라 앞으로도 편의점은 오프라인 유통 채널 중 그나마 미래가 밝다고 전망되고 있다. 2025년 1월 기준 CU, GS25 양강체제에 세븐일레븐, 이마트24가 치열하게 경쟁하고 있다.

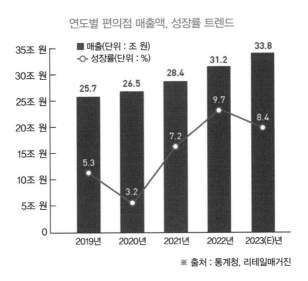

연도별 편의점 매출액, 성장률 트렌드

■ 매출(단위 : 조 원)
-○- 성장률(단위 : %)

※ 출처 : 통계청, 리테일매거진

국내 온라인 유통의 역사

국내 최초 온라인 쇼핑몰은 인터파크이다. 인터파크는 1995년 데이콤의 사내 벤처로 시작해 1996년 6월 런칭했는데 얼마 지나지 않아 '롯데 인터넷 백화점 쇼핑몰'도 오픈했다. 사람들은 인터파크가 오래전에 런칭한 사실은 잘 알고 있으나 롯데 인터넷 백화점 쇼핑몰이 그렇게 일찍 런칭했는지는 잘 알지 못한다. 1997년에는 삼성몰, 한솔CS클럽 등 대형몰과 백화점몰들이 연이어 오픈해 초기 온라인 유통을 주도했다. 그러나 그 당시 온라인 유통은 인터넷도 대중화되지 않았던 터라 매출이나 규모면에서 미비한 수준이었다.

온라인 유통 초기에는 이러한 대기업 종합몰들의 주도로 런칭되었다가 후에 각 카테고리별로 특화된 전문 쇼핑몰들이 런칭하게 되는데 도서 전문의 예스24와 영화티켓 전문의 맥스무비 그리고 개인 간 경매 방식의 신개념 쇼핑몰 옥션이 그것이다. 특히 1997년 오픈한 옥션은 판매 영역을 중고 제품에서 시작해 신상품 전체 영역까지 확대하면서 전성기를 구가하게 된다.

옥션은 온라인 유통에서 큰 의미를 가지는데 옥션 이전의 온라인 유통은 대형몰, 전문몰 위주의 대기업이 운영하는 형태였기에 입점도 일정 규모 이상의 기업만이 가능했으며 여러 가지 제한 요소들도 많았다. 그러나 옥션의 경우에는 개개인들이 각자의 상품을 등록하고 판매하는 구조로, 이러한 방식은 지금의 일반적인 오픈마켓의 시초가 되었다.

옥션은 2001년 글로벌 유통회사인 이베이에 인수되었는데 2000년대 후반까지 인터파크의 자회사인 G마켓과 치열하게 경쟁을 했다. 이들의 경쟁은 2009년 4월 이베이가 G마켓을 인수하면서 끝나게 되었는데 이때 이베이는 국내 오픈마켓을 거의 독과점에 가깝게 장악하게 되었다(2021년 신세계가 이베이로부터 G마켓과 옥션을 인수했다). G마켓과 옥션으로 온라인 유통의 상당 부분을 점유한 이베이에 대

항하는 오픈마켓 업체는 2008년에 설립한 11번가였는데 이는 SK 그룹의 전폭적인 지원이 있었기에 가능한 일이었다. OK캐시백의 막대한 회원들과 캐시백포인트 그리고 SK텔레콤과의 다양한 업무 제휴가 없었다면 11번가는 이베이를 상대할 수 없었을 것이다.

이후 기존의 온라인 유통 강자였던 대기업 종합몰들은 다른 방식으로 이베이와 경쟁을 하게 된다. 정면 승부로는 힘들었던 대기업 종합몰들은 2000년대 초중반 파죽지세로 성장한 홈쇼핑과의 연합을 통해 주도권을 되찾으려 했다. 이들은 CJ몰·CJ홈쇼핑, 롯데몰·롯데 홈쇼핑(구 우리홈쇼핑), 현대몰·현대홈쇼핑 등의 연합을 통해 규모 확대 및 운영 효율성 증가를 통해 종합몰로서 확실히 자리를 잡아갔다. 여기에 오프라인 유통의 절대 강자였던 이마트, 롯데마트, 홈플러스도 온라인 유통으로의 고객 이탈을 막기 위해 자체 온라인 쇼핑몰을 오픈하고 적극적으로 지원했다. 패션 의류를 위주로 한 개인 쇼핑몰들도 많이 생기며 틈새 시장을 차지했다.

오픈마켓의 우세 속에 대기업 온·오프라인 종합몰, 전문몰, 개인 쇼핑몰이 공생하던 중 강력한 경쟁자가 등장하게 된다. 아이폰의 등장과 함께 국내 모바일 쇼핑 시장이 열리게 되었는데 이때 미국에서 유행하던 소셜커머스라는 신 온라인 유통 채널이 2010년에 국내에서 시작되었다. 소셜커머스는 티켓몬스터, 쿠팡, 위메프 세 업체가 스마트폰을 사용해 공동구매라는 콘셉트로 만들어낸 유통 채널인데 이들은 오픈마켓보다 저렴한 가격을 무기로 단기간에 급성장했다. 오픈마켓에는 너무 많은 수의 상품이 존재해 상품 노출이 힘든 반면에, 소셜커머스에는 적은 수의 파격 할인 상품들만 있기 때문에 상품 노출도 잘 되고 입점 상품의 매출이 상당히 우수했다.

이들은 시장 선점을 위해 엄청난 마케팅 활동을 하고 물류 센터 구축, 배송 서비스 강화 등 막대한 자금을 투자했다. 그러나 지속적인 적자가 해결되지 않아 로켓배송이라는 특화 시스템을 장착하고 국내 1등 쇼핑몰로 완벽히 변신한 쿠팡을 제외한 티켓몬스터, 위메프는 모두 하향 트렌드를 그리다가 2022년에는 티켓몬스터가, 2023년에는 위메프가 큐텐그룹에 인수되었다.

G마켓을 창업하고 이베이에 매각한 구영배 대표가 동남아시아에서 창업한 큐텐은 티켓몬스터(티몬), 위메프, 인터파크, AK몰 등 파죽지세로 국내 쇼핑몰들을 인수했으나 무리한 확장 및 자금난으로 매우 힘든 상황에 처해 있었다. 그러다 티몬, 위메프, 인터파크 쇼핑몰은 2024년 8월 기업회생을 신청하고 법정관리에 들어갔다.

또한 페이스북 등 SNS 열풍을 타고 새로운 온라인 유통 채널이 2013년부터 시작되었는데 카카오

스마트폰 출시 후
폭발적인 인기를 누렸던 소셜커머스

※ 출처 : 티켓몬스터

스토리 채널, 네이버밴드, 인스타그램 공동구매가 그것이다. 특히 카카오스토리 채널 공동구매의 경우 전성기인 2015년에 판매 상위 23개 공동구매 채널 업체의 매출액이 2000억 원에 달할 정도로 틈새 유통 시장에서 큰 인기를 누렸으나 카카오스토리의 인기 하락 및 카카오의 도달률 조정 등으로 하향 트렌드를 걷고 있다. 네이버 밴드 공동구매도 하향 트렌드를 걷고 있고, 인플루언서를 기반으로 한 인스타그램 공동구매만이 상향 트렌드를 걷고 있다.

이런 상황에도 불구하고 SNS 공동구매 채널은 여전히 중소기업의 틈새 판매 채널로서 큰 역할을 하고 있다. 또한 SNS에 의존하지 않는 독립된 '할인중독', '공구마켓' 등 모바일 앱 공동구매가 전통적인 SNS 공동구매를 대체하며 인기를 누리고 있다. 특히 중국 인기 공동구매 쇼핑 앱인 핀둬둬를 벤치마킹한 올웨이즈의 경우 2023년 6월 600억 원의 시리즈 B 투자유치를 받으며 급성장하고 있다.

SNS 공동구매와 함께 해외 구매대행, 해외 오픈마켓 판매 시장도 큰 성장세를 이루고 있다. 해외 오픈마켓에 접근이 쉬워지고 구매대행 등 일반 개인이 해외에서 상품을 구매하고 역으로 국내 상품을 해외에 판매하는 데 장애요인이 사라져감에 따라 온라인을 활용한 해외 구매대행, 해외 오픈마켓 판매 시장도 크게 성장하고 있다. 특히 2023년, 2024년 중국의 알리익스프레스, 테무가 국내 시장에서 폭발적으로 성장해 해외 직구 붐을 일으키고 있다. 이들은 놀랄 만한 가격, 무료배송, 무료반품과 해외 직구임에도 의외로 빠른배송으로 고객들을 빨아들이고 있다.

　마동석을 모델로 앞세운 알리익스프레스가 먼저 성장했고, 뒤를 이은 테무의 경우에는 2023년 7월 한국에 런칭한 이후 1년 만인 2024년 7월에 월간 사용자 수가 무려 755만 명이 되었다. 시장조사 기관인 와이즈앱에 따르면 2024년 2월 한국인이 가장 많이 사용한 쇼핑몰 앱 순위에서 알리익스프레스가 쿠팡에 이어 2등, 테무는 4등을 기록할 정도로 돌풍을 일으키고 있다. 쿠팡, 네이버, 오픈마켓, 종합몰 모두 이러한 중국 C커머스업체의 등장 및 급성장에 위협을 느끼고 있다.

국내 E커머스에서 태풍의 눈으로 부상한 중국 직구 플랫폼 알리익스프레스(좌), 테무(우)

※ 출처 : 알리익스프레스(좌), 테무(우)

최근 온라인 유통의 변화 속도는 무척이나 빠르며 오픈마켓, 종합몰, 해외 직구몰, 공동구매 플랫폼들의 틈바구니 속에 버티컬커머스라고 불리는 세분화된 카테고리 전문몰(패션몰, 디자인몰, 인테리어몰, 중고몰, 뷰티몰 등)들이 틈새 시장을 파고들고 있으며 온라인 개인 판매자들을 위한 위탁배송 기반의 B2B 배송대행 도매몰도 지속 성장하고 있다. 새벽배송 기반의 식품 전문몰도 급성장하고 있는데 그 대표 주자로는 마켓컬리, 오아시스마켓, 쿠팡프레시 등이다.

네이버에서는 중국 알리바바에서 운영하는 타오바오와 유사한 콘셉트의 스마트스토어(2014년 '샵앤'으로 시작해 '스토어팜'으로 이름을 바꾸고 지금은 '스마트스토어'라는 이름으로 운영하고 있다.)라는 개인 쇼핑몰 개념의 플랫폼 운영을 2014년부터 시작했다. 이러한 스마트스토어는 네이버의 막대한 고객 기반 및 저렴한 수수료, 네이버페이를 통한 손쉬운 결제를 바탕으로 급성장하며 네이버쇼핑의 중심축으로 성장했다. 여기에 국민 메신저 카카오톡을 보유한 카카오도 막대한 고객기반을 바탕으로 카카오 선물하기, 카카오쇼핑, 카카오 메이커스 등 모바일 쇼핑몰 사업에 진출해 역량을 집중하는 상황이다.

코로나19 이후 유통 트렌드 변화 및 E커머스 최신 트렌드

전대미문의 유행병인 코로나19 팬데믹은 전 세계 모든 사람들의 삶을 크게 바꾸었다. 사회 모든 분야 뿐만 아니라 유통 분야에서도 코로나19 이전과 이후 놀랄 만한 변화가 있었다. 그러한 변화는 유통 트렌드를 어떻게 변화시켰는지 알아보자.

코로나19 이후 유통 트렌드 변화

코로나19는 국내 유통 트렌드에 지각 변동을 일으켰다. 국내 유통 생태계는 코로나19 이전과 이후로 크게 변했는데 가장 큰 변화는 온라인 유통이 오프라인 유통을 확실히 넘어섰다는 점이다. 특히 쿠팡이 매출액, 거래액 모두에서 1등 유통업체가 되었다는 점이 주목할 만하다. 쿠팡은 코로나19 이전만 해도 온라인 유통은 오프라인 유통을 강력하게 추격하는 B급 유통이라는 인식이 있었으나 코로나19 시기를 거치고 엔데믹 시대가 되면서 이제는 명실상부 국내 유통의 주력이 되어버렸다.

코로나19 이전 롯데, 신세계, 현대 같은 오프라인 유통 강자들은 은근히 온라인 유통을 무시하는 경향이 있었으나 엔데믹 이후에는 180도 상황이 바뀌었다. 상품을 공급하는 공급업체들도 오프라인 유통에서의 매출이 계속 감소하는 반면, 온라인 유통의 매출이 급격히 늘면서 유통의 무게는 급격히 온라인으로 쏠리는 상황이다. 심지어 오프라인 유통의 침체가 계속됨에 따라 대형 오프라인 유통업체로부터 전통 시장을 보호하기 위해 만들어진 대형 유통업체 영업일 규제 법안도 폐지되어야 한다는 목소리가 나오고 있다.

고객 구매 트렌드의 변화를 보면 코로나19 발생 전에는 오프라인 대형마트와 TV 홈쇼핑 중심으로 소비가 일어났다. 그러다 코로나19 확산기에는 외출이 불가능하다 보니 쿠팡, 네이버쇼핑, 오늘의 집, 마켓컬리, 에이블리 등 온라인 종합몰과 전문몰이 급성장했다. 코로나19가 종식된 이후에는 오프라인 대형마트의 시장지배력이 감소하고 있는 상황에서 코로나19 시기에 급성장한 온라인 종합몰과 전문몰, 1인 가구와 근거리 쇼핑 증가의 수혜를 받은 편의점, 국내 쇼핑몰들을 위협하며 급성장하고 있는 알리익스프레스, 테무, 쉬인 같은 중국 직구 플랫폼까지 유통 채널 간 경쟁구도가 더욱 심화되고 있다.

총성 없는 전쟁터, 온라인 유통 경쟁 심화

2017년까지만 해도 E커머스 시장의 업태 구분은 나름 확실했다. 온라인 유통은 크게 네이버에 상품이 노출되는 오픈마켓, 소셜커머스, 종합몰 그리고 네이버에 가격이 노출되지 않는 폐쇄몰, 이렇게 네 가지로 확실하게 구분이 되었다. 오픈마켓은 셀러들이 자유롭게 아무 상품이나 자유롭게 올리는 시장이었고, 소셜커머스는 MD들이 큐레이션을 통해 메리트 있는 상품을 골라서 제안하는, 상품 수는 적지만 혜택이 확실한 시장이었다. 종합몰은 주로 백화점에서나 판매하는 브랜드 상품이나 고가 상품을 판매하는 유통 채널이었다.

그러나 쿠팡이 2017년 오픈마켓 및 사입 판매 로켓배송, 이렇게 두 개의 카테고리로 전환해 소셜커머스를 탈피했다. 뒤를 이어 위메프, 티몬도 큐레이션 상품 제안 기능은 유지하면서 오픈마켓 기능을 추가했는데 오픈마켓들도 소셜커머스의 장점인 특가딜이나 기획전, 균일가, 타임세일 같은 기능을 확대하면서 오픈마켓과 소셜커머스는 구분이 모호하게 되었다. 종합몰들도 소셜커머스 개념의 특가 행사, 기획전, 균일가 행사들을 대폭 확대하다 보니 네이버 쇼핑에서 검색되는 오픈마켓, 소셜커머스, 종합몰이 모두 겉보기에는 큰 차이가 없게 되었다.

2022년에는 매출 2조 원 이상인 유니콘 기업, 마켓컬리도 오픈마켓 기능을 추가했는데 이렇듯 대형 쇼핑몰들이 오픈마켓 기능을 추가하는 이유는 오픈마켓이 상품 중개만 하면 쇼핑몰이 직접 재고를 사입, 관리하거나 CS에 응대할 필요가 없기 때문이다. 정말 최소한의 일만 하면서 중개 수수료를 가지고 가니 비용을 아껴 이익을 늘릴 수 있으니 적자가 심화되고 있는 E커머스업계로서는 흑자 전환을 위한 매우 좋은 시스템이 아닐 수 없다.

전통적인 오프라인 유통과 달리 온라인 유통인 E커머스는 변화의 속도가 매우 빠르다. 그래서 현재 인기 있는 E커머스 판매 채널이 1~2년 뒤에도 살아남을지 알 수 없다. 막대한 투자비와 인력이 필요한 오프라인 유통과 달리 온라인 유통은 훨씬 적은 비용과 인력으로도 시작할 수 있기 때문에 매년 많은 신규 플랫폼들과 쇼핑몰들이 빠르게 만들어지고 사라지는 총성 없는 전쟁터라 할 수 있다.

E커머스 플랫폼들은 성장도 단기간에 이루어지지만 몰락도 순식간에 이루어진다. 그 예로 과거 3040 주부들에게 폭발적인 인기를 누리며 급성장한 카카오스토리 채널과 네이버밴드 공동구매 시장이 하락하는 데 3년이 채 걸리지 않았다. 2021년 30만 회원을 빠르게 유치하고 120억 원을 투자받으며 넥스트 유니콘 기업이 될 것이라 시장의 칭송이 자자했던 수산물 당일배송 신선 플랫폼인 '오늘회'도 2022년 8월 전 직원 권고사직을 통보하면서 1년 만에 몰락했다.

쿠팡의 독주 & 네이버쇼핑 2등 굳히기

2019년까지만 해도 국내 E커머스 시장의 독보적 1위 업체는 네이버쇼핑으로, 2등 자리를 놓고 쿠팡, G마켓·옥션, 11번가가 치열하게 싸우는 양상이었으나 1등 네이버쇼핑과 2등 업체군들과는 그 차이가 매우 컸다. 그러나 2020년부터 로켓배송을 기반으로 막대한 물류 서비스 투자와 차별화된 E커머스 서비스를 앞세운 쿠팡이 코로나19 팬데믹을 등에 업고 무섭게 성장해 2023년에는 오프라인 유통 공룡인 이마트, 롯데쇼핑 및 온라인 유통 1위 업체였던 네이버쇼핑마저 제치고 1등 유통업체가 되었다.

네이버쇼핑은 가격비교 검색을 무기로 오픈마켓, 종합몰, 전문몰 등 대부분의 쇼핑몰이 입점해 있는데 매출이 발생하면 그에 대한 수수료를 받는 구조이다. 워낙 가격비교 검색 시장을 독점하고 있는 상태라 네이버쇼핑을 대체할 플랫폼이 나타나기란 거의 불가능한 구조이다. 코로나19가 시작된 초기 단계만 해도 거래액 기준 네이버쇼핑이 1등, 쿠팡이 2등 업체의 자리를 차지하고 있었으나 네이버쇼핑은 코로나19 종식 이후 1등 자리를 쿠팡에게 넘겨주고 말았다. 쿠팡은 로켓배송, 로켓프레시, 와우 멤버십 등 핵심 서비스 반응이 워낙 폭발적인지라 지속적인 성장이 예상되며, 온라인 유통 2등 업체인 네이버쇼핑과의 격차도 매년 더욱 벌릴 것으로 예상된다.

네이버쇼핑도 쇼핑라이브의 활성화 및 물류 강화를 위해 택배업체 1등인 CJ대한통운 및 새벽배송 시장의 강자 신세계와 손을 잡고 쿠팡의 장점인 빠른배송 시장에 진입하고는 있지만 쿠팡을 따라잡기에는 어려움이 많을 것으로 보인다. 다만 3등권인 E커머스 신세계연합(G마켓, 옥션, SSG닷컴), 11번가와는 확실한 차이를 보이며 독보적인 2등 자리를 확보할 것이다. 그래도 2025년에는 별도의 모바일 쇼핑 앱 출시 및 주 7일 배송, 네이버플러스 멤버십 회원을 대상으로 쿠팡 와우 멤버십 제도를 벤치마킹한 무료배송, 무료반품, 무료교환, 넷플릭스 무료 구독 제도를 발표하면서 쿠팡을 따라잡으려는 전략을 발표해 반격에 나섰다.

성장과 몰락이 급격히 이루어지고 있는 E커머스 시장이지만 쿠팡, 네이버쇼핑의 현재 트렌드 및 각사의 핵심 서비스들을 살펴보면 향후에도 E커머스업계에서 쿠팡, 네이버쇼핑의 양강 구도는 더

2022년 전체 국내 온라인 쇼핑 업체별 거래액 구성비
(단위 : %)

티메파크 **4.6**
(티몬·위메프·인터파크)
롯데ON **4.9**
카카오 **5.0**
11번가 **7.0**
신세계 그룹 **10.1**
(G마켓·옥션·SSG닷컴)
단위:%
24.5 **쿠팡**
23.3 **네이버쇼핑**

※ 출처 : 공정거래위원회

욱 심화될 것으로 보인다.

신세계 SSG닷컴이 2021년 G마켓·옥션을 인수해 E커머스 3등 업체가 되긴 했으나 여전히 네이버쇼핑, 쿠팡 대비 차이가 크다. SSG닷컴과 G마켓·옥션의 합계 거래액은 2022년 기준 15조 2000억 원, 4등 업체인 11번가는 10조 5000억 원인데 반해 쿠팡은 36조 8000억 원, 네이버쇼핑은 35조 원이었다. 3, 4등 업체의 거래액 성장률을 살펴보면 특별한 계기가 있지 않은 한 쿠팡, 네이버쇼핑을 따라잡기는 힘들 것으로 보인다. G마켓의 경우 2025년 1월 알리익스프레스와의 비즈니스 협업을 발표했는데 과연 큰 성과가 있을지는 조금 더 지켜봐야 할 것 같다.

뚜렷한 강점을 가지지 못한 기타 오픈마켓, 종합몰 등 전통의 E커머스 강자들도 하향 트렌드를 지속할 것으로 예측한다. 특히 이들이 자체몰 내에서의 매출을 올리지 못하고 가격비교 사이트인 네이버쇼핑에서 발생하는 매출에 대한 의존도를 줄이지 못하는 한 미래는 더욱 암울할 것이다. 네이버쇼핑에서 최저가가 되어야 매출이 발생하는 구조이기 때문에 최저가를 차지하기 위해 각 쇼핑몰들이 경쟁적으로 막대한 비용을 들여 쿠폰을 붙이는데 이런 쿠폰들이 각 쇼핑몰들의 적자 증가에 큰 비중을 차지하고 있다.

게다가 대형 쇼핑몰 간의 경쟁에서 유료 멤버십 고객 확보가 아주 중요한 요소로 떠오르고 있다. 갈수록 격화되어 가고 있는 경쟁 속에서 유료 멤버십 고객들의 매출이 비약적으로 올라가는 동시에 타 플랫폼으로의 이탈도 막아주는 효과도 있어서 각 쇼핑몰들은 유료 멤버십 모집에 사활을 걸고 있다. 그 예로 쿠팡과 네이버가 E커머스 시장의 양강 구도를 구축하는 데에는 충성 멤버십 고객의 역할이 막대했다. E커머스업계 상위 4개의 유료 멤버십을 살펴보면 2024년 10월 기준으로 회원 수 1400만 명의 쿠팡 와우 멤버십 회원이 압도적인 1등이며 네이버 플러스 멤버십, SSG닷컴·G마켓의 신세계 유니버스 클럽이 쿠팡 와우 멤버십 회원을 추격하고 있다. 반복 구매와 객단가를 높이기 위해서는 유료 멤버십을 통한 충성 고객 확보가 관건이며, 적자경쟁이 심화된 E커머스 시장에서 수익성을 개선하기 위한 방법으로도 유료 멤버십 전략이 점점 더 중요해지고 있다.

쿠팡은 활성 고객 수 2150만 명 중 65% 가량이 와우 멤버십 회원인 상황에서 유료 회원을 지속적으로 늘려간다는 방침이다. 쿠팡 와우 멤버십 회원은 월회비 7,890원에 무제한 무료 로켓배송(익일배송), 무제한 30일 무료반품, 로켓프레시 상품 무료배송, 무제한 무료 새벽·당일·로켓직구 배송, 와우 멤버십 회원 전용 할인가, 무제한 OTT인 쿠팡플레이 시청 등의 혜택을 제공하고 있다.

유료 멤버십 2등 업체인 네이버는 파트너사와 협업, 네이버페이 5% 적립 등을 내세워 유료 멤버십을 운영하고 있다. 이용료는 월 4,900원이며 멤버십 결제 시 네이버 웹툰, 스포티비 나우 등 미디어 콘텐츠(OTT)를 이용할 수 있다. 네이버에서는 스마트스토어 전체 거래액의 40%가 멤버십을 통해 발생하고 있는 것으로 집계됐다.

이에 더해 네이버에서는 2024년 11월부터 넷플릭스 무료 구독서비스도 추가해 타멤버십 서비스와 차별화를 꾀하고 있다.

빠른배송, 물류 서비스 중요성 증가

쿠팡이 단기간에 E커머스업계의 강자가 된 가장 중요한 요인은 로켓배송이라는 빠른배송 서비스 때문이다. 익일배송으로 출발한 로켓배송은 당일배송, 새벽배송으로까지 확대되어 소비자들의 전폭적인 호응을 얻게 되었다. 쿠팡 로켓배송 전에는 온라인 쇼핑몰에서 상품을 주문하면 배송에 최소 2~3일이 걸리는 게 당연한 일이었다. 그러나 막대한 물류, 배송 시스템 투자를 해 익일배송을 가능하게 한 쿠팡이 E커머스업계를 뒤흔들며 다른 경쟁자들을 제치고 현재의 위치까지 올라오게 되었다. 이러한 쿠팡의 익일배송, 당일배송, 새벽배송에 익숙해진 소비자들은 2~3일이 걸리는 다른 쇼핑몰의 서비스에 답답함을 느껴 계속 쿠팡의 빠른배송 서비스에 익숙해지게 되었다. 그런 이유로 경쟁업체에서도 익일배송, 당일배송, 새벽배송 서비스를 시작하게 된 계기가 되었다.

그러나 이러한 빠른배송 서비스를 하기 위해서는 별도의 물류 창고 구축, 자체 운송 시스템 구축, 재고 확보 등의 막대한 비용이 들어가게 된다. 한 번 이러한 시스템을 구축하는 데에도 많은 비용이 들어가지만 유지와 확대하는 데에도 엄청난 비용이 들다 보니 함부로 따라 하다가는 적자 비용만 늘어나는 애물단지가 되는 경우가 많다.

주요 대형 E커머스업체의 빠른배송 서비스

업체	서비스
쿠팡	로켓배송, 로켓프레시
SSG닷컴	쓱배송
롯데마트, 홈플러스, 이마트, 농협 온라인몰	당일배송
G마켓 · 옥션	스마일배송
11번가	슈팅배송

　쿠팡과 함께 당일배송 서비스를 비교적 쉽게 시작할 수 있었던 업체는 롯데마트, 홈플러스, 이마트의 온라인몰이었다. 이들은 이미 기존에 구축해놓은 전국의 오프라인 점포를 기반으로 해 당일배송 서비스를 진행했다. 덩달아 로켓배송을 앞세운 쿠팡의 급성장에 놀란 경쟁 대형 쇼핑몰들 또한 빠르게 익일배송 서비스를 시작했다. G마켓 · 옥션은 스마일배송, 11번가는 NOW배송 등 빠른배송 서비스를 시작했고 롯데ON, GS더프레시 등도 야심차게 새벽배송 서비스를 시작했으나 2022년 지속적인 적자 누적 및 물류 서비스 추가 투자금액 부담 때문에 해당 서비스를 중단했다. 11번가는 NOW배송을 중단했는데 2022년 8월 슈팅배송으로 새롭게 빠른배송 서비스를 시작했다.

G마켓·옥션의 익일배송 시스템인 스마일배송

※ 출처 : G마켓

쿠팡의 로켓배송 이외에 많은 빠른배송 서비스 중 G마켓·옥션
의 스마일배송, SSG닷컴의 쓱배송은 충성 멤버십 고객들을 바탕으
로 어느 정도 선방하고 있으나 나머지 업체들은 아직 자리잡지 못
한 상태이다. 그러나 대형 E커머스업체 모두가 빠른배송 서비스를
확대하지 못한다면 E커머스업계에서 장기적으로 생존을 보장할
수 없다는 사실을 잘 알고 있다. 그런 이유로 G마켓·옥션, 11번가,
SSG닷컴 모두 빠른배송 서비스를 적극적으로 강화하고 있다.

11번가는 아마존과의 제휴를 통해 다시 한번 E커머스업계에서
재도약을 꿈꾸며 빠른배송 서비스인 슈팅배송에 막대한 투자를 진
행하고 있다. E커머스업계 2등인 네이버쇼핑도 물류 배송업체 1등
CJ대한통운과 제휴해 '도착보장' 그리고 이마트, 홈플러스, 편의점
등과 제휴한 '네이버 장보기' 등 빠른배송 서비스를 하고 있다.

빠른배송 시장은 로켓배송을 앞세운 쿠팡이 압도적인 우세를 가져가고 있으며 쿠팡의 물동량이 전체 택배 시장에서 CJ대한통운에 이어 2위를 차지할 정도이다. 이에 위기감을 느낀 CJ대한통운은 2025년 1월 5일부터 주 7일 배송을 시작해 쿠팡을 견제하고 있다.

새벽배송, 당일배송을 넘어서서 주문과 동시에 배송하는 퀵커머스 시장도 성장하고 있다. 배달의민족이 만든 B마트가 그러한 퀵커머스업계의 선두주자인데 코로나19 사태로 빠른배송에 대한 소비자의 수요가 높아지면서 새벽배송을 넘어 주문 후 1시간 이내에 배달되는 퀵커머스(즉시 배송) 시장 경쟁이 본격화하고 있다. 퀵커머스는 도심 내 소규모 물류거점을 활용해 신속한 배송 서비스를 제공하는 것이 특징이다. 오프라인 대형마트, 편의점 등 유통업체들도 이러한 퀵커머스 서비스 도입에 집중하고 있다. 유럽, 미국에서는 퀵커머스 주도 기업이 스타트업인 것과 달리, 국내에서는 배달의민족 B마트를 중심으로 GS리테일 요마트, CJ올리브영 오늘드림 등 대기업이 퀵커머스 시장에 진출해 있다.

퀵커머스 시장에 관심이 집중되는 이유는 코로나19 시기 이후로 온라인 쇼핑 및 빠른배송에 대한 수요가 엄청나게 늘어났기 때문이다. 아직 퀵커머스 시장의 매출이 새벽배송, 당일배송 시장보다는 미비한 상황이지만 향후 유럽의 경우와 같이 엄청나게 큰 시장으로 성장할 가능성이 높다. 네이버쇼핑에서도 2025년 중에 CJ대한통운 같은 대형 택배사들과 손잡고 '1시간 배송'이라는 전략을 발표했다.

카테고리 전문몰 활성화

쿠팡의 급격한 성장과 기존 오픈마켓, 소셜커머스, 종합몰의 하락과 함께 눈에 띄는 것은 바로 무신사, 오늘의집, 마켓컬리, 오아시스마켓, 당근마켓 등 이른바 카테고리 전문몰, 즉 버티컬커머스 플랫폼이다. 많은 상품 구색을 저렴하고 빠르게 구매할 수 있는 온라인 쇼핑 채널의 역할은 점점 쿠팡, 네이버쇼핑으로 일원화되어 가는 추세이며 그와 더불어 특성화된 카테고리 상품군에 대해 넓고 깊은 상품 구색 및 카테고리 마니아층 충성 고객을 갖춘 전문몰들이 급성장하고 있다.

코로나19 시기에는 외출에 제약이 있어 집에 머무는 시간이 길어짐에 따라 식품, 인테리어 관련 전문몰들은 폭발적으로 성장했다. 모든 카테고리의 상품들을 판매하는 종합 대형 쇼핑몰들의 경우에는 매출 규모를 늘리는 데는 유리하나 이미 기존에 확실하게 자리 잡고 있는 쿠팡 같은 강자들을 이기기에는 현실적으로 매우 힘든 상황이다. 그래서 투자비가 적게 들면서도 이미 자리 잡은 강자들이 적은 카테고리 전문몰들이 급속히 생겨나고 있다.

이런 카테고리 전문몰들은 콘셉트부터가 기존 대형 쇼핑몰들과는 많이 다르다. 모든 고객을 대상으로 하는 것이 아닌 특정 카테고리 마니아층만을 고객으로 삼고 그들이 원하는 넓고 깊은 상품 구색 및 다양한 콘텐츠, 커뮤니티, 스토리, 브랜드를 기반으로 서비스

를 한다. 틈새 시장을 공략하는 카테고리 전문몰이지만 일부 대형
화된 카테고리 전문몰들은 매출액이 조 단위를 넘어 대형 쇼핑몰들
과 규모면에서는 큰 차이가 없을 정도이다. 2023년 거래액을 기준
으로 패션 전문몰인 무신사가 4조 원, 식품 전문몰인 마켓컬리는 2
조 8000억 원이었으며, 인테리어 전문몰인 오늘의집은 2024년 8월
누적 거래액이 5조 원을 돌파했다. 지역 중고거래로 출발한 당근마
켓도 2021년 8월 1789억 원을 벤처캐피털로부터 투자받으며 기업
가치가 무려 3조 원으로 평가받았다.

누적 거래액 5조 원의 유니콘 기업으로 성장한 인테리어 전문몰 오늘의집

※ 출처 : 오늘의집

　　모든 카테고리를 모두 취급하는 신규 대형 종합쇼핑몰들이 이제
는 더 이상 나오기 힘든 상황에서 국내 E커머스업계는 기존 대형
쇼핑몰과 카테고리 전문몰인 버티컬커머스로 양극화되어 가고 있

다. 카테고리 전문몰은 지금도 많은 업체가 태어나고 사라지고 있으며 이런 카테고리 전문몰의 전성시대는 상당 기간 지속될 것으로 예측된다. 대기업들 또한 이러한 카테고리 전문몰의 미래 성장성을 감안해 막대한 자금을 들여 인수하고 있다. 카카오는 패션 전문몰인 '지그재그'를, GS 홈쇼핑은 디자인몰인 '텐바이텐'을, SSG닷컴은 패션 전문몰인 'W컨셉'을, CJ 홈쇼핑은 얼리어답터몰인 '펀샵'을 인수했다.

온라인 식품 판매 시장 급성장

온라인 유통이 대세가 된 지 오래지만 유일하게 온라인 유통의 구성비가 낮은 카테고리가 식품이다. 코로나19 팬데믹 전인 2020년 이전만 해도 식품은 온라인이 아닌 오프라인에서 직접 보면서 구매하는 것이 일반적이었다. 그러나 코로나19 팬데믹이 시작된 이후 온라인 식품 시장에 지각변동이 일어났다.

코로나19로 인해 외부 활동을 못하다 보니 온라인으로 식품을 구매해 집에서 요리해 먹는 수요가 폭발했다. 온라인 식품 시장은 코로나19 전인 2019년 17조 1000억 원에서 2023년 40조 7000억 원으로 무려 138%나 성장했으며 2025년에는 70조 원 시장을 형성할 것으로 예상하고 있다.

식료품의 온라인 침투율은 25%로, 다른 카테고리 대비 현저하게

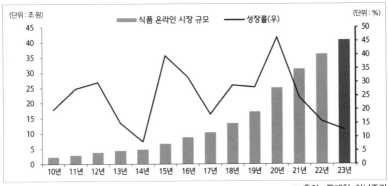

년도별 온라인 식품 시장 규모와 성장률

(단위 : 조 원)   ■ 식품 온라인 시장 규모   ── 성장률(우)   (단위 : %)

※ 출처 : 통계청, 하나증권

낮은 수준인지라 향후 온라인 식품 시장이 성장할 가능성은 더욱 높다. 이런 온라인 식품 시장의 급성장은 코로나19 팬데믹의 영향이 매우 크다. 사회적 거리두기로 마트 방문이 어려워지면서 소비자들은 식료품을 구입하기 위해 어쩔 수 없이 온라인을 찾기 시작했다. 한 번 온라인 식품 구매의 편리함을 경험한 소비자는 지속적으로 온라인에서 식품을 구매하고 있으며 이젠 온라인 식품 구매가 일상으로 자리잡았다. 이따금 필요한 것을 사는 게 아니라 아예 온라인으로 장을 보는 일이 습관화된 소비자도 적지 않다.

온라인 식품 시장에서 가장 주목할 만한 변화는 신선식품 판매의 빠른 성장세다. 이전에는 온라인으로 식품을 구매할 때 신선도가 중요한 신선식품보다는 배송이 쉽고 신선도가 중요하지 않은 인스턴트, 과자, 조미식품, 음료 등의 가공식품을 구매했었다. 그러나 코로나19를 거치면서 신선식품 및 냉장·냉동식품의 구매가 급증했는데 기술과 인프라, 배송 서비스의 발달에 영향을 받았다.

전체 온라인 식품 시장의 고성장에 신선, 냉장·냉동식품이 크게 기여해왔고 향후에도 이런 트렌드는 지속될 것이다. 마켓컬리, 쿠팡, SSG닷컴 같은 콜드체인을 이미 구축한 대형 유통업체들이 새벽배송을 무기로 이 시장의 강자로 부상하며 전체적인 온라인 식품 시장 확대에 기여하고 있다. 교보증권에 따르면 새벽배송 시장은 2023년 11조 9000억 원 규모로 추정되며 이는 전체 온라인 식품 시장의 29%를 차지한다.

마켓컬리, 쿠팡, SSG닷컴 이외에도 많은 대형 유통업체들이 미래에 대한 기대감으로 새벽배송 시장에 뛰어들었으나 워낙 많은 비용이 들어가는 탓에 중간에 포기하고 철수하는 경우도 많았다. 기존 배송과는 달리 새벽배송은 야간 배송이라는 점에서 인건비가 추가로 소요되며, 대부분 신선, 냉장·냉동식품을 다루는 탓에 물류·배송 간 콜드체인 인프라 구축이 반드시 필요하다. 실제로 롯데ON, BGF그룹의 헬로네이처, GS리테일의 GS더프레시몰 등 대기업들도 새벽배송 시장에 진출했지만 모두 철수했다. 규모의 경제 실현 전에 손실을 피할 수 없었기 때문이다.

고객에게 최종 배송되기 전 1.6km를 뜻하는 '라스트마일'은 물류에서 가장 비효율적인 구간으로 꼽힌다. 배송 중 파손과 분실 등의 사고가 모두 기업 부담으로 돌아오기 때문이다. 여기에 인프라 구축 비용 등으로 인해 전체 물류 비용에서 라스트마일이 차지하는 비중은 50%에 육박하는 것으로 알려져 있다. 따라서 기구축된 인프라에 규모의 경제를 갖추는 것과 더불어 식품 외에 추가적인 고수익성 제품 카테고리 확장이 필수다. 쿠팡, 마켓컬리, SSG닷컴, 오아시스 등 라스트마일 경쟁력을 갖춘 기존 사업자들이 성장하는 시장을 주도할 수밖에 없는 구조이다. 자금력을 갖춘 롯데, GS 같은 강력한 후발 업체들도 라스트마일 경쟁력의 부재로 포기한 상황인지라 새벽배송 시장에서는 강력한 신규 경쟁업체가 나오기 힘든 구조이다.

온라인 식품 주요 4사의 실적을 보면 코로나19 팬데믹 종료 이후 외출 증가와 외식 수요 증가로 인해 이전 대비 온라인 식품 판매 성장률은 둔화되었으나 여전히 일반 온라인 쇼핑몰 성장률보다는 훨

온라인 식품 주요 4사 실적

(단위 : 십억 원)

유통업체	SSG닷컴		쿠팡		마켓컬리		오아시스	
	2022년	2023년	2022년	2023년	2022년	2023년	2022년	2023년
전체 매출(거래액)	5,955	6,432	43,729	56,917	2,600	2,800	427	475
YoY(%)	4.2	8.0	24.7	30.2	30.0	6.0	19.7	11.3
식품(온라인) 매출	2,739	3,002	3,700	5,032	2,080	2,100	270	333
YoY(%)	14.3	9.6	60.9	36.0	22.4	1.0	24.6	23.5
시장점유율(%)	7.6	7.4	10.2	12.4	5.8	5.2	0.7	0.8

* 쿠팡의 식품 매출은 로켓프레시
** 거래액은 하나증권 추정치

※ 출처 : 하나증권

씬 높은 수치를 보인다. 2023년 쿠팡이 시장점유율 12.4%로 4사 중 1등이었으며 그다음으로는 SSG닷컴, 마켓컬리, 오아시스 순이었다. 성장률에 있어서도 2022년 대비 36%의 성장률로 4사 중 가장 높았다. E커머스 전체 시장에서 쿠팡의 무서운 성장세를 보면 향후에도 온라인 식품 시장에서도 쿠팡의 독주는 계속될 것으로 생각한다. 다만 절대적인 시장점유율을 차지한 업체는 4개사 중 아직 없는 상황이기 때문에 언제든 경쟁심화와 실적 부진 불확실성의 가능성이 있다. 그래서 증시 상장을 노리고 있는 SSG닷컴, 마켓컬리, 오아시스 같은 업체들은 더욱 높은 외형 성장에 의한 점유율 상승에 집중할 것으로 보인다.

코로나19 시기 온라인 식품 시장의 성장에 기여한 또 하나의 카테고리는 바로 밀키트 시장이다. 외식을 하지 못하게 되니 집에서 집밥을 만들어 먹어야 하는데 귀찮으니 간편하게 밀키트를 온라인으로 구매해 먹는 수요가 엄청나게 늘었다. 코로나19 전만 해도 밀키트는 대형마트에서 거의 볼 수 없었으나 지금은 대형마트, 온라인 쇼핑몰을 보면 밀키트 상품들을 많이 찾아볼 수 있다.

코로나19 팬데믹을 거치면서 밀키트 상품들의 품질도 더욱 좋아져 고객들은 밀키트를 단순히 식사를 대체한다는 개념에서 벗어나 외식 수준의 멋진 한끼 식사를 즐긴다는 개념으로 생각하게 되었다. 밀키트 뿐만 아니라 더욱 편리하게 먹을 수 있는 간편식 국, 탕류의 소비도 급증했다. CJ, 오뚜기, 동원 등 국내 식품 대기업들은 코로나19 팬데믹 시절 앞다투어 간편식 국, 탕류를 출시했는데 이 시장이 급속히 성장했다. 이런 간편식들은 오프라인 마트를 방문하지 않고도 온라인에서도 더욱 싸고 쉽게 구매할 수 있기 때문에 간편식의 성장도 전체적인 온라인 식품 시장의 성장에 크게 기여하고 있다. 앞으로는 밀키트, 간편식의 구분이 모호해지면서 더욱 단순화된 밀키트가 대중화될 것으로 생각한다.

코로나19 팬데믹 시기 급성장한 밀키트 시장

※ 출처 : 헤럴드경제, 홈플러스

과거에는 식품은 상품의 신선도 및 품질이 중요하기 때문에 오프라인 유통에서나 구매하지 온라인으로는 구매하기에 망설여지는 것이 현실이었다. 그러나 외부 활동을 제한하는 코로나19 팬데믹과 마켓컬리, 쿠팡, SSG닷컴, 대형 할인점 온라인몰 등의 식품 카테고리 매출 증가가 온라인 식품 시장 급성장을 이끌었다. 온라인 식품 시장이 급성장한 데는 코로나19 팬데믹으로 인한 집밥에 대한 수요가 증가하며 오프라인 쇼핑을 꺼리고 온라인으로 식품을 주문하는 트렌드도 한몫했지만 각 온라인 쇼핑몰들이 당일배송, 새벽배송을 재빠르게 구축해 품질, 신선도에 대한 불안감을 해소해준 이유도 크다. 접근하기 쉬운 가공식품부터 시작해 품질이 중요한 신선식품으로 고객 구매가 급속히 올라갔다. 코로나19 이전인 2019년 17% 정도에 머물던 온라인 식품 시장 침투율(전체 식품 판매 시장에서 온라인 식품 판매 비율)이 2023년에는 23%를 넘어섰다.

식품은 재구매가 꾸준히 이루어지고 회전이 빠르기 때문에 일단 충성 고객을 확보하고 시장에 제대로 자리 잡게 되면 비식품, 패션 카테고리 대비 고매출과 고수익을 올릴 수 있어 코로나19 팬데믹 이후 식품 온라인 판매에 대한 관심이 엄청나게 높아졌다. 가공식품부터 시작한 온라인 식품 판매는 까다로운 품질 관리 배송이 요구되는 신선식품 판매로 확대되고 있다. 매일 구매를 해야 하는 신선식품은 그만큼 매출도 엄청나게 발생할 수 있고 충성 고객을 만들기도 좋다.

신선식품 당일배송, 새벽배송을 하려면 풀필먼트 시스템 구축, 재고 관리 등 막대한 비용이 들지만 현재 많은 E커머스 업체들이 앞다투어 이 시장에 뛰어들고 있다. 새벽배송의 선두주자인 마켓컬리는 2023년 매출액이 2조 773억 원이었고, 프리미엄 식품 전문몰인 오아시스마켓도 기업가치 1조 2000억 원으로 성장했다. E커머스 공룡 업체인 쿠팡도 로켓프레시라는 냉장·냉동식품 전문 새벽배송 서비스를 앞세워 온라인 식품 시장을 적극적으로 공략하고 있다. 전통의 식품 판매 강자인 오프라인 할인점, 슈퍼마켓 온라인몰도 식품 판매를 앞세워 다른 비식품 판매도 늘려가고 있다. 이들 대형 E커머스업체 이외에도 다양한 식품 전문몰, SNS 식품 거래 플랫폼 등이 계속 생겨나고 있으며 심지어는 회·수산물, 소고기·돼지고기 같은 초신선 상품을 취급하는 플랫폼 같은 온라인 식품 스타트업도 속속 런칭하고 있다.

IT가 접목된 온라인 식품 거래 쇼핑몰 같은 경우에는 높은 미래 성장가능성으로 인해 막대한 금액을 벤처캐피털들로부터 투자받고 있다. 도축 후 4일 내 초신선육 공급 쇼핑몰인 '정육각' 같은 경우에는 2022년 470억 원 규모의 시리즈 D 투자유치를 받았다. 정육각 이외에도 차별화된 식품 관련 IT 서비스를 보유한 온라인 식품 스타트업들이 마켓컬리 같은 매출 2조 원 이상의 유니콘 기업을 꿈꾸며 계속 생겨나고 있다.

온라인 쇼핑의 대세, 모바일 쇼핑

온라인 쇼핑으로 상품을 구매한다고 하면 PC를 이용한 쇼핑과 스마트폰을 이용한 모바일 쇼핑으로 나눌 수 있다. 아이폰 같은 스마트폰이 나오기 전까지는 온라인 쇼핑은 PC를 이용한 쇼핑이 전부였다. 그러나 스마트폰이 나오면서 PC 쇼핑에서 스마트폰을 이용한 모바일 쇼핑으로 급속도로 고객이 이동했다. 통계청에 따르면 전체 온라인 쇼핑 내에서 모바일 쇼핑의 구성비가 2018년에는 56%였는데 2024년에는 74%로 증가했는데 이 수치는 매년 증가할 것으로 예상한다.

요즘 대부분의 쇼핑은 스마트폰에 다운받은 각 E커머스업체의 모바일 앱을 통해 이루어진다. PC 쇼핑은 고가 상품, 가격비교가 필요한 상품, 전문적인 카테고리의 고관여(High Involvement) 상품인 경우가 많다. 간단한 생필품을 구매할 때는 스마트폰에 다운받은 모바일 앱을 열고 큰 고민 없이 구매하는 것이 트렌드이다. 기껏 상품 검색을 한다고 해도 모바일 앱 2~3개 중에서 비교해 보고 구매한다.

판매자들은 이런 모바일 쇼핑 트렌드를 파악하고 이에 맞춰서 상품 판매 준비를 해야 한다. 가령 상대적으로 화면이 작은 모바일의 특성상 상세페이지를 만들 때 글자를 크게 만들고, 이미지 및 동영상도 스마트폰에서 어떻게 보일지 등을 감안해 제작을 해야 한다. 모든 홈페이지, 썸네일, 상세페이지는 스마트폰에서 어떻게 보일지 가독성을 염두에 두고 만들어야 한다. 아직도 일부 자사몰들의 경우에는 PC 쇼핑에서나 적합할 만한 홈페이지를 만들어 운영하는 경우가 있는데 하루 빨리 모바일 최적화를 갖추어야 한다.

모바일 쇼핑에서는 PC 쇼핑에서 가능한 가격비교를 제대로 할 수 없다는 점도 미리 염두해둬야 한다. PC로 쇼핑을 할 때는 이 쇼핑몰 저 쇼핑몰 돌아다니며 다양하게 상품을 검색하며 가격비교를 꼼꼼히 해 보고 상품을 구매하는 데 비해, 모바일로 쇼핑을 할 때는 직관적으로 쇼핑을 하게 된다. 그렇기 때문에 모바일 쇼핑이 활성화되면 될수록 최저가의 압박은 갈수록 줄어들고 있다.

라이브커머스의 급성장

라이브커머스(Live Commerce)란 실시간을 뜻하는 '라이브'와 상업을 의미하는 '커머스'가 더해진 단어로, 실시간 인터넷 방송과 쇼핑이 결합한 형태를 뜻한다. 실시간 인터넷 방송을 보면서 쇼핑을 한다고 생각하면 된다. 이러한 라이브커머스는 홈쇼핑과 같이 라이브 방송을 통해 소비자들과 쇼핑호스트가 실시간으로 소통하면서 상품을 판매하는 방식이다.

기존의 정적인 방식의 온라인 판매와 비교해 동영상으로 상품을 더욱 생동감 있게 보여주고 소비자들의 궁금증이나 질문 등을 실시간으로 응대하면서 판매할 수 있다는 장점이 있기 때문에 최근 각광받는 쇼핑 방식이다. 한국보다 라이브 방송이 훨씬 먼저 활성화된 중국의 경우 '왕홍'이라 불리는 인플루언서 한 명의 라이브 방송 1년 매출액이 몇백 억 원, 몇천 억 원으로 웬만한 중견기업 수준일 정도이다.

한국 E커머스업계에서도 라이브커머스 시장이 급성장하고 있다. 온라인 판매를 어느 정도 한다는 업체 중에 라이브커머스를 안 해

본 업체가 드물 정도이다. 2019년 정도까지만 해도 라이브커머스가 앞으로 유망하다는 것은 알고는 있지만 매출도 별로 나오지 않고 홍보 효과도 크지 않아서 관심을 기울이는 업체들이 많지 않았다. 그러나 라이브커머스 시장은 매년 비약적으로 성장해 2020년 4000억 원 규모에서 2023년 10조 원 시장을 만들어냈다.

라이브 방송 전문 플랫폼은 네이버 쇼핑라이브, 그립(GRIP), 소스(SAUCE), 카카오 쇼핑라이브 등이 있다. 이 중 라이브 방송 대중화를 주도한 것은 네이버 쇼핑라이브이다. 네이버가 보유한 막대한 고객들에게 홍보가 가능하고 수수료도 업계 최저 수준이라 라이브 방송을 하는 업체들은 거의 모두 진행하고 있을 정도이다. 스마트 스토어를 운영해야 쇼핑라이브가 가능해 네이버쇼핑에 자동 노출된다는 점과 많은 연계 마케팅도 타 라이브 방송 플랫폼 대비 큰 강점이다.

네이버 키워드 광고, 쇼핑 광고 및 기타 쇼핑 플랫폼들의 광고 비용이 매년 비약적으로 오르면서 광고 효율이 나지 않는 상황에서 라이브 방송은 쇼핑몰 광고의 새로운 대안으로 떠오르고 있다. 실제로 광고비를 통한 매출, 이익보다 라이브 방송을 지속적으로 진행하면서 더 큰 매출, 이익 및 브랜드 홍보 효과를 본 업체들은 광고비를 최저 수준으로 줄이고 라이브 방송에 집중하는 경우도 많다. 2019년, 2020년에는 라이브 방송 진행 비용이 너무 고가인지라 효율이 나지 않는 경우가 많았으나 지금은 라이브 방송 진행 업체 및 프리랜서 쇼호스트도 많아져 진행 비용이 큰 폭으로 줄었다. 라이브 방송의 진입 장벽이 낮아지고 대중화되면서 대행사나 쇼호스트를 쓰지 않고 직접 진행하는 업체가 많아지고 있는데 이 경우 수익 및 브랜딩 효과는 쇼핑몰 광고와는 비교가 불가할 정도이다.

라이브 방송 플랫폼 2위인 그립은 2021년 12월에 카카오에 인수되었는데 카카오의 엄청난 고객기반을 바탕으로 무섭게 성장할 것으로 예상한다. 카카오쇼핑 라이브가 브랜드 위주의 라이브 방송인데 비해 그립은 일반 소상공인이 주력이기 때문에 양쪽 시장 모두를 잡으려는 카카오의 의지가 엿보인다.

라이브 방송 대중화의 선두주자 네이버 쇼핑라이브

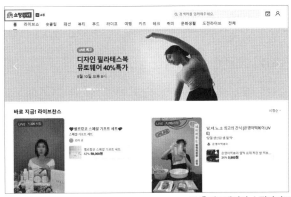

※ 출처 : 네이버 쇼핑라이브

지금은 라이브 방송의 성장가능성과 브랜딩 효과를 파악한 대형 온라인 쇼핑몰들도 앞다투어 라이브 방송 시장에 뛰어들고 있다. 쿠팡 등 웬만한 대형 오픈마켓, 종합몰도 자체 라이브 방송을 플랫폼 내에서 진행 중이며 롯데백화점, 신세계백화점, 현대백화점 등 오프라인 대형 유통업체도 라이브 방송을 진행하고 있으며 지속적으로 확대하고 있다. 라이브 방송을 잘 진행하게 되면 여타의 광고, 마케팅 대비 매출, 이익, 브랜딩 측면에서 효과가 탁월하기 때문에 E커머스업계에서 라이브 방송은 매년 꾸준히 성장할 것으로 예상한다.

해외 구매대행, 해외 오픈마켓 판매 확대

국내에는 많은 온라인 판매자들이 있는데 국내 온라인 판매 시장 경쟁이 과열됨에 따라 상대적으로 경쟁이 덜 치열한 해외 관련 온라인 판매에 눈을 돌리는 사람들이 많아지고 있다. 해외 구매대행 판매와 해외 오픈마켓 판매가 바로 그것인데 특히 해외 구매대행은 폭발적인 반응을 불러일으키고 있다. 해외 구매대행은 타오바오, 아마존, 알리익스프레스 등 해외 쇼핑몰 상품을 국내 쇼핑몰(오픈마켓, 스마트스토어 등)에 등록해 판매가 되면 해외 쇼핑몰에 주문을 넣어 배송시키는 위탁판매 방식의 온라인 판매이다. 해외 쇼핑몰의 구매가에 본인의 마진을 붙여서 국내 쇼핑몰에 올리는데 이 차액이 해외 구매대행 셀러의 수익이라고 할 수 있다. 해외 배송비는 보통 고객에게 부담시키든지 셀러가 부담하며 상품 판매가에 넣을 수도 있다.

2019년 유튜버 신사임당이 기폭제가 된 스마트스토어 열풍처럼 지금은 해외 구매대행이 온라인 판매에서 최고 인기 콘텐츠가 되었다. 해외 구매대행이 이렇게 인기 있는 이유는 큰 자금 투자 없이 신용카드 한 장이면 바로 사업을 시작할 수 있고, 상품 보는 눈이 없어도 가능하고, 투잡으로 쉽게 시작이 가능하다는 점 때문이다. 해외 구매대행은 최근에 나온 판매 방식은 아니며 이미 10년 전부터 해외 구매대행이라는 판매 방식이 존재했었다. 다만 그 당시에는 해외 구매대행에 대한 정보가 부족하고 해외 구매대행 비즈니스를 도와줄 다양한 프로그램 및 솔루션이 미흡해 초보자가 쉽게 진입하기 어려웠기 때문에 활성화가 안 된 것 뿐이었다. 그러나 지금은 해외 구매대행에 대한 정보가 책, 강의, 교육, 유튜브, 포털사이트 등에 널려 있고 해외 구매대행을 도와줄 각종 IT솔루션 등이 많아져 초보자도 손쉽게 해외 구매대행을 시도할 수 있게 되었다.

각종 해외 구매대행 관련 프로그램과 솔루션을 사용하면 이전 대비 훨씬 쉽게 해외 구매대행 판매를 할 수 있다. 그렇기 때문에 유튜브를 보면 해외 구매대행에 관한 매우 자극적인 문구로 직장인, 예비창업자 등을 끌어들이고 있는 영상들을 많이 볼 수 있다. 신용카드 한 장만 있으면 전 세계 모든 상품들을 국내에서 판매할 수 있고, 직장에 다니면서도 투잡으로 시작할 수 있고, 불안한 미래를 대비할 수 있다는 얘기를 듣고 지금도 수많은 사람이 해외 구매대행에 뛰어들고 있다.

유튜브의 해외 구매대행 관련 콘텐츠

　너무도 많은 사람이 해외 구매대행에 뛰어들다 보니 당연히 경쟁도 5년 전 대비 비교할 수 없을 정도로 치열해졌다. 특히 알리익스프레스, 테무 등이 직접 한국 시장에 진출하면서 경쟁 강도는 사상 최고치에 달하고 있다. 보통 반자동·자동 상품 수집, 상품 등록 솔루션을 써서 아마존, 타오바오, 1688 등 해외 유명 쇼핑몰의 상품들을 해외 구매대행 셀러 1인당 수천, 수만 개씩 수집해 국내 오픈마켓, 쿠팡, 스마트스토어에 등록하다 보니 경쟁이 심해지는 것은 당연한 일이다. 중국 구매대행하는 셀러들이 워낙 많아지다 보니 이제는 유럽 구매대행, 일본 구매대행 셀러들도 생겨나고 있다.

　물론 해외 구매대행 셀러들 중에서도 많은 정보 및 노하우를 가지고 솔루션을 잘 사용하는 사람들은 매월 수천만 원의 수익을 올린다. 그러나 대다수의 별다른 노력을 하지 않는 90%의 평범한 해외 구매대행 셀러들은 몇 달 해 보다가 포기하게 된다. 남들 하는 대로 그냥 솔루션을 통해 해외 쇼핑몰 상품을 긁어다가 국내 쇼핑몰에 대량으로 등록하기만 하면 성공하겠는가? 공부하는 만큼, 아는 만큼, 노력하는 만큼 매출이 나온다.

지금 해외 구매대행으로 월 천만 원 이상 순이익을 올리는 판매자들은 위와 같은 단순 작업만 하는 게 아니다. 필요에 따라 상품명, 상세페이지, 썸네일도 바꾸고 온라인 광고, 바이럴마케팅, 솔루션 사용법도 심도 깊게 공부하고 매출이 나오는 키워드들도 끊임없이 찾는 등 피나는 노력을 해 직장인이 받는 월급 이상의 돈을 벌고 있다. 이런 현실에도 불구하고 해외 구매대행은 초보 셀러가 온라인 판매를 시작하는 데 무척이나 도움이 된다고 생각한다. 평생 해외 구매대행만 하는 것은 안정성이 떨어져 비추천하지만, 해외 구매대행을 경험하는 것은 강력히 추천한다.

해외 구매대행 판매를 하다 보면 키워드 및 트렌드에 대한 공부를 확실히 할 수 있다. 해외 구매대행 판매는 결국 키워드와 트렌드 싸움이기 때문이다. 가령 오늘 인기 예능 TV 프로그램에 나온 '○○○ 가습기'를 보자마자 해외 쇼핑몰에서 해당 가습기를 찾아 올리면 바로 매출이 나올 수 있기 때문이다. 보통 해외 구매대행을 하다 포기하는 판매자들은 키워드 분석, 트렌드 분석에 약하고 국내 판매보다 어려운 상품 품절과 단종 관리, 반품과 교환 문제에 큰 어려움을 느끼는 사람들이다. 그럼에도 불구하고 국내 B2B 배송대행 도매 사이트 위탁판매보다 해외 구매대행이 성공 시 수익이나 장기적인 전망에서도 훨씬 괜찮다.

해외 오픈마켓 판매도 국내 온라인 판매의 치열한 경쟁을 피해 많은 사람들이 뛰어들고 있다. 전통적인 해외 오픈마켓 온라인 판매 쇼핑몰은 미국 아마존과 이베이였다. 그러나 2020년경부터는 싱가포르를 필두로 한 동남아시아 오픈마켓에서 판매가 활성화되고 있다. 동남아시아에서 인기 있는 글로벌 오픈마켓인 큐텐, 쇼피가 한국 비즈니스 서포트를 시작하면서 이들이 배송 서비스를 하고 있는 싱가포르, 말레이시아, 베트남, 태국, 대만, 필리핀의 큐텐, 쇼피 현지 사이트를 통해 해당 국가의 현지인들에게 온라인으로 상품 판매가 가능해졌다. 한류 열풍을 타고 동남아시아 시장의 경우 한국 상품들에 대한 선호도가 급증해 가격이 비싼 한국 상품이지만 중산층 이상 현지인들의 판매가 지속적으로 올라가고 있다. 특히 뷰티, 건강, 식품, 홈＆리빙 카테고리의 상품들이 인기가 높다.

해외 오픈마켓 판매에서 가장 큰 문제는 해외 배송인데 큐텐과 쇼피는 한국에 있는 별도의 상품 집하지까지만 상품을 보내면 큐텐, 쇼피에서 해당 국가의 현지 고객에게 직접 배송을 해준다. 그렇기 때문에 큐텐, 쇼피에 일정 부분 배송 수수료만 내면 해외 판매를 손쉽게 할 수가 있다. 그래서 일반 온라인 셀러들 뿐만 아니라 제조업체들도 동남아시아 시장을 공략하기 위해 적극적으로 큐텐, 쇼피를 통해 판매를 시작하고 있다. 쇼피 같은 경우는 브라질, 멕시코, 폴란드 판매도 지원하고 있다.

예전에는 동남아시아 현지인들에게 판매하려면 수출이라는 복잡한 과정을 거쳐야 했지만 이제는 간단히 큐텐, 쇼피에 판매자로 가입해 상품을 등록하고 판매하면 된다. 골치 아픈 해외 배송까지 일정 수수료만 내면 큐텐, 쇼피에서 다 알아서 해주니 이전과 비교해 해외 판매가 엄청나게 쉬워졌다. 상품 선정 및 광고와 마케팅만 잘하면 어느 정도 매출을 올릴 수가 있는데 해당 쇼핑몰들의 무료 판매자 교육들은 물론 유료 교육들도 많이 있다.

큐텐, 쇼피 판매 지원 국가 현황

업체	지원 국가	비고
큐텐 (www.qoo10.com)	싱가포르, 인도네시아, 말레이시아, 중국	싱가포르 거래액 1위 쇼핑몰
쇼피 (www.shopee.kr)	싱가포르, 말레이시아, 베트남, 필리핀, 대만, 태국, 브라질, 멕시코	동남아시아 거래액 1위 쇼핑몰

미국 오픈마켓 판매는 아마존과 이베이에서 이루어지는데 이들 쇼핑몰의 경우 큐텐, 쇼피처럼 현지 구매 고객에게 직접 배송해주는 서비스는 운영하고 있지 않다. 그래서 판매자가 미국 아마존, 이베이에 상품 등록 후 판매가 이루어지면 별도의 해외 배송업체를 찾아 고객에게 배송을 해주어야 한다.

아마존 같은 경우는 아마존 창고에 상품을 저장해놓은 뒤 판매하는 FBA(Fullfilment by Amazon) 판매 방식이 주력인데 미국 시장이 워낙 크다 보니 한 번 현지인들에게 인기를 얻게 되면 매출이 몇십 억 원, 몇백 억 원에 이를 정도이다. 그래서 개인 온라인 셀러보다는 상품을 가진 제조업체들이 FBA 서비스를 이용해 대박을 터트리는 경우가 많다. 아마존, 이베이 판매를 교육하는 유료 교육들도 많아 미국 오픈마켓 판매에 쉽게 문을 두드릴 수 있다.

　오픈마켓은 아니지만 전 세계 무역 중개 플랫폼인 알리바바 같은 경우도 해외 판매를 위해 많이 이용하고 있다. 알리바바는 거래액 1등의 세계 최대 B2B(Business to Business; 기업과 기업 간의 거래) 온라인 무역 플랫폼이며 중국 기반의 업체지만 전 세계 200여 개국 1억 6000만 명의 바이어들이 이용하고 있다. 16개국 언어로 사이트가 운영되고 있으며 2024년에는 '한국 파빌리온'이라는 한국 기업 전용 서비스를 런칭하며 한국 시장 공략을 강화하고 있다. 이는 개인 온라인 셀러보다는 본인만의 상품을 가진 제조업체가 주로 이용하는 플랫폼인데 연회비가 최소 4,999달러로 비싼 게 특징이다. 그러나 정부 기관에서 국내 기업의 해외 판매를 지원하는 프로그램들이 많아 이 프로그램을 이용하면 저렴하게 알리바바에 가입해 판매할 수 있다. 인터넷에서 검색해 보면 알리바바 판매에 대한 유료 교육들이 많이 소개되어 있다.

E커머스 옥석가리기

아래의 뉴스 기사처럼 코로나19 시기에 풍부한 유동성을 바탕으로 외형 확대에만 집중하던 쇼핑몰들이 코로나19 종료 후 경기 불황으로 인한 매출 감소 및 투자유치 실패를 겪으며 힘들어하고 있다. 2024년 7월과 8월 큐텐그룹이 운영하던 티몬, 위메프, 인터파크의 법정관리 신청은 모든 사람에게 큰 충격을 주었다. 고객들도 문제지만 티몬, 위메프, 인터파크에 상품을 공급하던 공급업체들은 막대한 손실을 입었다. 그리고 어느 정도 인지도 있는 쇼핑몰이었던 문고리닷컴, 바보사랑, 1300K, 알렛츠 등도 위기 상황을 버티지 못하고 폐업했다.

E커머스 관련 기사

※ 출처 : 대한경제

사실 이런 사태는 어느 정도 이미 예견되던 상황이었다. 쿠팡, 네이버쇼핑, 무신사, 오아시스 등 극히 일부의 E커머스 쇼핑몰을 제외하고 대부분의 E커머스 쇼핑몰은 흑자를 내지 못하는 상황이다. 보통 투자유치 또는 고객들이 지불한 상품 판매대금으로 버티고 있는 상황이었는데 코로나19 이후 금리 인상 및 매출 감소로 더 이상 버티지 못하고 폐업하거나 법정관리에 들어가는 E커머스 쇼핑몰이 속출하고 있다. 그래서 티몬, 위메프 사태 이후 정부에서 E커머스 쇼핑몰들의 대금 정산기간을 단축하고 고객들이 지불한 판매대금에 대해 쇼핑몰들이 함부로 사용하지 못하게 하는 제도를 법제화할 예정이다. 만약 그렇게 되면 티몬, 위메프처럼 무너질 E커머스 쇼핑몰들은 더욱 많아질 것이 불을 보듯 뻔하다.

이미 많은 피해를 본 공급업체들은 자금 상황이 좋지 않은 E커머스 쇼핑몰에서는 더 이상 판매를 하지 않을 것이기 때문에 쿠팡, 네이버쇼핑 같은 규모 있고 건실한 쇼핑몰만 살아남고 그렇지 않은 쇼핑몰들은 몰락의 길을 걸을 것으로 예상한다. 앞으로는 고객과 공급업체 모두 부실한 쇼핑몰을 이용하지 않고 건실한 쇼핑몰에만 몰릴 예정이니 E커머스 쇼핑몰의 옥석가리기는 더욱 심화될 것으로 보인다. 게다가 예전처럼 E커머스 플랫폼이 자체 손실을 감수하면서까지 초특가 행사, 쿠폰 행사를 진행하지 않고 손실을 최소화하기 위해 공급업체의 판매 수수료를 올릴 것이라 예상되기 때문에 고객, 공급업체 모두 이익이 줄어들 것이다.

예전에는 매출이 급상승하고 고객이 몰리는 막 떠오르는 신생 E 커머스 플랫폼에 공급업체들이 벌떼처럼 몰렸으나 티몬, 위메프 사태 이후에는 해당 E커머스 플랫폼의 재무 상황을 신중히 고려하고 입점을 진행해야 한다. 그런 E커머스 플랫폼의 대부분이 고객을 모으고 매출을 만들어내기 위해 대규모 손실을 감수하고 초특가 행사나 이벤트를 진행했기 때문에 재무 상황은 당연히 좋지 않았을 것이다.

모바일 SNS & 쇼핑몰 앱 최신 트렌드

온라인 유통을 할 때 반드시 관심을 가져야 할 내용이 있다. 바로 페이스북, 인스타그램, 카카오톡 같은 모바일 SNS이다. 이들 SNS를 잘 활용하는 판매자들은 그렇지 않은 판매자들 대비 매출, 이익 측면에서 비교할 수 없을 정도이다. 인스타그램으로만 월 억대 매출을 올리고 카카오톡으로 월 억대 매출을 올리는 판매자들이 넘쳐난다. SNS를 통해 직접 판매를 하지 않더라도 해당 SNS에서 홍보해 고객에게 내 상품을 브랜딩해 충성 고객으로 만들어 나의 쇼핑몰로 유입시켜 추가 매출을 만들어낼 수도 있다.

모바일 SNS 최신 트렌드

SNS는 흥망성쇠가 매우 빠르고 트렌드에 민감하기 때문에 항상 관심을 기울여야 한다. 언제나 SNS에 대한 관심을 기울여서 나의 상품에 맞는 SNS에 자원을 집중해야 하며 뜨고 있거나 지고 있는 SNS에 대한 정보를 습득해야 한다.

한국인이 가장 많이 사용하는 SNS 앱

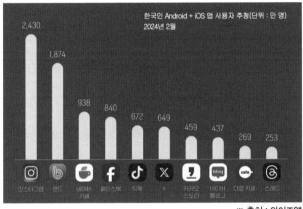

※ 출처 : 와이즈앱

2024년 2월 기준으로 한국인이 가장 많이 사용하는 SNS 앱은 인스타그램이다. 다음으로 네이버밴드, 네이버카페, 페이스북, 틱톡 순이다. 이들 중에서 온라인 유통을 하는 사람이 가장 관심을 기울여야 할 SNS는 당연히 인스타그램이다. 2017년까지만 해도 페이스북이 SNS의 확고부동한 1등이었으나 지금은 매년 이용자가 줄면서 몰락의 길을 걷고 있다. 반면 인스타그램은 매년 이용자 수가 증가하며 다른 SNS와의 격차를 더욱 벌려가고 있다.

온라인 유통하는 사람이라면 인스타그램에 체험단이나 판매 광고를 대부분 진행해 본 적이 있을 것이다. 페이스북에도 상품 홍보나 판매 광고가 진행되고 있기는 하나 페이스북의 트렌드 하락에 영향을 받아 매년 이탈이 증가하고 있다. 인스타그램은 전 연령대에서 이용률이 급격히 늘고 있으며 주로 사용하는 연령대는 20~40대이며 페이스북은 거의 전 연령대에서 이용률이 감소하고 있으나 아직 4050 중장년층은 어느 정도 이용을 하고 있다. 그러니 4050 중장년층, 특히 남성 대상의 상품을 판매하는 판매자라면 페이스북을 활용해 볼만 하다. 단, 10대~30대 대상 상품은 페이스북보다는 인스타그램을 이용하는 것이 바람직하다. 인스타그램은 비주얼이 중요한 상품군, 가령 여성 대상의 패션, 잡화, 화장품 등을 판매할 때 매우 유리하다. 그러나 인스타그램은 워낙 대중적으로 인기 있는 SNS라서 이외 상품이라도 도전해 볼만 하다.

네이버밴드, 카카오스토리는 SNS 공동구매 판매로 유명한데 2014

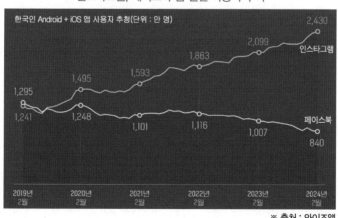

인스타그램, 페이스북 앱 월간 사용자 추이

※ 출처 : 와이즈앱

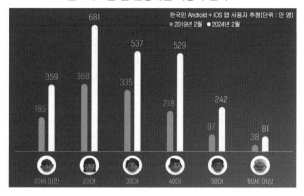

인스타그램 앱 연령대별 사용자 변화

한국인 Android + iOS 앱 사용자 추청(단위 : 만 명)
● 2019년 2월 ● 2024년 2월

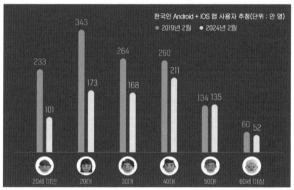

페이스북 앱 연령대별 사용자 변화

한국인 Android + iOS 앱 사용자 추청(단위 : 만 명)
● 2019년 2월 ● 2024년 2월

※ 출처 : 와이즈앱

년부터 2017년 전성기 대비해서는 이용률이 감소하는 트렌드이다. 카카오스토리 같은 경우는 최고의 공동구매 SNS였으나 카카오가 게시물 도달율을 낮춘 뒤로 하향 트렌드를 걷고 있다. 네이버밴드, 카카오스토리는 3040 주부들 대상의 식품, 건강식품, 생활잡화 등이 잘 팔린다. 많은 네이버밴드, 카카오스토리 공동구매 판매자들은 트렌드 하향에 따라 인스타그램 판매, 앱 공동구매 시장으로 넘어갔다.

틱톡은 10대에게 가장 인기 있는 SNS인데 10대 대상 상품을 판매하는 판매자라면 틱톡에 주목해야 한다. 틱톡은 유튜브, 카카오, 네이버, 인스타그램에 이어 2024년 4월 기준으로 우리나라에서 사용 시간 5등인 SNS이다. 틱톡은 우리나라에서는 직접적인 상품 판매는 되지 않고 홍보만 가능한데 2023년부터 미국, 영국, 태국 등에서는 틱톡샵이라는 이름으로 직접 판매가 가능하다. 우리나라에도 진출할 가능성이 높기 때문에 항상 그에 대한 준비를 하고 있어야 한다.

네이버카페는 비슷한 취미, 관심사를 가진 사람들의 커뮤니티 개념인데 상품 판매 쪽에서는 공동구매가 진행이 된다. 내가 판매하는 상품과 관련된 활성화된 네이버카페가 존재한다면 해당 네이버카페에서 홍보 및 판매를 진행해 보는 것이 좋다. 네이버카페는 SNS가 생기기 전에는 최고의 온라인 커뮤니티였으나 상품 유통 판매 관련해서 지금은 SNS에 밀려 하향 트렌드이다.

다음카페는 명맥만 유지하고 있고 힘이 다 빠진 상태라 신경 쓰지 않아도 된다. 네이버블로그는 체험단 홍보, 공동구매 등이 이루어지는데 체험단 홍보 쪽에서는 인스타그램과 함께 아직도 강력한 파워를 가지고 있다. 네이버블로그는 온라인 공룡인 네이버의 주력 아이템 중 하나이기 때문에 향후에도 쉽게 하락하지는 않을 것으로 예상된다.

　SNS는 아니지만 2024년 4월 기준 우리나라에서 가장 오래, 또 많이 사용하는 앱은 유튜브와 카카오톡이다. 유튜브의 경우 압도적인 1등인데 타 앱과의 차이는 앞으로도 더욱 벌어질 것으로 예측된다. 유튜브에서 상품 관련 홍보, 광고는 진행되고 있지만 아직 직접적인 상품 판매 효과가 크지는 않다. 그러나 유튜브 측에서 유튜브쇼핑에 대해 집중적인 육성 계획을 2024년 발표했기 때문에 유튜브 쇼핑이 활성화되면 전체 온라인 유통업계에 지각 변동을 일으킬 수도 있다. 유튜브는 워낙 파급력이 큰 온라인 매체이기 때문에 유튜브쇼핑에 대한 관심을 놓지 말아야 한다.

한국인이 가장 오래 사용하는 앱

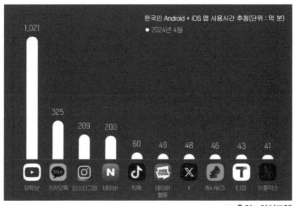

※ 출처 : 와이즈앱

엄청난 잠재력을 지닌 유튜브쇼핑

※ 출처 : 유튜브

쇼핑몰 앱 최신 트렌드

리테일 시장조사기관 와이즈앱은 안드로이드와 아이폰 사용자를 대상으로 2023년 1월부터 12월까지 쇼핑몰 앱에 대해 조사한 결과를 발표했다(네이버쇼핑은 별도의 앱이 없어서 순위에 포함되지 않았다). 대부분의 종합쇼핑몰이 전년 대비 사용자 수가 감소하는 트렌드였으나 쿠팡은 3.7% 성장했으며, 알리익스프레스는 86.3%, 올웨이즈는 무려 238.2% 성장했다. 테무의 경우는 2023년 7월에 한국에 런칭했으나 사용자 수 210만 명으로 바로 2023년 전체 TOP 10 순위에 진입했다. 쿠팡, 올웨이즈, 해외 직구 쇼핑몰 대비 특별한 강점이 없는 기타 오픈마켓, 소셜커머스의 경우에는 향후에도 하향 트렌드를 걸을 것으로 예측한다.

2023년 1월~12월 종합쇼핑몰 앱 사용자 수 Top 10

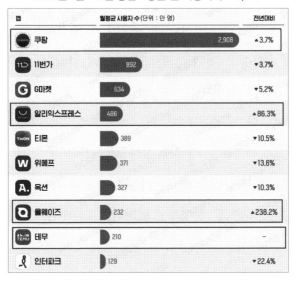

앱	월평균 사용자 수(단위 : 만 명)	전년대비
쿠팡	2,908	▲3.7%
11번가	892	▼3.7%
G마켓	634	▼5.2%
알리익스프레스	486	▲86.3%
티몬	389	▼10.5%
위메프	371	▼13.6%
옥션	327	▼10.3%
올웨이즈	232	▲238.2%
테무	210	–
인터파크	129	▼22.4%

2023년 1월~12월 종합쇼핑몰 앱 2012년 대비 사용률 변화

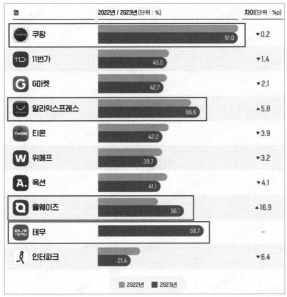

앱	2022년 / 2023년(단위 : %)	차이(단위 : %p)
쿠팡	91.0	▼0.2
11번가	45.0	▼1.4
G마켓	42.7	▼2.1
알리익스프레스	66.6	▲5.8
티몬	42.2	▼3.9
위메프	38.7	▼3.2
옥션	41.1	▼4.1
올웨이즈	56.1	▲16.9
테무	68.7	–
인터파크	21.4	▼6.4

■ 2022년 ■ 2023년

※ 출처 : 와이즈앱

2023년 1년간 앱 사용률을 살펴보면 쿠팡이 91%로 1등이고, 테무 68.7%, 알리익스프레스 66.6%, 올웨이즈 56.1%가 그 뒤를 이었다. 쿠팡의 사용률은 거의 독보적이고 테무, 알리익스프레스, 올웨이즈도 사용자 수만 많은 여타 오픈마켓, 소셜커머스 대비 월등한 사용률을 보였다. 올웨이즈의 경우 국내 최초로 쇼핑몰 내에 게임 마케팅(팜 농장 마케팅)을 적용해 대성공을 거뒀다는 점에 주목해야 한다. 올웨이즈의 성공을 벤치마킹해 마켓컬리 등 국내 여러 쇼핑몰이 팜 농장 마케팅을 진행하고 있다. 물론 올웨이즈도 중국 '핀둬둬'라는 동일 콘셉트 공동구매 쇼핑몰의 게임 마케팅 사례를 벤치마킹했는데 핀둬둬는 테무의 모기업이다. 연령대별 선호 앱을 살펴보면 전 연령대에서 쿠팡이 1등, 11번가가 2등이다. 알리익스프레스의 경우 전 연령대에서 순위권에 진입한 것을 확인할 수 있다.

2023년 1월~12월 세대별 종합쇼핑몰 사용 앱 TOP 5

세대 순위	20세 미만	20대	30대	40대	50대	60세 이상
TOP 1	쿠팡	쿠팡	쿠팡	쿠팡	쿠팡	쿠팡
TOP 2	11번가	11번가	11번가	11번가	11번가	11번가
TOP 3	알리익스프레스	알리익스프레스	G마켓	G마켓	G마켓	G마켓
TOP 4	올웨이즈	G마켓	알리익스프레스	알리익스프레스	알리익스프레스	알리익스프레스
TOP 5	G마켓	티몬	티몬	티몬	옥션	옥션

※ 출처 : 와이즈앱

2023년 1월~12월 전문몰 앱 사용자 수 Top 10

카테고리	앱	월평균 사용자 수 (단위 : 만 명)	전년 대비
패션	ABLY 에이블리	694	▲7.6%
패션	무신사	512	▲32.7%
뷰티	올리브영	462	▲35.8%
패션	Z 지그재그	409	▲4.1%
가구/인테리어	오늘의집	321	▼25.5%
식품/뷰티	Kurly 컬리	304	▼7.6%
패션	Q 퀸잇	180	▲3.5%
수공예품	아이디어스	169	▼19.5%
패션	KREAM KREAM	104	▲37.4%
패션	G 굿웨어몰	84	▲14.7%

※ 출처 : 와이즈앱

전문몰 앱에서는 패션 카테고리의 성장세가 두드러진데 Top 10 안에 에이블리, 무신사, 지그재그, 퀸잇, 크림, 굿웨어몰 등 무려 여섯 개가 패션 전문몰이다. 이들은 사용자 수만 많은 것이 아니라 2022년 대비 모두 사용자 수도 증가했다. 오프라인 뷰티스토어 기반의 올리브영은 온라인 전문몰로서도 완전히 성공했는데 2022년 대비해서도 35.8%나 성장했다. 반면 코로나19 시절 급성장했던 가구 & 인테리어 전문몰인 오늘의집과 식품 전문몰인 마켓컬리의 경우에는 2022년 대비 역성장하고 있는 트렌드이다.

E커머스 유통 채널 A~Z 정리

국내 유통 시장은 온라인 유통의 활성화에 따라 신규 E커머스 유통 채널들이 급격히 증가했으며 매년 많은 E커머스 유통 채널들이 시대 상황에 따라 생기기도 하고 없어지기도 하는 추세이다. 특히 전통적인 오프라인 유통 채널보다는 E커머스 유통 채널에서 그 변동이 심하다. 신규로 생겨나는 E커머스 유통 채널의 경우 생명 주기가 2~3년으로 급격히 짧은 것이 특징이다. 신규로 생겨난 E커머스 유통 채널은 큰 인기를 끌다가도 다른 신규 E커머스 유통 채널로 흐름이 옮겨가는 데 걸리는 시간이 갈수록 단축되고 있다. 그렇기 때문에 한 개의 E커머스 유통 채널에만 안주하다가는 미래를 기약하기가 힘든 상황이다.

신규로 생겨나는 E커머스 유통 채널의 경우 초반에 진입하는 업체들은 수수료 및 상품 노출 등에서 큰 혜택을 보나, 활성화 이후에 진입한 업체들은 치열한 경쟁 때문에 큰 매출과 수익을 얻기가 힘들다. 소셜커머스나 카카오스토리 채널 공동구매의 경우를 보더라도 이런 사례를 쉽게 찾아볼 수 있으며 오프라인 유통의 제왕 할인점의 경우도 초반에 진입한 업체들은 수수료 15%에도 입점하면서 할인점 전문 업체로 자리를 굳힐 수 있었다. 따라서 평소에도 E커머스 유통 시장의 변화에 항상 관심을 기울이며 새로운 E커머스 유통 트렌드에 대한 공부를 열심히 해야 한다. 단, 2024년 티몬, 위메프 사태에서 알 수 있듯이 새로운 유통 시장에 진입하려고 할 때 입점하려는 업체의 재무적인 안전성에 대해 면밀히 검토 후 진입해야 한다.

국내외 주요 E커머스 유통 채널 현황은 다음과 같다.

1. 오픈마켓

- G마켓 : www.gmarket.co.kr

- 옥션 : www.auction.co.kr

- 11번가 : www.11st.co.kr

- 인터파크 : https://shop.interpark.com/(법정관리)

- 롯데ON(오픈마켓) : www.lotteon.com

2. 쿠팡

- 쿠팡 : www.coupang.com

3. 네이버커머스

- 네이버쇼핑/쇼핑윈도 : https://shopping.naver.com/

- 스마트스토어 : https://sell.smartstore.naver.com

4. 소셜커머스

- 티켓몬스터 : https://www.tmon.co.kr/(법정관리)

- 위메프 : https://front.wemakeprice.com/main(법정관리)

5. 종합몰

- 현대H몰 : www.hmall.com

- GS샵 : www.gsshop.com

- CJ온스타일 : https://display.cjonstyle.com/

- SSG닷컴 : www.ssg.com

- 롯데ON(종합몰) : www.lotteon.com

6. 라이브 홈쇼핑

- GS 홈쇼핑 : www.gsshop.com

- CJ온스타일 : https://display.cjonstyle.com/

- 롯데 홈쇼핑 : www.lotteimall.com

- 현대 홈쇼핑 : https://company.hmall.com

- 홈앤쇼핑 : www.hnsmall.com

- NS 홈쇼핑 : http://pr.nsmall.com/

- 공영쇼핑 : https://www.gongyoungshop.kr

7. 데이터 홈쇼핑(T커머스)

- KT 알파쇼핑(KT 계열사) : www.kshop.co.kr

- 신세계TV 쇼핑 : www.shinsegaetvshopping.com

- SK스토아(SK 계열사) : www.skstoa.com

- 쇼핑엔티 : www.shoppingntmall.com

- W쇼핑 : www.w-shopping.co.kr

- GS MY SHOP(GS 홈쇼핑 운영) :

  www.gsshop.com/shop/gsmyshop/index.gs?lseq=409524

- 현대 홈쇼핑 TV+(현대 홈쇼핑 운영) : www.hmall.com

- CJ온스타일 TV+(CJ온스타일 운영) : https://display.cjonstyle.com/

- LOTTE ONE TV(롯데 홈쇼핑 운영) : www.lotteimall.com

- NS TV SHOP+(NS 홈쇼핑 운영) : http://www.nsmall.com

8. 인포머셜(제작 & 유통사)

- 인포벨 : www.infobell.kr

- 송영철 공작소 : www.songpd.co.kr

9. 식품 특화몰

- 마켓컬리 : www.kurly.com

- 쿠팡프레시 : https://www.coupang.com/np/categories/393760

- SSG닷컴 새벽배송 :

  https://emart.ssg.com/service/morning/dvstore.ssg

- 오아시스 : www.oasis.co.kr

- 네이버쇼핑 푸드윈도 :

  https://shopping.naver.com/fresh/localfood/home

- 농협몰 : www.nonghyupmall.com

- 우체국쇼핑 : https://mall.epost.go.kr

- 수협쇼핑 : www.shshopping.co.kr

- 정육각 : www.jeongyookgak.com

- 동원몰 : www.dongwonmall.com

- 정원 e샵 : http://www.jungoneshop.com/

- 정몰 : www.kgcshop.co.kr

- 초록마을 : www.choroc.com

- 네이버카페 농라 : https://cafe.naver.com/tlsxh

- 네이버카페 농라수터 : https://cafe.naver.com/soosannara

- 네이버카페 농라마트 : https://cafe.naver.com/nonglamart#

- 카카오톡 채널 : 돌쇠농산물, 농가산지소식, 농가살리기, 기절밥상,
  맛있는제철밥상, 훈훈수산, 백년밥상

10. 복지몰, 폐쇄몰

- 현대 이지웰 : www.hyundaiezwel.com

- 베네피아 : www.benepia.co.kr

- 비즈마켓 : www.bizmarket.com

- 이제너두 : www.etbs.co.kr

- 네티웰 : www.netiwell.com

- 삼성전자 베네포유 : https://sec.s-bluevery.com/

- 군번몰 : www.goonbun.com

11. 카카오커머스(카카오톡 앱 내 서비스)

- 카카오 쇼핑하기 : https://store.kakao.com/

- 카카오메이커스(크라우드펀딩) : https://makers.kakao.com/

- 카카오 선물하기 : https://gift.kakao.com/

12. 할인점 온라인몰

- 이마트 온라인몰(SSG닷컴 내 입점) : https://emart.ssg.com/

- 롯데마트 온라인몰(롯데ON 내 입점) :

  https://www.lotteon.com/p/display/main/lottemart

- 홈플러스 온라인몰 : https://front.homeplus.co.kr/

- 하나로마트 온라인몰(농협몰 내 입점) : www.nonghyupmall.com

- 메가마트 온라인몰 : www.megamart.com

- 코스트코 온라인몰 : www.costco.co.kr

- GS더프레시 온라인몰 :

  우리동네GS(모바일 앱) https://gs25.gsretail.com〉store-services

- IKEA 온라인몰 : www.ikea.com/kr/ko/

13. 사입형 종합 도매몰

- 도매꾹 : https://domeggook.com/

- 나까마 : www.naggama.com

14. 위탁형 배송대행 종합 도매몰

- 오너클랜 : www.ownerclan.com

- 온채널 : www.onch3.co.kr

- 도매토피아 : www.dometopia.com

- 도매매 : https://domemedb.domeggook.com/

- 젠트레이드 : www.zentrade.co.kr

- 도매창고 : https://www.wholesaledepot.co.kr/

- 바나나B2B : https://bananaB2B.com/

- 트렌드헌터B2B : https://www.trendhunterb2b.com

15. 위탁형 배송대행 카테고리 도매몰

- 비셀러(식품) : www.beseller.net

- 건온연B2B(건강식품) : https://www.gonyb2b.com

- 3MRO(산업용품) : www.3mro.co.kr

- 그린피플(골프용품) : https://greenpeople.biz/

- 펫토리(애견용품) : www.pettory.com

- 소꿉노리(인테리어, 주방용품) : www.soggupnoli.com

- 스타일도매(패션) : www.styledome.co.kr

- 스타일몬스터(주얼리) : https://stylemonster.net/

16. 크라우드펀딩몰

- 와디즈 : www.wadiz.kr

- 텀블벅 : https://tumblbug.com/

- 크라우디 : www.ycrowdy.com

- 카카오메이커스 : makers.kakao.com

17. 카테고리 전문몰

① 뷰티몰

- 화해(모바일 앱) : www.hwahae.co.kr

- 언니의파우치(모바일 앱) : www.unpa.me

- 미미박스 : www.memebox.com

- SKINRX 스킨 : www.skinrx.co.kr

② 패션몰

- 무신사 : www.musinsa.com

- 에이블리(모바일 앱) : https://a-bly.com/

- 지그재그(모바일 앱) : https://zigzag.kr/

- 스타일쉐어(모바일 앱) : www.styleshare.kr

- W컨셉(모바일 앱) : www.wconcept.co.kr

- 퀸잇(모바일 앱) : https://web.queenit.kr/

- 신상마켓(모바일 앱-도매) : https://sinsangmarket.kr/

③ 디자인몰

- 텐바이텐 : www.10x10.co.kr

- 29cm : www.29cm.co.kr

④ 얼리어답터몰

- 펀샵 : www.funshop.co.kr

- 얼리버즈 : https://e-birds.co.kr/

⑤ 건강식품몰

- 자연지애 : www.jsdang.com

- 비타민마트 : http://vitaminmart.co.kr/

- 비엘몰 : https://www.bodyntrust.com/

⑥ 약국몰

- HMP몰(한미약품) : www.hmpmall.co.kr

- 팜스넷 : www.pharmsnet.com

- 유팜몰 : www.upharmmall.co.kr

- 더샵(대웅제약) : www.shop.co.kr

- 팜페이몰 : www.pharmpaymall.com

⑦ 애완용품몰

- 강아지대통령 : www.dogpre.com

- 도그팡 : https://www.dogpang.com/

- 더펫마트B2B(B2B 도매몰) : https://thepetmart.co.kr/

⑧ 핸드메이드 수제품몰

    - 아이디어스 : www.idus.com

⑨ 문구몰

    - 핫트랙스 : www.hottracks.co.kr

    - POOM(아트박스가 운영) : www.poom.co.kr

    - 알파몰(알파문구가 운영) : www.alpha.co.kr

⑩ 땡처리몰

    - 이유몰 : www.eyoumall.co.kr

    - 리씽크몰 : www.rethinkmall.com

    - 떠리몰 : www.thirtymall.com

⑪ 비품몰

    - CELINKO : www.yelloitem.co.kr

    - 비품넷 : www.bipum.net

⑫ 인테리어몰

    - 오늘의집(모바일 앱) : https://ohou.se/

    - 한샘몰(한샘가구가 운영) : https://mall.hanssem.com/

⑬ 판촉, 사은품몰

　- 고려기프트 : http://adpanchok.co.kr/

　- 판촉사랑 : https://www.87sarang.com/

　- 하나기프트 : http://www.onegift.co.kr/

　- 조아기프트 : https://joagift.co.kr/

　- 해오름기프트 : http://www.jclgift.com/

⑭ 중고몰

　- 당근마켓(모바일 앱) : www.daangn.com

　- 번개장터(모바일 앱) : https://m.bunjang.co.kr/

　- 중고나라(네이버카페) : https://cafe.naver.com/joonggonara

　- 옥션 중고장터(모바일 앱):

　　https://corners.auction.co.kr/corner/usedmarket.aspx

18. 온라인 공동구매

　- 네이버카페(맘카페, 동호회 카페)

　- 카카오스토리 채널 공동구매

　- 네이버밴드 공동구매

　- 블로그 공동구매(블로그마켓)

　- 인스타그램 공동구매

　- 공동구매 모바일 앱

19. 라이브방송 커머스

- 네이버 쇼핑라이브 : https://shoppinglive.naver.com/

- 그립(GRIP) : www.grip.show

- 소스(SAUCE) : https://sauce.im/

- 카카오 쇼핑라이브 : https://shoppinglive.kakao.com/

20. 해외 오픈마켓(국내 판매자들이 활동하는 마켓)

- 아마존(미국) : www.amazon.com

- 이베이(미국) : www.ebay.com

- 쇼피(동남아시아) : https://shopee.com/

- 라자다(동남아시아) : www.lazada.com

- 타오바오(중국) : taobao.com

21. 해외 도매, 유통 플랫폼

- 알리바바(전 세계) : www.alibaba.com

- 1688(중국) : www.1688.com

- 메이드인차이나(중국) : www.made-in-china.com

- VVIC(중국, 패션) : www.vvic.com/gz

- 17zwd(중국, 패션) : https://gz.17zwd.com

- 슈퍼딜리버리닷컴(일본) : www.superdelivery.com

- NETSEA(일본) : www.netsea.jp

2장

국내 온라인 유통
1등 쿠팡
집중 분석 및
실전 판매 전략

코로나19 팬데믹 전만 해도 국내 E커머스 1등 업체는 네이버쇼핑이었다. 가격비교 쇼핑몰로서 네이버의 수많은 고객 트래픽을 끌어들이는 네이버쇼핑을 쿠팡, G마켓 같은 단일 쇼핑몰들이 넘어서기는 힘들 것이라고 예측했다. 하지만 코로나19 팬데믹을 겪으며 외부 활동이 힘들어지며 온라인 쇼핑 시장이 성장하면서 빠른배송과 저렴한 가격의 로켓배송 상품을 앞세운 쿠팡이 엄청난 성장을 해 E커머스 1등 업체로 성장했다. 단순히 거래액뿐만 아니라 쿠팡에 대한 고객들의 충성도는 타 온라인 쇼핑몰 대비 넘사벽 수준이다.

이처럼 쿠팡이 국내 E커머스업계를 주도하고 있는 상황이기 때문에 나의 매출 극대화를 위해 쿠팡을 철저하게 분석하고 공부할 필요가 있다. 타 쇼핑몰과는 다른 쿠팡만의 차별화 포인트와 과거, 현재, 미래 성장 전략에 대해 공부해 보고 매출이 발생하는 실전 판매 전략에 대해서도 알아보도록 하겠다.

왜 쿠팡인가

국내 E커머스업계에서 양대 산맥이라고 하면 네이버쇼핑과 쿠팡이라 할 수 있다. 네이버쇼핑은 전통의 강호이지만 쿠팡의 경우 타 온라인마켓과의 치열한 경쟁에서 승리해 어느덧 네이버쇼핑을 추월해 2022년부터는 매출액, 거래액 모두 국내 E커머스 1위 업체가 되어버렸다. 로켓배송 및 기타 차별화된 서비스를 앞세운 쿠팡의 무서운 성장은 앞으로도 어디까지 갈지 예측할 수 없을 정도이다. 쿠팡은 2023년부터는 흑자로 들어섰고 매출 및 거래액은 매년 큰 폭으로 성장하고 있다.

쿠팡의 실적이 더욱 놀라운 이유는 영업이익 때문이다. 종합쇼핑몰 중 2023년에 흑자인 쇼핑몰은 쿠팡이 유일하다. 보통 E커머스업계에서 종합쇼핑몰은 적자가 일반적인데 쿠팡은 규모를 키워 추후 흑자를 만들겠다는 전략을 구사한다. 미국의 아마존처럼 이런 전

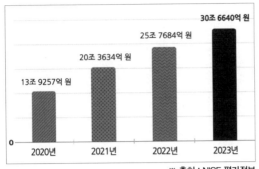

2020년~2023년 쿠팡 매출액 실적

30조 6640억 원
25조 7684억 원
20조 3634억 원
13조 9257억 원

2020년 2021년 2022년 2023년

※ 출처 : NICE 평가정보

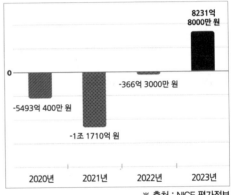

2020년~2023년 쿠팡 영업이익 실적

8231억
8000만 원

-366억 3000만 원
-5493억 400만 원
-1조 1710억 원

2020년 2021년 2022년 2023년

※ 출처 : NICE 평가정보

략을 구사해온 쿠팡이 드디어 2023년에 흑자로 전환했다는 사실은 시사하는 바가 크다.

쿠팡은 2022년에 거래액 36조 8000억 원으로 네이버쇼핑을 추월해 명실상부 국내 E커머스 1위 업체로 등극했다. 네이버쇼핑의 거래액에는 네이버쇼핑에 입점해 판매한 쿠팡, G마켓, 11번가 등 타

순위	사업자 명	거래 금액(단위 : 조 원)	점유율(단위 : %)
1	쿠팡	36.8	24.50
2	네이버쇼핑	35.0	23.30
3	신세계연합(G마켓 · 옥션 · SSG닷컴)	15.2	10.10
4	11번가	10.5	7.00
5	카카오	7.5	5.00
6	롯데ON	7.4	4.90
6	티몬(큐텐의 계열사)	3.8	2.53
7	위메프(큐텐의 계열사)	2.4	1.60
8	인터파크커머스(큐텐의 계열사)	0.7	0.47
–	기타	31.0	20.61
계		150.4	100.00

※ 출처 : 공정거래위원회

쇼핑몰들의 거래액이 포함되어 있기 때문에 쿠팡의 실적이 더욱 놀라울 수밖에 없다. G마켓, 11번가, 카카오 등 경쟁 쇼핑몰들은 쿠팡과의 차이가 현저할 뿐만 아니라 매년 그 차이가 벌어지고 있는 상황이라 국내 E커머스업계에서 쿠팡의 1등 독주는 상당 기간 지속될 수밖에 없는 상황이다.

쿠팡은 단골 고객의 숫자 및 충성도도 타 경쟁업체들과 비교할 수 없을 정도로 탄탄하다. 빠른배송, 온라인 최저가를 앞세운 로켓배송 서비스 및 무한 고객 중심주의, 식품 새벽배송, 와우 멤버십 서비스 등은 경쟁업체들이 따라가기에는 너무 힘들어보인다. 그래

2024년 8월 주요 종합쇼핑몰 앱 설치자 및 사용자 현황

앱	설치자 및 사용자 (단위 : 만 명)	사용률
쿠팡	3,183 / 3,524	90.3% (1위)
알리익스프레스	907 / 1,429	63.5% (2위)
11번가	747 / 2,151	34.7%
테무	691 / 1,631	42.4% (3위)
G마켓	538 / 1,477	36.4%
GS SHOP	364 / 876	41.5%
옥션	270 / 755	35.7%
CJ온스타일	227 / 791	28.8%
롯데ON	213 / 661	32.2%
올웨이즈	208 / 603	34.4%

※ 출처 : 와이즈앱

서 쿠팡 충성 고객들은 일반 고객들과는 달리 여러 쇼핑몰에서 가격비교를 하지 않고 쿠팡 앱에서 바로 구매하는 경향이 많다. 쿠팡의 매출이 늘고 고객들을 위한 다양한 서비스가 생겨나면서 쿠팡에 대한 고객 충성도는 매년 큰 폭으로 높아지고 있다. 한 번 쿠팡 고객이 돼서 차별화된 서비스를 맛보면 다른 쇼핑몰로 이탈하지 않고 쿠팡 생태계에 빠져드는 현상이 심화되고 있다.

2019년~2024년 주요 쇼핑몰 앱 사용자 수 추이

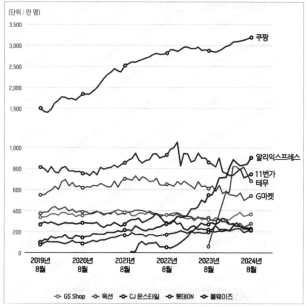

(단위 : 만 명)

- 쿠팡
- 알리익스프레스
- 11번가
- 테무
- G마켓

⊸ GS Shop ⊸ 옥션 ⊸ CJ온스타일 ⊸ 롯데ON ⊸ 올웨이즈

※ 출처 : 와이즈앱

쿠팡의 오늘을 이끈
로켓배송

　쿠팡은 세 가지 판매 방식으로 운영하고 있는데 로켓배송, 로켓그로스, 마켓플레이스가 바로 그것이다. 로켓배송 상품의 썸네일에는 로켓배송 로고가 표시되어 있다. 쿠팡을 오늘의 쿠팡으로 만든 1등 공신은 바로 이 로켓배송이다. 썸네일에도 로켓배송 배지와 함께 노출된다. 로켓배송은 쿠팡이 상품 공급업체로부터 사입을 해 쿠팡 자체 물류 센터에 보관하면서 주문이 들어오면 쿠팡의 자체 배송 시스템을 이용해 하루 만에 고객에게 배송하는 판매 방식이다. 상품 공급업체는 쿠팡 물류 센터에 납품하기만 하면 보관, 배송, 판매, 고객CS를 쿠팡이 모두 책임져준다.

　로켓배송에는 일반 상온 로켓배송 상품 이외에 로켓프레시, 로켓직구가 있다. 로켓프레시는 냉장·냉동식품, 로켓직구는 해외 직배송 상품이다. 로켓직구는 해외에서 판매 중인 물품을 쿠팡 측이 대리구매 해주는 서비스이다. 2만 9,800원 이상 구매 시 무료배송이며 2만 9,800원 미만 구매 시 추가 배송료가 부과된다. 그러나 와우 멤버십 회원들에 한해 금액 상관없이 무료배송이 가능하다. 단, 해외 직구이므로 개인통관고유번호는 꼭 필요하지만 이 번호는 관세청 홈페이지에서 쉽게 만들 수 있다. 발송은 해외에 있는 쿠팡 LLC에서 시작하는데 한국까지의 국제 운송은 항공운송을 통해 오기 때문에 배송 시간은 다른 해외 직구에 비해 비교적 빠른 것이 장점이다.

로켓배송의 세 가지 배지

※ 출처 : 쿠팡

로켓배송은 2014년에 시작되었는데 0시 이전에 주문하면 바로 다음 날 새벽 또는 다음 날 안에 배송해주는 서비스로, 주말과 공휴일에도 배송이 된다. 주문은 쿠팡 본사에서 접수하고 배송은 자회사인 쿠팡로지스틱스서비스가 수행한다. 주말과 공휴일에도 배송이 된다는 점은 엄청난 강점인데 이로 인해 고객들은 쿠팡에 맹목적인 충성을 하게 된다. 로켓배송이 아닌 일반 상품들은 익일배송이 보장이 되지 않을 뿐만 아니라 주말에는 배송 자체가 되지 않는 경우가 많다 보니 로켓배송의 주말, 휴일에도 배송되는 빠른배송은 엄청난 메리트일 수밖에 없다.

사실 고객들이 쿠팡을 확실히 인식하게 된 계기는 로켓배송이다. 초기 쿠팡의 경우 로켓배송을 빼면 타 쇼핑몰들과 큰 차이가 없었다. 온라인 최저가 수준의 가격에 익일배송을 보장해주는 로켓배송은 모든 고객들이 좋아할 수밖에 없는 쿠팡만의 강력한 무기이다. 이런 차별화된 로켓배송은 쿠팡이 창사 초기부터 물류와 배송 인프라에 막대한 투자를 단행한 결과이다. 로켓배송을 실현하기 위해 초기부터 막대한 비용을 투자해 천문학적인 적자를 감수하면서까지 우직히 한 우물을 판 결과가 지금의 쿠팡이다.

쿠팡의 로켓배송 서비스로 인해 한때 국내 오픈마켓 1위 업체였던 경쟁사 G마켓과 옥션은 점유율이 대폭 추락해 결국 신세계그룹에 매각까지 되었다. 1위라는 지위를 배송 시스템 하나 때문에 뺏겼다는 점은 한국의 E커머스 시장에서 소비자가 빠른배송 속도를 얼마나 선호하는지 확실히 각인시킨 계기가 되었고 이로 인해 거의 모든 대형 E커머스업체들이 빠른배송에 뛰어드는 계기가 되었다.

쿠팡 로켓배송 물류 시스템을 보면 곳곳에 지점을 가지고 있는 오프라인 대형 유통업체와 같다. 여러 판매자의 물건을 미리 직매입해 종류별로 나눠 자체 물류터미널에 보관하고 있다가 주문이 들어오면 바로 포장하고 출고시켜 각 지역 캠프로 가는 트레일러에 싣는다. 그런 뒤 물건이 캠프에 도착하면 일반 택배와 동일하게 노선별로 분류해 배송기사가 배송하는 시스템이다. 다만 쿠팡의 이러한 시스템이 다른 오프라인 유통업체와 차이가 있다면 쿠팡은 오프라인 매장이 없다는 점이다.

전국적으로 익일배송, 새벽배송을 실현하기 위해서는 막대한 물류 창고, 배송 인원이 필요하다. 그래서 처음에 쿠팡이 이런 배송 시스템을 구축하면서 천문학적인 적자를 기록할 때 대부분의 경쟁사는 쿠팡이 곧 파산할 것으로 예측했다. 그러나 고객들의 폭발적인 호응으로 인해 지금 쿠팡은 온라인 유통을 평정한 상태이다. 쿠팡의 로켓배송 시스템 구축에는 워낙 많은 비용이 들다 보니 다른 E커머스 대형 경쟁사들은 비슷한 흉내만 내다가 멈춘 상태이다.

이미 빠른배송 시스템에서 쿠팡이 워낙 앞서나가다 보니 오프라인 유통업체, 온라인 유통업체를 막론하고 감히 도전장을 내밀 엄두를 내지 못하고 있다. 마켓컬리가 붐을 일으킨 새벽배송의 경우도 지금은 물동량에서 쿠팡 로켓프레시에 비교할 바가 되지 못한다. 상온 로켓배송 시장은 쿠팡에 대적하기 힘들기 때문에 포기하고 새벽배송 시장이라도 잡아보고자 막대한 비용을 투자했던 신세계, 롯데, GS 같은 경쟁자들 대부분은 사업을 포기하거나 큰 성과를 내지 못하고 있는 상황이다.

로켓배송으로 인해 쿠팡은 택배 사업에도 진출한 셈인데 로켓배송의 어마어마한 물량으로 인해 쿠팡은 CJ대한통운 택배에 이어 택배 시장에서 2023년 점유율 2등 업체로 등극했다. 게다가 해마다 쿠팡의 점유율이 늘다 보니 이에 불안감을 느낀 CJ대한통

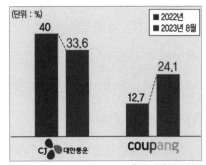

CJ대한통운, 쿠팡 택배 시장점유율

(단위 : %)
40
33.6
24.1
12.7

■ 2022년
■ 2023년 8월

CJ대한통운   coupang

※ 출처 : 통합물류협회

운 택배의 경우 2025년 1월 5일부터 쿠팡처럼 주 7일 배송을 시작했다.

쿠팡에서 가장 매출이 많이 나오는 상품들은 거의 다 로켓배송 상품이다. 로켓배송 상품은 쿠팡이 사입해서 판매하다 보니 당연히 쿠팡 플랫폼 내에서 상품 노출이 탁월하고 온라인 최저가 수준에서 판매가도 결정되다 보니 가격 경쟁력 또한 극강이다. 그렇기 때문에 로켓배송 상품은 매출이 많이 나올 수밖에 없는 구조이다.

로켓배송이 아닌 일반 상품을 쿠팡에서 많이 판매하려고 하면 쿠팡 광고를 하거나 로켓배송 상품이 없는 카테고리에 등록해서 판매하는 경우가 많다. 그만큼 쿠팡 내에서 로켓배송의 파워는 절대적이다. 상식적으로 생각해 보면 고객 입장에서 다음 날 바로 배송되고 가격도 최저가인 로켓배송 상품을 구매하지, 배송도 느리고 가격도 비싼 일반 상품을 구매하기로 마음먹기 쉽지 않을 것이다.

로켓배송 상품이 나와 있는 카테고리의 경우 첫 페이지 상단은

거의 다 로켓배송 상품 또는 광고 상품이 차지하고 있다. 쿠팡 입장에서는 당연히 사입해서 판매하는 로켓배송 상품의 노출을 극대화해서 판매를 늘리는 전략을 쓸 수밖에 없다. 이러한 로켓배송은 특히 마케팅, 영업이 약한 업체일수록 이용하면 좋다. 쿠팡이 사입해서 판매를 위해 다양한 마케팅 활동을 하다 보니 공급업체 입장에서는 쿠팡 센터로 배송하기만 하면 끝이다. 게다가 포장, 배송, 반품, 교환, 고객CS 등 손이 많이 가는 작업들도 모두 쿠팡에서 담당하니 더욱 좋다. 재구매가 많은 생필품, 식품을 공급하는 제조업체의 경우 쿠팡 로켓배송 하나의 매출이 해당 업체 전 온라인 유통 매출을 합친 것보다 많은 경우도 허다하다.

로켓배송 판매 진행 프로세스

입점 이후 절차	상품(견적서) 등록	상품 발주 확인	상품 입고 준비	상품 납품 (쉽먼트)	물류 센터 상품 입고	상품 판매 및 관리	대금 정산
진행 담당	공급사				쿠팡 물류 센터	쿠팡 (*판매, 배송, 교환, 환불, 반품, CS, 매출액 인식)	공급사 & 쿠팡

※ 출처 : 쿠팡

쿠팡 로켓배송에 들어가기를 원하는 판매자는 로켓배송 입점 쿠팡 홈페이지 왼쪽 상단의 '입점 신청'을 클릭해 쿠팡 서플라이어 허브에 들어간 후 입점 신청을 하면 된다. 입점 난이도는 매우 높은 편인데 기본 조건은 온라인 최저가 이하 가격 조건에 쿠팡 마진을

30% 이상은 보장을 해줘야 한다. 그리고 기존 로켓배송 상품이 많이 입점된 카테고리의 경우에는 추가 입점이 쉽지 않다.

입점이 되면 처음에 로켓배송 물류, 배송 적합 테스트를 위해 1~2박스 주문이 들어오고 이후 판매량 증가에 따라 추가 주문이 들어온다. 로켓배송 운영 초기에는 로켓배송 상품의 숫자가 적어서 입점만 하면 높은 매출을 기대해 볼 수 있었으나 지금은 워낙 많은 상품이 로켓배송으로 운영되다 보니 입점이 매출 상승과 직결되지는 않는다. 로켓배송으로 입점했다 할지라도 별도의 쿠팡 광고를 집행하고 추가 마케팅을 진행해야 성공 확률을 높일 수 있다.

로켓배송 입점을 신청하는 쿠팡 서플라이어 허브

※ 출처 : 쿠팡

로켓배송 입점 프로세스 ──

로켓배송은 사입 판매 시스템이다 보니 쿠팡 일반 위탁판매 입점 프로세스보다 다소 복잡하고 까다로운 심사 때문에 입점 난이도가 높다. 로켓배송 입점 프로세스를 하나하나 따라 해 보자.

1. 서플라이어 허브 우측 상단의 '입점 신청하기' 클릭
2. 입점 신청서에 각 항목별 올바른 정보 입력
3. 입력 후 '제출하기' 클릭하면 메일로 등록코드가 발송
4. 발송된 임시 등록코드를 사용해 모든 정보를 입력하면 가입 진행 완료
5. 가입 진행을 완료하면 '입점 신청서'가 전달되어 검토가 시작되고 신청일 기준 2영업일 이내 결과 통보
6. 입점 승인이 되면 쿠팡 서플라이어 허브(supplier.coupang.com)에 로그인해 '상품공급계약(PSA)'을 작성하면 완료

쿠팡 로켓배송 입점 시 유의 사항 ──

로켓배송은 일반 위탁판매 대비 차이점이 많아서 꼼꼼히 유의 사항을 확인해야 한다.

1. 간이과세자 운영 제한 : 간이과세자는 로켓배송 운영이 제한되어 입점 불가. 추후 일반 과세로 전환 시 다시 입점 신청 가능
2. 로켓배송 매입 여부 : 입점 승인 완료 후 로켓배송 상품 견적서를 등록하면 담당 BM이 검토해 매입 여부 결정
3. 공급가 : 로켓배송은 매입 방식으로 입점 후 상품 제안은 수수

료 기준이 아닌 협력사에서 쿠팡에 공급가 제안

4. 쿠팡 마켓플레이스와 동시 판매 제한 : 로켓배송 상품과 동일 구성의 상품을 일반 배송 형식으로 쿠팡에 동시 판매할 수 없으며 동시 판매되는 쿠팡 마켓플레이스 상품은 판매 중지 처리 될 수 있음

5. 로켓그로스 중복 판매 제한 : 로켓그로스에 납품 중인 상품을 로켓배송으로 중복 판매할 수 없음. 로켓그로스 상품은 로켓그로스 종료 후 로켓배송으로 상품 제안 가능

6. 로켓배송 납품 기준 : 단일 상품의 무게가 30kg 이하이면서 상품 포장 상태의 가로 + 세로 + 높이의 합이 250cm 이하의 상품만 납품 가능

7. 로켓배송 입점 불가 상품 : 법적 온라인 판매가 금지된 의약품, 주류, 담배 등의 상품은 입점 불가

로켓배송 입점의 장점은 역시 상품 노출 및 매출 극대화이다. 쿠팡에서 사입해 운영되는 상품이기 때문에 당연히(?) 상품 노출이 일반 상품들 대비 훨씬 좋을 수밖에 없다. 노출이 많이 되니 매출도 많이 나오는 구조이다. 단점으로는 온라인 최저가로 판매되면서 쿠팡 마진을 30% 이상 보장해야 하는 가혹한 공급가를 들 수 있다. 또 로켓배송 상품의 매출이 올라가게 되면 성장장려금이라고 해서 1~7%의 추가 장려금을 쿠팡에서 요구할 확률이 높다. 그리고 일단

로켓배송에 입점하게 되면 해당 상품의 온라인 최저가 관리가 필수인데 이로 인해 타 온라인 플랫폼에서 가격행사를 진행하는 데 애로사항이 많다.

가령 타 온라인 플랫폼에서 가격행사를 진행해 온라인 최저가가 떨어지게 돼서 로켓배송 상품의 판매가도 떨어지면 쿠팡에서 손실을 막기 위해 로켓배송 상품 공급가를 낮추든지 온라인 최저가를 올리라는 요구가 쿠팡 MD에게서 올 수 있다. 그래서 아예 로켓배송 전용 상품을 만들든지 로켓배송 대신 업체가 스스로 가격을 통제할 수 있는 로켓그로스로 입점하는 판매자들도 많다.

미래 성장 동력 로켓그로스 & 쿠팡 오픈마켓 마켓플레이스

쿠팡의 오늘을 만든 로켓배송에 이어 쿠팡에서 운영하는 추가 판매 방식 두 가지가 있는데 바로 로켓그로스와 마켓플레이스가 그것이다. 특히 로켓배송 물류 시스템을 그대로 이용하는 로켓그로스는 쿠팡에서 중요도가 점점 높아져가고 있다.

미래 성장 동력 로켓그로스

로켓그로스는 로켓배송과 유사하나 쿠팡이 직접 사입하지 않고 위탁으로 판매하는 상품이다. 판매자가 재고, 가격 등 판매 관리를 하고 배송과 고객 응대는 쿠팡이 관리해주는 방식으로 오픈마켓 개념인 쿠팡 마켓플레이스에 입점한 판매자가 별도로 신청해 이용할 수 있다. 고객은 로켓배송과 동일한 수준의 빠른배송으로 상품을 받아볼 수 있으며 상품 썸네일에 판매자로켓 배지 또는 로켓배송 배지와 함께 노출되며 로켓배송 필터로도 노출된다.

쿠팡 로켓그로스 상품에 붙는 판매자로켓 배지

※ 출처 : 쿠팡

로켓그로스 상품의 장점 ——

로켓배송 물류 시스템을 그대로 이용하는 로켓그로스는 일반 위탁판매 대비 많은 장점이 있는데 그 장점은 다음과 같다.

- 주말 휴일, 상관없이 365일 당일, 익일 판매자로켓배송
- 단 1개의 재고라도 소량 입고 가능
- 가격도, 입고 수량도 원하는 대로 입고 가능
- 반품 상품 재판매로 반품 재고 걱정 최소화
- 쿠팡 로지스틱스의 풀필먼트로 판매자 운영 부담 감소
- 쿠팡 모든 고객에게 판매자로켓 배지 노출

로켓배송 상품 같은 경우 상품에 대한 소유권이 쿠팡에 있지만 로켓그로스는 위탁 시스템이라 상품의 소유권이 상품 공급 업체에 있다. 한마디로 창고 보관료와 배송비 등 물류 비용을 지불하고 쿠팡의 로켓배송 시스템을 이용하는 판매 방식이다. 로켓그로스는 미국 아마존의 대표적인 물류시스템인 FBA 시스템과 유사하다.

로켓배송 상품은 쿠팡 입장에서 직접 사입하기 때문에 비용 부담이 들고 관리 비용이 든다. 그러나 로켓그로스 상품은 사입이 아니기 때문에 비용 부담이 없고 물류 이용 수익이 생긴다. 그런 이유로 쿠팡에서도 로켓그로스 상품을 집중적으로 육성하고 있다. 고객 입장에서도 일반 쿠팡 상품 대비 배송이 빠른 로켓그로스 상품들을 선호한다. 쿠팡 내 상품 노출면에서도 일반 상품 대비 로켓그로스 상품의 노출이 훨씬 좋다.

로켓그로스 상품은 입고된 후 일정 기간 판매가 되지 않으면 쿠팡 물류 센터에서 다시 회수해 가야 한다.

쿠팡 일반 상품 로켓그로스로 전환 후 매출 증가

104% 증가

로켓그로스 전환 전 　　　 로켓그로스 전환 후

* 대상 : 2023년 1월~11월에 전환한 로켓그로스 판매자

※ 출처 : 쿠팡

판매 수수료

판매 수수료는 최종 판매 가격 기준으로 상품의 카테고리에 따라 적용되는데 일반 상품인 마켓플레이스 수수료 부가가치세(VAT) 포함 5~12%와 동일한데 카테고리별로 상이하다. 로켓그로스 입점과 상품 등록에는 수수료가 발생하지 않는다.

입출고 & 배송 요금

입출고 및 배송 요금은 최종 판매된 상품에만 부과하는데 반품이 여러 번 발생해도 최종 판매한 상품에만 부과한다. 상품 한 개당 부과되는 정액 요금·요율은 개별 포장된 상품의 사이즈에 따라 달라진다. 상품 카테고리 및 최종 소비자 판매가에 따라서도 달라진다.

물류 센터 보관 요금

2025년 3월 31일까지 모든 상품은 입고할 때마다 첫 60일간 보관비는 무료이다. 그래서 재고 판매가 60일 이내로 이루어지면 보관 요금을 0원으로 맞출 수 있다. 60일 이후에는 상품 사이즈에 따라 보관 요금이 발생하지만 2025년 4월 1일부터는 악세서리, 의류, 신발 카테고리에 대해서는 매 입고 시 45일간 무료, 그 외 카테고리에 대해서는 매 입고 시 30일간 무료 보관이 가능하다.

부가서비스 ——

쿠팡에서는 상품별 바코드를 부착하는 서비스도 대행해주는데 스몰 사이즈는 개당 125원, 미디엄 사이즈는 개당 175원, 라지 사이즈는 개당 250원이다.

쿠팡 풀필먼트 서비스 세부 요금 계산기 ——

판매자센터 쿠팡윙의 '로켓그로스 정산 현황' 메뉴에 들어가면 풀필먼트 서비스 세부 요금 계산기가 있으니 내 상품의 로켓그로스 이용 금액이 궁금할 때 활용하면 도움이 된다.

쿠팡 풀필먼트 서비스 세부 요금 계산기 화면

상품 정보

카테고리	카테고리 선택
사이즈(mm) ❶	가로 세로 높이
무게(g) ❶	무게 입력 g
판매가격(원)	판매가격 입력 원

계산하기

※ 출처 : 쿠팡

로켓그로스 입점 ——

로켓그로스는 쿠팡윙에 가입한 판매자라면 손쉽게 입점이 가능한데 신규 상품 입점과 이미 마켓플레이스에서 판매하고 있는 상품을 로켓그로스로 입점 전환하는 방법이 있다.

1. 신규 상품 개별 등록 방법

쿠팡에서 판매하고 있지 않은 신상품을 로켓그로스에서 판매하기 위해서는 다음의 프로세스로 진행하면 된다.

'쿠팡윙(coupang wing)' 로그인 → '상품 관리'에서 '상품 등록' 클릭 → '판매 방식 선택'에서 '로켓그로스' 선택 → 상품 정보 입력

신규 상품 개별 등록 메뉴 화면

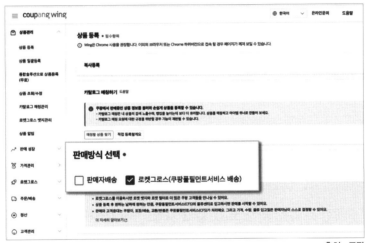

※ 출처 : 쿠팡

2. 등록한 상품의 추가 등록 방법

이미 쿠팡에서 판매하고 있는 상품을 로켓그로스에 등록해 판매하기 위해서는 다음의 프로세스로 진행하면 된다.

'쿠팡윙(coupang wing)' 로그인 → '상품 관리'에서 '상품 조회/수정' 클릭 → 상품 목록의 '판매 방식'에서 '로켓그로스 판매 추가' 클릭

기존 상품의 로켓그로스 추가 등록 메뉴

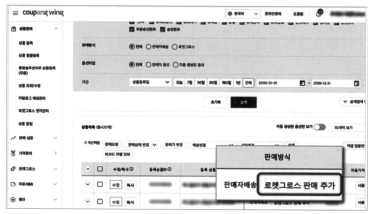

※ 출처 : 쿠팡

로켓그로스 상품 입고 ——

상품 입고는 '택배 입고', 쿠팡 차량을 통한 '밀크런 입고', 판매자가 수배한 트럭을 통한 '트럭 입고'가 있는데 물량이 적고 택배업체와 택배 계약이 되어 있지 않은 판매자라면 밀크런 입고가 유리하고, 택배로 보내기에는 물량이 많은 경우는 트럭으로 입고하는 것이 유리하다. 판매자의 상황에 따라 편한 방법을 선택하면 된다.

쿠팡이 로켓그로스를 집중 육성하는 이유 ——

쿠팡은 2023년부터 일반 마켓플레이스 판매자들 대상으로 로켓

로켓그로스 입고 방법

입고 유형	택배 입고 박스 포장 후 택배를 통해 물류 센터로 입고	밀크런 입고 쿠팡의 차량을 통한 입고 대행 서비스 당일픽업/당일배송 서비스 제공	트럭 입고 팔레트 포장하여 트럭을 통해 물류 센터로 입고
포장 단위	박스 포장	박스, 팔레트, 트럭 중 입고 수량에 따라 선택 가능	팔레트 포장
입고 수량	최대 30박스	수량 제한 없음 *적재 규정은 Wing 참고	최소 10박스 이상일 때 팔레트 포장 이용 권장

※ 출처 : 쿠팡

그로스 전환을 집중적으로 독려해왔다. 일단 고객들에게 로켓배송 같이 빠른배송 서비스를 제공하는 상품 숫자를 늘리려는 이유와 쿠팡 풀필먼트 활용 증가를 통한 추가 수익 확보가 주목적이다.

로켓배송 상품의 경우 쿠팡이 사입해야 하고 추가 관리가 들어가기 때문에 비용이 많이 들지만, 로켓그로스 상품의 경우 단순 물류 보관 배송대행이기 때문에 추가 수익만 발생하고 비용 부담은 없다. 게다가 로켓그로스 상품은 마켓플레이스 일반 상품들보다 배송도 빠르고 가격도 저렴하기 때문에 고객들이 선호하고 타 쇼핑몰과의 격차를 더욱 벌릴 수 있는 손쉬운 방법이다.

쿠팡의 오픈마켓 마켓플레이스

오픈마켓 마켓플레이스는 G마켓, 11번가 등 일반 오픈마켓과 동일하게 판매자가 직접 입점해 상품을 판매하고 배송하는 마켓이다. 오픈마켓, 아이템마켓으로도 불리는데 가격, 배송 등 상품에 대한 모든 관리를 판매자가 직접 할 수 있다. 단, 쿠팡 내에서 로켓배송, 로켓그로스 상품의 노출이나 판매가 워낙 잘되기 때문에 마켓플레이스 입점 상품들은 이들과 경쟁해서 많은 매출을 올리기 어렵다. 그런 이유로 검색량이 웬만큼 나오는 인기 키워드를 쿠팡에서 검색해 보면 1페이지에 로켓배송, 로켓그로스 또는 광고 상품들만 나와 있고 일반 상품은 거의 보이지 않는다. 그래서 쿠팡에서 '건강식품'을 검색하면 1페이지에 모두 다 로켓배송 또는 광고 상품인 것을 확인할 수 있다.

내 상품을 1~2페이지에 노출시켜 판매하기 위해서는 쿠팡 광고를 진행하든지 '아이템위너'로 판매하는 경우가 많다. 최저가 판매자만 노출되는 아이템위너 판매의 경우 로켓배송, 로켓그로스 상품이 워낙 많아지다 보니 상당 부분 로켓배송, 로켓그로스 상품이 아이템위너로 노출되고 일반 상품들은 아이템위너가 되지 못하는 경우가 허다하다. 그래서 보통 마켓플레이스에 먼저 등록해서 판매하다가 로켓그로스, 로켓배송으로 넘어가는 경우가 많다. 쿠팡 입장에서 마켓플레이스는 상품 구색과 판매자 숫자를 늘리는 역할을 하

쿠팡 '건강식품' 검색 결과

쿠팡 '건강식품' 검색 결과

※ 출처 : 쿠팡

는데 타 쇼핑몰과 큰 차이를 둘 수가 없기 때문에 로켓배송, 로켓그로스 대비 크게 신경을 쓰지는 않는다.

쿠팡의 고객 트래픽이 워낙 압도적이고 매출이 많이 나오다 보니 별다른 노력을 하지 않아도 판매자와 상품들이 쿠팡 마켓플레이스로 몰려들고 있는 상황이다. 쿠팡에서는 쿠팡 쇼핑몰의 고객 충성도 강화, 상품 경쟁력 강화를 위해 마켓플레이스에 있는 일반 상품들을 로켓그로스로 전환시켜 상품 가격경쟁력 강화, 빠른배송 상품 증가, 추가 수익 확보에 주력하고 있다.

로켓그로스 상품의 경우 온라인 최저가 대비 가격이 많이 비싸면 판매자로켓 배지가 붙지 않기 때문에 일반적으로 로켓그로스로 전환된 상품은 기존 대비 가격이 저렴해진다. 2023년부터 로켓그로스 모집 강화를 위해 입고 후 첫 60일 보관료 무료(2025년 4월 1일부터는 30일 무료), 로켓그로스 상품 추가 프로모션 지원 등 다양한 혜택을 주고 있다.

마켓플레이스의 상품들은 G마켓, 옥션, 11번가 등 일반 오픈마켓의 상품들과 다를 바가 없다. 그래도 쿠팡 마켓플레이스의 장점을 꼽으라면 광고를 했을 때 일반 오픈마켓보다 광고 효율이 훨씬 높다는 점이다. 로켓배송, 로켓그로스, 아이템위너 등을 이용하지 않았을 때 마켓플레이스 상품으로 쿠팡에서 매출을 올릴 방법은 광고가 유일하다. 쿠팡의 고객 트래픽이 워낙 많다 보니 타 오픈마켓 대비 비슷한 비용으로 광고를 했을 때 효과가 훨씬 높다.

기타 쿠팡 핵심 서비스

쿠팡은 2024년 거래액 기준 전 세계 1등 E커머스 업체인 아마존을 꾸준히 벤치마킹하고 있다. 아마존도 쿠팡처럼 사업 시작 후 일정 기간 적자를 면치 못했지만 타 업체들과의 경쟁에서 승리한 이후로는 막대한 이익을 내고 있다. 이런 아마존의 발전을 보면서 쿠팡도 아마존의 길을 밟아가려는 것으로 보인다. 오늘의 쿠팡을 만든

• 조금 더 알기 •
'마켓플레이스' 입점

1. 로켓배송, 로켓그로스, 마켓플레이스 입점 신청

입점 신청은 쿠팡 홈페이지 최상단 '입점 신청'의 신청 코너에서 할 수 있다. 마켓플레이스는 쉽게 입점이 가능하고 로켓배송, 로켓그로스는 쿠팡 자체 평가 과정을 거쳐 입점이 진행된다. 로켓배송 상품은 사입에 따른 위험 부담을 최소화하기 위해 어느 정도 매출이나 상품성이 검증된 상품만 입점이 가능하다.

쿠팡 입점 신청

※ 출처 : 쿠팡

2. 입점 필요 서류

- 사업자등록증
- 사업자 통장
- 통신판매업신고증
- 구매안전서비스 이용확인증

대표 서비스들만 봐도 아마존을 벤치마킹하는 모습을 볼 수 있다.

아마존과 쿠팡의 서비스 비교

서비스	아마존	쿠팡
빠른배송 서비스	FBA, 프라임 배송	로켓배송, 로켓그로스
오픈마켓 판매 시스템	아마존 마켓플레이스	쿠팡 마켓플레이스
동일 상품 최저가 판매자 우대 서비스	바이박스	아이템위너
충성 고객 멤버십 프로그램	아마존프라임	쿠팡 와우
OTT 프로그램	아마존프라임 OTT	쿠팡플레이
제휴 판매 서비스	아마존 어필리에이트	쿠팡파트너스
일반인 배송기사	아마존 플렉스	쿠팡플렉스
음식배달 서비스	아마존 레스토랑	쿠팡이츠

쿠팡은 운영 서비스들뿐만 아니라 검색 노출 로직이나 광고 운영에 있어서도 아마존을 벤치마킹하고 있는 경향이 강하다. 위의 표와 같이 쿠팡이 아마존을 벤치마킹하고 있는 주요 내용들로 인해 국내 타 온라인 쇼핑몰과의 차이를 더욱 벌리고 있다. 그중 쿠팡으로 고객을 더욱 끌어들이는 데 핵심적인 역할을 하는 몇 가지를 알아보자.

쿠팡 와우 멤버십 ──

로켓배송과 함께 쿠팡의 오늘을 만든 1등 공신 중의 하나는 바로 쿠팡 와우 멤버십이다. 로켓배송 상품의 경우 1만 9,800원 이상 구매해야 무료배송이 되는데 와우 멤버십에 가입하면 금액 제한 없이 로켓배송 상품의 무료배송 서비스 혜택을 받을 수 있는 워낙 가성비 있는 멤버십이다 보니 월 정액 유료 멤버십이지만 와우멤버십 회원 수는 매년 폭발적으로 증가한다. 와우 멤버십은 2018년 런칭했는데 불과 6년만에 무려 1400만 명 이상의 회원이 가입했다. 기타 쇼핑몰에서 운영하는 네이버플러스 멤버십, 신세계유니버스 멤버십과는 넘사벽의 회원 수 및 이용률 차이를 보이는 명실공히 국내 1위 쇼핑몰 멤버십이다.

2023년 하반기 온라인 쇼핑 멤버십 서비스 이용률

(단위 : %)

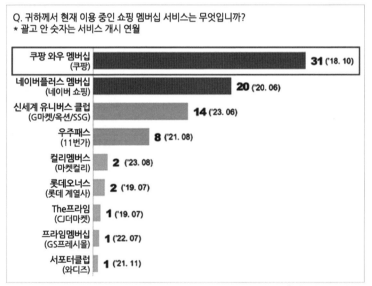

※ 출처 : 컨슈머인사이트

쿠팡 와우 멤버십 혜택

- 로켓배송 상품 무료배송

- 로켓프레시 상품 1만 5,000원 이상 구매 시 무료배송

- 로켓직구 상품 무료배송

- 30일 내 무료반품

- 쿠팡플레이 무료 시청

- 쿠팡이츠 배달비 할인

멤버십 가격도 기존 4,990원에서 2024년 7,890원으로 대폭 올렸지만 고객 이탈이 거의 일어나지 않았다. 월 멤버십 가격의 혜택을 누리기 위해 로켓배송, 로켓프레시, 로켓직구 등으로 추가 주문을 하는 충성 고객들이 엄청나게 많기 때문에 쿠팡의 매출 상승에 큰 도움이 되고 있다.

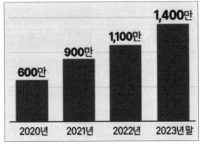

쿠팡 와우 멤버십 회원 수 추이
(단위 : 명)

※ 출처 : 쿠팡, 경향신문

쿠팡플레이 ──

쿠팡플레이는 쿠팡 성공의 핵심 요인 중의 하나인 쿠팡 멤버십인 쿠팡 와우와도 연계되어 있는데 쿠팡 와우 멤버십에 가입하면 쿠팡플레이를 무료로 볼 수 있다. 쿠팡플레이는 쿠팡이 2020년 12월에

런칭한 OTT 서비스로, 쿠팡플레이는 타 OTT 대비 오리지널 콘텐츠를 가장 적게 만들지만 영국 프리미어 축구리그(EPL) 독점 서비스권 등 각종 스포츠 독점권을 계약하며 성장했다. 대한축구협회와 축구독점권까지 따내며 스포츠에 관심이 있는 많은 고객들을 쿠팡플레이로 가입시켰는데 이런 고객들이 쿠팡 쇼핑몰도 이용하며 시너지 효과를 내고 있다. 쿠팡플레이는 출시된 지 불과 4년이 지난 2024년에 넷플릭스에 이어 전체 OTT 순위에서 2위에 등극할 정도로 인기가 높다.

OTT 순위

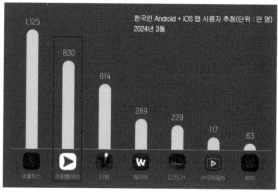

※ 출처 : 와이즈앱

쿠팡이츠 ──

쿠팡이츠는 2019년 5월에 서비스를 시작했는데 '無(무) 최소 주문 금액'과 '無(무) 배달료'를 내걸고 30분 이내 치타배달을 강조하며 대대적으로 마케팅을 시작했다. 쿠팡이츠는 기존 배달 앱과는 다르게 배달원 배차 시스템을 직접 운영하며 이 직영 배달망을 통해서만 배달이 가능하다. 종전의 배달과는 다르게 한 번에 한 집만 간다는 점을 어필했다.

그렇게 쿠팡 와우 멤버십 할인 혜택과 첫 배달 무료 서비스를 시행하며 쿠팡이츠는 폭발적으로 성장하며 2024년에는 배달의민족에 이어 2위 배달 앱으로 성장했다. 쿠팡이츠의 각종 혜택을 받기 위해 쿠팡 와우 멤버십에 가입하는 고객도 있을 정도이다.

쿠팡파트너스 ──────

쿠팡파트너스는 쿠팡에서 런칭한 제휴마케팅 프로그램인데 미국 아마존 쇼핑몰의 아마존 어필리에이트를 벤치마킹해 만든 프로그램이다. 제휴마케팅이란 특정 공급자와 제휴를 맺고 소비자를 연결해줌으로써 그에 대한 수수료를 받는 것을 말한다. 쿠팡파트너스는

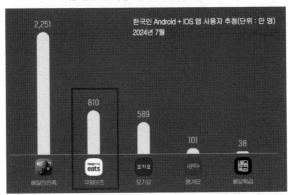

한국인이 가장 많이 사용한 배달 앱

한국인 Android + iOS 앱 사용자 추정(단위 : 만 명)
2024년 7월

2,251 배달의민족
810 쿠팡이츠
589 요기요
101 땡겨요
38 배달특급

※ 출처 : 와이즈앱

국내에서 가장 큰 제휴마케팅 서비스를 제공하는데 쿠팡 계정을 가지고 있는 사람이라면 누구나 바로 시작할 수 있다. 만약 쿠팡파트너스의 쿠팡 상품 링크를 블로그, SNS 등 다른 곳에 노출시키고 소비자가 그 링크를 통해 쿠팡에 접속했을 경우 그 시간을 기준으로 24시간 이내 구매한 모든 제품에 대해 3%의 구매 수수료를 받을 수 있다. 지금은 하향 트렌드이지만 한때 '쿠팡파트너스로 월 천 벌기'라는 말이 유행할 정도로 인기가 있었다. 이런 쿠팡파트너스 제휴 판매도 타 쇼핑몰과는 다른 쿠팡만의 차별화된 서비스라 할 수 있다.

쿠팡의 제휴마케팅 프로그램 쿠팡파트너스

※ 출처 : 쿠팡

쿠팡 판매 핵심 포인트

쿠팡에서 판매를 잘하기 위해서는 꼭 알아야 할 내용들이 있다.

이런 핵심 포인트를 모르고 판매를 하게 되면 좋은 성과를 얻기 힘들기 때문에 하나하나 알아보도록 하겠다.

아이템위너 시스템 ──

쿠팡에는 아이템위너라는 시스템이 있다. 여러 명의 판매자가 동일 상품을 판매하면 하나의 상세페이지 안에 묶여서 보여지는데 이때 판매가와 배송비를 합해서 최저가인 판매자가 아이템위너로 선정이 된다. 아이템위너 판매자는 묶여 있는 모든 판매자들이 기존에 가지고 있던 구매 후기를 가지고 가게 되고 다른 판매자들은 '다른 판매자 보기'라는 아이콘 안으로 들어가게 된다. 그렇다고 무조건 최저가만으로 아이템위너가 정해지는 것은 아니고 배송 점수 및 고객CS 점수도 영향을 미치기는 하지만 가격이 절대적이다. 판매를 시작한 지 얼마 안 돼서 후기도 없고 노출도 잘 안 되는 초보 판매자라도 아이템위너로 선정만 되면 단기간에 엄청난 매출을 올릴 수도 있다.

아이템위너가 되기 위해 치열한 가격경쟁이 벌어지기 때문에 마진은 계속 감소할 수밖에 없다. 게다가 내가 수많은 노력을 하고 쌓아 놓은 구매 후기들을 하루아침에 아이템위너 1등에게 빼앗기는 일도 벌어질 수도 있다. 그렇기 때문에 쿠팡 아이템위너는 양날의 검이 될 수 있다. 여하튼 내가 가격경쟁력을 가지고 있는 판매자라면 아이템위너 시스템을 적극 활용하면 좋은 결과를 얻을 수 있다.

쿠팡에서 동일 상품을 찾아서 아이템위너로 묶어주기도 하지만 내가 직접 판매자센터의 상품관리 시스템에서 동일 상품을 찾아서 아이템위너로 묶을 수도 있다. 쿠팡에서는 이런 아이템위너 경쟁을 부추기기 위해 판매자의 상품 중에 아이템위너가 아닌 상품들을 정기적으로 알려주는 메시지를 보내고 있다.

쿠팡 '니트릴 다용도 장갑' 판매 정보

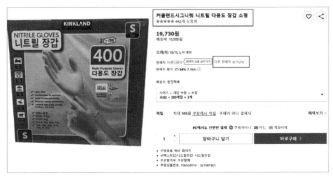

쿠팡 '니트릴 다용도 장갑' 아이템위너 예

※ 출처 : 쿠팡

위의 '니트릴 다용도 장갑'의 경우 총 25명의 판매자가 있는데 이 중 가장 위의 판매자가 배송비 포함 최저가로 아이템위너에 선정돼서 노출되고 있고 다른 24명의 판매자는 '다른 판매자 보기' 안으로 들어간 것을 확인할 수 있다. 판매자들이 쌓아놓은 총 442개의 구매 후기도 아이템위너 판매자가 독식하게 된다.

로켓배송, 로켓그로스

앞에서도 강조했지만 쿠팡에서 로켓배송, 로켓그로스 상품의 영향력은 엄청나다. 어느 정도 검색량이 있는 키워드의 상품들을 검색해 보면 로켓배송, 로켓그로스 상품들이 1페이지를 도배하고 있는 상황이다. 그래서 상품 마진 구조가 나오고 로켓배송에 들어갈 조건을 갖춘 상품이라면 입점하는 것이 좋다. 로켓배송에 입점할 조건이 안 되는 상품이라면 로켓그로스라도 검토해 보는 것이 좋다.

로켓배송 상품만으로 년 매출 몇 십억 원씩 버는 업체들이 쿠팡에 많이 있다. 단, 로켓배송에 들어가게 되면 쿠팡에 상품 운영권을 뺏기는 개념이기 때문에 타 온라인 판매 채널의 비중이 높은 경우라면 입점을 신중히 검토해야 한다. 이런 경우는 로켓배송보다는 로켓그로스가 적합하다. 아니면 로켓배송에 특화된 전용 상품을 별도로 개발해 입점하는 것도 하나의 방법이다.

예전에 로켓배송 상품 숫자가 적을 때는 입점만 해도 쿠팡이 알아서 많이 노출해주고 마케팅도 해주었기 때문에 매출이 많이 일어났다. 그러나 지금은 로켓배송 상품 숫자도 엄청나게 많고 서로 경쟁이 치열하기 때문에 상품 공급자가 별도로 광고를 하거나 추가 마케팅을 해야 하는 경우가 많다.

현재 모든 온라인 유통 판매 방법 중에 그나마 안정적으로 폭발적이면서도 꾸준한 매출을 올릴 수 있는 방법은 쿠팡 로켓배송, 로켓그로스가 최고라고 생각한다. 유튜브에 월 1억 원씩 판매한다는 성공스토리를 자랑하는 유튜버들의 상당수가 로켓그로스인 것도 이런 이유이다. 특히 시즌 상품 선정, 구매 후기 쌓기, 효율적인 광고가 결합돼야 더욱 좋은 결과를 만들어낼 수 있다.

쿠팡 PB

쿠팡에서 밀고 있는 또 하나는 PB(Private Brand) 상품이다. 쿠팡도 오프라인 대형 유통업체들처럼 쿠팡만의 자체 PB 상품들을 점차 확대해가고 있는데 2017년 7월 첫 PB 브랜드 '탐사'를 시작으로 카테고리별로 별도의 PB 브랜드들을 운영하며 전체 내에서 숫자 및 매출 비중이 확대되어 가고 있다. 식품, 생활용품, 반려동물용품, 패션, 가전, 의류·잡화, 건강·뷰티, 세제, 쌀, 생리대, 유·아동용품, 기저귀 등 카테고리별로 전문성 있게 브랜드를 전개하고 있다.

PB로 입점하려면 품질도 일정 수준 이상이어야 하지만 가격경쟁력이 매우 중요하다. 쿠팡에서도 엄청난 노출과 마케팅을 보장하는 조건으로 공격적인 가격을 요구한다. 마진 구조가 나오는 상품이라

쿠팡 PB 브랜드

면 쿠팡 PB 입점을 검토해 보는 것도 좋다. 오프라인 유통업체뿐만 아니라 E커머스업체들도 본인들만의 PB 상품들을 미래의 성장 동력으로 여기고 적극적으로 마케팅, 홍보하기 때문에 입점하기 어려워도 일단 입점하게 되면 큰 성과를 올릴 수 있다. 단, 제조업체 입장에서 매출은 크게 나올지 몰라도 PB 공급가가 워낙 낮기 때문에 수익적인면에서는 좋지 않을 수도 있다. 대신 쿠팡에 PB 상품을 공급한다는 사실은 유통을 하는 데 큰 자산이 될 수 있다. 쿠팡에 PB 상품을 공급하는 업체라는 타이틀은 다른 유통업체들과 거래할 때 큰 신뢰감을 주기 때문이다.

쿠팡 광고 ──

쿠팡에서 상위 노출을 해서 제대로 판매를 하려면 솔직히 말해서 로켓배송, 로켓그로스, 아이템위너, 광고가 절대적이다. 마켓플레이스에서 판매하는 일반 상품의 경우 광고가 매출을 올리는 데 매우 중요한 역할을 할 수 있다. 쿠팡 광고는 판매자가 직접 키워드를 세팅해서 노출하는 '수동 광고'와 쿠팡 알고리즘이 상품을 분석해 자동으로 광고를 해주는 '매출 최적화 자동 광고' 두 가지가 있다.

온라인 광고 시장에서 절대적인 역할을 했던 네이버 광고의 광고 단가가 지속적으로 오르고 효율이 떨어짐에 따라 쿠팡 광고의 중요성이 더욱 올라가고 있다. 2022년 이후 트렌드는 네이버 광고보다 쿠팡 광고가 잘만 운영하면 투입되는 광고비 대비 성과가 훨씬 좋은 것으로 여겨지고 있다. 아직 네이버 광고처럼 경쟁이 치열하지 않아서 그런 것이지만 이것이 판매자들에게는 새로운 기회가 될 수 있다. 한 예로 '초코과자'라는 대표 키워드만 해도 1페이지 1등, 5등, 6등에 광고 상품이 노출된다. 그리고 쿠팡 광고는 네이버와 달리 입찰가에 따라 100% 광고 위치가 정해지는 게 아니고 광고 지수, 고객 반응에 따라 롤링되며 광고가 변경되는 구조라 상품만 좋다고 하면 적은 광고 비용으로도 상위 노출이 가능하다.

매출 최적화 자동 광고는 얼핏 이름만 들어보면 쿠팡에서 알아서 최적화된 광고를 진행해줄 것처럼 보이지만 실제는 그렇지가 않다. 상품마다 특성이 있고 조건이 다 다른데 쿠팡 알고리즘이 그 모

쿠팡 '초코과자' 키워드 검색 시 1페이지

※ 출처 : 쿠팡

든 것을 검토해 최적화시켜 준다는 것 자체가 불가능한 일이다. 광고에는 정답이 없는데 자동 광고로 시작해서 수동 광고로 넘어가는 경우도 있고 수동 광고로 시작해서 자동 광고로 넘어가는 경우도 있다. 그래서 상품별, 판매자별로 각자에게 맞는 방식을 선택해야 하는데 수없이 많은 광고 테스트를 진행해 보면서 최적화 광고를 찾아나가야 한다. 쿠팡 광고는 쿠팡 판매자센터인 쿠팡윙에서 진행할 수 있다.

① 수동 광고

수동 광고는 광고 목적에 따라 입찰가, 키워드를 세부적으로 운영하고 싶은 광고주에 적합한 광고이며, 구매전환율이 낮은 상품이거나 마진이 30% 이하인 상품을 보수적으로 운영하기에 좋다. 키워드 단위 입찰이 가능하며 검색, 비검색 영역에 별도 입찰이 가능하다. 이는 네이버 파워링크 광고와 유사하다고 보면 된다.

수동 성과형 광고에는 '스마트 타깃팅'이라는 기능이 있는데 이 기능은 매출 최적화 광고와 비슷한 기능을 하기 때문에 일반적인 수동 성과형 광고에는 추천하지 않는다.

② 매출 최적화 자동 광고

매출 최적화 자동 광고는 매출 상승을 최우선으로 원하는 광고주에 적합한 광고이며 구매전환율이 높은 상품이거나 마진이 30% 이상 고마진 상품을 공격적으로 운영하기에 좋다. 매출 최적화 자동 광고는 광고 진행이 정말 단순한데 '목표 광고수익률'이라는 단어를 입력하기만 하면 쿠팡 알고리즘에 의해 키워드와 노출 입찰가가 최적으로 집행된다. 단, 수동 성과형 광고 대비 검색, 비검색 영역의 매우 다양한 키워드와 위치에 노출되기 때문에 관리를 잘 하지 않으면 광고 효율이 떨어질 수 있다.

목표 광고 수익률을 높게 쓰면 원하는 매출이 나오지 않고, 목표 광고 수익률을 낮게 쓰면 매출은 나오나 최종 수익률이 떨어지는 경향이 있다. 그렇기 때문에 마진 구조가 좋은 상품이 매출 최적화 광고에 적합하다. 자동 광고의 경우에는 비효율적인 키워드를 최대한 줄이는 것이 관건이기에 광고 제외 키워드 선택이 매우 중요하다.

광고 집행 시 상품별 매출 게이지바에 따라 광고 효율이 달라지는데 매출 게이지바가 낮으면 광고 효율이 떨어지고, 매출 게이지바가 높을수록 효율이 높아진다. 구매 후기가 많고 잘 팔리는 상품을 선택하면 게이지바가 100%에 근접하게 쭉 올라간다. 그래서 현재 잘 팔리고 구매 후기가 많은 상품을 매출 최적화 자동 광고로 집행할 때 큰 성과를 볼 수 있다. 이런 특성 때문에 판매 실적이 없는 상품은 대표 키워드가 아닌 세부 키워드를 써서 수동 성과형 광고를 집행해서 최대한 판매 실적을 만들어내면서 매출 게이지바가 어느 정도 채워지면 그때 광고비를 대폭 증액해서 적극적으로 판매하는 경우가 많다.

쿠팡윙 광고 관리자 화면

※ 출처 : 쿠팡

쿠팡 무료 노출 프로모션 & 쿠팡 메인 기획전 ──

쿠팡에서 판매자들의 매출 활성화를 위해 만든 프로그램이 '무료 노출 프로모션'이다. 보통 쿠팡 광고는 비용이 들어가지만 쿠팡 무료 노출 프로모션은 일정 조건만 맞추면 100% 무료로 진행되는 프로모션이다. 단, 쿠팡이 제안하는 할인율을 맞춰야 지원이 가능하다. 쿠팡윙 메뉴의 '프로모션'에서 '무료 노출 프로모션'을 클릭하면 지금 무료 노출 프로모션을 신청할 수 있는 상품들의 리스트가 나오는데 여기에 쿠팡이 제안하는 프로모션 할인율이 표시된다. 무료 노출 프로모션은 기본적으로 2주 이내 다섯 개 이상 판매하면 자동으로 목록에 노출된다. 쿠팡에서 제시하는 프로모션 할인율은 상당히 높기 때문에 내 상품의 마진 구조가 나와야 행사 참여가 가능하다.

쿠팡윙 무료 노출 프로모션

※ 출처 : 쿠팡

쿠팡의 무료 노출 프로모션은 쿠팡의 다양한 지면에 노출되며 특정 경우에는 메인페이지에 노출되어 어마어마한 매출이 나오는 경우도 많다. 쿠팡은 시즌에 맞는 특별 기획전을 진행하는데 가령 봄에는 봄 시즌 상품 기획전, 여름 휴가철에는 물놀이 용품 기획전,

주요 노출 영역 1 : 쿠팡 모든 '판매자 특가' 영역

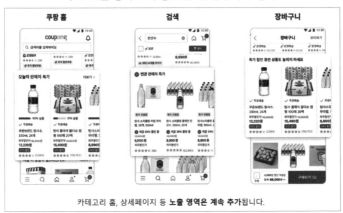

주요 노출 영역 2 : 쿠팡 첫 화면에 노출되는 '빅 시즌 기획전' 영역

※ 출처 : 쿠팡

겨울에는 방한용품 기획전 등을 진행한다. 쿠팡이 공식적으로 진행하는 기획전은 쿠팡의 메인페이지에 노출되므로 큰 매출을 올릴 수 있다. 쿠팡 무료 노출 프로모션을 통해 무료로 참여할 수 있기 때문에 항상 관심을 기울여야 한다. 그리고 시즌별 기획전의 내용과 맞는 상품을 제안할 기회가 온다면 꼭 제안해야 한다. 메인페이지에서 진행하는 시즌 기획전에 선정되기가 쉽지 않지만 선정된다고 하면 매출을 높일 좋은 기회를 가질 수 있다.

쿠팡 상위 노출 랭킹로직 ─────

쿠팡에서 말하는 쿠팡 랭킹로직은 판매 실적, 사용자 선호도, 상품 정보 충실도 및 검색정확도 등을 종합적으로 고려한 순위이다. 쿠팡 매출의 70% 이상은 검색을 통해서 발생하기 때문에 내 상품에 맞는 정확한 카테고리와 세세한 키워드들을 정확하고 충실하게 입력해야 고객이 내 상품을 쿠팡에서 쉽게 찾을 수 있다. 그렇기 때문에 쿠팡 상품 등록에서 가장 중요시되는 정보는 카테고리, 상품명, 검색어(태그), 무료배송이다.

상품명, 검색어에 들어갈 키워드들은 네이버의 키워드보다는 쿠팡에서 사용되는 자동완성어, 연관 검색어 등을 활용하는 것이 좋다. 쿠팡 검색로직은 당연히 네이버 키워드들보다는 쿠팡 키워드들을 더 중요시하고 노출에 반영한다. 특히 검색어(태그)의 경우 네이버쇼핑에서는 노출에 반영되는 비중이 매우 낮으나 쿠팡에서는 반영률이 매우 높기 때문에 상품과 관련된 중요 키워드들을 하나도 빠짐없이 작성해야 한다. 또 하나 쿠팡에서 중요한 것은 무료배송이다. 쿠팡의 대표 서비스 로켓배송이 무료배송이다 보니 쿠팡 고객들은 무료배송 여부에 매우 민감하다. 그렇기 때문에 배송비를 상품 판매가에 녹여 넣어서라도 무료배송 조건으로 상품을 등록하는 게 좋다.

쿠팡 상위 노출 로직의 50% 이상을 구성하는 것이 고객의 '검색어 유입 점수'이기 때문에 상품을 상위 노출시켜서 잘 판매하려면 고객이 검색하는 모든 키워드에 상품이 노출되어야 한다. 그래야 검색 유입에 의한 클릭 점수를 많이 받을 수 있다. 이런 키워드 정보들을 가장 잘 파악할 수 있는 곳이 쿠팡 검색창에 나오는 자동완성어와 연관 검색어이다. 일부 판매자들은 네이버쇼핑에서의 키워드 데이터들을 활용하는 경우가 있는데 이는 잘못된 방법이다.

쿠팡 '종이컵' 검색 시 자동완성어와 연관 검색어

※ 출처 : 쿠팡

쿠팡 상위 노출에서 또 다른 50%를 차지하는 요소는 판매 실적이다. 판매 실적은 구매 건수와 구매 금액으로 나누어지는데 쿠팡의 판매 점수는 구매 건수, 구매 금액 두 요소를 동시에 만족시켜야 상위 노출에 유리하다. 네이버쇼핑과 달리 쿠팡은 아무리 유입자 수가 많아도 구매전환이 일어나지 않으면 유입 점수가 상위 노출에 영향을 끼치지 못하게 상위 노출 로직이 되어 있기 때문에 '구매전환율'에 많은 신경을 써야 한다.

쿠팡 라이브 방송 & 쇼츠

쿠팡에서 2023년부터 집중적으로 밀고 있는 서비스가 쿠팡 라이브 방송이다. 라이브커머스의 인기가 올라감에 따라 타 쇼핑몰과 마찬가지로 쿠팡에서도 라이브 방송을 집중적으로 밀고 있는데 쿠팡에서 라이브 방송 및 쇼츠를 워낙 많은 지면에 노출시켜 주다 보

쿠팡 라이브 방송과 쇼츠

| 쿠팡 홈에 노출 | 상품 상세 페이지에 노출 | 상품 검색에 노출 |

※ 출처 : 쿠팡

니 이는 매출을 만드는 데 아주 중요한 서비스이다.

쿠팡 라이브 방송과 쇼츠는 쿠팡 판매자라면 누구나 이용할 수 있고 방송 진행 비용도 무료이다. 단, 매출이 발생하면 5%의 수수료가 부과된다. 쿠팡의 경우 광고 이외에는 거의 추가 노출이 불가한 상황에서 라이브 방송은 추가 비용 없이 매출을 올릴 수 있는 좋은 방법이다. 방송이 끝난 뒤에도 VOD 다시보기 기능을 통해 꾸준한 매출 확보가 가능하다. 라이브 방송은 직접 진행해도 되고 쿠팡과 연계된 크리에이터를 통해 진행해도 된다. 라이브 방송 신청 및 쇼츠 등록은 쿠팡윙에 '쿠팡라이브' 메뉴에서 하면 된다.

쿠팡 라이브 방송 신청

※ 출처 : 쿠팡

쿠팡 수수료와 정산

쿠팡 수수료는 로켓배송의 경우 쿠팡 풀필먼트 시스템을 이용하기 때문에 매우 높은 편이고, 마켓플레이스 수수료는 기타 오픈마켓과 비슷한 수준이다.

쿠팡 수수료

마켓플레이스	입점 수수료는 없고 판매 수수료가 있는데 카테고리별로 상이하다. 가전디지털과 같이 수수료가 낮은 카테고리도 있지만 일반적으로 평균 10% 정도로 생각하면 된다. 쿠팡은 타 오픈마켓과 달리 네이버쇼핑 연동 수수료 2%를 부과하지 않는다. 이를 고려하면 일반 오픈마켓, 소셜커머스 대비해서 수수료가 4~5% 정도 낮다(카테고리별 세부 수수료는 쿠팡 판매자센터에서 확인할 수 있다). 월 매출이 100만 원을 넘게 되면 5만 5,000원의 채널 이용료가 추가로 부과된다.
로켓배송	로켓배송은 쿠팡이 사입하는 상품인지라 판매 수수료의 개념이 아니다. 로켓배송에 입점이 가능한 상품 공급가는 일반적으로 해당 상품의 온라인 최저가에서 쿠팡 마진이 최소 30% 이상 나와야 한다. 예전에는 쿠팡 마진이 15~20%인 경우에도 입점이 되었으나 계속 쿠팡 마진이 올라 지금은 최소 30% 이상 되어야 한다.

1. 쿠팡 판매대금 정산

쿠팡 판매대금 정산은 구매확정일을 기준으로 주정산과 월정산, 두 가지가 있다. 구매확정일은 고객이 상품 수령 후 직접 구매확정을 해주는 날이거나, 고객이 구매확정을 해주지 않으면 배송 완료일로부터 7일(주말과 공휴일 포함)이 되는 날이다. 주정산과 월정산은 판매자가 선택할 수 있는데 상품마다 다르게 설정할 수는 없다. 쿠팡은 거의 60일이 걸리는 긴 정산 주기가 큰 단점이다. 스마트스토어나 오픈마켓의 경우 늦어도 10일 정도면 정산을 받을 수 있는 데 비해 차이가 크다.

쿠팡 주정산 VS 월정산

주정산	한 주간(월~일) 구매확정된 매출액의 70%를 15영업일째 되는 지급 날에 지급하고, 나머지 30%는 익익월 1일에 지급한다.
월정산	한 달간(1일~말일) 구매확정된 상품의 판매대금을 말일 기준 15영업일째 되는 날에 지급한다. 월정산의 경우는 주정산과 같이 일부만 우선 지급하는 것이 아닌 1일~말일까지 한 달간 구매확정된 주문 건에 대해 정산액을 한꺼번에 지급한다.

자금 회전에 압박이 있는 경우라면 판매대금 정산을 주정산으로 선택하면 조금이라도 빨리 정산을 받을 수 있고, 자금 회전에 여유가 있는 판매자라면 월정산을 선택해 매월 20일을 전후해 정산을 받는 것이 좋다. 그래도 여하튼 최종적으로 정산을 받기까지 거의 60일이 걸리기 때문에 자금에 여유가 없는 판매자들은 일정 부분 수수료를 내고 시중에 있는 선정산 서비스를 많이 이용한다.

쿠팡 연매출 100억 셀러가 만든 프로그램, 빅셀

빅셀 프로그램 소개 ——

온라인 판매자의 성공을 위한 필수 솔루션, 빅셀(Bigcell)

- 온라인 판매 시장이 날로 성장하면서, 효율적인 데이터 분석과 자동화된 운영
  이 성공의 핵심이 되었습니다.
- 빅셀은 쿠팡 플랫폼에서 판매자의 성장을 지원하는 혁신적인 솔루션입니다.
- 빅셀은 데이터 기반으로 의사결정을 돕고, 매출 증대와 운영 최적화를 가능하
  게 합니다.

빅셀 프로그램

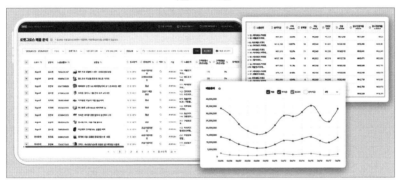

빅셀의 핵심 기능 ——

1. 매출 분석 및 실적 평가

- 일일 매출과 일일 순수익금을 안내해드립니다.
- 빅셀은 상품별, 기간별, 광고 효율별 매출 분석을 제공합니다.
- 실시간 매출 추적을 통해 판매 성과를 빠르게 파악하고, 전략을 조정할 수 있

습니다.

- 광고비 대비 매출 분석(ROAS), 상품별 순이익 분석, 다양한 지표를 제공합니다.
- 자동화된 매출 리포트를 통해 매출 추이 및 성과를 한눈에 파악할 수 있습니다.

2. 광고 분석

- 키워드 분석과 광고 성과 분석을 통해 최적의 광고 전략을 추천합니다.
- 광고비를 줄이면서 최대의 노출 효과를 얻을 수 있도록 지원합니다.
- 어떤 키워드로 매출이 발생했는지 알려 드립니다.
- 어떤 키워드가 흑자인지, 적자인지 데이터를 제공합니다.

빅셀 대시보드 구성 화면

3. 키워드 분석 및 최적화
 - 키워드를 분석하여 쿠팡 최적화로 데이터를 제공합니다.
 - 키워드의 연관 검색어와 자동 완성어를 제공합니다.

4. 알리바바 1688 크로스보더 연동
 - 알리바바 1688과의 공식 크로스보더 시스템으로 쿠팡 셀러가 쉽게 중국상품을 소싱할 수 있도록 지원합니다.
 - 알리바바 1688 상품을 확인하고, 한 번의 클릭으로 구매 신청 및 물류연계가 가능합니다.

빅셀 매출 리포트 알림톡 서비스 ──

빅셀 매출 리포트 알림톡
 - 판매 방식별 매출부터 순이익금, 광고 데이터까지 매일 쿠팡 매출 리포트를 카카오톡으로 간편하게 받아보실 수 있습니다.
 - 별도 설정 시 메인 관리자 외 멤버에게도 알림톡을 발송할 수 있습니다.

빅셀 알림톡 예시

특별 혜택 : 책 구매자 대상 3개월 무료 이용권 제공!

책을 구매하신 분들께 빅셀 3개월 무료 이용권을 드립니다. 지금 책을 구매하고 빅셀 무료 이용 혜택을 받아보세요!

- 데이터 기반 상품 소싱 및 매출 분석 기능을 직접 체험하세요.
- 광고 최적화, 키워드 분석, 1688 연동 등 다양한 기능을 무료로 이용할 수 있는 기회!
- 판매 성장을 가속화할 수 있도록 빅셀을 경험해 보세요!

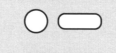

3장

쿠팡과 양대산맥, 네이버쇼핑 집중 분석 및 실전 판매 전략

국내 E커머스업계를 대표하는 양대산맥은 네이버쇼핑과 쿠팡이라고 할 수 있다. 2021년까지만 해도 네이버쇼핑이 국내 E커머스업계 거래액 기준 항상 1위였지만 2022년부터 쿠팡에 E커머스 제왕의 자리를 내주게 되었다. 무섭게 성장하고 있는 쿠팡과의 격차는 매년 벌어지고 있지만 2등 E커머스의 위치는 매우 탄탄하다. G마켓, 11번가 등 3등권 업체들과는 확실히 차이가 크다.

가격비교 플랫폼 형식의 네이버쇼핑, 로켓배송 및 물류에서의 강점을 가진 쿠팡은 타 쇼핑몰 업체가 쉽게 따라할 수 없는 강력한 무기를 가지고 있다. 이 두 업체가 국내 E커머스업계를 주도하고 있는 상황이기 때문에 철저하게 분석하고 공부할 필요가 있다. 특히 네이버쇼핑은 국내 E커머스 전체의 트렌드를 선도해왔기 때문에 반드시 세부 내용을 숙지해야 한다. 지금은 1등 탈환을 위해 네이버쇼핑이 쿠팡을 벤치마킹하고 있는 상황이다.

국내 대부분의 쇼핑몰이 입점해 있는 네이버쇼핑

네이버쇼핑은 쿠팡, G마켓, 11번가 같은 별도의 개별 쇼핑몰이 아니라 다양한 개별 쇼핑몰들이 입점해 있는 쇼핑몰 가격비교 플랫폼이라고 할 수 있다. 온라인상에서 검색할 수 있는 오픈마켓, 종합몰, 전문몰의 거의 대부분이 네이버쇼핑에 입점해 있다.

네이버쇼핑

네이버쇼핑에 들어가 보면 알 수 있지만 쿠팡, 11번가, 현대H몰, G마켓 등 우리에게 익숙한 쇼핑몰들을 거의 다 찾아볼 수 있다. 네이버쇼핑과 비슷한 가격비교 쇼핑몰 플랫폼은 에누리, 다나와 등이 있는데 네이버쇼핑과 비교하면 미비한 정도이며 네이버쇼핑이 거래액이나 규모 면에서 독보적이다. 최근 개별 쇼핑몰 앱에서 검색해서 구매하는 비율이 늘고 있기는 하지만 아직도 많은 고객이 어떤 상품을 구매하려고 할 때 네이버에서 검색해 쇼핑몰별 가격비교를 통해 구매하고 있다.

스마트스토어와 네이버쇼핑을 혼동하는 사람들이 많은데 스마트스토어는 네이버쇼핑에서 제공하는 무료 개인 쇼핑몰이다. 스마트스토어도 물론 네이버쇼핑에 입점해 있고 타 쇼핑몰들과의 가격비교를 통해 판매가 이루어진다.

국내 대부분의 쇼핑몰이 입점해 있는 네이버쇼핑

※ 출처 : 네이버쇼핑

네이버쇼핑은 2024년 10월 크게 개편되었는데 '가격비교 쇼핑몰'과 '네이버플러스 스토어' 두 개로 나누어졌다. 상위 노출 로직도 가격비교 쇼핑몰과 네이버플러스 스토어가 상이한데 네이버플러스

스토어에는 유저 개인별 맞춤 노출을 강조하는 선호도 항목이 새로 포함되었다. 가격비교 쇼핑몰은 기존 네이버쇼핑과 동일하게 모든 유저에게 동일한 검색 결과를 보여주나 네이버플러스 스토어는 각 개인별 성, 연령, 쇼핑 이력에 따라 상이한 검색 결과를 보여준다.

네이버쇼핑 2024년 10월 개편 내용

※ 출처 : 네이버쇼핑

E커머스업계에서 네이버쇼핑의 위상

국내 대부분의 쇼핑몰이 네이버쇼핑에 입점해 있다 보니 고객들은 쿠팡, G마켓 같은 개별 쇼핑몰에서 상품을 보았다 할지라도 네이버쇼핑에 와서 다시 한번 쇼핑몰별 가격비교를 통해서 최저가를 구매하는 경향이 강하다. 쿠팡 와우 멤버십을 가입하고 쿠팡에서 쇼핑하는 것 같은 특별한 경우를 제외하고 본인이 일반적인 상품을 쇼핑할 때를 생각해 보면 그렇지 않은가? 그래서 네이버쇼핑에서 구매할 확률은 높으나 타 온라인 쇼핑몰에서의 유입 대비 구매 확률은 확실히 떨어진다. 이런 장점에다가 네이버쇼핑의 경우 거래 수수료가 E커머스업계 최저 수준, 고객 유입은 최고 수준, 고객 유입 대비 구매전환율은 최고 수준이다 보니 고객들뿐만 아니라 상품 공급업체, 온라인셀러, 타 온라인 쇼핑몰들이 네이버쇼핑으로 몰려들 수밖에 없는 구조이다.

오픈마켓, 종합몰, 전문몰 등 대형 온라인 쇼핑몰들의 경우 한 가지 큰 고민이 있다. 그것은 자체 쇼핑몰 내에서의 매출은 정체 또는 감소하고 있는데 네이버쇼핑에 입점해서 발생하는 매출은 매년 증가한다는 것이다. 네이버쇼핑 내에서의 매출 비중이 증가하다 보니 네이버쇼핑에 지불해야 하는 연동 수수료도 매년 큰 폭으로 증가하고 있고 네이버쇼핑 내에서 최저가를 차지해야 매출이 일어나는 구조이다 보니 최저가를 차지하기 위해 네이버쇼핑 내 쿠폰 행사를 진행하게 된다. 이러한 현실은 대부분의 업체가 적자인 E커머스업계에서 적자 구조를 더욱 심화시키는 원인이 되고 있다. 이런 여러 가지 강점을 가지고 있는 네이버쇼핑은 빠른배송이라는 너무 강력한 무기를 가진 쿠팡을 제외하고는 E커머스업계에서 확실한 2등 위치를 차지하고 있다.

네이버쇼핑은 강력한 경쟁자인 쿠팡의 로켓배송을 앞세운 빠른 배송 물류 시스템에 대응하기 위해 신세계이마트, CJ대한통운 등 기존 사업자와의 풀필먼트 물류 협업 시스템 전략을 진행 중이다.

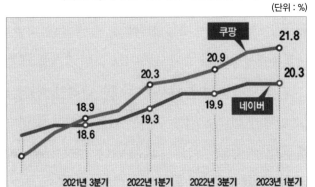

네이버쇼핑과 쿠팡의 온라인 시장점유율 추이

(단위 : %)

쿠팡

21.8

20.9

20.3

20.3

18.9

19.9

네이버

19.3

18.6

2021년 3분기   2022년 1분기   2022년 3분기   2023년 1분기

※ 출처 : 하나증권, 통계청, 동아일보

특히 CJ대한통운과는 주문 다음 날 도착하는 '도착보장' 서비스를 선보였지만 당일배송이나 새벽배송을 선호하는 소비자들을 쿠팡으로부터 빼앗아오는 데 어려움이 있다.

쿠팡을 제외한 유통업체들이 빠른배송에 막대한 투자를 해왔지만 대부분이 막대한 적자를 보고 있다. 네이버는 이를 감안해 직접 물류와 배송 시스템에 투자하지 않고 기존 사업자와의 협업을 통해 효율을 극대화하는 방향으로 경쟁력을 확보하고 있다. 또한 마켓컬리, 쿠팡의 강력한 장점 중의 하나인 식품 새벽배송 서비스에 대해서도 직접 투자해 시스템을 구축하는 대신에 신세계, 홈플러스, 하나로마트 등과 협업해 최소 비용으로 최대 효과를 내는 방향으로 진행하고 있다. 이마트몰, 트레이더스, SSG닷컴, 홈플러스, GS더프레시의 장보기 서비스 제휴를 통해 식품 배송, 새벽배송 서비스를 진행 중이다.

네이버쇼핑은 이와 같은 제휴 전략들을 통해 기존의 쇼핑몰 가격비교 플랫폼에서 벗어나 소규모 투자로 최대 효과를 내는 E커머스 제왕 자리를 노리고 있다. 대부분의 대형 온라인 쇼핑몰들이 매출은 늘고 있지만 대규모 적자를 내고 있는 상황에서 네이버쇼핑의 이러한 제휴 전략은 시사하는 바가 크다. 그리고 네이버쇼핑은 2025년 중에 CJ대한통운 같은 대형 택배사와 손잡고 주 7일 배송 및 네이버플러스 멤버십 회원 대상 무료배송, 무료반품, 무료교환 정책을 시행하는 전략을 발표했는데 쿠팡 로켓배송과의 한판 승부가 펼쳐질 것으로 예상한다.

유통사들과 연계해 당일배송, 새벽배송을 보장하는 네이버 장보기

※ 출처 : 네이버쇼핑

또한 쿠팡의 강점인 개인 맞춤화 상품 제안 기능을 벤치마킹해 네이버쇼핑도 유저의 특성을 분석해 개인 맞춤 상품을 제안하는 네이버 플러스스토어라는 쇼핑몰 서비스도 시작했다. 쿠팡의 경우 모든 유저가 특정 상품을 검색했을 때 나오는 결과가 모두 다를 정도로 개인 맞춤화가 발달했다. 물론 이 기능도 미국 아마존을 벤치마킹한 것이긴 하지만 한국에서는 쿠팡이 가장 고도화된 상태이다. 네이버쇼핑도 개인 맞춤 상품 제안을 통해 구매전환 및 매출을 올릴 의도를 가지고 네이버 플러스스토어를 런칭해 쿠팡과 승부를 벌이고 있다.

네이버 플러스스토어의 개인 맞춤 상품 제안

※ 출처 : 네이버쇼핑

네이버쇼핑 주요 구성 요소

네이버쇼핑의 경우 일반적인 가격비교 검색 서비스뿐만 아니라 타 플랫폼들과 차별화된 다양한 서비스를 가지고 있다. 이런 서비

네이버쇼핑 메인페이지

※ 출처 : 네이버쇼핑

스들은 계속 업데이트되고 변화되고 있다. 현재 진행 중인 주요 서비스들을 살펴보면 다음과 같다.

(1) 네이버 쇼핑윈도

오프라인 상점을 운영하는 소상공인들을 집중적으로 지원하기 위해 시작한 서비스이다. 오프라인 영세 소상공인 온라인 판로 지원이라는 정부 시책과도 맞기 때문에 네이버에서도 적극적으로 지원하고 있는 서비스이다. 플레이윈도, 아트윈도, 리빙윈도, 키즈윈도, 푸드윈도, 펫윈도 등이 있다.

(2) 오늘행사

네이버쇼핑에 입점되어 있는 다양한 쇼핑몰들의 주요 인기 행사 아이템을 보여주는 서비스이다. 원쁠딜, 쇼핑라이브, 브랜드데이, 멤버십 행사 상품 등 주요 쇼핑몰의 핫아이템을 오늘행사에서 많이 찾아볼 수 있다.

(3) 도착보장

네이버는 가장 큰 약점이라고 할 수 있는 느린 배송을 강화하기 위해 CJ대한통운 같은 택배사와 손잡고 익일배송을 보장하는 도착보장 상품을 만들었다. 이곳에서는 메리트 있는 도착보장 상품을 모아서 보여주고 있다.

(4) 기획전

카테고리별로 트렌드에 맞는 다양한 상품들이 테마에 맞춰 진행되는 노출 구좌이다. 한 개의 기획전은 최소 50개 이상의 상품이 있어야 하며 네이버의 검수를 통해 선정된다. 기획전 신청은 네이버에서 운영하는 공식 블로그에서 신청할 수 있다.

(5) 패션타운(Fashion Town)

네이버가 운영하는 패션 쇼핑 플랫폼이며 백화점 매장과 아울렛, 패션 브랜드 직영몰뿐 아니라 트렌디한 디자이너 제품까지 한 눈에 둘러볼 수 있어 여러 쇼핑 앱을 오가지 않고도 한 곳에서 쇼핑할 수 있는 장점이 있다. AI를 이용한 개인 맞춤 추천으로 타사 패션 플랫폼이나 기존 패션 윈도와 차별점을 뒀다.

⑹ 슈퍼적립

네이버쇼핑의 회원 제도인 네이버 플러스멤버십 회원들을 위해 만들어진 섹션으로 네이버 플러스멤버십 회원이 구매하면 추가 포인트 적립이 되는 상품들을 보여준다. 쿠팡 와우 멤버십을 추격하기 위해 네이버쇼핑은 지속적으로 네이버 플러스멤버십을 강화하고 있다.

⑺ 쇼핑라이브

2020년 이후 라이브 방송의 엄청난 인기에 발맞춰서 네이버가 출시한 라이브 방송 플랫폼이다. 짧은 시간 안에 네이버 쇼핑라이브가 라이브 방송 시장 1등을 차지했다. 스마트스토어가 있어야만 라이브 방송을 진행할 수 있으며 네이버쇼핑에서 차세대 성장 동력으로 집중 육성하고 있는 서비스이다.

⑻ 원쁠딜

네이버쇼핑에서 2022년 새롭게 출시한 서비스로, 온라인 쇼핑에서 가장 인기 있다는 1 + 1, 포인트 적립, 추가 증정 행사 상품들을 소개하는 서비스이다. 스마트스토어 판매자센터에서 신청할 수 있고 딱 3일간만 진행하는 서비스이다.

⑼ 쇼핑 BEST

카테고리별로 네이버쇼핑에서 가장 인기 있는 BEST 상품들을 보여주는 서비스이다. 연령별, 기간별로 BEST 상품들과 인기 키워드도 보여준다. 네이버쇼핑 판매자라면 누구나 쇼핑 BEST에 들어가는 것이 목표일 정도로 중요한 섹션이다.

⑽ 장보기

네이버에서 이마트, 홈플러스, GS더프레시 등 다양한 유통업체와 손잡고 당일배송, 새벽배송을 가능하게 해주는 쇼핑 서비스이다. 다양한 유통업체의 장보기를 이 메뉴에서 한 번에 가능하다.

⑾ 선물샵

큰 인기를 누리고 있는 '카카오 선물하기'를 벤치마킹해 네이버에서 만든 선물샵이다. 선물 개념의 상품들 위주로 보여주며 발렌타인데이, 크리스마스 같은 선물 수요가 많은 특정 시즌 때에 폭발적인 매출이 나온다.

네이버쇼핑 입점 방법 및 수수료 구조

네이버쇼핑에 입점하는 방법은 CPC 패키지 입점, CPS 패키지 입점, 스마트스토어 입점 이렇게 세 가지 방법이 있다. 대부분의 오픈마켓, 소셜커머스, 종합몰, 전문몰에 판매자로 상품을 등록하면 해당 몰들이 네이버쇼핑에 입점되어 있기 때문에 해당 몰에서의 내 상품이 네이버쇼핑에도 동시에 노출된다.

1. CPC 패키지 입점

CPC(Cost per Click) 패키지 입점은 상품을 클릭한 만큼만 수수료가 발생하는 입점 방식이다. 규모가 작은 판매자 및 쇼핑몰들은 대부분 CPC 패키지로 네이버에 입점한다.

① 입점 신청 URL : https://join.shopping.naver.com/join/cpc/guide.nhn
② 입점 프로세스

CPC 패키지 입점 프로세스

STEP 01 입점신청서 작성	STEP 02 입점심사	STEP 03 상품 DB URL 등록	STEP 04 상품등록	STEP 05 서비스 시작
광고주	NAVER	광고주	광고주	NAVER

※ 출처 : 네이버쇼핑

③ 수수료 부과

'가격비교 상품군'과 '일반 상품군'으로 나뉘어서 수수료 부과 체계가 상이하다.

'가격비교 상품군'과 '일반 상품군'에 속하는 카테고리

가격비교 상품군	– 가전·컴퓨터(하위 중·소·세 카테고리 모두 포함) – 분유·기저귀·물티슈 – 국내·수입 화장품 – 향수·바디·헤어
일반 상품군	– 위 '가격비교 상품군'을 제외한 모든 상품군

CPC 패키지 입점 수수료

클릭당 단가 : 상품 가격대 / 카테고리별 CPC 수수료 + 10원(최저 수수료)

가격비교 상품군		일반 상품군	
상품 가격대	수수료율	상품 가격대	수수료율
1만 원 이하	0.2%	1만 원 이하	0.15%
1만 원 초과 ~ 5만 원 이하	0.01%	1만 원 초과 ~ 3만 원 이하	0.1%
5만 원 초과 ~ 20만 원 이하	0.001%	3만 원 초과 ~ 4만 원 이하	0.02%
20만 원 초과 ~ 50만 원 이하	0.0001%	4만 원 초과 ~ 6만 원 이하	0.01%
100만 원 초과	0%	6만 원 초과 ~ 10만 원 이하	0.01%
		10만 원 초과 ~ 100만 원 이하	0%
		100만 원 초과	0%

※ 출처 : 네이버쇼핑

2. CPS 패키지 입점

CPS(Cost per Sales) 패키지 입점 시 매월 고정비와 네이버쇼핑을 통한 매출액의 일정 %를 판매 수수료로 부과한다. 일정 조건을 만족한 쇼핑몰이 CPS 입점이 가능하고 입점 신청자 상품의 신뢰성 조사 결과 등을 바탕으로 내부 심사 후 승인 여부가 결정된다. 과거 CPC 입점 이력이 있는 사업자의 경우 기동의한 광고주이용약관의 내용도 함께 검토한다.

① CPS 패키지 입점 조건
- 6개월 이상 운영한 쇼핑몰
- 에스크로 등 구매 안전장치가 적용된 쇼핑몰
- 최근 3개월 평균 월 거래액이 20억 원 이상인 쇼핑몰
- 신용 등급이 B등급 이상인 쇼핑몰(네이버에서 사업자번호 기준으로 확인)

CPS 패키지 입점은 위와 같이 입점 조건이 까다롭기 때문에 규모가 어느 정도 있는 종합몰, 전문몰이어야 입점이 가능하다.

② 입점 신청 URL : https://join.shopping.naver.com/join/apply.nhn
③ 입점 프로세스

CPS 패키지 입점 프로세스

| 제휴상담 | 입점안내 및 계약서 작성 | 쇼핑몰 등록 및 상품 DB 처리 | 제휴 입점완료 |

※ 출처 : 네이버쇼핑

④ 수수료 부과

CPS 패키지 입점 수수료

입점 형태	수수료	평균 거래액	운영 DB 수	기본 운영비	추가 운영비
일반 쇼핑몰	2%	1,000억 원 이상	15000만 개	1500만 원	DB당 0.5원 (사전 협의)
		800억 원 이상	13000만 개		
		500억 원 이상	10000만 개	1200만 원	
		300억 원 이상	8000만 개		
		100억 원 이상	5000만 개		
		30억 원 이상	3000만 개	900만 원	
		10억 원 이상	1500만 개	600만 원	
		1억 원 이상	500만 개	300만 원	
		1억 원 미만	100만 개		
티켓 전문몰	2%	–	–	300만 원	–
면세 전문몰	–	–	–	300만 원	–

* 평균 거래액 : 반기 기준 / 허용 DB 수 초과 전송 시 DB 수신 제한됨 / 추가 운영비는 사전 협의 하에 약정
** 신규 입점 몰은 운영구간 별도 협의

※ 출처 : 네이버쇼핑

3. 스마트스토어 입점

스마트스토어 입점은 네이버가 제공하는 무료 개인 쇼핑몰 스마트스토어로 네이버쇼핑에 입점하는 방식이다. 스마트스토어를 개설하고 '네이버쇼핑 노출'을 선택하기만 하면 네이버쇼핑에 입점된다. 스마트스토어는 개인 판매자, 국내 사업자, 해외 사업자 세 가지 방식으로 가입할 수 있다.

① 스마트스토어 개설

URL : https://sell.smartstore.naver.com/#/sellers/join

② 수수료 부과

스마트스토어의 수수료는 스마트스토어의 수수료 기준을 따른다. 판매자 등급별로 1.98~3.63%이며, 네이버쇼핑 검색 연동 판매 시 2% 수수료가 추가로 부과된다.

네이버가 제공하는
강력한 개인 쇼핑몰 : 스마트스토어

온라인 판매를 하는 사람들이 가장 중요하게 생각하는 두 가지 온라인마켓이 있다. 바로 스마트스토어와 쿠팡이다. 쿠팡은 2020년 이후 급성장한 온라인마켓이지만 스마트스토어는 항상 가장 중요한 온라인 쇼핑몰로 인식되어 오고 있다. 유튜버 신사임당이 불러일으킨 스마트스토어 열풍은 국내 E커머스 시장을 뒤흔들 정도로 강력했다.

왜 스마트스토어에 열광하는가

국내 E커머스업계의 강자라 할 수 있는 네이버가 E커머스 장악력을 더욱 확대하기 위해 만든 스마트스토어이다 보니 타 온라인마켓 대비 엄청난 메리트가 있다. 이런 메리트 때문에 판매자들이 스마트스토어에 더욱 집중하게 될 수밖에 없는 구조이다.

네이버쇼핑이 가장 집중적으로 노출시켜 주는 온라인마켓이 바로 스마트스토어이다. 스마트스토어가 네이버에서 만든 서비스이기 때문에 당연한 일이다. 네이버에서는 절대 아니라고 하지만 네이버쇼핑에서 스마트스토어의 노출은 독보적이다. 일부 특수 키워드를 제외하고는 대부분의 키워드 1페이지 상위에 노출되어 있는 것은 스마트스토어이다.

모든 온라인마켓의 네이버쇼핑 의존도가 매년 더욱 높아지고 있기 때문에 장기적으로도 스마트스토어의 독주는 더욱 심해질 것으로 예상한다. 지금 온라인 판매를 하고 있는 판매자 중에 상당수가 스마트스토어를 알게 되면서 온라인 판매에 뛰어든 경우가 많다.

스마트스토어는 자금도 부족하고 마케팅, 광고 능력도 떨어지는 초보자 입장에서 가장 유리한 온라인마켓이라고 할 수 있다. 일단 오픈마켓은 광고가 너무 중요하고 폐쇄몰은 인맥이 있어야 하고, 종합몰은 브랜드가 아니면 입점이 안 되는 등 초보 판매자가 진입해서 큰 매출을 올리기에는 진입장벽이 높다. 그러나 스마트스토어는 네이버쇼핑에서 노출이 탁월하기 때문에 네이버쇼핑 SEO 상위 노출 로직만 잘 맞추고 약간의 광고, 마케팅만 할 줄 알면 광고 없이도 타 온라인마켓 대비 매출을 올리기가 쉬운 편이다.

시중에 나와 있는 온라인 판매 관련 책들 중 가장 많이 소개된 책은 무엇일까? 바로 스마트스토어 관련 책들이다. 다른 온라인 판매에 관한 책들을 모두 합친 것보다 스마트스토어 관련 책들이 더 많고 인기도 높다. 그만큼 스마트스토어는 온라인마켓 중 독보적인 위치를 차지하고 있다.

스마트스토어는 개인 쇼핑몰이기 때문에 어느 정도 브랜딩도 가능하다. 다른 오픈마켓, 종합몰, 전문몰은 단순히 판매자로 입점하는 개념이지만, 스마트스토어는 어느 정도 나만의 쇼핑몰이라는 장점이 있다.

◦ 조금 더 알기 ◦
'스마트스토어' 10가지 장점

① 제작비 · 유지 관리비 무료, 쉽게 만들고 관리 가능

② 네이버쇼핑 연동 입점

③ 저렴한 수수료

④ 빠른 대금 정산 조건

⑤ SNS 연동 가능(블로그, 페이스북, 인스타그램)

⑥ 고객 결제 용이(네이버페이 이용)

⑦ 무료 홍보 지원(기획전, 윈도, 핫딜, 원쁠딜 등)

⑧ 일정 조건 충족 시 추가 두 개 스마트스토어 개설 가능

　　– 6개월 전 가입, 최근 3개월 총 매출 800만 원 이상, 최근 3개월 구매만
　　　족도 4.5 이상

⑨ 사업자뿐만 아니라 개인도 운영 가능

⑩ 네이버의 전폭적인 지원 : 네이버쇼핑 상위 노출 및 저리 자금 대출

스마트스토어 마케팅 전략

네이버쇼핑에는 스마트스토어에만 특별히 제공하는 무료 서비스 및 마케팅 도구들이 많다. 광고비가 전혀 들지 않는 이런 무료 서비스들은 반드시 활용해야 한다. 다른 오픈마켓들은 보통 광고비를 쓰지 않으면 매출 올리기가 쉽지 않으나 스마트스토어는 이런 서비스들을 잘만 활용하면 큰 효과를 올릴 수 있다. 단, 한 가지 유의할 점은 구매 후기가 없으면 효과가 많이 떨어질 수 있으니 구매 후기를 최대한 일정 수준으로 꼭 만들어놓고 진행하기를 추천한다. 고객의 구매 패턴을 살펴보면 상품이 아무리 상위 노출 되어 있고 좋아 보여도 구매 후기가 없으면 구매를 망설일 수밖에 없다. 온라인상에서 나의 쇼핑 경험을 생각해 보면 알 수 있을 것이다.

기획전 ──

스마트스토어 기획전도 원쁠딜과 같이 네이버에서 무료로 진행해주는 프로모션으로 내 스마트스토어의 상품을 다양한 방식으로 홍보하고 싶을 때 이용하면 좋다. 기획전을 진행하면 네이버 메인페이지, 네이버쇼핑 메인페이지, 네이버 오늘행사, 네이버 모바일 등 다양한 채널에 노출이 될 수 있기 때문에 매출이 폭발적으로 나올 수 있다. 기획전은 무료로 진행할 수 있으므로 당연히 매번 도전해 보는 것이 좋다.

기획전 진행 시 주요 체크 포인트는 다음과 같다.

□ 명확한 기획전 주제가 있어야 함
□ 최소 50개~최대 500개 미만 상품(단, 유아동 카테고리는 최소 20개 이상)
□ 기간 내 1개의 기획전만 진행 가능. 복수 진행 불가
□ 진행 기간 최소 3일~최대 14일
□ 모바일·PC 할인 및 혜택이 동일해야 함
□ 가품 및 재고, 배송에 이슈가 없어야 함

기획전을 신청하는 방법은 스마트스토어 판매자센터에서 신청하는 방법과, 네이버에서 운영하는 쇼핑파트너 공식 블로그를 통

스마트스토어 판매자센터 기획전 신청 화면

※ 출처 : 스마트스토어

해 신청하는 방법이 있다. 공식 블로그에서는 카테고리별로 기획전 모집 공지가 뜨는데 이때 신청하면 된다.

원쁠딜 ———

원쁠딜은 네이버쇼핑에서 2022년에 새롭게 출시한 서비스로, 온라인 쇼핑에서 가장 인기 있다고 하는 1+1, 증정, 가격 할인 행사 상품들만을 소개하는 서비스이다. 원쁠딜은 스마트스토어 판매자 센터에서 신청할 수 있고 딱 3일간만 진행하는 서비스이다. 이 원쁠딜은 2022년 종료한 네이버 인기 서비스인 럭키투데이를 대체해서 나온 서비스인데 원쁠딜 전용 섹션을 만들어서 집중적으로 홍보하고 있다.

네이버쇼핑 원쁠딜 전용 섹션
(모바일 노출)

※ 출처 : 네이버쇼핑

런칭 초기에는 1+1 상품만 진행했으나 지금은 증정 행사, 포인트 적립 행사도 진행하고 있다. 하루에 소수의 1+1 위주의 인기 상품들만 진행하고 네이버에서도 엄청난 노출을 시켜주고 있는데 선정되기 위한 경쟁이 매우 치열하다. 무료배송이면서 1+1, 파격 추가 증정이라는 조건을 맞춰야 하기 때문에

'원뿔딜' 특징

- 1+1 상품, 추가 증정 상품, 포인트 적립 상품 & 무료배송
- 동일 상품 2개 또는 동일 상품 속성 2개 구성
- 하루 50개 상품 엄선, 딱 3일만 진행
- 원뿔딜 선정 기준 : 구매하고 싶은 상품, 경쟁력 있는 가격
- 매출 연동 수수료 : 5%(결제 수수료 별도)
- 정산 주기 : 스마트스토어와 동일
- 메리트 있는 원뿔딜의 경우 PUSH 메시지 발송

마진 구조가 좋은 상품만 진행할 수 있다.

쇼핑윈도 ———

쇼핑윈도는 오프라인 상점을 운영하는 소상공인들을 집중적으로 지원하기 위해 시작한 서비스로, 오프라인 영세 소상공인 온라인 판로 지원이라는 정부 시책과도 맞기 때문에 네이버에서도 적극적으로 지원하고 있다. 쇼핑윈도에는 플레이윈도, 아트윈도, 리빙윈도, 키즈윈도, 푸드윈도 등이 있는데 각 윈도별로 입점 조건이 상이하지만 조건이 맞는 판매자라면 꼭 진행해야 할 서비스이다. 쇼핑윈도는 별도 페이지에서 상세하게 설명할 예정이다.

네이버 쇼핑라이브 ──

네이버 쇼핑라이브는 2020년 이후 라이브 방송의 엄청난 인기에 발맞춰서 네이버가 출시한 라이브 방송 플랫폼인데 2024년 기준 라이브 방송 시장 판매액 1등을 차지했다. 네이버 쇼핑라이브는 스마트스토어가 있어야만 라이브 방송을 진행할 수 있으며 네이버 쇼핑에서 차세대 성장 동력으로 집중하고 있는 서비스이다. 온라인 판매 시 광고비의 부담이 갈수록 늘어가고 있는 상황에서 광고 이상의 효과를 올릴 수 있는 쇼핑라이브의 인기가 갈수록 올라가고 있다.

네이버 쇼핑라이브

※ 출처 : 네이버쇼핑

활용을 위한 스마트스토어 기본 정보 모아보기

스마트스토어에서 제대로 판매하기 위해 꼭 알아야 할 기본 사항들이 있다. 이런 내용들은 스마트스토어 판매 전 반드시 숙지하고 진행해야 한다.

1. 스마트스토어

① 스마트스토어 등급

판매자의 거래 규모에 따라 구간별로 등급명이 표기되는데 고객들이 믿고 구매할 수 있도록 네이버쇼핑 및 스마트스토어 판매자 정보 영역에 아이콘으로 표기된다. 등급이 높을수록 고객에게 신뢰를 줄 수 있으며 등급에 따른 상품 등록 숫자에 제한이 있다. 씨앗, 새싹 등급의 경우 상품 등

산정 기준	– 최근 3개월 누적 데이터 – 구매확정 기준(부정 거래, 직권 취소 및 배송비 제외)
등급 업데이트 주기	– 매월 2일
플래티넘과 프리미엄 등급	– 거래 규모 및 굿서비스 조건까지 충족 시 부여 – 굿서비스 조건 불충족 시 빅파워로 부여
새싹과 씨앗 등급	– 네이버쇼핑 및 스마트스토어 사이트에서도 등급 명 및 아이콘 미노출

록 한도가 1만 개이며, 파워, 빅파워, 프리미엄, 플래티넘 등급은 5만 개까지 등록할 수 있다.

스마트스토어 판매자 등급

등급 표기	필수 조건		
등급명	판매 건수	판매 금액	굿서비스
플래티넘	100,000건 이상	100억 원 이상	조건 충족
프리미엄	2,000건 이상	6억 원 이상	조건 충족
빅파워	500건 이상	4000만 원 이상	
파워	300건 이상	800만 원 이상	
새싹	100건 이상	200만 원 이상	
씨앗	100건 미만	200만 원 미만	

스마트스토어 굿서비스 조건

기준	상세
구매 만족	리뷰 평점 4.5 이상
빠른배송	영업일 2일 이내 배송 완료가 전체 배송 건수의 80% 이상
CS 응답	고객문의 1일 이내 응답이 90% 이상(판매자 문의 기준, 상품 문의 제외)
판매 건수	최소 판매 건수 20건 이상(구매확정 상품주문 번호 기준, 직권 취소 제외)

※ 출처 : 네이버쇼핑

② 스마트스토어 수수료

스마트스토어 판매 시 가장 큰 장점 중의 하나가 바로 판매 수수료인데 스마트스토어의 수수료는 온라인마켓들 중 거의 최저 수준이다. 판매자 등급별로 수수료가 달라 1.98%부터 3.63%까지로 판매자 등급은 전년도 매출액에 따라 결정된다.

판매자 등급	전년도 매출액	수수료(부가세 포함)
영세	3억 원 미만	1.98%
중소1	3억 ~ 5억 원	2.585%
중소2	5억 ~ 10억 원	2.75%
중소3	10억 ~ 30억 원	3.025%
일반	30억 원 이상	3.63%

※ 출처 : 스마트스토어

네이버쇼핑 검색 노출을 통한 판매 시 위의 표에서 설명한 수수료에 네이버쇼핑 검색 연동 수수료 2%가 추가된다. 보통 수수료가 저렴하다고 하는 오픈마켓이 평균 13%인 데 비해 스마트스토어는 검색 연동수수료 포함해서도 4%~5.6%로 오픈마켓보다 훨씬 수수료가 낮다. 고객 트래픽도 가장 많고 네이버쇼핑 노출도 최고로 잘 시켜주고 게다가 수수료도 최저 수준이니 스마트스토어로 판매자들이 몰리는 것은 당연할 일이다.

③ 스마트스토어 정산 기간

온라인마켓 중 스마트스토어의 정산 기간은 가장 빠른 편에 속한다. 고객이 구매확정을 하면 익일(영업일 기준) 정산이 되고, 구매확정을 하지 않은 경우 배송 완료일로부터 8일째(영업일 기준) 되는 날 자동 구매확정이 돼서 익일 정산한다. 쿠팡 및 종합몰, 전문몰들의 경우 최종 정산까지 거의 40~60일이 걸리는 데 비해 스마트스토어의 정산은 판매자 입장에서 매우 좋다. 게다가 '빠른정산' 서비스를 신청하면 정산 기간은 더욱 단축된다.

④ 스마트스토어 개설

스마트스토어를 개설하려면 스마트스토어 판매자 가입을 하면 된다. 네이버 스마트스토어센터의 '판매자 가입하기'를 통해서 가입할 수 있다.

● 네이버 스마트스토어센터 : https://sell.smartstore.naver.com/

스마트스토어 판매자센터 '판매자 가입하기'

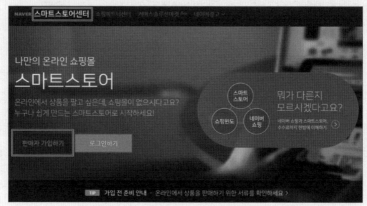

※ 출처 : 스마트스토어

스마트스토어 판매자 가입 필요 서류

개인 사업자	– 사업자등록증 사본 1부 – 대표자 인감증명서 또는 대표자 본인서명사실확인서 사본 1부 – 대표자 혹은 사업자 명의 통장
법인 사업자	– 사업자등록증 사본 1부 – 법인 명의 통장 사본 1부 – 법인인감증명서 사본 1부
해외 거주 사업자	– 대표자 여권 사본 1부 – 사업자등록증 사본(미국의 경우 IRS 서류) 1부 – 사업자 또는 법인 명의 통장 사본(해외 계좌 인증 서류 가능) 1부 　※ 비영문권 국가 : 공증받은 영문 번역본 함께 제출

⑤ 기획전 가이드 다운로드

기획전 진행 제안 및 등록 가이드 다운로드는 스마트스토어 판매자센터 로그인 후 '프로모션 관리'에서 '기획전 관리'를 클릭한 후에 받을 수 있다.

스마트스토어 기획전 제안 및 등록 가이드 다운로드

※ 출처 : 스마트스토어

반드시 이용해야 하는
네이버 마케팅 툴 및 판매자 지원 제도

타 온라인 쇼핑몰과 달리 네이버쇼핑은 판매자에 대한 무료 지원 혜택이 많다. 네이버의 경우 E커머스로 대부분의 수익을 올리는 업체가 아니다 보니 수수료도 최저 수준이고 결제 대금 정산도 가장 빠르다. 진정으로 판매자들을 위하는 E커머스업체는 네이버쇼핑 뿐이라는 얘기가 많은 판매자들 사이에서 나오는 이유이다. 3장에서는 네이버에서 판매자들을 위해 지원하는 많은 무료 마케팅 툴 및 판매자 지원 제도에 대해서 알아보려 한다.

착한택배

택배 물량이 많지 않은 초보 판매자의 경우 CJ대한통운 택배, 롯데 택배 등 메이저 택배 회사와 계약하기도 쉽지 않을 뿐만아니라 계약을 해도 가격이 비싼 경우가 대부분이다. 그래서 네이버쇼핑에서는 스마트스토어 판매자들을 대상으로 기존 택배 회사들 중에 최저가 수준으로 착한택배라는 서비스를 운영하고 있다. 보통 초보 판매자들이라면 메이저 택배사에서 계약도 해주지 않는 현실에서 이 서비스는 활용 가치가 매우 높다. 이제는 비싼 편의점 택배 대신 스마트스토어에 가입하고 착한택배를 이용하면 된다.

(1) 서비스 이용 대상

택배 계약이 어려운 1인 창업자 및 소상공인 판매자(건수 제한 없음).

(2) 택배 서비스 이용 방법

복잡한 계약 절차 없이 가입 신청 후 택배사가 승인되면 라벨프린터 없이도 이용 가능.

(3) 택배 비용

규격	결제 방법	품목	이용 요금		
100cm 이하 (세 변의 합)	예치금 충전 (선납)	일반	3,200원	2,900원	2,650원
			100건 이하/월	101건 이상/월	501건 이상/월
5kg 이하 (중량)		신선 농·수·축산	3,500원		
			사용량 무관		

- 당월 사용량 기준으로 익월 이용 시 착한택배 가격 적용

- 제주도 및 도서지역 추가 요금 발생

(4) 착한택배 서비스 신청 방법

스마트스토어 판매자센터의 '판매자 정보' 메뉴 - '굿스플로 서비스 신청/관리' 메뉴에서 신청.

스마트스토어 착한택배 서비스 신청 화면

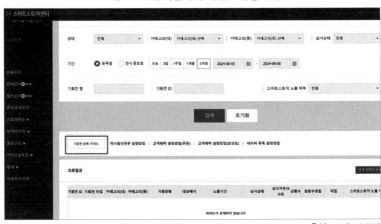

※ 출처 : 스마트스토어

빠른 정산 & 스타트제로 수수료

스마트스토어에서는 판매자들에게 혜택을 주는 매우 좋은 두 가지 서비스가 있다. 그 서비스는 빠른 정산, 스타트제로 수수료인데 너무 좋은 제도라 조건이 되는 판매자라면 반드시 신청해야 한다.

(1) 빠른정산

타 온라인마켓 대비 정산 기간이 짧은 것이 스마트스토어의 장점이나 정산 기간을 더 짧게 해줘서 자금 유동성을 확보할 수 있다. 이 서비스를 이용하면 기존 대비 5일 정도 정산 기간을 단축할 수 있다.

스마트스토어 빠른정산 서비스

※ 출처 : 스마트스토어

신청 조건은 국내 사업자로서 스마트스토어 월 거래 건수가 3개월 연속 20건 이상이어야 하며, 반품율 20% 미만 그리고 판매 페널티 점수가 일정 수준 이하여야 한다. 빠른정산 서비스는 스마트스토어 판매자센터에서 신청할 수 있다.

(2) 스타트제로 수수료

스타트제로 수수료는 사업 초기 단계의 판매자에게 주문관리 수수료(판매자 등급에 따라 1.98~3.63%)를 12개월간, 매출연동 수수료(2%)

를 6개월간 무료로 지원해 사업 초기 안정화를 돕는 판매자 지원 프로그램이다. 승인 조건을 충족하는 판매자들에게 혜택을 제공한다.

스타트제로 수수료의 지원 내용은 다음과 같다.

스타트제로 수수료 지원 내용

구분	주문 관리 수수료 지원	매출 연동 수수료 지원
지원 기간	승인일 기준 익일부터 최대 12개월	승인일 기준 익일부터 최대 6개월
지원 내용	주문 관리 수수료 0% 적용	매출 연동 수수료 0% 적용
지원 한도	매월 순결제 금액 500만 원까지	한도 없음

스타트제로 수수료의 승인 조건은 다음과 같다.

스타트제로 수수료 승인 조건

사업자 유형	국내 사업자
사업자 가입 승인일	간이과세자 최근 20개월 미만 일반과세자 최근 13개월 미만
사업자 상태	정상
사업자 판매자 등급	새싹, 씨앗
국세청 가맹점 등급	영세, 중소1

스타트제로 수수료 신청은 스마트스토어 판매자센터의 '판매자 지원 프로그램' 메뉴에서 신청할 수 있다. 조건 심사 후 승인이 되면 승인일 다음 날인 2일부터 수수료 지원이 시작된다.

원쁠딜 & 기획전

2장에서도 설명했지만 스마트스토어에는 원쁠딜과 기획전이라는 무료 프로모션 프로그램이 있다. 원쁠딜은 하루 50개만 진행하는 프로모션인데 무료이지만 한 번 선정만 되면 폭발적인 매출을 올릴 수 있다. 네이버쇼핑뿐만 아니라 네이버의 다양한 지면에 무료로 노출되기 때문에 될 때까지 계속 지원해야 한다. 이 정도의 노출을 만들어내려면 광고비를 수백만 원을 써도 쉽지 않다.

원쁠딜 신청은 스마트스토어 판매자센터의 '프로모션 관리' 메뉴의 '원쁠딜'에서 신청할 수 있다. 해당 메뉴에 네이버쇼핑에서 제공하는 '원쁠딜 가이드'가 있으니 꼼꼼히 읽고 조건에 맞게 제안해야 진행 확률을 높일 수 있다. 기획전도 무료로 진행할 수 있지만 네이버 메인페이지에도 노출되는 등 선정만 되면 큰 매출을 기대해 볼

스마트스토어 판매자센터 원쁠딜 신청 화면

※ 출처 : 스마트스토어

수 있다. 조건만 맞다고 하면 매번 제안하는 것이 좋다. 네이버 이외 타 온라인 쇼핑몰은 보통 이 정도 노출량을 보이는 행사 구좌에 대해 큰 비용을 요청하는 경우가 많지만 네이버쇼핑은 무료로 이용 가능하다.

네이버 쇼핑라이브

쇼핑라이브는 네이버에서 제공하는 라이브커머스 툴이다. 버티컬커머스의 성장에 따라 라이브커머스의 활용도가 증가하고 있는데 쇼핑라이브는 2024년 판매액 기준으로 라이브커머스 1등 플랫폼이다.

광고비가 매년 가파르게 증가하고 있는 상황에서 쇼핑라이브는 좋은 대안이 되어가고 있다. 게다가 업계 1위 플랫폼에서 라이브 방송을 할 수 있다는 것은 큰 매력이다. 수수료도 등급별로 다르지만 5~7%로 매우 저렴하다. 기존 스마트스토어가 있고 새싹 등급 이상이면 누구나 쇼핑라이브에서 방송을 하며 판매를 할 수 있다.

라이브커머스의 활성화를 위해 네이버쇼핑에서 쇼핑라이브 진입 기준을 기존 파워 등급에서 새싹 등급으로 낮추었다. 쇼핑라이브에 대한 세부 내용은 다른 장에서 자세히 알아볼 예정이다.

무료 마케팅메시지

스마트스토어는 '알림받기'에 동의한 고객에게 무료로 홍보 메시지를 보낼 수 있다. 이 기능을 모르는 판매자들이 많은데 무료이고 이미 내 스마트스토어를 알고 있는 고객에게 보내는 메시지이기 때문에 구매전환 효과가 크다. 게다가 무료 메시지를 모두 사용한 경우 유료로도 진행이 가능하다. 해당 기능은 스마트스토어 판매자센터의 '혜택/마케팅' 메뉴에서 신청할 수 있다.

스마트스토어 마케팅메시지 신청 메뉴 화면

※ 출처 : 스마트스토어

스마트스토어 사업자대출

개인사업자가 담보 없이 대출을 받기란 쉬운 일이 아니다. 그런데 스마트스토어가 있고 어느 정도 매출이 있다면 매출을 소득에 반영해 신용대출, 마이너스통장, 보증부대출 등 다양한 상품 대출을 받을 수 있다. 특히 매력적인 것은 개인신용점수 영향이 전혀 없는 사업자대출이라는 점이다. 은행, 금리, 대출 조건 등은 신청 시기에 따라 바뀌지만 자금 융통에 어려움이 있는 판매자라면 꼭 이용해 볼 것을 추천한다. 해당 내용은 스마트스토어 판매자센터의 '마이비즈' 메뉴에서 확인이 가능하다.

스마트스토어의 다양한 사업자대출

IBK 기업은행 e커머스 소상공인 성공 보증부대출   상품 안내 ›

최대한도   금리
1억원   연4.4%~5.72%

· 원금상환 부담없이 최대 3년 거치
· 보증서로 더 높아진 최대 1억원 한도
· 매출에 따라 1.5% 금리할인

우리은행 네이버 스마트스토어 대출   상품 안내 ›

최대한도   금리
4,000만원   연6.51~14.9%

· 마이너스통장 방식 가능
· 스마트스토어 매출대금 우리은행 입금 등 거래조건 충족 시 우대금리 최대 연 0.9%p적용
· 1금융 최초 온라인사업자 전용 대출

미래에셋캐피탈 스마트스토어 사업자 대출   상품 안내 ›

최대한도   금리
5,000만원   연8.7~17.0%

· 중도상환 수수료 0원
· 사업 운영자금은 대표자 신용점수에 영향 NO
· 신용정보 부족해도 스마트스토어 데이터로 평가

※ 출처 : 스마트스토어

네이버 비즈니스 스쿨

네이버 비즈니스 스쿨은 네이버에서 운영하는 무료 온라인 교육 사이트이다. 이곳에서 네이버에서 운영하는 스마트스토어, 쇼핑라이브, 블로그, 검색 광고 등에 관한 다양한 정보와 노하우를 무료로 배울 수 있는데 강사 수준이나 교육 내용이 웬만한 유료 강의보다 훨씬 수준이 높다. 네이버에서 사업에 필요한 내용은 물론 서비스하지 않는 내용에 대한 강의도 다양하게 알려주기 때문에 초보자,

중급자라면 모든 강의를 반드시 들어야 한다.

초보자의 경우 네이버 검색 광고, 쇼핑 광고에 대해 잘 모르고 집행을 해서 광고 효율이 나오지 않는 경우가 많다. 본인이 모르기 때문에 광고대행사에 100% 맡기기도 하는데 대행사와 소통이 안 되어 효율이 떨어질 수밖에 없다. 네이버 비즈니스스쿨의 무료 광고 교육을 집중해서 여러 번 듣고 광고를 직접 진행하거나 광고대행사에 맡기면 큰 도움이 될 것이다.

유통, 온라인 판매에 큰 도움을 주는 네이버 비즈니스 스쿨

※ 출처 : 네이버

네이버 실전 판매 전략 : 쇼핑윈도 · 가격비교 카탈로그 · 브랜드 패키지

E커머스업계에서 반드시 공략해야 할 플랫폼이라면 당연히 네이버일 것이다. 거의 모든 온라인마켓들이 네이버쇼핑 안에 들어와서 치열한 경쟁을 벌이고 있다. 어마어마한 검색 시장 지배력을 가진 네이버이기 때문에 네이버가 운영하는 네이버쇼핑도 쿠팡에 이어 거래액 2등이라는 실적을 보이고 있다. 쿠팡, 오픈마켓, 종합몰, 전문몰 등 거의 모든 대형 온라인마켓들도 가격비교 사이트인 네이버쇼핑 안에서 총성 없는 전쟁을 벌이고 있다. 여기서는 네이버쇼핑에서 조건이 충족되면 반드시 활용해야 할 핵심 서비스들에 대해 알아볼 예정이다.

쇼핑윈도

만약 오프라인 매장을 운영하면서 온라인 판매를 하려고 한다면 반드시 집중해야 할 온라인 판매 채널이 있다. 바로 네이버 쇼핑윈도이다. 쇼핑윈도는 네이버에서 오프라인 상점을 운영하는 소상공인들을 집중 육성하기 위해 출시한 서비스이지만 푸드윈도, 해외직구윈도 등 일부 쇼핑윈도는 오프라인 매장이 없어도 운영할 수 있다.

쇼핑윈도는 오프라인 상점을 운영하는 소상공인을 대상으로 한다. 오프라인 영세 소상공인의 온라인 판로 지원이라는 정부 시책과도 맞기 때문에 네이버에서도 적극적으로 밀어주며 네이버 생태계에서 많은 노출을 보장하고 있는 서비스이다. 네이버는 이미 온라인 판매를 하는 거의 모든 판매자들을 네이버쇼핑으로 끌어들였기 때문에 아직 온라인 세상으로의 접근이 어려운 영세 오프라인 판매자들을 네이버로 끌어들이려는 목적으로 쇼핑윈도를 만들었다. 당연히 일반 스마트스토어 판매자들 대비 쇼핑윈도 판매자들의 노출을 더 많이 시켜주고 다양한 지원을 하고 있다.

쇼핑윈도는 아트, 푸드, 리빙, 애완, 키즈 등 전국 각지의 다양한 오프라인 매장들의 온라인샵을 네이버쇼핑에 만들어주고 다양한 홍보 및 판매를 해주는 O2O(Online to Offline) 플랫폼이다. 한마디로 오프라인 매장을 그대로 온라인으로 옮겨놓은 개념이다.

오프라인 매장을 운영하는 판매자들은 보통 지역 기반이기 때문에 해당 지역에 국한돼서 판매할 수밖에 없었으나 쇼핑윈도를 활용하면 전국적으로 판매를 확장할 수 있다는 장점이 있다.

2000년대 중반 개인 쇼핑몰 붐이 일었을 때 일부 오프라인 매장 운영자들이 개인 쇼핑몰을 만들어서 운영했으나 오프라인 매장을 운영하면서 동시에 별도의 온라인 쇼핑몰을 운영하는 게 쉽지 않아서 중간에 포기하는 경우가 많았다. 그러나 쇼핑윈도에 입점하게 되면 개인 쇼핑몰의 골치 사항인 쇼핑몰 제작 및 관리, 결제, 고객 CS, 홍보, 마케팅에 대한 고민이 많이 사라진다.

쇼핑몰 제작 및 쉬운 운영 관리, 네이버페이 결제 시스템, 고객 응대 서비스인 네이버톡톡 그리고 쇼핑윈도를 위한 각종 무료 마케팅·홍보 지원이 무료로 제공되기 때문에 오프라인 매장 운영자도 손쉽게 온라인 쇼핑몰을 운영할 수 있다. 더구나 네이버에서 쇼핑

네이버쇼핑 엄청난 구매와 리뷰 수를 가진 푸드윈도 매출 상위 판매자

※ 출처 : 네이버쇼핑

윈도의 노출 및 홍보도 적극 지원하고 있기 때문에 쇼핑윈도 상위 판매자들은 상품 리뷰가 몇천 개씩 달리는 것이 어려운 일이 아닐 정도이다. 만약 오프라인 매장을 운영하고 있다면 당연히 쇼핑윈도에 입점해 쇼핑윈도 내에서 노출 순위를 높이기 위해 최대한 노력해야 할 것이다.

쇼핑윈도 종류

쇼핑윈도는 총 아홉 개가 운영 중인데 무조건 오프라인 매장이 있어야 쇼핑윈도 입점을 할 수 있는 것은 아니고 윈도별로 입점 조건이 상이하다. 각 쇼핑윈도별 취급 상품, 신청 조건, 신청 불가 항목이 모두 다르니 본인이 입점하려고 하는 쇼핑윈도의 세부 내용을 확인해야 한다. 각 쇼핑윈도별 세부 입점 조건은 네이버쇼핑 메인 페이지의 하단에 '쇼핑윈도 노출안내'에서 확인할 수 있다.

네이버쇼핑 뷰티윈도 개설 조건

쇼핑윈도 개설 조건				
소호&스트릿윈도	뷰티윈도	리빙윈도	푸드윈도	키즈윈
플레이윈도	아트윈도	해외직구(윈도)	네이버 펫	

취급상품군

· 화장품/바디/헤어/네일/미용소품/향수 등 뷰티 상품군
(미용기기/헤어기기 등 콘센트를 연결하여 사용하는 기기 제한 가능,
베이비 케어 제품군은 미취급 카테고리로 제한하나, 성인 겸용 타겟 브랜드 경우 일부허용,
성인제품군의 사용법 등으로 연상되거나 선정적으로 판단되는 경우 진행 불가)

신청조건

· 스마트스토어 새싹(4등급) 이상 스토어
· 브랜드 본사직영 / 공식수입원(정식 라이선스 소지) / 본사, 수입사의 공식 대행사, 총판(지정 1군데)뷰티윈도 가이드에 맞춰 상품 페이지 제작

※ 출처 : 네이버쇼핑

플레이윈도	디지털, 스포츠, 취미 관련 인기 상품 https://shopping.naver.com/play/fishing/home
아트윈도	모바일에서 즐기는 쉽고 편한 갤러리 https://shopping.naver.com/art/home
뷰티윈도	화장품 및 뷰티 상품 전문 매장 https://shopping.naver.com/beauty/home
리빙윈도	감각적이고 실용적인 리빙 아이템 https://shopping.naver.com/living/homeliving/home
푸드윈도	전국 팔도의 특산품 직거래 장터 https://shopping.naver.com/fresh/localfood/home
키즈윈도	깐깐한 엄마들을 위한 육아, 아동 상품 페스티벌 https://swindow.naver.com/kids/home
펫윈도	강아지, 고양이 등 애완동물을 위한 모든 상품 https://swindow.naver.com/pet/home
소호 & 스트릿 윈도	스타일리시하고 인기 있는 패션 상품 https://shopping.naver.com/window/style/category
해외 직구윈도	해외에서 현지 상품을 국내에 판매, 바로 배송 https://shopping.naver.com/foreign/home

쇼핑윈도 무료체험단 ———

쇼핑윈도에 입점한 판매자들이 꼭 이용해야 할 프로그램이 있는데 바로 무료체험단이 그것이다. 네이버에서는 쇼핑윈도 판매자들만을 위해 무료체험단을 운영하는데 이를 잘만 활용하면 무료로 엄청난 홍보 효과를 누릴 수 있다. 쇼핑윈도 무료체험단은 네이버쇼핑의 메인페이지에서 '기획전' 클릭 후 '무료체험'을 클릭해 신청할

탁월한 홍보 효과를 볼 수 있는 쇼핑윈도 무료체험단

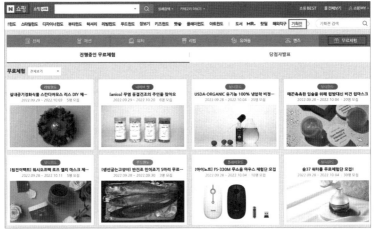

※ 출처 : 네이버쇼핑

수 있다.

　일반적으로 체험단을 진행하려면 한 명당 5,000원부터 3만 원의 비용이 들고 성의 없는 체험단을 만날 경우 돈만 날리는 경우가 허다한데, 쇼핑윈도 체험단은 특정 조건을 수행한 지원자들 중에 일부만 선정해서 진행하기 때문에 효과가 일반 체험단 대비 비약적으로 높다. 가령 체험단 선정 조건으로 스토어찜, 상품찜 그리고 지원자의 블로그, 인스타그램, 페이스북 등에 내 상품의 상세페이지를 공유한다든지 나의 유튜브, 블로그, 페이스북, 인스타그램을 구독 또는 친구추가 하는 조건을 내걸면 나의 상품을 온라인상에 도배하는 효과도 얻을 수 있고 장기적으로 잠재 고객을 만들 수도 있다. 그리고 이런 미션을 수행한 사람들 중에 일부만을 선정해 체험단을 진행하면 상품을 무료로 제공해도 부담이 적다. 만약 내 상품의 품질이 좋고 단가가 있는 상품이라면 수많은 사람들이 지원하게 되는데 내가 제공하는 미션 수행을 통해 온라인상에 엄청난 홍보 효과를 얻을 수 있다.

네이버쇼핑 푸드윈도 '누룽지' 무료체험단 모집 예

※ 출처 : 네이버쇼핑

위의 누룽지 무료체험단 신청 조건 및 당첨 후 미션을 보면 판매자가 체험단 각각에게 누룽지 한 봉씩을 주는 반면에 엄청난 온라인 홍보 효과를 얻을 수 있는 것을 확인할 수 있다. 그렇기 때문에 쇼핑윈도 무료체험단을 적극적으로 사용할 것을 추천한다. 무료체험단은 모든 쇼핑윈도에서 가능한 것이 아니라 뷰티윈도, 푸드윈도,

리빙윈도, 펫윈도, 플레이윈도 등 특정 쇼핑윈도에서만 가능하다.

무료체험단 신청은 스마트스토어 판매자센터의 '쇼핑윈도 관리' 메뉴에서 '쇼핑윈도 소식 관리' 클릭 후 오른쪽 상단의 '새소식 등록'을 클릭하면 분류 항목에서 '쇼핑 뉴스', '세일 정보', '무료체험' 이렇게 세 가지 항목이 나오는데 여기서 무료체험을 선택하면 된다.

무료체험단 모집 기간은 모집 시작일로부터 7일 이후까지를 권장하며, 당첨 발표일은 모집 종료일 2일 이후부터 설정 가능한데 3일 이내를 추천한다. 체험단 미션을 너무 많이 요구하면 신청자 수가 적을 수 있으므로 적절한 미션을 제안하는 것이 좋다. 미션을 적게 하고 체험단 진행을 소수로 자주 하는 것이 나의 콘텐츠를 온라인상에 많이 노출하면서도 효과를 극대화시킬 수 있는 방법이다.

가격비교 카탈로그

네이버쇼핑이 가격비교 플랫폼이라는 것을 확실히 느낄 수 있는

부분이 바로 가격비교 카탈로그 매칭 서비스이다. 네이버쇼핑에 들어가서 검색을 하다 보면 아래와 같이 한 개의 상품에 다양한 쇼핑몰의 판매자가 묶여서 보여지는 것을 확인할 수 있다. 이것을 가격비교 카탈로그 매칭이라고 한다.

네이버쇼핑 가격비교 카탈로그 매칭 '양파즙' 예

※ 출처 : 네이버쇼핑

카탈로그 매칭 서비스 제공 이유 ──

네이버쇼핑은 상품 가격비교 검색 서비스이기 때문에 유저들의 검색 편의성을 최우선으로 한다. 그래서 고객들이 동일한 상품에 대해서 쉽게 가격비교를 통해서 구매 상품을 선정할 수 있기를 바란다. 그렇기 때문에 판매자들이 등록한 수많은 상품들에 대해 카탈로그 매칭 서비스를 제공하고 있다.

가격비교 카탈로그 매칭과 고객 구매 ———

가격비교 카탈로그 매칭은 배송비를 별도로 해서 최저가인 쇼핑몰이 카탈로그 상에 최상단에 위치하게 된다. 보통 고객들은 판매가격, 배송비, 배송 조건 등을 검토해서 구매를 결정하게 되는데 당연히 최상단에 위치하면 구매가 일어날 확률이 높아지게 된다. 그래서 가격비교 카탈로그의 최상단 위치를 선점하기 위해 판매자들은 치열한 가격 싸움을 벌이게 된다.

판매자들도 가격 싸움을 하지만 해당 판매자들이 상품을 등록한 오픈마켓, 종합몰, 전문몰도 별도 할인 쿠폰 지원을 통해 소속 판매자들이 가격비교 카탈로그의 최상단에 위치할 수 있도록 적극 지원한다. 이런 대형 온라인마켓의 쿠폰 지원은 마케팅비의 상당 부분을 차지해 대형 온라인마켓 적자의 주요한 원인이 되고 있다.

가격비교 카탈로그의 종류와 생성 방법 ———

네이버쇼핑이 브랜드에 대해 우대하는 정책을 강화하고 있기 때문에 브랜드로 만들기 쉬운 가격비교 카탈로그에 대한 관심이 높아져가고 있다. 가격비교 카탈로그로 묶이고 가격이 최저가일 경우 상위 노출 및 매출에 큰 도움이 되기 때문에 철저히 공부해야 할 필요가 있다.

(1) 쇼핑몰별 최저가

쇼핑몰별 최저가는 네이버가 네이버쇼핑에 등록된 각 상품을 분석한 후 동일하다고 생각되는 상품들을 묶어서 카탈로그를 생성한다. 비슷한 서비스인 쿠팡 아이템위너의 경우 판매자가 임의로 묶어서 카탈로그를 생성할 수 있지만, 쇼핑몰별 최저가는 판매자가 직접 카탈로그를 생성할 수 없고 네이버만이 생성할 수 있다.

동일한 모든 상품에 대해 다 카탈로그를 생성하는 것은 아니며 고객들이 많이 찾는 인기 상품이나 이슈가 되는 상품들에 한해 네이버가 임의로 판단해 생성한다. 대표이미지(썸네일), 제조사, 브랜드, 상품명, 상품코드 및 기타 상품 정보가 동일 또는 유사한 상품들에 대해 종합적으로 판단해 카탈로그 생성 및 매칭을 시킨다. 그리고 생성된 가격비교 카탈로그에 대해서는 판매자들이 해당 카탈로그에 본인 상품을 직접 매칭해 들어갈 수도 있다.

일단 한 번 가격비교 카탈로그에 들어가게 되면 끝없는 가격 싸움이 벌어질 수밖에 없기 때문에 수동 매칭을 통해 들어갈 때 신중히 결정해야 한다. 마진 구조가 좋고 가격경쟁력이 있는 경우에만 진입해야 한다.

(2) 브랜드 카탈로그

브랜드 카탈로그는 브랜드 패키지 프로그램에서 브랜드 등록·승인을 받은 판매자가 본인의 필요에 의해 카탈로그를 생성할 수 있다. 네이버쇼핑에서 브랜드 상품에 대해 상위 노출 등 각종 혜택을 주는 정책이 강화되고 있기 때문에 많은 브랜드 판매자들이 브랜드 카탈로그를 생성하는 경우가 많아지고 있다. 브랜드 카탈로그를 생성하면 카탈로그 생성한 판매자는 다양한 쇼핑몰에 등록되어 있는 본인의 상품들을 해당 카탈로그에 넣을 수도 있고 뺄 수도 있는 등 직접 관리하게 된다.

● 조금 더 알기 ●
'쇼핑몰별 최저가 카탈로그' 생성 꿀팁

일반적으로 쇼핑몰별 최저가 카탈로그는 네이버에서 생성하고 판매자는 생성할 수 없다. 그러나 무조건 되는 것은 아니지만 판매자가 인위적으로 만드는 방법도 있다. 카탈로그 생성을 원하는 상품을 여러 쇼핑몰에 등록할 때 썸네일, 상품명, 카테고리, 브랜드 명, 제조사 명 및 기타 모든 상품 정보들을 동일하게 등록하면 쇼핑몰별 최저가 카탈로그가 생성되는 경우가 있다. 그러나 항상 카탈로그가 생성되는 것은 아니다.

역으로 위탁판매자는 최저가를 맞출 수 없기 때문에 쇼핑몰별 최저가에 묶이면 큰일이다. 그렇기 때문에 쇼핑몰별 최저가에 묶이지 않으려면 도매 사이트에서 주는 상품명, 썸네일, 브랜드 명, 제조사 명 등 상품 정보를 그대로 쓰지 않아야 한다. 만약 도매 사이트에서 주는 상품 정보를 그대로 쓰면 쇼핑몰별 최저가 카탈로그에 들어갈 확률이 올라가게 된다.

가격비교 카탈로그 상위 노출 로직 ──

⑴ 가격비교 카탈로그의 상품들 간 상위 노출 영향 요소

가격비교 카탈로그 내에 묶여 있는 쇼핑몰 상품 중에 상위 노출을 결정하는 요소는 판매 가격, 트래픽(클릭 수), 판매량, 구매 후기 숫자 순서이다. 판매 가격이 절대적이고 판매 가격이 동일할 때 하위 요소들이 영향을 끼친다.

⑵ 가격비교 카탈로그 상품의 네이버쇼핑 상위 노출 영향 요소

가격비교 카탈로그 상품의 경우 상위 노출을 하는 데 영향 요소는 트래픽, 카탈로그 내 묶여 있는 판매처 숫자, 판매량, 구매 후기 수, 최근 등록 여부이다. 일반 단일 상품들의 경우 상위 노출에 있어서 판매량이 가장 큰 영향을 끼치나 가격비교 카탈로그 상품의 경우 판매량보다 트래픽이 가장 중요하다.

초보 판매자 쇼핑몰별 최저가 가격비교 카탈로그 활용 방안 ──

쇼핑몰별 최저가 가격비교 매칭에 들어가게 되면 다음의 이미지와 같이 한 상품에 동일 상품을 판매하는 여러 판매자가 들어가고 최상단에 최저가 판매자를 보여주면서 최상단 판매자가 구매 후기(리뷰)를 모두 가져가는 것처럼 보여지게 된다. 구매 후기는 해당 카탈로그에 있는 모든 판매자의 리뷰를 합한 숫자이다.

만약 11번가에 등록한 내 상품인 하남쭈꾸미 밀키트가 최저가로 최상단에 올라가고 배송비, 배송 조건, 고객 추가 혜택의 조건이 비슷하다면 내 상품으로 매출이 쏠릴 수밖에 없다. 기존에 내 구매 후기가 한 개도 없더라도 일단 가격비교 매칭의 최상단에 뜨게 되면 실제로는 아니지만 기존 구매 후기 2만 561개도 가져오는 착시 효과가 있기 때문에 판매는 쉽게 된다. 물론 가격비교 최상단에 올라가려면 가격이 최저가여야 하기 때문에 마진은 줄어들 수밖에 없다.

비슷한 서비스인 쿠팡 아이템위너는 쿠팡 내에서의 경쟁이지만 네이버쇼핑 쇼핑몰별 최저가는 모든 온라인마켓이 다 들어와서 가격경쟁을 하는 것이기 때문에 최상단에 올라가기가 훨씬 어렵다. 내가 특별한 이유로 가격경쟁력을 가지지 않는 한 네이버쇼핑 쇼핑몰별 최저가 1등이 되기란 매우 어렵다. 그래도 일단 선정되기만 하면 매출은 폭발적으로 나올 확률이 높다. 고수 판매자들의 경우는 노마진, 역마진으로 네이버쇼핑 쇼핑몰별 최저가 1위로 들어가서 많은 구매량 및 구매 후기를 쌓은 후 쇼핑몰별 최저가 매칭에서 빠져나와 가격을 올리고 마진을 보면서 판매하는 경우도 많다.

이미 기존에 구매 후기를 많이 쌓아놓은 판매자들에게는 쇼핑몰별 최저가에 묶이는 일이 좋지 않을 수 있지만 막 판매를 시작해서 구매 후기가 없는 판매자들에게는 엄청난 기회가 된다. 가격 및 배송 조건만 맞추면 상품을 등록하자마자 폭발적인 매출을 올릴 수 있다.

쇼핑몰별 최저가 카탈로그에 상품 매칭은 네이버에서 썸네일, 상품명, 상품 정보를 보고 자동으로 묶어주지만 만약 판매자가 수동으로 매칭시키고 싶다면 네이버쇼핑 파트너센터에 신청해야 한다. 단, 이 경우는 쇼핑몰별 최저가 카탈로그가 이미 생성되어 있는 경우에만 가능하다.

• 조금 더 알기 •
'쇼핑몰별 최저가' 카탈로그 수동 매칭 방법 프로세스

① 네이버쇼핑 파트너센터 로그인
② 상품 관리
③ 상품 현황 및 관리
④ 서비스 상품 선택
⑤ 내 상품 선택
⑥ '가격비교 매칭 요청' 클릭
⑦ 매칭하려는 상품 선택
⑧ '가격비교 매칭 요청' 클릭

네이버쇼핑 파트너센터 '쇼핑몰별 최저가' 수동 매칭 신청 화면

※ 출처 : 네이버쇼핑

브랜드 카탈로그 활용 방안 ─────

2022년부터 네이버쇼핑 상위 노출 로직이 바뀌면서 가격비교 카탈로그 상품의 상위 노출이 단일 상품 대비 올라가는 경향을 보였다. 그래서 기존 단일 상품으로 상위 노출되어 있던 업체들이 비상이 걸렸다. 이런 묶인 상품 상위 노출 우대는 모든 키워드에서 나타나는 게 아니고 카테고리별, 키워드별로 차이가 있다. 특정 키워드는 아직도 단일 상품들이 카탈로그 상품들 대비 상위 노출되어 있다. 그렇기 때문에 내 상품이 속한 대표 키워드의 네이버쇼핑 1페이지 상황을 보고 카탈로그 상품들이 상위 노출되어 있는지, 아니면 단일 상품들이 상위 노출되어 있는지를 확인해야 한다.

네이버쇼핑 '유산균' 키워드의 1페이지 화면 예(대부분 가격비교 카탈로그 상품)

※ 출처 : 네이버쇼핑

　　만약 특정 키워드 네이버쇼핑 1페이지에 대부분 카탈로그 상품들이 상위 노출되어 있다면 해당 키워드는 단일 상품으로 상품 등록 시 상위 노출이 어려울 것이다. 그렇기 때문에 이런 키워드에서는 브랜드 패키지 등록하고 브랜드 카탈로그를 생성하든지 인위적으로 쇼핑몰별 최저가 카탈로그를 만들어서 상위 노출을 해야 할 것이다. 그러나 1페이지에 단일 상품들이 상위 노출되어 있다고 하면 이때는 브랜드 카탈로그 생성을 고민해 보아야 한다. 카탈로그로 묶인 상품들은 고객들이 구매하기 위해 카탈로그로 들어가서 내용을 확인하는 2단계를 거쳐야 하고, 전체 구매 후기들을 보기가 혼란스러워 구매전환이 쉽지 않기 때문이다. 또한 네이버의 카탈로그 상품 우대가 어느 순간 사라질 수도 있으니 신중히 고민해 보아야 한다.

네이버 브랜드 패키지

앞서 가격비교 카탈로그에서도 설명했듯이 네이버는 브랜드 상품을 우대하는데 기본적으로 상표권이 등록된 브랜드 상품을 의미한다. 그러나 네이버 생태계에서는 상표권만 있다고 브랜드로 보지는 않는다. 한 가지 요소가 더 있는데 바로 네이버 자체 브랜드 등록 시스템인 '브랜드 패키지(Brand Package)'에 등록된 브랜드여야 한다. 상표권만 등록되어 있고 네이버 브랜드 패키지에 등록되지 않은 상품은 네이버에서 공식적인 '브랜드'로 보지 않는다는 것이다.

네이버에서는 브랜드 패키지·브랜드 스토어 등 브랜드를 중요시하고 있는데 네이버쇼핑 검색 내 일반 랭킹 순위에서도 브랜드 카탈로그로 되어 있는 업체가 플러스 점수를 받고 있다. 그래서 만약 내가 상표권을 가진 브랜드를 소유하고 있고 네이버 브랜드 패키지 신청 조건에 부합한다면 무조건 신청해야 한다. 네이버뿐만 아니라 오픈마켓, 종합몰, 전문몰에서도 일반 비브랜드 상품보다 검증된 브랜드 상품을 우대하고 있다.

네이버에서 집중 육성하고 있는 '브랜드 패키지' 프로그램

브랜드 패키지 등록 시 혜택 ──────

(1) 브랜드 카탈로그 생성 및 관리

브랜드 패키지에 등록하면 내 브랜드의 카탈로그를 직접 생성하고 수정할 수 있으며, 카탈로그에 상품들을 추가 매칭할 수 있고, 이상 상품 발견 시 오매칭 신고도 가능하다. 그리고 브랜드 카탈로그에 다양한 상품 콘텐츠를 직접 등록하고 수정할 수 있다. 내가 원하는 키워드, 상품 속성으로 노출을 시킬 수 있는 것도 큰 장점이다. 같은 가격비교 카탈로그인 쇼핑몰별 최저가의 경우 내가 원하는 키워드, 속성으로 노출하는 것이 불가능하다.

(2) 브랜드 콘텐츠 관리

동영상, 프로모션, 공식 AS 센터 등 브랜드 콘텐츠를 등록해 여러 카탈로그에 일괄 노출이 가능하다.

네이버쇼핑 브랜드 카탈로그 '블로그 리뷰' 콘텐츠 노출 예

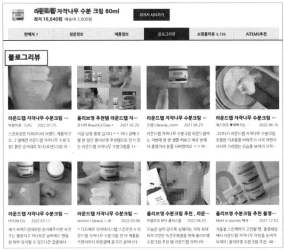

※ 출처 : 네이버쇼핑

(3) 인증몰 관리

직접 판매하는 쇼핑몰 이외에 판매처별 인증몰 여부 관리가 가능하며 '인증' 마크가 표시된다.

(4) 공식 판매처

운영 중인 쇼핑몰로 공식 판매처가 자동으로 노출된다. 스마트스토어와 쇼핑윈도 동시 운영 시 한 개를 선택해 노출할 수 있다.

(5) 브랜드 시리즈 관리

내 브랜드에 속한 시리즈를 확인하고 최신성이 유지되도록 신규 등록을 요청할 수 있다.

네이버쇼핑 브랜드 패키지 '브랜드 스토어' 및 '공식' 문구 표시 예

※ 출처 : 네이버쇼핑

• 조금 더 알기 •

'브랜드 패키지' 신청 기본 조건

① 브랜드 본사 : 상표권 등록증

② 브랜드 대행사 : 상표권 등록증, 상표권 계약서

③ 일정 수준 이상의 인기도·인지도·판매 실적

※ ③번과 관련된 월 검색 수, 트래픽, 찜 수, 판매량 등은 매월 초 갱신됨

※ 상표권이 있어도 ③번 조건 미흡으로 인해 승인이 거절되는 사례가 많음

브랜드 패키지 신청 관련 세부 심사 기준 ──────

(1) 브랜드 권한이 승인되면 네이버쇼핑의 브랜드 제품 정보에 대한 권한과 책임을 갖게 된다. 따라서 브랜드 제품을 직접 생산하고 브랜드 상표권을 보유한 브랜드 제조사 본사에만 권한이 부여된다.

(2) 만약 해외 브랜드에 대한 상표권 국내 독점 계약 또는 브랜드 권리 권한을 전적으로 위임받았다면 '브랜드 대행사'로 권한을

신청할 수 있다. 이때 계약 관계와 상표권 보유 사실을 증빙할 수 있는 자료를 '상표권 계약서' 항목에 추가 제출해야 한다.

(3) 가격비교 카탈로그 서비스 대상이 아니거나 비중이 낮은 카테고리는 브랜드 패키지 서비스 대상에 해당하지 않는다. (예: 순금, 농축수산물, 원예식물, 상품권, 여행·문화 상품 등)

(4) 다음 중 하나라도 해당한다면 브랜드 권한 승인이 불가하다.
- '브랜드 본사'로 신청했으나 브랜드 상표권 권리자가 아님
- '브랜드 대행사'로 신청했으나 상표권 계약서에 상표권 권리자와의 계약 관계가 명확하지 않음(브랜드 본사와의 직접 계약이 아니거나 해외 브랜드의 국내 공식 수입원에서 권한을 양도받는 경우 서비스 대상 아님)
- 신청서에 기재한 상표권 등록일, 상품 분류가 상표권의 정보와 일치하지 않음
- 신청 당사자의 쇼핑몰에서 상표권 지정 분류의 상품을 실제 판매 중이지 않음
- 상표 등록은 되어 있으나 독자적인 브랜드가치가 확인되지 않음(동일 디자인, 스펙이면서 브랜드 명만 다른 상품이 있거나 자체 브랜드로 볼 수 없는 경우 서비스 대상 불가)

⑸ 브랜드 관리에서 제공되는 기능을 이용해 서비스 품질을 저해하는 행위가 확인될 경우 브랜드 권한이 회수되고 재신청이 제한될 수 있다.

브랜드 패키지 신청 및 승인 프로세스 ──

브랜드 패키지 신청은 네이버쇼핑 파트너센터에서 신청하며, 신청 완료 후 2~3영업일 후 결과를 통보해준다.

브랜드 패키지 신청 프로세스

서비스 약관 동의 → 신청 유형 선택 (본사/대행사) → 브랜드 선택 (증빙 서류 제출) → 공식판매처 확인 → 담당자 정보 입력 → 신청 완료

※ 출처 : 네이버쇼핑

네이버 쇼핑윈도 입점 신청과 주요 공지 확인 방법

스마트스토어에서 판매하고 있는 사람들은 많지만 쇼핑윈도 판매자는 매우 적다. 스마트스토어 판매자들 중에는 쇼핑윈도를 알고는 있지만 어떻게 입점해야 하는지 몰라서 포기하는 판매자도 많다. 입점 신청이 스마트스토어 판매자센터 메뉴 내에 숨겨져 있다 보니 쉽게 발견하기가 어려운 측면이 있다.

1. 쇼핑윈도 입점 신청

쇼핑윈도 입점 신청을 하려면 스마트스토어를 필수적으로 개설해야 한다. 쇼핑윈도 입점은 스마트스토어 입점과는 별도로 진행이 된다. 쇼핑윈도 입점은 스마트스토어 판매자센터에서 하는데 로그인을 한 뒤 '스토어 관리' 메뉴에서 '서비스 연결' 클릭 후 '쇼핑윈도 노출신청'에서 신청하면 된다.

스마트스토어와 달리 쇼핑윈도는 입점이 약간 까다롭고 입점 진행 과정도 느린 편이다. 조건 미흡이나 서류 부족으로 입점이 지연되는 경우도 많은데 만약 진행 중 궁금한 점이 있으면 '쇼핑윈도 노출 제안' 메뉴에서 '1:1 문의하기'를 통해 온라인으로 문의하면 된다.

스마트스토어 판매자센터 쇼핑윈도 입점 제안

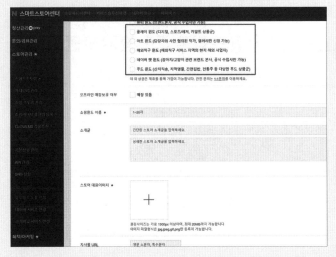

스마트스토어 쇼핑윈도 1 : 1 문의하기

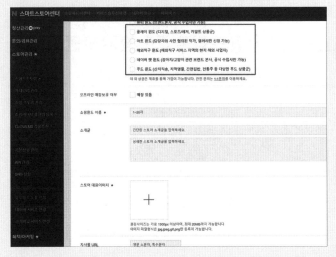

※ 출처 : 네이버쇼핑

214

2. 쇼핑윈도 공식 블로그 : 주요 혜택 등 공지 확인

네이버에서는 쇼핑윈도에 관한 다양한 행사, 이벤트, 혜택, 최신 정보들을 쇼핑윈도 공식 블로그에 공지하고 있다. 무료로 큰 매출을 기대해 볼 수 있는 다양한 이벤트, 기획전 모집 관련 공지 사항도 쇼핑윈도 공식 블로그에 자주 올라오니 반드시 정기적으로 방문하는 것이 좋다.

네이버쇼핑 쇼핑윈도 관련 다양한 정보를 알려주는 쇼핑윈도 공식 블로그

※ 출처 : 네이버쇼핑

4장

힘이 빠지고 있는
전통의 온라인 유통 채널
집중 분석 및
실전 판매 전략

네이버쇼핑과 쿠팡이 지금처럼 성장하기 전, 국내 온라인 쇼핑몰 업계를 좌지우지하던 온라인마켓은 오픈마켓이었다. 하지만 지금은 G마켓, 옥션, 11번가가 오픈마켓 전성기를 장기간 이끌다가 현재는 쿠팡, 네이버쇼핑에 많이 밀리는 상황이다. 오프라인 유통 공룡인 롯데쇼핑과 신세계도 오픈마켓의 성장 잠재성을 파악하고 롯데는 롯데ON이라는 오픈마켓을 런칭했고, 신세계는 2021년 4월 오픈마켓 거래액 1등 업체였던 G마켓, 옥션을 인수했다. 그러나 야심차게 출발한 롯데ON은 전혀 성장을 못 하고 있고, G마켓·옥션은 신세계가 인수한 이후 적자로 전환되면서 실적도 도리어 악화하고 있다. 더욱 큰 문제는 매년 쿠팡, 네이버쇼핑과 순위가 더욱 벌어지면서 지속적인 하향 트렌드라는 점이다.

오프라인 유통에서 최고 프리미엄 유통 채널이라면 백화점을 들 수 있다. 온라인 유통에도 프리미엄 채널이 있는데 그것이 바로 종합몰이다. 주로 롯데쇼핑, 신세계, 현대 같은 대기업이 운영하는데 일반 오픈마켓과는 상품 구성, 운영 방식, 고객층이 차이가 크다. 대기업이 깐깐하게 운영하고 고객층도 어느 정도 나이가 있고 경제력이 있는 프리미엄 고객층이다 보니 입점 조건이 까다롭고 입점 절차도 복잡하다. 대신 입점하기만 하면 상품성을 인정받았다는 타이틀을 받을 수 있어서 브랜딩하기 좋은 온라인 유통 채널이다.

홈쇼핑 채널은 온·오프라인 유통 채널을 모두 통틀어서 단기간에 가장 폭발적인 매출을 올릴 수 있는 유통 채널이다. 대신 실패에 따른 리스크가 엄청 나서 아무나 쉽게 도전할 수 없는 진입 장벽이 존재한다. 그리고 여기도 대기업들이 운영하고 법적인 규제 등 다양한 허들이 있기 때문에 입점이 까다롭고 어렵다.

네이버쇼핑, 쿠팡이 성장하기 전까지 종합몰, 홈쇼핑은 오픈마켓과 함께 국내 E커머스 생태계의 절대 강자였다. 그러나 오픈마켓과 마찬가지로 종합몰, 홈쇼핑도 쿠팡, 네이버, 카테고리 전문몰에 밀려 하향 트렌드를 걷고 있다.

4장에서는 점점 힘이 빠져가고 있는 전통의 강자 오픈마켓, 종합몰, 홈쇼핑의 과거, 현재, 미래 그리고 향후 성장 전략에 대해 공부해 보도록 하자.

한 때 1등 과거의 영광 : 오픈마켓

G마켓, 옥션, 11번가 같은 오픈마켓이 국내 온라인 유통계의 제왕으로 10년 이상 군림해왔지만 지금은 네이버, 쿠팡에 밀리면서 하향 트렌드를 겪고 있다. 그래도 아직 충성 고객은 남아 있으며 쿠팡, 네이버쇼핑에 이어 3등을 차지할 정도로 규모 있는 플랫폼이기 때문에 철저히 공부해야 할 필요성이 있다.

오픈마켓이란

오픈마켓은 판매자가 모두 자유롭게 상품을 판매할 수 있는 열린 시장인데 말 그대로 '누구에게나 오픈되어 있는' 온라인마켓을 뜻한다. 오픈마켓은 판매자와 구매자 사이에 중개 역할을 하고 수수료를 받는다. 가령 종합몰의 경우 일정 자격 조건을 갖춘 사람만 입점할 수 있고 입점 절차도 오래 걸리는 등 제약 사항이 많지만, 오픈마켓은 다양한 판매자들이 공존하고 입점이 쉽고 간편하다는 특징이 있다. 초반에 인터넷 판매의 붐을 일으킨 채널이 바로 오픈마켓이었다.

국내 대표적인 오픈마켓을 보면 신세계가 미국 이베이로부터 2021년 인수한 G마켓·옥션, 11번가, 인터파크, 롯데ON 등이 있다. 오랜 역사와 전통을 지닌 오픈마켓은 G마켓·옥션, 11번가, 인터파크이며 오프라인 유통 공룡인 롯데가 온라인 판매에 본격적으로 뛰어들기 위해 만든 오픈마켓이 롯데ON이다.

국내 주요 오픈마켓	G마켓 : www.gmarket.co.kr 옥션 : www.auction.co.kr 11번가 : www.11st.co.kr 인터파크 : https://shopping.interpark.com/ (법정관리) 롯데ON : www.lotteon.com

오픈마켓은 국내 E커머스를 지금의 E커머스로 만든 유통 채널이라 할 수 있다. 2000년대만 해도 G마켓과 옥션이 굳건히 국내 1등을 지키고 11번가도 상위권을 유지했으나 2024년의 현실은 참담했다. 거래액 기준 국내 1, 2위 자리는 쿠팡, 네이버쇼핑에 내어줬으며 대형 쇼핑몰 중 유일하게 흑자였던 G마켓과 옥션은 적자로 돌아섰다. 2021년 신세계가 G마켓과 옥션을 인수하며 SSG닷컴 및 신세계 오프라인 유통과의 연계로 쿠팡, 네이버쇼핑에 도전했으나 상황은

전혀 긍정적이지가 않다. 도리어 매년 1, 2등 업체와의 격차가 벌어지고 있는 상황이다. 이런 상황을 극복하기 위해 G마켓은 2025년 1월 C커머스의 대표 주자 알리익스프레스와 협업해 합작회사 설립을 발표하며 실적 개선에 집중하고 있다.

오픈마켓 부동의 2인자였던 11번가는 경영난으로 인해 M＆A 시장에 항상 올라오고 있으나 인수를 희망하는 업체가 나타나지 않고 있다. 인터파크는 모기업인 큐텐의 경영사정 악화로 2024년 8월 법원에 기업회생을 신청한 상태이다. 롯데의 전 유통 계열사를 한데 모으며 야심차게 출발한 롯데ON은 그룹 차원의 전폭적인 지원에

2020년~2023년 주요 E커머스 업체 연도별 실적 추이

(단위 : 원)

업체	2020년		2021년		2022년		2023년	
	매출	영업이익	매출	영업이익	매출	영업이익	매출	영업이익
쿠팡	12조 9235억	−5504억	20조 8812억	−1조 1208억	26조 5917억	−1447억	30조 6640억	6174억
G마켓	1조 5478억	850억	1조 3519억	43억	1조 3185억	−655억	1조 1966억	−321억
11번가	5456억	−97억	5614억	−694억	7890억	−1515억	8655억	−1258억
SSG닷컴	1조 2941억	−469억	1조 4942억	−1079억	1조 7447억	−1111억	1조 6784억	−1030억
롯데ON	1378억	−948억	1080억	−1560억	1130억	−1560억	1351억	−856억
위메프	3853억	−542억	2448억	−338억	1992억	−557억	1385억	−1025억
티몬	1512억	−631억	1291억	−760억	1205억	−1527억	실적 미제출	

※ 출처 : 금융감독원

도 불구하고 전체 E커머스 시장에서 5%도 안 되는 점유율을 차지하고 있다.

이런 상황이다 보니 기존 오픈마켓에서는 정말 충성 고객들만 남아 있고 빠른배송, 저렴한 가격, 다양하고 깊은 상품 구색을 추구하는 고객들은 매년 쿠팡, 네이버쇼핑, 전문몰로 이탈을 하고 있다. 오픈마켓들도 과거의 영광을 되찾기 위해 여러 가지 노력을 하나 큰 효과를 보지 못하고 있다. 쿠팡, 네이버쇼핑을 이기기 위한 큰 전환점이 없는 한 앞으로 더욱 나빠질 것이라는 불안한 예측을 해 본다.

한 가지 긍정적인 포인트는 2024년 7월 티몬과 위메프 사태 이후 티몬, 위메프의 고객들을 일부 흡수했다는 점이다. 쿠팡, 네이버쇼핑 같은 경우는 티몬, 위메프의 강점인 초특가딜이 상대적으로 약하다. 반면에 G마켓, 11번가 같은 경우는 소셜커머스를 벤치마킹해 슈퍼딜, 쇼킹딜 같은 초특가 행사들을 많이 강화해왔기 때문에 기존 티몬, 위메프 고객들이 많이 넘어왔다. 신세계, SK 같은 대기업과 연관된 업체라는 점도 고객들의 신뢰도를 높여주는 원인이 되었다.

그러나 오픈마켓들의 가장 큰 문제는 쿠팡, 네이버쇼핑, 전문몰들이 가지고 있는 강력한 차별화 포인트가 없다는 점이다. 이런 본인들만의 강력한 무기를 만들지 못하는 한 오픈마켓의 앞날은 더욱 우울해질 것이다. 티몬, 위메프 사태 이후 흑자 전환이 더욱 강조되고 있는 상황에서 흑자를 만들기 위해 매출에 큰 기여를 한 쿠폰,

광고, 초특가 행사를 줄이다 보니 당분간 매출은 크게 늘어나지 않을 가능성이 높다.

오픈마켓 특징 ──────

국내 온라인 유통의 대중화에 기여한 오픈마켓은 타 온라인 유통 플랫폼의 정책에 큰 영향을 끼쳤다. 오픈마켓의 장점, 단점에 대해서 알아보도록 하겠다.

오픈마켓의 장점과 단점

장점	– 쉬운 상품 등록 – 쿠팡 로켓배송, 종합몰 대비 낮은 수수료(5~15%, 카테고리별 상이) – 빠른 정산 주기(3~10일)
단점	– 광고 없이 상품 상위 노출 어려움 – 판매자 간 경쟁 치열 – 쿠팡, 네이버쇼핑으로 고객 이탈 지속

오픈마켓 판매 수수료 ──────

오픈마켓의 판매 수수료는 오픈마켓별, 카테고리별로 상이하나, 주력으로 판매하는 카테고리의 경우 5~15% 수준이다. 오픈마켓 실적 악화에 따라 오픈마켓 수수료는 매년 올라가고 있는데 카테고리별 정확한 판매 수수료는 각 오픈마켓의 판매자센터에 들어가면 확인할 수 있으며 보통 상품을 등록할 때 카테고리를 선정하면서 알 수 있다.

옥션 카테고리 수수료

카테고리별 서비스 이용료

대분류	중분류	오픈마켓
E쿠폰	전체	4%
	레저/액티비티	9%
PC 주변기기	전체	9%
가공식품	전체	13%
	수산가공식품	12%
가구/DIY	전체	13%
가방/잡화	전체	13%
	전체	9%
	기타 건강관리용품	10%
	당뇨관리용품	9%

옥션 서비스 이용료

- **[판매가 + 주문옵션 금액 or 추가 구성 금액] × 카테고리별 서비스 이용료 + 선결제 배송비 × 3.3%**
- 선결제 배송비란 고객이 유료 배송 상품 주문 시 당사 플랫폼을 통해 미리 배송비를 결제하는 경우의 해당 금액을 의미한다. (무료배송이나 착불은 해당사항 없음)

※ 출처 : G마켓 · 옥션

오픈마켓 정산 기간 ──

오픈마켓의 정산 기간은 업체별로 약간 상이하지만 기본적으로 판매 상품에 대한 고객의 구매 확정 후 1~2영업일, 구매 미확정 시 배송 완료일로부터 8영업일이다. 단, 이때 고객이 구매 확정하는 비율이 적다는 점을 주의해야 한다. 오픈마켓의 정산 기간은 2024년

7월 대금 정산 문제가 터졌던 티몬, 위메프의 50~60일의 정산 기간 대비 매우 짧다.

오픈마켓 판매 시 꼭 알아야 할 핵심 포인트 ──

오픈마켓에서 판매하면서 제대로 된 매출을 올리기 위해서 꼭 알아야 할 내용들이 있다. 이런 핵심 포인트들을 모르고 판매를 진행하면 고생만 하고 원하는 매출, 이익을 올리기가 힘이 드니 하나하나 알아보도록 하자.

(1) 광고와 상위 노출

네이버쇼핑과 달리 오픈마켓은 상위 노출이 무의미하다. 광고를 하지 않는 경우 조금이라도 조회 수가 있는 키워드라면 일반 상품 상위 노출 1등 상품이 적어도 2~3페이지 이후에 나오기 때문이다. 오픈마켓은 광고가 너무나 많기 때문에 어느 정도 검색량이 나오는 키워드의 검색 화면 1페이지는 거의 100% 광고 상품이고 광고가 붙지 않는 인기 없는 키워드여야 일반 상품 상위 노출 1등 상품이 1페이지에 나오게 된다.

오픈마켓 광고는 보통 네 가지로 분류되는데 일 고정 광고, CPC 클릭 광고, 리스팅 광고, 배너 광고이다. 오픈마켓마다 광고 이름은 다르지만 거의 다 이렇게 네 가지 광고 상품이 주력이며 일별로 입찰해야 하는 광고들이 있어서 관리가 까다로운 측면이 있다. 그래서 오픈마켓별로 공식 광고대행사를 선정해놓았는데 이들을 이용하면 광고대행료를 내지 않고 광고를 할 수 있다. 이들 공식 대행사들은 광고주로부터 광고대행료를 받는 게 아니고 오픈마켓 본사로부터 광고대행료를 받는다.

가령 '여성 블라우스'라는 키워드를 G마켓(PC)에서 검색해 보면 1페이지 최상단부터 광고 상품인 '오늘의 프라임 상품' 5개, '먼저 둘러보세요' 8개, '오늘의 상품이에요(CPC 광고)' 8개, '이 상품은 어떠세요?' 8개, '검색 맞춤 AI픽' 2개, '스마일배송' 4개 그리고 저렴한 리스팅 광고 상품인 '주목할 만한 상품이에요' 385개가 나오고 5페이지에 가서야 일반 상품 상위 노출 1등 상품이 나오게 된다(2024년 11월 기준). 가격이 저렴한 리스팅 광고 상품인 '주목할 만한 상품이에요'의 경우 개수의 제한이 없기 때문에 조금이라도 인기 있는 키워드의 경우 수백, 수천 개 이상 노출되는 경우가 많다.

오픈마켓의 구조가 이렇게 되어 있다 보니 솔직히 얘기해서 광고를 하지 않으면 고객에게 노출이 잘 되지 않기 때문에 매출이 나오기가 힘들다. 최소한 가격이 저렴한 리스팅 광고라도 해야 일정량의 노출을 통해 매출을 만들어낼 수 있다. 상위 노출은 리스팅 광고를 한다는 가정하에 리스팅 광고 상품 중에서 우선순위를 정할 때 의미가 있다. 키워드별로 일 고정 광고, CPC 클릭 광고 효율이 다르기 때문에 잘 비교해 보고 광고를 집행해야 한다.

(2) 특가 행사, 기획전

오픈마켓에서 비용을 들이지 않고 큰 매출을 만들어낼 수 있는 방법이 하나 있는데 바로 오픈마켓에서 진행하는 특가 행사, 기획전에 참여하는 것이다. 행사 구좌 수가 매우 적고 선정되기가 매우 어렵지만 일단 참여하게 되면 엄청난 고객 트래픽이 들어와서 큰 매출을 기대해 볼 수 있다.

특가 행사 중에 유명한 것이 G마켓 슈퍼딜, 옥션 올킬, 11번가 쇼킹딜·긴급공수, 롯데ON 123딜 등이다. 이런 특가 행사는 오픈마켓에서 진행하는 행사 중에서 가장 큰 매출을 올리는 것으로 유명한데 당연히 선정 기준이 매우 까다롭다. 기존에 판매 실적이 어느 정도 있고 가격 할인이나 증정품이 세게 들어간 경우에 선정 가능성이 있다. 특가 행사나 기획전 신청은 각 오픈마켓 판매자센터에서 별도로 신청할 수 있는 경우도 있고, 담당 MD에게 메일을 보내 직접 행사 신청을 해야 하는 경우도 있다.

(3) 카테고리 수수료 적용

카테고리 수수료 적용은 초보 판매자들이 많이 놓치는 내용인데 오픈마켓의 경우 카테고리 수수료를 최종 판매가가 아닌 정상 판매가에 적용하고 있다. 가령 정상가 1만 원짜리 상품을 30% 할인해서 7,000원에 판매한다면 카테고리 수수료는 7,000원에 적용되는 것이 아니고 1만 원에 대해서 적용한다. 이 점을 놓치면 엄청난 손실을 볼 수가 있기 때문에 반드시 명심해야 한다. 스마트스토어와 쿠팡의 경우는 카테고리 수수료를 정상가가 아닌 최종 판매가에 적용하는데 이것 때문에 오픈마켓도 그런 줄 알고 실수를 하는 초보자들이 많다.

⑷ 가격비교 사이트 노출 설정

오픈마켓에는 앞에 설명한 카테고리 수수료 말고도 추가로 나가는 비용이 있을 수 있다. 판매자 대부분이 네이버쇼핑, 에누리, 다나와 등 가격비교 사이트에 상품을 노출하는데 이렇게 가격비교 사이트에 노출할 때 추가로 수수료가 들어간다. 네이버쇼핑 연동 노출 수수료가 2%인데 이것을 5:5로 부담하거나 판매자가 모두 부담하는 등 오픈마켓별로 수수료는 다르다. 연동 노출 수수료의 경우 이전에는 오픈마켓 판매자가 부담하지 않았지만 오픈마켓 수익 구조

G마켓, 옥션 ESM Plus 상품 등록 시 가격비교 사이트 노출 설정 화면

※ 출처 : G마켓·옥션

가 악화됨에 따라 판매자의 부담 비율이 갈수록 올라가고 있다.

가격비교 사이트 노출 설정은 상품 등록 페이지에서 한다. 특정 오픈마켓에서만 할인 행사를 하고 가격이 무너지는 것을 막기 위해 다른 판매 채널에서는 가격비교 사이트 등록을 하지 않아야 하는 경우가 있다. 이때는 가격비교 사이트 노출 설정을 꺼야 한다.

(5) 오픈마켓 지원할인 프로그램

가격비교 사이트 노출 비용 이외에 오픈마켓 지원할인 프로그램 참여 시 추가로 비용이 들어가게 된다. 각 오픈마켓별 매출을 올리기 위해 별도의 할인 쿠폰을 붙여주는데 이런 오픈마켓 지원할인 프로그램에 참가하면 추가로 비용이 발생한다. 오픈마켓별로 다르지만 할인 쿠폰 비용의 15~20%를 판매자가 부담한다(오픈마켓에서 80~85% 부담). 가격비교 사이트 노출 설정과 마찬가지로 각 오픈마켓 판매자센터에서 오픈마켓 지원할인 프로그램 설정을 할 수 있다.

오픈마켓들이 일부러(?) 애매모호하게 해당 내용을 설명해주면서 참여를 독려하는데 이 프로그램에 참가할 때는 주의해야 한다. 일단 언제 몇 % 할인 쿠폰이, 어떤 상품에 붙는지 판매자에게 알려주지 않기 때문에 온라인 채널에서 가격 관리가 중요한 상품의 경우 참여를 신중하게 검토해야 한다. 그리고 이 프로그램은 당연히 무료가 아니고 판매자들의 비용이 추가된다. 오픈마켓 지원할인 프로그램이 만들어진 취지야 가격을 저렴하게 해서 최대한 많이 판매하자는 것이지만 판매자의 비용 부담이 늘어나는 것도 사실이다.

이런 할인 쿠폰은 보통 광고가 진행 중이거나 어느 정도 판매가 일어나는 상품에 많이 적용된다. 실제로 오픈마켓에 상품을 등록하는 초보 판매자들의 경우 이 내용이 무엇인지도 모르고 참여하는 경우가 매우 많이 있다. 나중에 정산 금액에 차이가 있어 확인하면서 알게 되는 경우가 많았다. 오픈마켓의 실적이 악화되면서 판매자 부담 비율은 10%, 15%, 20% 매년 계속 높아지고 있다. 굳이 쿠폰을 안 붙여도 되는데 나도 모르는 사이에 붙게 돼서 나의 마진을 적게 만드는 요소가 되지 않도록 주의해야 한다.

오픈마켓들이 이런 지원할인 프로그램을 적극적으로 하는 이유 중의 하나는 쿠폰을 붙여서 가격이 낮아지면 네이버쇼핑에서 상위 노출되어 매출이 많이 올라가는 이유도 있다. 네이버쇼핑의 영향력이 갈수록 커지고 있기 때문에 네이버쇼핑에서의 상위 노출은 모든

• 조금 더 알기 •
'오픈마켓'들의 소셜커머스 벤치마킹

오픈마켓들은 지금은 몰락한 소셜커머스의 장점들을 벤치마킹했는데 소셜커머스의 가장 큰 장점인 딜 판매 및 기획전을 확대 진행하고 있다. 이런 딜이나 기획전은 단기간에 폭발적인 매출을 올릴 수 있기 때문이다. 슈퍼딜, 올킬, 쇼킹딜 같은 각 오픈마켓 메인딜은 선정되기가 매우 어렵지만 단기간 매출 효과가 탁월하다. 그런 이유로 오픈마켓 초기 대비 딜, 기획전은 지속적으로 증가하고 있다.

쇼핑몰에서 가장 중요한 요소가 되고 있다. 오픈마켓 지원할인 프로그램은 잘만 활용하면 비용을 적게 들이고도 폭발적인 매출을 만들어낼 수도 있으니 효율적으로 사용하기 바란다.

오픈마켓의 최강자 G마켓, 옥션

오픈마켓의 대표 주자를 뽑으라면 당연히 G마켓과 옥션이다. 오픈마켓이 국내에 생긴 이래로 G마켓, 옥션은 여태까지 계속 1등 자리를 놓치지 않고 있다. 쿠팡, 네이버쇼핑이 엄청나게 성장하기 전까지는 G마켓, 옥션이 국내 대표적인 온라인 쇼핑몰이었다. 미국의 글로벌 쇼핑몰인 이베이에서 국내 토종마켓인 G마켓을 인수해 G마켓·옥션을 같이 운영하다가 2021년 신세계가 4조 5000억 원에 G마켓·옥션을 인수했다. 신세계는 이마트, 신세계 백화점 등 오프라인 유통업체 및 SSG닷컴과 연계해 시너지 효과를 내는 데 주력하고 있다.

그러나 흑자 쇼핑몰로 유명했던 G마켓·옥션은 2022년, 2023년 적자로 돌아섰으며 해마다 매출은 더욱 악화하는 트렌드이다. 2024년부터 흑자 전환을 위해 총력을 다하고 있으며 월 500만 원 이상 매출의 판매자들에게 부가세 포함 서버 이용료 5만 5,000원도 부과하고 무리한 초특가, 쿠폰 행사도 자제하고 있다.

G마켓·옥션은 전체 오픈마켓 중 거래액 기준 1등 오픈마켓이

며 관리자 페이지를 같이 사용하는데 상품 등록, 광고, 각종 운영을 ESM Plus(판매 데이터 분석 지표)라는 시스템을 사용하고 있다. 한마디로 판매자는 ESM Plus에서 G마켓·옥션의 모든 관리를 동시에 할 수 있다. 판매자 등급별로 2,000개~1만 개의 상품을 등록해 판매할 수 있다.

G마켓과 옥션은 각각 특색이 있는데 G마켓의 경우 전 연령대의 남성과 여성 고객들이 이용하며 거래액 1등 오픈마켓이다. 옥션은 국내 인터넷 탄생 초기부터의 남성 충성 고객들이 아직도 많이 남아 있어서 남성 고객들이 많으며 고객 연령층도 높은 편이며 가전·IT, 스포츠, 자동차용품 등 남성성이 강한 상품들이 판매가 좋다. 쿠팡, 네이버쇼핑 대비 성장이 뒤처진 측면이 있으며 신세계유니버스 멤버십, 스마일배송, 빅스마일데이 이벤트, 스마일프레시 등을 주요 성장 전략으로 활용하고 있다. G마켓은 홈플러스와 연계해 당일배송 서비스를 제공하고 있다.

G마켓·옥션 주요 체크 포인트 ———

G마켓·옥션에서 좋은 매출, 이익을 만들어내기 위해 꼭 알아야 할 주요 체크 포인트에 대해 하나하나 자세히 알아보도록 하겠다.

(1) 신세계 유니버스클럽

쿠팡에 와우라는 멤버십이 있다면 G마켓·옥션에는 신세계 유니버스 멤버십이 있다. 과거 G마켓·옥션에는 스마일클럽 멤버십이 있었는데 기존 SSG닷컴 멤버십과 통합해 신세계 유니버스클럽으로 전환되었다. 충성 회원들의 객단가 및 재구매율이 매우 높고 타 쇼핑몰로의 이탈율이 낮기 때문에 스마일클럽 회원 수를 늘리는 데 총력을 다하고 있다. 신세계 유니버스클럽 회원이 되면 로켓배송과 유사한 익일배송 상품인 스마일배송 상품들을 무료로 이용할 수 있고 SSG닷컴, 스타벅스, 신세계면세점, 이마트 등에서 다양한 혜택을 받을 수 있다.

(2) 스마일배송

쿠팡에 익일배송을 보장하는 로켓배송이 있다면 G마켓·옥션에는 스마일배송이 있다. 로켓배송이 쿠팡이 직접 상품을 사입해서 운영하는 반면에 스마일배송은 판매자가 일정 부분의 물류·배송 비용을 부담하고 G마켓·옥션의 익일배송 시스템을 이용하는 개념이다. 익일배송 보장으로 고객들의 반응이 매우 좋기 때문에 G마켓·옥션에서도 스마일 배송을 집중해서 지원하고 있으며 PC 기준 상품 키워드 검색 시 1페이지에 네 개씩 노출도 시켜준다. 그리고 스마일배송 상품에 들어가서 판매 실적이 우수하면 특가딜, 기획전 같은 메인 행사에 노출될 확률이 높아진다. 스마일배송 상품 입고는 ESM Plus '스마일배송' 메뉴에서 신청할 수 있다.

⑶ 특가 행사 제안

특가 행사 제안은 ESM Plus '슈퍼딜/올킬 관리', '이벤트 참여 관리' 메뉴에서 신청할 수 있다. 스마일배송이나 광고를 진행 중인 상품 중에 실적이 좋은 상품들은 특가 행사에 선정될 확률이 높다.

특가 행사 제안 화면

※ 출처 : G마켓·옥션

⑷ 빅스마일데이

빅스마일데이는 G마켓·옥션에서 1년에 딱 두 번 5월, 11월에 하는 가장 큰 이벤트이다. 가장 많은 홍보와 마케팅이 진행되기 때문에 참가하게 되면 큰 매출을 기대해 볼 수 있다. E마트와 연계해 다양한 초특가 행사와 신세계 멤버십 추가 혜택 등이 있어서 1년 중

G마켓·옥션의 가장 큰 이벤트 빅스마일데이

※ 출처 : 신세계

가장 많은 매출을 만드는 행사이다. 빅스마일데이 메인 이벤트로 들어가게 되면 워낙 상품 노출이 많다 보니 큰 매출을 기대해 볼 수 있다.

⑸ G마켓·옥션 판매자 교육센터

G마켓·옥션 판매자 교육센터는 G마켓·옥션에서 판매자들을 위해 개설한 온라인 교육센터이다. 이곳에서 상품 등록, 광고, 마케팅, 아이템 선정 등 다양한 판매기법들을 무료로 배울 수 있다. 초보자라면 반드시 알아야 할 유용한 정보가 가득하다.

⑹ G마켓·옥션 상위 노출

G마켓·옥션에서는 광고 구매 여부, 판매 실적, 검색정확도, 고객 이용 행태, 서비스 품질 등을 기준으로 상위 노출이 정렬된다. 상위 노출의 가장 중요한 요소는 광고이며, 두 번째는 판매 실적이라고 할 수 있다. 상위 노출에서 광고의 영향이 크다 보니 광고를 하지 않으면 상위 노출을 통해 판매를 일으키기가 매우 어렵다.

⑺ 스마일프레시

스마일프레시는 G마켓·옥션을 인수한 신세계의 오프라인 유통업체 이마트와 연계해 새롭게 시도하고 있는 식품 장보기 서비스이다. 이마트 매장에 있는 신선식품부터 노브랜드, 피코크까지 다양한 상품과 브랜드들을 낮밤 또는 새벽 등 원하는 시간에 배송해준다. 낮밤 배송은 전국이 가능하며, 새벽배송은 서울과 경기 일부 지역에서 가능하다.

G마켓·옥션 판매자 가입 방법

G마켓·옥션 판매자센터인 ESM Plus에서 온라인으로 판매자 등록을 하고 요청 서류를 제출하면 판매자 등록이 되고 그 이후 상품을 등록해 판매를 시작할 수 있다.

G마켓·옥션 판매자 회원가입 화면

※ 출처 : G마켓·옥션

'G마켓·옥션' 입점 제출 서류

G마켓·옥션에 입점하기 위해 제출해야 할 서류들이 있는데 개인·법인 사업자와 해외사업자별로 제출 서류가 상이하다.

개인·법인 사업자	해외 사업자
– 사업자등록증 사본 1부 – 대표자(법인) 통장 사본 1부 – 개인(법인) 인감증명서 사본 　(본인서명사실확인서 사본 중 택 1) – 통신판매업신고증 사본 1부	– 해외 사업자등록증 사본 1부 – 대표자 신분증 사본 1부 – 사업자 혹은 가입자 명의의 통장 사본 1부

다양한 시도를 하고 있는 11번가

11번가는 국내 대기업 SK가 모회사인 오픈마켓이다. 11번가는 G마켓·옥션보다 늦은 2008년 오픈했으나 전국 통신망을 장악하고 엄청난 OK캐시백 회원을 보유하고 있는 SK의 전폭적인 지원으로 빠른 시간 내에 G마켓·옥션에 이어 2대 오픈마켓으로 성장했다. 그러나 그 이후 성장이 정체되고 있는 상황에서 이를 타계하기 위해 2021년 전 세계 1등 온라인 쇼핑몰인 아마존과 제휴하고 로켓배송 같은 직매입 익일배송 시스템인 슈팅배송도 도입하며 새로운 방향을 모색했다. 그 결과 2022년, 2023년 매출은 폭발적으로 늘었으나 영업적자도 2021년 이전 대비 큰 폭으로 늘었다. E커머스업계가 워낙 힘든 상황이다 보니 모기업인 11번가의 지원도 거의 끊겨서 독자생존하고 있는 상황이다.

이러한 11번가는 기업공개(IPO) 상장에 실패하고 M&A 시장에도 자주 올라오는데 워낙 덩치가 크고 E커머스업계가 힘들다 보니 매각 작업도 난항을 겪고 있다. 2024년 대대적인 인력 구조조정 및 비용 축소를 통해 흑자 전환을 위해 안간힘을 쓰고 있다. 2024년부터 매출 500만 원 이상 판매자들에게 부가세 포함 7만 7,000원의 서버 이용료를 부과하고 무리한 쿠폰 행사 및 초특가 행사들을 자제하고 있다.

11번가는 과거 SK텔레콤과 OK캐시백의 영향으로 모바일 판매

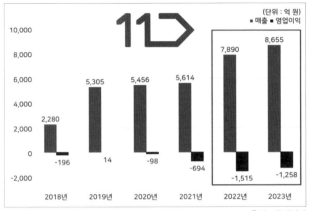

11번가 연도별 실적

(단위 : 억 원)
■ 매출 ■ 영업이익

연도	매출	영업이익
2018년	2,280	-196
2019년	5,305	14
2020년	5,456	-98
2021년	5,614	-694
2022년	7,890	-1,515
2023년	8,655	-1,258

※ 출처 : 톱데일리

가 강하며 30대 젊은 고객의 비중이 높다. 30대 젊은 층이 좋아하는 감각적인 패션·잡화 및 트렌디한 상품의 판매가 우수하다. 그리고 쇼킹딜, 긴급공수, 11절 행사 등 특가딜이 매우 강한데 이런 이유로 2024년 7월 티몬, 위메프 사태 이후 특가딜에 목마른 티몬, 위메프 기존 고객들의 상당수가 11번가로 넘어왔다. 또한 중소상공인 지원을 위해 티몬, 위메프에 많이 투입되었던 E커머스 관련 정부지원자금이 11번가로 많이 이관되어 긍정적인 효과를 보고 있다.

G마켓·옥션과 마찬가지로 상위 노출에서 광고와 판매량이 중요한데 광고의 영향이 거의 절대적이라 광고를 하지 않으면 큰 매출을 올리기가 쉽지 않다. 광고는 일 고정 광고, CPC 클릭 광고, 리스팅 광고, 배너 광고가 있으며, 11번가 판매자센터(11번가 셀러오피스)에서 관리하면 된다.

11번가는 11번가의 숫자에서 비롯된 11마케팅을 많이 하며 11절이라고 해서 매월 11일에 다양한 이벤트를 진행하고 11월 11일에는 가장 파격적인 행사를 진행하고 있다. 11월 11일 행사는 G마켓, 옥션의 빅스마일데이에 버금가는 대형 행사이기 때문에 매출을 올리고자 하는 판매자라면 이 기회를 놓쳐서는 안 된다.

전 세계 1등 E커머스 아마존 제휴 ─────

11번가는 2021년 아마존과의 제휴 이후에는 아마존을 활용한 다양한 판매 마케팅을 진행 중으로 2021년 8월 31일 아마존 직구 상품을 런칭했다. 아마존 직구를 하고 싶은데 방법을 모르는 국내 고객들을 11번가로 끌어들이는 역할을 했으며 런칭 초반부터 파격적인 이벤트를 벌여서 기대가 컸으나 실제 뚜껑을 열어보니 아마존

11번가 메인페이지 아마존 섹션

※ 출처 : 11번가

제휴는 11번가 실적 개선에 큰 효과를 보이지 못하고 있다. 그러나 해외 직구 시장이 늘어나면서 다른 쇼핑몰과 11번가를 차별화시켜 준다는 점에서는 긍정적인 반응이다.

11번가의 익일배송 서비스 슈팅배송 ──

11번가는 2022년 6월 평일 자정까지 주문 시 다음 날 배송이 완료되는 익일배송 서비스인 '슈팅배송' 서비스를 시작했다. 슈팅배송은 직매입 구조로 쿠팡의 로켓배송과 비슷한데 빠른배송을 선호하고 매출 극대화를 위해 11번가에서 야심차게 출시했다. 11번가는 화장지, 물티슈 등 생활용품과 간편식 제품, 소형 선풍기, 공기청정기, 제습기, 청소기 등 소형 계절가전과 생활가전 등 고객이 자주 찾는 상품을 물류 센터에 미리 구비해두고 슈팅배송으로 판매한다.

11번가 메인페이지 슈팅배송 전용 섹션

※ 출처 : 11번가

이처럼 익일배송이 가능한 이유는 직매입 중심의 물류 센터 활용 덕분인데 11번가는 2022년 인천과 대전 지역의 물류 센터를 추가로 확보했다. 슈팅배송이 잘 돼서 기존에 방대하게 누적된 고객 데이터를 통해 차별화된 제품을 직매입하고 이를 빠르게 배송해준다면 11번가만의 강점을 보여줄 수 있을 것으로 생각한다. 그러나 사업 및 익일배송에 들어가는 막대한 물류 비용을 감당할 수 있을지는 미지수이다.

11번가 셀러존 무료 교육 ─────

G마켓·옥션과 같이 11번가도 초보 셀러들을 위한 무료 교육 사이트를 운영하고 있다. 온라인 판매 관련 양질의 교육들을 무료로 받을 수 있으니 초보 셀러라면 꼭 들어보기 바란다.

11번가 셀러존 무료 교육

※ 출처 : 11번가

11번가 대표 특가 행사, 쇼킹딜

11번가의 대표 특가 행사는 쇼킹딜이다. 행사 진행 시 가장 큰 효과를 볼 수 있는 것이 바로 쇼킹딜인데 신청자가 많아서 선정은 어렵지만 선정되기만 하면 높은 매출을 기대해 볼 수 있다. 쇼킹딜은 11번가 셀러오피스의 '프로모션 관리' 메뉴에서 '쇼킹딜 참여 신청'을 클릭한 뒤 판매자가 직접 신청할 수 있다.

쇼킹딜 참여 신청 화면

※ 출처 : 11번가

모든 롯데 유통이 입점해 있으나 부진한 롯데ON

롯데ON은 오프라인 유통업계 강자인 롯데쇼핑이 만든 오픈마켓이다. G마켓·옥션, 11번가, 인터파크 등 일반적인 오픈마켓과는 차이가 있다. 일단 롯데ON 안에는 롯데쇼핑에 있는 오프라인 유통업체인 롯데마트, 롯데백화점, 롯데슈퍼, 롯데 홈쇼핑, 롯데 하이마트의 개별 온라인 쇼핑몰들이 모두 입점해 있다. 원래는 각각의 오프라인 유통업체들이 별도의 온라인 쇼핑몰을 운영하고 있었으나 통합해서 모두 롯데ON 안으로 들어왔다. 그리고 롯데가 기존에 운영하던 온라인 종합몰도 롯데ON 안으로 들어왔다. 그렇기 때문에 롯데ON은 오픈마켓 형식을 띠긴 하나 오픈마켓＋종합몰＋오프라인 유통업체 온라인몰이 결합되어 있는 형태이다. 롯데ON 오픈마켓 수수료는 카테고리별로 상이하나 5~15% 수준이다.

롯데ON 메인페이지

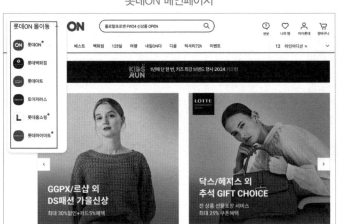

※ 출처 : 롯데ON

롯데ON이 2020년에 출범할 때만 해도 롯데쇼핑 계열사들의 온라인몰들이 모두 들어오고 막대한 마케팅비를 투자한다고 해 엄청난 기대감이 있었으나 결과는 그다지 좋지 못했다. 다양한 계열사들 입점에 따른 시너지 효과를 발휘하지 못했고 롯데ON 런칭 초기 시스템 관리 문제가 많이 발생해 고객 및 판매자들을 실망시켰다.

유통 대기업답게 막대한 마케팅 비용을 투자해 판매자들과 고객들을 모으고는 있으나 아직 많이 미흡한 상태이다. 특히 오프라인 유통업체, 온라인몰 매출을 제외하고, 순수한 오픈마켓만의 실적을 보면 경쟁사들에 비해 많이 뒤처진다.

롯데ON에는 모든 롯데 계열사가 입점해 있지만 2022년 전체 E커머스 내에서 점유율 4.9%라는 초라한 성적을 보였는데 대형 브랜드사 매출을 제외한 일반 매출은 매우 적을 것으로 추측한다. 그렇기 때문에 중소 규모 판매자들은 롯데ON에서 기대감을 가지고 판매를 했지만 부진한 매출로 인해 이탈하든지 그냥 상품 등록만 해놓는 상황에 이르렀다.

롯데ON의 상품들을 보면 G마켓·옥션, 11번가 같은 전통적인 오픈마켓 대비 오프라인 유통업체에서 건너온 듯한 브랜드 상품들이 많고 고급스런 느낌이 있다. 그래서 비브랜드 상품들은 판매하기에 어려움이 많다. 어떤 상품을 검색하면 일반 오픈마켓 판매자의 상품과 롯데쇼핑 계열사들이 직접 팔고 있는 상품들이 동시에 검색되는데 롯데쇼핑 계열사 온라인몰 상품들이 1~2페이지에 많이 보인다.

오프라인 롯데 유통의 영향을 받아 브랜드 패션, 잡화, 화장품 등이 상대적으로 강하고 일반 생활잡화 및 식품 등은 경쟁 쇼핑몰들에 비해 현저히 떨어진다. 그래서 롯데ON 홈페이지에 들어가 보면 일반적인 오픈마켓의 느낌보다는 고급스런 종합몰 느낌이다. 게다가 전통적인 오픈마켓과 달리 광고 구좌가 많지는 않고 광고 효율도 그다지 좋지 않은 것으로 알려져 있다. 그래서 롯데ON에서는 광고를 집행하며 공격적으로 판매하기보다는 MD와 커뮤니케이션을 잘해 노출이 많이 되는 특가 행사나 기획전을 진행하는 것을 추천한다.

브랜드 패션, 잡화에 강점을 가진 롯데ON

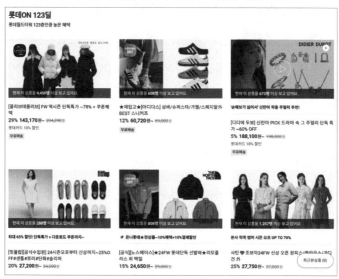

※ 출처 : 롯데ON

오픈마켓별 입점 또는 판매자 가입 방법

오픈마켓별 입점 또는 판매자 가입 방법은 오픈마켓별, 사업자별 입점, 판매자 가입 내용이 상이하다. 그래도 MD 승인이 필요한 종합몰·전문몰 보다는 제출 서류 숫자도 적고 입점도 입점 서류만 제대로 내면 바로 입점과 가입이 가능하다.

1. 11번가 판매자 가입 방법

11번가 판매자 가입은 11번가의 셀러오피스(https://soffice.11st.co.kr/)에서 할 수 있다. 사업자등록증이 없는 개인셀러, 사업자등록증을 보유한 사업자셀러, 해외 브랜드 상품을 판매하는 글로벌셀러('해외 직구 11번가'에서 판매), 세 가지 형태로 가입할 수 있다.

11번가 입점 시 필요 서류

개인셀러	– 필요 서류 없음
사업자셀러 – 개인 사업자	– 사업자등록증 – 대표자 통장 – 개인 인감증명서 또는 본인서명사실확인서 중 택 1 – 통신판매업신고증

사업자셀러 – 법인 사업자	– 사업자등록증 – 법인명의 통장 – 법인인감증명서 – 통신판매업신고증 – 법인등기부등본 · 비영리단체 증빙 서류 (말소사항 제외, 최근 3개월 이내 발급) – 실소유자 확인 서류(주주명부, 이사회명부, 정관 · 규약 등 택1) – 담당자 확인 증빙 서류(명함, 재직증명서 등 택1)
글로벌셀러 – 국내 개인셀러	– 신분증 사본
글로벌셀러 – 국내 사업자셀러	– 사업자등록증 – 통신판매업신고증 – 개인 인감증명서 또는 본인서명사실확인서 중 택 1 – 법인인감증명서
글로벌셀러 – 해외 사업자셀러	– 해외 사업자등록증 – 대표자 신분증(시민권, 영주권, 여권 가능) – 사업자 또는 가입자 명의 통장 또는 해외 계좌 인증 필요 서류 (Bank Statement)

2. 롯데ON 입점 방법

롯데ON 입점은 롯데ON 판매지원센터(https://support.lotteon.com/)의 '입점하기' 메뉴를 클릭하고 입점 관련 서류를 제출하면 된다.

롯데ON 입점 시 필요 서류

개인사업자	법인 사업자
– 사업자등록증 – 통신판매업신고증 – 대표자 명의 통장 사본 – 인감증명서 또는 본인서명사실확인서 – 대표자 신분증 – 정관(비영리)	– 사업자등록증 – 통신판매업신고증 – 법인인감증명서 – 법인 명의 통장 사본 – 법인 등기부등본 – 정관(비영리)

충성 고객들의 이탈 가속화 : 대기업 종합몰, 홈쇼핑

오프라인 유통에서 최고 프리미엄 유통 채널이라면 백화점을 들 수 있다. 온라인 유통에도 프리미엄 채널이 있는데 그것이 바로 종합몰이다. 주로 롯데쇼핑, 신세계, 현대 같은 대기업이 운영하는데 일반 오픈마켓과는 상품 구성, 운영 방식, 고객층이 차이가 크다. 대기업이 깐깐하게 운영하고 고객층도 어느 정도 나이가 있고 경제력이 있는 프리미엄 고객층이다 보니 입점 조건이 까다롭고 입점 절차도 복잡하다. 대신 입점하기만 하면 상품성을 인정받았다는 타이틀을 받을 수 있어서 브랜딩하기 좋은 온라인 유통 채널이다.

홈쇼핑 채널은 온·오프라인 유통 채널을 모두 통틀어서 단기간에 가장 폭발적인 매출을 올릴 수 있는 유통 채널이다. 대신 실패에 따른 리스크가 엄청 나서 아무나 쉽게 도전할 수 없는 진입 장벽이 존재한다. 그리고 여기도 대기업들이 운영하고 법적인 규제 등 다양한 허들이 있기 때문에 입점이 까다롭고 어렵다. 온라인 유통이 폭발적으로 성장하고 쇼핑몰 간에 경쟁이 치열해짐에 따라 신규 쇼핑몰들의 경우 자리를 잡기가 예전 대비 매우 어려운 상황이다. 막대한 마케팅, 홍보비를 쓰고도 고객을 모으고 매출을 올리는 데 실패하는 경우가 정말 많다. 이런 상황에서 대형 쇼핑몰들이 못하는 특수 카테고리에 대한 전문성을 바탕으로 성장한 온라인 유통 채널이 있는데 이것이 바로 전문몰이다.

이런 전문몰들은 특정 카테고리 마니아들을 대상으로 넓고 깊은 구색과 전문성을 바탕으로 해당 카테고리의 대표 주자로 거듭나고 있는 쇼핑몰들인데 버티컬커머스라고 불리며 최근 온라인 유통 채널에서 떠오르는 강자로 부상하고 있다. 이번 장에서는 이러한 종합몰, 홈쇼핑, 전문몰에 대해서 자세히 알아보도록 하겠다.

온라인의 프리미엄 백화점, 종합몰

지금은 쿠팡, 네이버쇼핑에 밀려 하향 트렌드를 겪고 있지만 프리미엄 충성 고객들을 많이 보유하고 있는 매력적인 쇼핑몰인 종합몰에 대해 알아보도록 하자.

종합몰이란 ———
종합몰은 오프라인 백화점과 유사한 형태의 프리미엄 쇼핑몰을 말한다. 주로 롯데, 신세계, CJ 같은 대기업이 운영하고 있으며 이들이 운영하는 홈쇼핑, 백화점 등 유통 계열사 온라인몰도 종합몰 안에 들어와 있는 경우가 많다. 백화점과 마찬가지로 상품 구매 및 운영을 담당하는 MD(Merchandiser; 상품기획자) 조직이 있고 입점 업체 및 입점 상품을 선정하는 방법, 세부 운영 규정에 대한 까다로운 자체 기준을 가지고 있다. 그래서 입점 기준이 까다롭고 입점 절차가 복잡하다. 그 대신 종합몰 자체에서 광고나 홍보를 해주고 귀찮은 고객CS도 처리해주기 때문에 상품 공급 이외에 다른 온라인 판매 관련 부분을 신경 쓸 필요가 없으며 등록된 상품 숫자가 많지 않기 때문에 일정 매출 수량은 보장받을 수가 있다.

종합몰은 보통 일반 위탁 상품이나 단순 비브랜드 해외 수입 상품들은 입점이 어렵고 브랜드 상품 위주로 입점이 가능하다. 그렇기 때문에 일단 종합몰에 입점을 했다면 어느 정도 시장에서 상품성을 인정받은 브랜드라는 홍보 효과를 얻을 수 있다. 그럼 일반 오픈마켓과는 다른 종합몰만의 특징을 하나하나 알아보도록 하자.

종합몰의 과거, 현재, 미래 ──

종합몰은 오픈마켓과 함께 한국 E커머스를 이끌어온 주력 온라인 채널이다. 쿠팡, 네이버쇼핑이 떠오르기 전까지는 오픈마켓, 종합몰이 한국 E커머스를 이끌어왔다. 그러나 쿠팡, 네이버쇼핑과의 경쟁에서 밀리고, 종합몰의 주력인 TV 홈쇼핑 채널의 매출이 하향

세를 나타내며 지속적인 하향 트렌드를 겪고 있다.

젊은 층이 아닌 중년층 이상이 이 종합몰의 주 고객인데 이들의 나이가 들어가면서 상품 확장성도 떨어지고 신규 젊은 고객의 모집도 잘 되지 않고 있기에 향후 더욱 어려운 상황에 처할 확률이 높다. 네이버쇼핑, 쿠팡같이 고객을 끌어들일 만한 강력한 무기가 없다는 것이 가장 큰 문제이다.

고객 수준 ────

종합몰을 찾는 고객들은 브랜드를 좋아하고 높은 판매 가격을 수용할 수 있는 프리미엄 고객들이 많다. 종합몰이 브랜드 위주의 프리미엄 상품들을 취급하다 보니 저렴한 온라인 쇼핑을 원하는 고객층은 종합몰을 찾는 경우가 별로 없다. 그래서 고객의 연령대도 30대 후반부터 4050 세대가 주력이다.

고객 충성도 ────

오픈마켓, 스마트스토어 같은 일반 오픈몰에서는 해당 오픈몰에 대한 충성도가 높아서 구매한다기보다는 가격비교를 통해서 최저가를 구매하는 경향이 강하다. 그러나 종합몰은 오프라인의 백화점 고객처럼 해당 종합몰에 대한 충성도가 높아 가격이 비싸고 국내에서 잘 알려지지 않은 상품일지라도 해당 종합몰을 신뢰해 구매하는 경향이 많다.

종합몰과 오픈마켓의 입점 상품 개수 비교 ──

일반 오픈마켓은 동일 상품이라도 수많은 판매자가 동시에 팔 수 있지만 종합몰에서는 일반적으로 동일 상품, 동일 브랜드에 대해서는 소수의 업체만 판매가 가능하다. 해당 업체의 전 상품을 입점시켜서 판매하는 것이 아닌 MD가 자체 규정에 의해 일정 기준을 통과한 상품들만 입점시켜서 판매한다.

오픈마켓(위)과 종합몰(아래)의 '농협홍삼' 검색 결과 비교

※ 출처 : G마켓(위), 현대H몰(아래)

종합몰에서 특정 상품의 키워드를 검색해서 상품 숫자를 보면 오픈몰처럼 그렇게 많지가 않다. 그렇기 때문에 치열한 가격 경쟁을 해야 하는 오픈마켓과 달리 가격 경쟁에서 자유롭다. G마켓에서 '농협홍삼'을 검색하면 4,323개가 나오지만, 종합몰인 현대H몰에서는 동일한 제품 검색 제품이 107개만 나온다.

종합몰의 입점 방식 ────

오픈마켓의 경우 입점 관련 서류를 제대로 제출만 하면 입점이 되지만, 종합몰은 입점 관련 제출 서류도 많고 이 서류들을 MD가 자세히 검토한 뒤 승인 여부를 결정한다. 종합몰은 이처럼 상품 선정을 까다롭게 하기 때문에 제조업체, 수입업체 등 본인만의 브랜드 상품을 가진 경우가 아니면 입점이 어렵다.

입점 신청은 각 종합몰 홈페이지마다 '입점 제안' 코너에서 필요한 서류들을 준비한 후 온라인으로 입점을 신청하면 MD가 평가하고 승인 여부를 통보해준다. 오픈마켓처럼 서류 내고 판매자 등록만 하면 입점되는 방식이 아니다. 꼼꼼한 업체 검증을 위해 제출 서류도 상당히 많고 제출한 서류들을 검토한 후 MD가 승인하는 방식이기 때문에 입점이 까다롭고 입점까지 시간이 많이 소요된다. 백화점, 할인점 등 대기업이 운영하는 오프라인 대형 유통 입점을 생각하면 된다.

종합몰의 상품 노출 ———

종합몰에서는 MD 선정 및 자체 로직을 통해 상품을 큐레이션해서 노출을 진행한다. 오픈마켓은 광고가 상위 노출에 결정적인 영향을 끼치지만, 종합몰은 MD와의 커뮤니케이션을 통해 좋은 노출 구좌를 받는 것이 가능하다. 물론 매출이나 구매 후기가 많은 상품은 당연히 상위 노출될 확률이 높다.

오픈마켓과 구별되는 종합몰 고객CS ———

종합몰과 오픈마켓의 큰 차이점 중의 하나가 고객CS이다. 오픈마켓은 고객CS를 판매자가 직접 해야 하는데 이것은 판매자에게 있어서 시간, 돈, 노력이 많이 드는 귀찮은 일이다. 그러나 종합몰은 종합몰 자체 CS센터에서 모든 고객CS를 처리한다. 입점 업체들은 고객CS에 신경 쓸 일이 전혀 없어서 매우 편리하다.

고객들도 백화점 수준의 프리미엄 서비스를 제공하는 종합몰CS에 만족도가 매우 높다. 오픈마켓에서 구매했다가 악성 판매자를 만나면 고객들이 스트레스받는 일이 많지만 종합몰에서는 이런 스트레스가 전혀 없다. 종합몰 고객센터는 유선 상담, 온라인 채팅 상담을 운영하는

GS샵 24시간 고객CS센터

※ 출처 : GS샵

데 문제가 발생했을 때 통화하기가 어려운 오픈마켓 고객센터보다 빠른 상담이 가능하다.

종합몰의 광고, 홍보 ─────

종합몰은 보통 오픈마켓처럼 별도의 광고 구좌를 운영하지 않고 입점 상품에 대해 직접 광고·마케팅, 홍보를 진행한다. 오픈마켓에서 상품을 알리고 판매를 제대로 하려면 판매자가 막대한 광고비와 마케팅를 진출해야 하지만, 종합몰에서는 자체적으로 이 업무를 진행하는데 쿠폰 행사, 카드 행사, 시즌 행사 같은 마케팅 프로모션 행사들을 자주 진행한다. 종합몰 판매자들에게 이런 행사 참여는 비용이 들지 않으면서도 폭발적인 매출을 올릴 수 있는 주요 수단이기 때문에 매우 중요하다. 물론 이런 행사에 참여하려면 MD와의 커뮤니케이션이 필수 조건이다.

종합몰과 오픈마켓 수수료 비교 ─────

프리미엄 쇼핑몰인 종합몰답게 종합몰 수수료는 온라인 유통 채널 중에서 가장 높은 축에 든다. 오픈마켓들이 5~15% 수준인 데 비해 종합몰은 20~30% 정도이다. 상품을 하나하나 관리하는 MD 조직을 운영하고, 고객CS도 직접 하고 입점한 상품들에 대한 막대한 마케팅·홍보비를 들이는 등 모든 비용이 종합몰 수수료에 들어 있다 보니 일반 오픈마켓들 대비 수수료가 높을 수밖에 없다.

종합몰과 오픈마켓 정산 기간 비교 ─────

일반적인 오픈마켓 정산 기간이 3~10일인 데 반해 종합몰은 정산 기간이 40~50일로 상당히 길다. 이런 긴 정산 기간은 보통 종합몰을 운영하는 대기업들이 추가로 운영하는 백화점, 할인점 같은 오프라인 대형 유통업체의 정산 기간과 연관되어 있는 경우가 많다. 온라인 유통 채널에서 정산 기간이 동일하게 긴 쿠팡 같은 업체들의 경우에는 일정 부분 수수료를 내고 선정산 서비스를 이용해서 자금 유동성을 확보할 수 있으나, 종합몰은 선정산 서비스가 적용되는 경우가 많지 않아서 자금력이 되지 않는 업체들은 판매하기가 쉽지 않다.

종합몰 VS 오픈마켓 비교

구분	종합몰	오픈마켓
고객 수준	프리미엄	일반
상품 판매가	높음	낮음
고객 충성도	높음	낮음
상품 구성	브랜드 상품 위주	모든 상품
입점 상품 수	적음	매우 많음
입점 방식	MD 승인	단순 판매자 등록
상품 노출 방식	MD 선정 및 자체 로직	주로 광고
고객CS	자체 CS 상담원	판매자
상품 광고, 홍보	종합몰 자체 진행	판매자 진행
수수료	20~30%	5~15%
정산 기간	40~50일	3~10일

대표적인 주요 종합몰 ───

종합몰은 롯데, 현대, 신세계 등 굴지의 유명 대기업이 운영하는데 각 종합몰별로 유통 계열사 상황에 따라 운영 방식이 상이하다.

현대H몰 (www.hmall.com)	백화점으로 유명한 현대가 운영하는 종합몰로 라이브 홈쇼핑인 현대 홈쇼핑, 현대백화점, 현대아울렛이 입점해 있다.
GS샵 (www.gsshop.com)	대기업 GS가 운영하는 종합몰로 라이브 홈쇼핑인 GS 홈쇼핑이 입점해 있다.
CJ온스타일 (display.CJonstyle.com)	식품, 엔터테인먼트로 유명한 CJ가 운영하는 종합몰로 라이브 홈쇼핑인 CJ오쇼핑이 들어와 있다.
AK몰 (www.akmall.com)	큐텐그룹이 인수한 종합몰로 AK백화점이 입점해 있다. (2024년 8월 법정관리 신청)
SSG닷컴 (www.ssg.com)	유통 대기업 신세계가 운영하는 종합몰로 신세계 유통 계열사 대부분이 입점해 있다. 신세계백화점, 이마트, 트레이더스, 스타필드, 스타벅스, 데이터 홈쇼핑인 신세계 TV쇼핑이 입점해 있다.
롯데ON (www.lotteon.com)	유통 대기업 롯데가 운영하는 종합몰로 롯데 유통 계열사들을 모두 통합했다. 롯데백화점, 롯데마트, 롯데슈퍼, 롯데홈쇼핑, 롯데 하이마트 등이 입점해 있다. 종합몰 이외에 오픈마켓도 2020년 롯데ON 안에 런칭했다.

종합몰 운영 핵심 포인트

종합몰에서 좋은 매출, 이익을 만들어내기 위해 꼭 알아야 할 주요 체크 포인트들에는 무엇이 있을까? 이번에는 종합몰 운영의 핵심 포인트에 대해 하나하나 자세히 알아보도록 하겠다.

매출 올리는 키포인트 ──

종합몰에 단순히 상품 등록만 한다고 해서 매출이 많이 나오지 않는다. 종합몰에서 매출을 올리려면 MD와의 커뮤니케이션이 핵심이다. MD들이 각종 특가딜, 기획전, 카드 행사, 쿠폰 행사를 선정하는 데 영향력 있는 역할을 하기 때문에 어떻게든 MD 눈에 들어 이런 좋은 행사 구좌를 받아야 한다. 이런 행사를 하게 되면 종합몰 내에서 고객 노출이 극대화되고, 네이버쇼핑에서도 많은 고객들에게 노출되기 때문에 큰 매출을 기대할 수 있다. 여기서 한 걸음 더 나아가 종합몰 행사를 진행할 때 각종 온라인 카페, 커뮤니티에 바이럴마케팅으로 홍보를 진행하면 더욱 큰 효과를 볼 수 있다.

앞서 말했듯 온라인 쇼핑몰 간 경쟁이 치열하지 않았던 예전과 달리 지금은 단순히 종합몰에 상품 등록을 했다고 해서 매출이 나오지는 않음을 명심해야 한다. 최대한 MD와 커뮤니케이션을 하면서 MD에게 각종 행사에 참여하고 싶다는 의지를 강하게 어필하고, 종합몰의 행사 테마가 나오면 꼭 자신에게도 제안 메일을 보내달라고 요청해야 한다. 내 상품 브랜드가 특 A급으로 강력하지 않은 한, 입점만 하고 가만히 있는다고 해서 MD가 먼저 적극적으로 신경 써주지 않는다는 점을 알아야 한다.

브랜드 강화 최적 채널 ──

수수료도 비싸고 입점도 까다로운 종합몰에 입점하지 않는 브랜드들이 많다. 그러나 종합몰은 단순히 매출을 올리기 위해 입점하는 채널이 아니다. 종합몰에 입점해서 판매하고 있다는 사실 하나만으로도 해당 상품의 브랜드 파워가 올라가기 때문이다.

온라인 유통 채널 중 제조사, 수입사가 직접 관리해야 할 채널을 하나 뽑는다고 하면 그것은 바로 종합몰이다. 오픈마켓, 전문몰, 폐쇄몰 모두 총판, 벤더, 도매를 준다고 해도 브랜드 강화 및 관리를 위해서 종합몰은 직접 운영하는 것이 좋다. 종합몰에서 판매하고 있는 걸 확인하면 해당 브랜드에 대한 고객들의 신뢰가 높아진다.

수수료 구조 ─────

종합몰은 정상 수수료와 행사 수수료 두 가지 수수료 구조로 이루어진다. 정상 수수료는 상품 등록 시에 등록하는 수수료(20~30%)인데 보통 최초 상품 등록 시에는 온라인 최저가 등을 MD가 꼼꼼히 검토하지 않고 승인해준다. 행사 수수료는 행사를 진행할 때 MD와 네고해서 결정되는 수수료인데 10~15% 정도로 정상 수수료 대비 낮은 편이다.

1. 트렌드 변화에 힘들어하는 라이브 홈쇼핑

온·오프라인을 통틀어 단시간에 가장 많은 매출을 올릴 수 있는 판매 채널이 어디일까? 바로 시간당 매출이 억 단위로 나오는 홈쇼핑이다. 요새 한창 이슈가 되고 있는 라이브커머스(라방)의 모태가 홈쇼핑이라고 할 수 있다. 홈쇼핑은 역사가 매우 깊은데 온라인 유통 초창기 오픈마켓, 대기업 종합몰과 함께 성장해왔다. 홈쇼핑은 생방송으로 진행하는 라이브(LIVE) TV 홈쇼핑과 녹화 방송 위주인 데이터 홈쇼핑(T커머스)으로 나뉜다.

막대한 시간당 매출을 올리는 라이브 홈쇼핑

※ 출처 : 홈앤쇼핑

　홈쇼핑은 오픈마켓, 종합몰과 함께 온라인 유통을 이끌어왔으나 종합몰과 마찬가지로 트렌드 변화를 따라잡기에 힘들어하고 있다. TV 시청률 감소는 홈쇼핑업계의 가장 큰 고민인데 이 문제는 앞으로 더하면 더했지 개선되지는 않을 것이다.

　홈쇼핑의 다음 고민으로는 모바일 쇼핑의 대중화이다. TV는 가로 화면이고 모바일은 세로 화면인데 홈쇼핑 콘텐츠는 가로에 맞춰진 영상이다 보니 모바일로 최적화시키기가 쉽지 않다. 네이버 쇼핑라이브, 카카오 쇼핑라이브, 그립 등 라이브커머스의 대중화도 홈쇼핑 고객 이탈의 주요 이유이다.

편하게 모바일로 쇼핑 방송을 보면서 판매자, 호스트와 소통하며 쇼핑할 수 있는데 굳이 TV 화면에서 일방적인 판매 영상을 보면서 쇼핑하는 일이 불편하다고 느끼는 고객이 많아지고 있다. 홈쇼핑업계는 숏폼 콘텐츠 참여 등 모바일로 DNA를 옮겨야 하는데 수십년간 굳어진 보수적인 문화가 남아 있어 변화가 쉽지 않은 상황이다.

TV 홈쇼핑 고객들은 40대 이상이 주력이다 보니 상품들도 이들에 맞는 트렌디하지 않은 상품들이 대다수이다. 반면 매출을 올리기 위해서는 상품의 확장이 필요한데 이런 면에서 TV 홈쇼핑은 너무나 어려운 상황이다. 신규 젊은 고객이 유입되지 않고 기존 충성 고객들이 나이가 들어가면 상품은 더욱 진부해질 가능성이 큰데 이것이 TV 홈쇼핑의 미래를 더욱 암울하게 만든다. 이런 트렌드로 인해 한국 TV 홈쇼핑협회에 따르면 TV 홈쇼핑 7개 업체의 2023년도 매출액은 5조 5577억 원으로 2022년 대비 5.4%나 감소했는데 영업이익은 3270억 원으로 전년 대비 무려 34.9%나 감소했다.

국내 7대 라이브 홈쇼핑업체	GS 홈쇼핑 : www.gsshop.com CJ온스타일 : https://display.cjonstyle.com/ 롯데 홈쇼핑 : www.lotteimall.com 현대 홈쇼핑 : https://company.hmall.com 홈앤쇼핑 : www.hnsmall.com NS 홈쇼핑(농수산 홈쇼핑) : http://pr.nsmall.com/ 공영쇼핑 : www.gongyoungshop.kr

라이브 홈쇼핑의 가장 큰 특징은 엄청난 시간당 매출을 들 수 있

다. 홈쇼핑업체들의 일반적인 시간당 매출 목표는 2~3억 원인데 일반적인 중소기업 상품들이 이 목표를 소화해내기란 쉽지 않다. 현재 7개의 라이브 홈쇼핑사가 경쟁하고 있을 뿐만 아니라 오픈마켓, 쿠팡, 종합몰과의 경쟁 심화, 고객 연령 고령화, 막대한 방송 송출 수수료의 증가로 힘들어지는 상황인데 다행스럽게도 녹화 방송 위주의 데이터 홈쇼핑이 고속 성장하며 전체 홈쇼핑의 성장을 이끌고 있다.

백화점 등을 소유한 대기업이 주로 라이브 홈쇼핑을 운영하고 있으며 GS 홈쇼핑, CJ온스타일, 현대 홈쇼핑, 롯데 홈쇼핑, 홈앤쇼핑, NS 홈쇼핑(식품 위주, 하림 그룹), 공영쇼핑(중소기업 공영 홈쇼핑)이 있다. 2강(GS 홈쇼핑, CJ온스타일), 3중(현대 홈쇼핑, 롯데 홈쇼핑, 홈앤쇼핑), 2약(NS 홈쇼핑, 공영쇼핑) 구도를 이루고 있다.

대기업 홈쇼핑업체들은 보통 종합몰을 운영하는데 이들 종합몰 안에 홈쇼핑(라이브 홈쇼핑, 데이터 홈쇼핑)이 입점되어 온라인으로도 상품을 판매하고 있다. 이 중 홈앤쇼핑, 공영쇼핑, NS 홈쇼핑 등은 메이저 홈쇼핑업체들 대비 중소기업 상품들을 많이 우대하고 있기 때문에 이를 잘 활용하는 것이 좋다. 특히 공영쇼핑은 농협, 수협, 중소기업 유통센터가 출자해 탄생했는데 설립 취지 자체가 국내 우수 중소기업 육성이다 보니 중소기업에 대한 지원이 많고 수수료도 타 홈쇼핑업체들 대비 10% 저렴하다. 판매하는 상품도 대기업 브랜드들은 없고 국내 우수 중소기업 상품들이 대부분이다.

라이브 홈쇼핑 채널 번호 & 프라임타임 ──

라이브 홈쇼핑에서 매출을 좌지우지하는 것은 채널 번호와 방송 시간대이다. 채널 번호는 13번 안에 있으면서도 SBS, KBS, MBC 인근에 채널 번호가 있을수록 좋은데 이들 채널 번호는 재핑(정규 방송 중간중간 홈쇼핑 방송으로 채널을 돌리는 것) 효과를 노릴 수 있다. 인기 방송 중간중간에 광고가 나오면 다른 채널로 잠깐 돌리는데 이때 홈쇼핑 채널을 우연히 보게 되면서 메리트 있는 상품은 매출이 발생할 수 있다는 의미이다. 그러나 모든 사람이 좋아하고 반드시 보는 특 A급 방송과 동시에 방송을 진행하면 매출이 매우 부진할 수 있으니 주의해야 한다.

방송 시간대의 프라임타임은 오전 10~12시, 저녁 8~12시이고, 준 프라임타임은 프라임타임 인근의 시간대이다. 보통 낮 12시 타임이 기준점인데 특정 시간대의 매출이 많냐, 적냐를 말할 때 낮 12시 시간대 매출 대비 더 나왔냐, 덜 나왔냐로 비교한다. 홈쇼핑은 주부들이 주 고객이라 아이들 등교, 남편 출근 이후 시간대와 저녁 식사 후 온 가족의 TV 시청 시간대에 매출이 많이 일어난다. 보통 이런 프라임타임 시간대는 매출 목표도 최고로 높기 때문에 매출이 기존에 검증된 대기업 또는 브랜드 상품을 주로 편성한다. 신규 상품이나 중소기업 상품들은 보통 이런 프라임타임이 아닌 시간대에 편성하는 경향이 있다.

홈쇼핑 운영 구조 ─────

홈쇼핑은 방송 시간당 매출이 억 단위라 판매 단가도 평균 5만 원 이상이며, 판매 전에 방송 매출 목표의 120% 정도의 상품을 준비해놓아야 해서 중소기업 입장에서는 큰 부담이 될 수밖에 없다. 게다가 첫 방송에서 매출이 좋지 않으면 추가 방송을 기약하기 쉽지 않고 큰 손실을 보게 될 확률도 높다. 반면 첫 방송의 인기가 좋은 상품은 추가 방송 횟수가 늘어갈수록 매출과 이익이 비약적으로 늘어 대박을 터트리는 일이 가능하다. 방송을 많이 할수록 대박이 터지는 구조를 노리고 아예 처음부터 메리트 있는 판매가로 박리다매 대량 매출이 가능한 방송을 준비하는 경우도 있다.

홈쇼핑 판매에 실패한 상품들은 땡처리, 특판, 공동구매 시장으로 흘러 들어가기도 한다. 그렇기 때문에 홈쇼핑은 대박 아니면 쪽박 유통 시장이라고 할 수 있는데 막대한 사전 재고 준비 물량 및 사전 영상(인서트 영상) 제작 비용(1,000원~3000만 원) 때문에 제조사, 홈쇼핑 벤더사, 투자사가 함께 진행하는 경우도 많다. 홈쇼핑은 벤더사를 끼고 입점하는 경우가 많은데 그 이유는 방송 중에 인서트 영상이라고 해서 입점 업체가 사전에 준비해야 하는 상품 설명 영상을 제조사가 준비하기 어려운 점이 많기 때문이다. 보통 인서트 영상 및 홈쇼핑 프로세스를 잘 아는 홈쇼핑 전문 벤더사를 끼고 입점하는 경향이 있다. 벤더사 수수료는 벤더사의 업무 관여 정도에 따라 다른데 보통 3~15% 수준이다.

정액·정률 방송 & 수수료와 정산 시스템 ──

홈쇼핑은 정액 방송과 정률 방송이 있다. 정액 방송은 시간당 일정액의 비용을 지불하고 판매하는 방식이며, 정률 방송은 시간당 총 판매 금액에서 일정 %의 수수료를 지불하고 판매하는 방식이다. 판매한 매출액에 따라 수수료를 지불해서 위험 부담이 상대적으로 적은 정률 방송이 중소기업 입장에서는 유리하다. 그러나 상품성이 검증되지 않은 중소기업 상품의 정률 방송은 홈쇼핑사 입장에서 위험 부담이 크기 때문에 정액 방송을 요구하는 경우가 많다. 정액 방송을 진행해 보니 매출이 잘 나와서 상품성이 검증되면 반대로 더 큰 수익 확보를 위해 홈쇼핑사에서 정률 방송을 요구한다.

홈쇼핑은 온라인 유통 채널치고는 수수료가 매우 높고(평균 35~45%), 기타 사전 영상 제작비, 외부 게스트 비용, ARS 비용, 택배 비용, 사은품 비용 등 추가로 막대한 비용이 들기 때문에 중소기업의 경우는 수수료가 상대적으로 낮은(20%대) 중소기업 지원을 목표로 하는 공영 쇼핑을 노려보는 것을 추천하고, 홈쇼핑 입점 시 각종 지자체 및 중소기업 지원 단체의 지원을 받는 방법도 있으니 알아보기 바란다.

홈쇼핑의 이러한 높은 수수료 및 추가 비용 구조 때문에 홈쇼핑 상품의 원가율은 판매가 대비 35%를 넘어가면 수익을 내기가 쉽지 않다. 가끔 45~50%의 원가율로 진행하는 경우가 발생하는데 이는 브랜드 홍보용이 아니면 무조건 적자일 수밖에 없다. 예를 들어 매출 목표 3억 원짜리 방송을 한다고 하면 보통 상품 원가 1억 원, 기타 부수적으로 드는 비용이 3000만 원~5000만 원이 된다.

사은품 비용은 공정거래법상 판매업체, 홈쇼핑사가 5 : 5로 부담해야 하나 요새는 사은품이 아니라 구성품이라는 명목으로 판매업체가 100% 부담하는 분위기이다. 판매대금 정산은 보통 전체 대금의 70% 정도는 15일~25일 안에 받을 수 있으나 최종적으로 모든 판매대금을 다 받기까지 40~50일이 걸리기 때문에 자금 유동성에 대한 문제도 판매 전에 고려해야 한다.

타깃 고객 및 홈쇼핑 인기 상품 ──

홈쇼핑은 각종 심의 통과 및 까다로운 규제와 깐깐한 업체, 상품 선정으로 30대 후반부터 40대 이상의 충성 고객들을 많이 확보하고 있다. 특히 TV 시청 시간이 많은 여성 주부층이 주 고객이다. 홈쇼핑에서 많이 판매하는 상품들은 식품, 의류, 화장품, 주방용품 등이며 이외에도 가전, 스포츠·건강, 잡화, 가구·인테리어 용품들도 판매가 이루어진다. 봄·여름 시즌에는 의류, 화장품의 비율이 높으며, 가을·겨울로 갈수록 식품의 비중이 높아진다.

맛, 성능, 사용법, 사용 후기에 대해 직접 보여주면서 추가 설명이 필요한 아이템의 경우 홈쇼핑 판매가 효과적이다. 상품 자체의 우수성도 중요하지만 유명 연예인이나 유명 전문가가 출연해서 상품 설명이나 사용 후기 등을 잘 설명할 때 큰 매출이 일어나는 경우가 많다. 먹거리, 패션·잡화, 건강식품, 뷰티, 보험·상조·여행 등이 전통적인 인기 상품들이다. 아이디어 상품, 프리미엄 상품, 수입 상품, 다이어트 관련 상품 등도 좋다.

상품 구성도 단가가 보통 5만 원이 넘기 때문에 3개, 5개, 10개 등의 묶음 상품과 세트 상품들이 많다. 이런 묶음 상품, 세트 상품 구성이 많아서 가격 메리트 있는 묶음·세트 상품들을 대량 매입한 후에 해체 판매하는 리셀러 업자들도 존재한다. 이런 리셀러 업자들은 가격 관리, 거래처 관리를 해야 하는 브랜드 본사들에 큰 골치덩이인데 법적으로 제재는 불가하다.

다량의 재고를 저렴하게 확보한 리셀러 업자들이 브랜드 본사가 관리하고 있는 해당 상품의 시장 가격을 파괴하는 경우가 많이 발생한다. 그래서 가격 관리를 최우선으로 하는 브랜드업체들은 홈쇼핑 판매를 하지 않거나 기존 판매 상품과 충돌하지 않는 홈쇼핑 전용 상품을 만들어서 홈쇼핑 판매를 진행한다.

홈쇼핑에서 인기 있는 세트, 묶음 구성 상품

※ 출처 : CJ온스타일

신상품 브랜딩에 유리한 홈쇼핑 ─────

실력 있는 브랜드업체들은 신상품 브랜딩 용도로 홈쇼핑을 많이 이용한다. 홈쇼핑에서 판매하게 되면 온라인상에 검색하는 사람들이 많아지는데 만약 어느 정도 매출이 나오게 되면 온라인상에 검색량이 비약적으로 올라가면서 신상품 브랜딩 및 홍보에 탁월한 효과가 나타날 수 있다.

홈쇼핑 판매가 어느 정도 성공적이었다고 하면 매출 측면에서도 좋은데 홈쇼핑으로 매출이 100이 발생했다고 하면 타 온라인 유통 채널에서는 매출이 20~30 정도는 나온다. 그런데 중요한 점은 홈쇼핑의 높은 수수료 및 비용 구조로 인해 최종 마진 총액은 타 온라인 유통 채널에서 더 많이 나올 수 있다는 것이다. 홈쇼핑에서 이익을 0으로만 맞추어도 브랜딩 및 홍보 효과도 얻고 타 온라인 유통 채널에서 추가 수익을 올릴 수 있다는 의미이다. 그래서 반드시 홈쇼핑 진행 시 타 온라인 유통 채널 공략을 동시에 해야 한다.

과거에는 홈쇼핑 판매를 먼저하고 난 뒤 타 온라인 유통 채널에서 판매를 했지만 이제는 역으로 진행한다. 먼저 온라인 유통 채널에 상품 등록 및 약간의 홍보를 해놓고 그다음에 홈쇼핑 판매를 진행한다. 홈쇼핑 방송 후 타 온라인 판매 채널에서의 매출액이 증가하는 트렌드가 코로나19 팬데믹 이전부터 올라가는 추세를 보이고 있기 때문이다.

홈쇼핑 자금 조달 방법 세 가지 ──

TV 홈쇼핑을 진행하면서 가장 큰 문제는 재고 준비 및 방송 운영에 필요한 막대한 자금일 것이다. 하지만 이러한 막대한 자금을 지원받을 수 있는 방법이 있다는 사실을 아는가? 이번에는 판매자에게 도움이 될 홈쇼핑 자금 조달 방법 세 가지에 대해 알아보자.

⑴ 대형 제조업 상장사의 지원을 받는 방법

첫 번째 지원 방법은 대형 제조업 상장사의 지원이다. 제조업 상장사의 경우 홈쇼핑만큼 단기간에 매출을 크게 키울 만한 유통 채널이 없기 때문에 매출을 만들어내기 위해 홈쇼핑을 많이들 이용한다. 그래서 제조업 상장사에서 상품을 공급받아가는 업체가 홈쇼핑을 진행한다고 하면 제조업 상장사에서 자금을 지원하는 경우도 많이 있다.

⑵ 정부기관인 중소기업 유통센터에서 생산자금을 지원받는 방법

두 번째 지원 방법은 정부기관인 중소기업 유통센터의 생산자금 지원이다. 중소기업 유통센터에서는 홈쇼핑 입점까지 알선해주기도 하는데 대출 수수료는 1% 정도로 아주 메리트가 있다. 매년 몇 천억 원 단위로 자금을 지원해주는데 중소기업 유통센터 홈페이지에 자금 지원 관련 내용이 상세하게 나와 있으니 참고하면 된다. 중소기업 유통센터에서는 자금 지원뿐만 아니라 홈쇼핑 수수료 인하,

홈쇼핑 판매 대행, 방송 제작비 지원 등 다양한 중소기업 지원 프로그램을 운영하고 있으니 홈쇼핑을 진행하려면 꼭 알아봐야 한다.

(3) 상품을 보유하고 있다면 홈쇼핑 전문 벤더에 매입하도록 협상하는 방법

세 번째 지원 방법은 내가 상품을 보유하고 있을 경우 홈쇼핑 전문 벤더에 매입하도록 협상하는 방법이다. 내 상품이 경쟁력이 있다고 하면 홈쇼핑 벤더업체가 직접 매입을 해서 추가 비용을 지불해가면서 직접 홈쇼핑에서 판매한다.

홈쇼핑 전문 벤더업체 ———

제조업체, 수입업체가 처음부터 일반 유통 판매와 많은 차이가 있는 홈쇼핑을 직접 진행하기란 쉽지 않다. 그래서 1년 정도는 좋은 벤더업체와 협업해 홈쇼핑 유통 채널에 대해 배우고 어느 정도 경험이 쌓인 후 직접 진행하는 것이 좋다. 그런 이유로 홈쇼핑 진출을 생각하고 있는 판매자라면 홈쇼핑 전문 벤더업체는 꼭 필요한 존재이다.

홈쇼핑 벤더업체들의 상당수가 악덕 업체들인 경우가 많기 때문에 주의 또한 필요하다. 물론 우수한 벤더업체들은 홈쇼핑 매출에 지대한 영향을 주지만, 그렇지 않은 비양심적인 악덕 업체들이 홈쇼핑업계에 매우 많다. 대표적인 사례가 벤더업체들이 제조사, 수입사에 홈쇼핑 방송의 프로세스를 얘기하며 몇 억 원씩 생산과 수입을 하라고 해놓고 나중에 취소하는 경우이다. 이 경우는 홈쇼핑 본사와 제대로 협의가 되지 않은 경우인데 이런 상황이 되면 막대하게 생산과 수입을 해놓은 재고 때문에 제조사와 수입사가 아주 곤란한 지경이 될 수도 있고 심지어는 부도가 날 수도 있다.

그래서 홈쇼핑업계에서 경험이 풍부한 홈쇼핑 투자사들도 방송을 진행한다고 하는 홈쇼핑 벤더업체들에 몇 월, 며칠, 몇 시에 방송하는지 MD를 통해서 확답을 받고 진행하는 경우가 많다. 특히 홈쇼핑의 막대한 매출에 현혹된 홈쇼핑 입문 초보 제조업체는 홈쇼핑을 진행해준다는 말에 혹해서 홈쇼핑 벤더의 호언장담에 넘어가는 경우가 많은데 정말 조심해야 한다. "○○ 홈쇼핑 ○○○ MD랑 내가 정말 친하니까 무조건 방송 진행된다"라는 식으로 말하는 홈쇼핑 벤더업체를 제일 조심해야 한다. 홈쇼핑은 유통 채널에서 가장 거대한 돈이 움직이는 시장이기 때문에 사기가 많고 리스크도 크다.

· 조금 더 알기 ·
주요 '홈쇼핑' 사전 영상(인서트 영상) 제작 업체

- **송영철 공작소** www.songpd.co.kr
- **고미디어** www.gomedia.co.kr
- **영상공장** https://xn—ob0bk98agzdcyb.com/

홈쇼핑 입점 과정 ——

홈쇼핑에 입점을 하기 위해서는 각 홈쇼핑 홈페이지의 입점 제안 코너에서 업체 정보, 이행 보증보험, 신용평가서 등 입점에 필요한 서류들을 준비한 후 온라인으로 입점을 신청하면 아래 표와 같이 프로세스를 거쳐 MD가 평가해 입점이 진행된다. 직접 입점이 힘든 경우라면 홈쇼핑 전문 벤더를 통해 입점하면 된다. 식품의 경우는 품질 검증 때문에 추가로 요청하는 서류들이 많으니 꼼꼼히 준비해서 입점을 진행해야 한다.

입점 과정은 '입점 신청 → 신청 검토 → MD 상담 → 품평회/품질검사 → 계약 체결 → 방송 준비 → 판매 진행'이다.

현대 홈쇼핑 입점 업체 선정 기준

구분	내용
상품력	• 온라인 시장에 적합성 여부 • 품질/가격/디자인/구성/가능성 등 상품 경쟁력
영업력	• 브랜드 인지도 및 판매망 • 자체 광고 및 판촉 능력
협력사	• 회사의 안정성 및 미래 성장성 • 자체 생산설비 보유 및 운영 상태 • 원산지 형태 및 경로 • 윤리경영 기준 적합 여부
신상품 설명회 평가	• 내·외부 패널에 의한 공정한 평가 • 다양한 평가 항목에 의한 종합적 평가 실시

※ 출처 : 현대 홈쇼핑

2. 녹화 방송 데이터 홈쇼핑

　홈쇼핑은 크게 두 가지로 구분할 수 있는데 첫째는 우리에게 익숙한 라이브 TV 홈쇼핑이고, 둘째는 인터넷 TV(IPTV) 및 온라인으로 구매하는 생방송이 불가능한 데이터 홈쇼핑(T커머스)이다. 홈쇼핑업계가 힘든 여건 속에서도 어느 정도 성장하고 있는 이유는 라이브 TV 홈쇼핑이 아니라 데이터 홈쇼핑 때문이다. 라이브 TV 홈쇼핑의 경우 TV 시청률 하락, 케이블 TV 시청 가구 수 정체, 송출 수수료 인상으로 인해 성장이 정체되고 있는 반면에, 데이터 홈쇼핑은 2005년부터 시작했으나 인터넷 TV의 보급률 증가, 각종 규제 완화 및 디지털 기술 발달로 2015년부터 매출이 폭발적으로 성장하고 있다.

　데이터 홈쇼핑은 원래는 리모콘으로만 결제가 가능했으나 이제는 ARS, 모바일, PC로도 결제가 가능하게 바뀌었는데 모바일과 PC

로 구매할 수 있게 되면서 더욱 활성화되고 있다. 데이터 홈쇼핑에는 화면 비율 규제도 있는데 최근에는 화면 비율 규제도 완화되는 방향이 적극적으로 검토되고 있다.

라이브 홈쇼핑은 실시간으로 방송을 하면서 판매를 하는 방식이다. 데이터 홈쇼핑은 T커머스라고 불리는데 이는 TV와 상거래(Commerce)의 합성어로, 인터넷 TV를 통해 TV와 리모콘으로 상품 정보 검색, 결제, 구매까지 원스톱으로 할 수 있는 서비스이다. 또한 쌍방향 정보에 기반을 두어 시청자 주도의 쇼핑을 가능하게 만드는 차세대 쇼핑 플랫폼이다. 기존의 라이브 TV 홈쇼핑은 시청자가 수동적으로 TV를 시청하다 원하는 상품이 보이면 상품을 구매하는 방식인 반면, 데이터 홈쇼핑은 리모콘 하나만으로 언제든지 원하는 시간에 상품을 검색하고 결제까지 할 수 있는 차세대 홈쇼핑이라고 할 수 있다.

데이터 홈쇼핑이 처음 국내에 도입되었을 때만 해도 인터넷 TV

| 데이터 홈쇼핑 10개사 | ① KT 알파쇼핑(KT 계열사) : www.kshop.co.kr
② 신세계 TV 쇼핑(신세계 계열사) : www.shinsegaetvshopping.com
③ SK스토아(SK 계열사) : www.skstoa.com
④ 쇼핑엔티 : www.shoppingntmall.com
⑤ W쇼핑 : www.w-shopping.co.kr
⑥ GS MY SHOP(GS 홈쇼핑 운영) :
　　www.gsshop.com/shop/gsmyshop/index.gs?lseq=409524
⑦ 현대 홈쇼핑 TV+(현대 홈쇼핑 운영) : www.hmall.com
⑧ CJ온스타일 TV+(CJ온스타일 운영) : https://display.cjonstyle.com/
⑨ 롯데 ONE TV(롯데 홈쇼핑 운영): www.lotteimall.com
⑩ NS TV SHOP+(NS 홈쇼핑 운영) : http://www.nsmall.com |

유료 가입자 수가 적어서 매출이 적었지만 인터넷 TV 가입자 수가 급격하게 늘어남에 따라 데이터 홈쇼핑 매출도 폭발적으로 성장하게 되었다. 이런 트렌드에 맞춰서 기존 홈쇼핑업체 5개사(롯데, 현대, GS, CJ, NS)뿐만 아니라 비홈쇼핑업체들까지 차례대로 생겨 현재 총 10개사가 치열하게 경쟁하고 있다. 데이터 홈쇼핑은 SK스토아와 KT알파쇼핑이 업계 1, 2위를 다투고 있다.

2018년 5월 정부의 규제 완화로 데이터 홈쇼핑의 케이블 방송사 송출 채널이 확대됨에 따라 향후 성장가능성이 더욱 높아졌다. 결국 데이터 홈쇼핑은 단독 상품 및 브랜드 런칭 등 차별화된 스토리가 있는 콘텐츠 프로그램 제공, 좋은 IPTV 채널 선점 등을 통해 홈쇼핑업계의 성장을 주도적으로 이끌 것으로 기대한다. 특히 모바일 기기와 데이터 홈쇼핑이 어울리기 때문에 모바일 쇼핑이 급성장하면서 데이터 홈쇼핑도 동반 상승하고 있다.

데이터 홈쇼핑 핵심 인기 상품은 식품과 패션 상품군인데 각 업체들마다 적극적으로 만족도 높은 PB 브랜드들을 런칭해 활발히 판매 중이다. 주 시청 고객인 중장년층 여성에게 맞춰 의류, 속옷, 먹거리 상품에 힘을 주면서 시장을 확대해나가고 있다.

데이터 홈쇼핑을 공략해야 하는 다섯 가지 이유——

일반적으로 중소기업들은 라이브 TV 홈쇼핑에 대한 환상을 가지고 있다. 시간당 억 단위의 매출, 수많은 앵콜 방송, 신규 브랜드의 중소기업을 최단 기간에 강소기업으로 바꿔 줄 유일한 유통 채널로서 라이브 TV 홈쇼핑을 기대하고 있으며 입점하기 위해 수많은 노력을 기울이고 있다. 하지만 라이브 TV 홈쇼핑 입점은 중소기업에게 '모 아니면 도'식의 도박에 가까울 정도로 위험 요소들이 많이 있다. 이런 경우에 데이터 홈쇼핑은 라이브 TV 홈쇼핑에 진출하기 전에 훌륭한 대안이 될 수 있다.

데이터 홈쇼핑을 공략해야 하는 다섯 가지 이유는 다음과 같다.

(1) 라이브 TV 홈쇼핑 대비 쉬운 입점

데이터 홈쇼핑의 경우 업체 숫자도 많고 치열하게 경쟁 중이라 상대적으로 입점이 용이하다. 라이브 TV 홈쇼핑에서 입점 기회를 얻지 못한 많은 중소기업이 데이터 홈쇼핑에서는 판매 기회를 얻고 있다. 적은 비용, 적은 노력으로 테스트 삼아 방송 판매를 시도해 볼 중소기업에 좋은 기회가 될 수 있다. 입점 제안은 모두 각 데이터 홈쇼핑 홈페이지의 입점 제안 코너에 온라인 입점 신청을 하면 MD가 입점 검토 후 결과를 알려준다. 입점이 매우 까다로운 라이브 홈쇼핑 대비 상대적으로 입점이 쉬운 편이다. 직접 입점이 어려우면 데이터 홈쇼핑 전문 벤더를 이용해도 된다.

(2) 상대적으로 적은 재고 준비

라이브 TV 홈쇼핑을 하면서 가장 큰 난제 중의 하나는 재고 부담이다. 시간당 매출 목표가 최소 1~3억 원이기 때문에 상품 재고도 매출 목표의 120%는 준비해야 하는데 판매가 잘 되면 모르지만 만약 매출이 부진하면 엄청난 재고를 떠안게 되는 위험이 있다. 방송이라는 판매 방식은 비슷하지만 아직까지 데이터 홈쇼핑은 라이브 TV 홈쇼핑에 비해 매출 목표의 차이가 크기 때문에 상대적으로 적은 재고만으로도 판매가 가능하다.

(3) 라이브 TV 홈쇼핑 입점 전 사전 시장 반응 테스트 가능

앞에서 설명한 것 같이 라이브 TV 홈쇼핑은 한 번 방송하는 데 엄청난 비용과 위험 요소가 존재한다. 이런 경우에 사전에 데이터 홈쇼핑에서 적은 비용과 노력으로 시장 반응 테스트를 할 수 있다. 일반적으로 인서트 영상 제작을 하지 않더라도 라이브 TV 홈쇼핑 대비 제작 비용이 저렴하고 게스트 비용 등도 많이 절감할 수 있다.

또한 라이브 TV 홈쇼핑 MD들은 데이터 홈쇼핑에서 좋은 반응을 보인 상품을 당연히 선호하기 때문에 방송 결과가 좋은 경우 메이저리그인 라이브 TV 홈쇼핑에 입점하기도 쉽고 좋은 조건으로 입점도 가능하다.

그러나 한 가지 주의할 점은 데이터 홈쇼핑에서 사용한 인서트 영상은 보통 라이브 TV 홈쇼핑에서 사용할 수 없는 경우가 많고 만약 데이터 홈쇼핑에서 판매 결과가 부진한 경우 라이브 TV 홈쇼핑에 입점하는 데 마이너스 요소가 될 수도 있다는 점이다. 홈쇼핑 업계에서는 항상 경쟁사들을 모니터링하기 때문에 데이터 홈쇼핑 방송 결과가 좋지 않았다고 하면 라이브 TV 홈쇼핑에서는 입점을 꺼리게 된다.

(4) 물류비 절감

라이브 TV 홈쇼핑은 보통 판매를 할 때 신규 업체 및 검증이 안 된 중소기업 상품의 경우 홈쇼핑사의 지정 물류 센터로 입고시켜서 판매해야 하는데 이 경우 상품 입고, 상품 회송, 반품 처리 등에서 많은 물류비 부담이 발생할 수 있으나 데이터 홈쇼핑은 이런 면에서 자유로운 경우가 많다.

(5) 상대적으로 낮은 판매 수수료

라이브 TV 홈쇼핑의 경우 수수료가 거의 30% 후반부터 40%대이다. 그나마 정률 방송으로 진행하는 것은 매출이 검증된 대기업 브랜드 상품인 경우가 대다수이고, 신규로 진입하는 중소기업의 경우는 정액 방송 또는 반정액 방송인 경우가 많다. 특히 정액 방송으로 진행하는 경우는 판매가 부진한 경우 잔여 재고는 잔여 재고대로 떠안고 정액 방송으로 막대한 수수료를 지급하는 경우가 빈번히 발생한다. 데이터 홈쇼핑의 경우는 보통 정률 방송으로 진행이 되며 수수료도 25%~35% 수준으로 라이브 TV 홈쇼핑 대비 10% 정도 저렴하다.

3. 광고 형식의 인포머셜 홈쇼핑

케이블 TV 방송 중간중간에 라이브 TV 홈쇼핑 방송과 유사하게, 실시간이 아닌 녹화된 광고 형식의 상품 판매 방송을 볼 수 있는데 이것이 인포머셜 홈쇼핑(유사 홈쇼핑)이다. 인포머셜 홈쇼핑을 운영하는 주체는 방송위원회의 전문 홈쇼핑 방송채널사업자로 승인을 받지 않은 일반 홈쇼핑사업자인데 이러한 인포머셜 홈쇼핑은 방송이 아닌 광고로 분류된다. 현재 수십 개의 인포머셜 홈쇼핑업체가 있으며 이들은 케이블 TV 채널의 일정 시간대('띠'라고 한다)를 연간 계약으로 할당받아 운영하고 있다.

주요 인포머셜 홈쇼핑업체	– 인포벨 홈쇼핑 : www.infobell.kr – 송영철 공작소 : www.songpd.co.kr

모바일 쇼핑이 대중화되기 전만 해도 라이브 TV 홈쇼핑과 함께 인포머셜 홈쇼핑도 큰 인기를 누렸는데 TV 시청률 감소와 모바일 쇼핑 대중화로 인해 지속적인 하향 트렌드를 겪고 있다.

케이블 TV 중간중간 나오는 광고 형식의 인포머셜 홈쇼핑

※ 출처 : 송영철 공작소

인포머셜 홈쇼핑 운영 구조 ──

이러한 인포머셜 홈쇼핑의 일반적인 운영구조는 '띠'를 가진 인포머셜 홈쇼핑업체에 인포머셜 전문 벤더업체들이 상품을 공급하는 구조이다. 40대 이상 고객들이 주를 이루며 평균 수수료가 55~65% 정도로 엄청나게 높고 방송 비용(촬영 제작비, 호스트 비용, 연예인 비용 등)이 많이 든다. 단, 대금 정산 주기는 7~14일로 짧은 편이다.

제조업체가 직접 방송을 제작하고 인포머셜 홈쇼핑업체와 거래하기가 현실적으로 힘들기 때문에 보통 인포머셜 전문 벤더가 이런 역할을 대행한다. 인포머셜 홈쇼핑업체에 입점을 하게 되면 인포머셜 홈쇼핑업체에서 제안한 상품에 맞는 채널에 시험 방송을 해 보

고 반응이 나오면 다른 채널 및 황금시간대로 확대되나, 만약 시험 방송에서 반응이 좋지 않으면 바로 중단될 수도 있다.

테스트 방송(3~7일) 시 매출이 좋으면 50~60개의 다른 인포머셜 홈쇼핑업체에서 바로 추가 방송이 가능한데 초단기간 대박의 파괴력은 라이브 TV 홈쇼핑보다 더 높을 수 있다. 광고 형식의 녹화 방송이라 다양한 케이블 채널에서 24시간 장기간 방송이 가능하기 때문이다. 그리고 온라인상에 해당 브랜드 상품 검색량이 0에서 며칠만에 검색량 몇만 단위로 올라가는 것도 가능해서 신상품 온라인 브랜딩 및 홍보에 매우 좋다. 보통 1개 상품이 성공하면 2~3주 내에 유사한 상품이 여러 개 나올 정도로 경쟁이 치열한 채널이다.

테스트 방송에서 성공하면 좋지만 만약에 반응이 좋지 않으면 수천만 원의 제작 및 운영 비용을 날릴 수 있다. 그리고 인포머셜 홈쇼핑에서 실패한 상품들은 라이브 TV 홈쇼핑이나 데이터 홈쇼핑에 진입하기가 매우 어렵다. 라이브·데이터 홈쇼핑 MD들이 인포머셜 홈쇼핑의 신상품들을 항상 주목하고 있기 때문이다.

◦조금 더 알기◦
'인포머셜 홈쇼핑'의 라이브 TV 홈쇼핑 대비 장점

- 광고를 내보내는 비용이 저렴
- 24시간 계속 광고를 낼 수 있음
- 24시간 판매 가능
- TV 시청 도중에 저절로 고객이 광고 방송 시청
- 반응 좋으면 즉각 광고 방송 물량 늘림
- 반응 나쁘면 즉각 광고 방송 중단

타깃 고객 및 인기 상품

인포머셜 홈쇼핑의 주요 고객은 중산층 30대 후반 이상의 중·장년층이며 3만 9,000원~5만 9,000원 정도의 저렴한 상품을 선호한다. 인포머셜 홈쇼핑에 적합한 상품은 엄청나게 높은 수수료로 인해 충분한 마진 구조가 나와야 하며 중소기업의 아이디어 상품이나 보험, 상조 등의 금융, 서비스 상품이 적합하다.

인포머셜 홈쇼핑 인기 상품으로는 농수산 식품류, 각종 건강식품, 뷰티 상품, 아이디어 주방용품, 아이디어 욕실용품, 보험, 상조 등이 있다. 이렇게 인포머셜 홈쇼핑에서 히트 친 상품들은 충분한 마진 구조로 인해 할인율이 높아야 판매가 이루어지는 오픈마켓 특가딜 및 카카오스토리 채널·네이버밴드·인스타그램 같은 SNS 공동구매에도 적합하다.

입점이 까다롭고 각종 제약 요건이 있는 정규 홈쇼핑 대신에 입점이 쉽고 녹화한 광고 영상을 활용하는 것이 가능한 인포머셜 홈쇼핑에 도전해 보는 것도 중소기업 입장에서는 선택해 볼 수 있다. 단, 인포머셜 홈쇼핑의 높은 수수료 구조 때문에 처음부터 인포머셜 홈쇼핑을 위해 별도 기획한 제품이 아니면 진행이 매우 어렵다. 일반적으로 인포머셜 홈쇼핑 상품 검토 시 일반 온라인 판매 및 SNS공동구매 판매도 동시에 진행할 것을 감안해 기획한다.

인포머셜 홈쇼핑 입점 방법 ———

인포모셜 홈쇼핑에 입점하는 방법은 인포머셜 홈쇼핑업체에 이메일이나 전화로 입점 조건을 협의하면 된다. 업체에 부탁하면 영상 제작업체나 벤더업체를 인포머셜 홈쇼핑업체에서 소개도 한다. 만약 상품 공급업체가 방송용 영상 제작에 대한 지식과 영업 능력이 있으면 인포머셜 홈쇼핑 전문 벤더를 끼지 않고 직접 영상을 제작해 인포머셜 홈쇼핑업체에 입점해도 된다.

매출 극대화를 위한
대형 쇼핑몰 특가딜, 기획전 운영 전략

온라인 판매를 하면서 "이번 주에 11번가에서 한 방에 매출이 3000만 원이 나왔다"와 같은 이야기를 들어봤다면 이런 이야기 대부분은 특가 행사, 기획전 같은 이벤트로 인한 매출일 가능성이 높다. 물론 네이버쇼핑에서 대표 키워드 1페이지 1등부터 4등에 올라서 어떤 프로모션 없이도 꾸준히 폭발적인 매출이 나오는 경우도 있지만 이런 경우를 제외하고는 대부분 MD와의 커뮤니케이션을 통해 좋은 프로모션 노출 구좌를 잡음으로써 고객 트래픽이 엄청나게 몰려 단기간에 큰 매출을 올리는 것이 일반적이다.

온라인마켓 특가 행사에 들어가면 광고비 없이 큰 매출을 올릴 수 있다는 것이 큰 장점이다. 프로모션 행사는 노출이 단기간에 확실히 되어서 막대한 고객 유입이 발생하는데 일반적으로 광고를 통해 이런 유입을 만들려면 엄청난 비용이 들어가기 때문이다.

단기간에 폭발적인 매출을 만들어내는 G마켓 특가딜(슈퍼딜)

※ 출처 : G마켓

누구나 이런 폭발적인 매출을 원하지만 아무나 이런 결과를 얻을 수 있는 것은 아니다. 문제는 온라인 판매를 할 때 아무리 좋은 상품이 있다 해도 프로모션을 잡기 위해서는 MD와의 커뮤니케이션이 필요한데 초보 판매자의 경우는 어떻게 이런 행사를 진행하는지 모르는 경우가 대부분이다. 초보 판매자와 중급 판매자 또는 벤더 업체와의 가장 큰 차이가 이런 이벤트 프로모션을 잡을 수 있냐, 없냐에 있다. 평상시 정상 판매도 중요하지만 이런 프로모션 행사 판매도 내가 원하는 매출을 만들기 위해서는 정말 중요한 요소이다.

이런 프로모션을 파괴력 있게 진행하려면 가격 구조가 잘 세팅되어 있어야 한다. 특가 프로모션을 진행하려면 가격 메리트가 있어야 하는데 기본적으로 20~50% 할인율을 줘야 하기 때문이다. MD가 이런 특가 행사를 구성하고 있는데 10% 할인 행사를 제안하면 선택받기가 힘들 것이다. 수많은 판매자의 프로모션 제안 중 메리트 있는 상품을 선정해서 좋은 노출 구좌에 올려야 하는 MD의 특성상 행사 메리트가 떨어지는 제안은 선택하지 않을 확률이 높다.

만약 빡빡한 원가 구조를 가지고 있는 상품 또는 온라인 최저가가 너무 낮게 세팅되어 있는 상품이라면 이런 특가딜, 기획전에 참가하기가 어려울 것이다. 그렇기 때문에 온라인 판매 고수들은 처음 상품 선정 시부터 이런 식의 판매가 가능한 상품들을 선택한다.

원가 구조가 빡빡하다면 거의 판매가 안 될지라도 일단 가격을 높게 책정해놓고 특가딜 진행 시에만 할인율을 파격적으로 해 MD에게 제안해 행사 진행 시에 나오는 매출과 이익을 바탕으로 운영하는 전략을 써야 한다. 이는 평상시에는 팔리든 안 팔리든 신경 쓰지 않고 이벤트 행사만 신경 쓰는 방식인데 비브랜드 상품의 경우 이런 판매 방식이 더 효과적일 수 있다. 대신 이벤트를 자주 해야 하는데 이런 행사를 할 수 있는 온라인마켓들은 많이 있다. 오픈마켓, 쿠팡, 전문몰, 종합몰, 공동구매 채널 등 매주 돌아가면서 행사를 진행할 수 있다.

그런데 이런 식의 상품 판매 전략을 구축할 때 주의할 점은 브랜드가치가 하락할 수 있다는 점이다. 매주 할인 행사를 진행한다고 했을 때 고객들이 내 브랜드를 어떻게 생각할까를 고려해야 한다.

물론 시즌 상품이나 기획 상품의 경우에는 큰 문제가 없을 수 있겠지만 장기적으로 육성해야 할 브랜드라면 이런 상품 판매 전략을 수립할 때 충분히 고민하고 진행해야 한다.

특가딜을 진행할 때 문제는 내가 MD와 커뮤니케이션이 잘 되어서 이런 이벤트 구좌를 받을 수 있는지 여부이다. 초보 판매자는 일단 본인만의 상품이 없고 MD와의 관계가 잘 구축되지 않아서 쉽지 않을 것이다. 그렇다면 MD와의 커뮤니케이션은 어떻게 해야 하는지 궁금해할 수 있는데 95% 이상의 사람들이 MD 인맥이 없기 때문에 이럴 때는 수시로 행사 제안을 보내는 수밖에 없다. 물론 제안을 할 때 MD가 혹할 만한 제안이어야 한다. 쉽지는 않겠지만 이렇게 프로모션을 진행해서 결과가 좋으면 MD의 신뢰를 얻을 수 있다.

MD의 신뢰를 얻고 내 상품에 대한 가능성을 보여준 다음에는 첫 번째 프로모션의 손해를 만회할 수 있는 장기적인 기회를 얻을 수 있을 것이다. MD와 좋은 관계를 만들어놓으면 드물지만 같이 상품을 기획해서 판매하는 기회가 올 수도 있고, 첫 특가딜의 성공은 레퍼런스가 돼서 다른 온라인마켓 특가딜을 제안할 때 선정 확률을 더욱 높여주기 때문이다. 그러므로 첫 프로모션에는 이익이 적더라도 최대한 매출을 만들어내야 한다.

종합해서 말하자면 특가딜 행사를 진행하려고 한다면 상품 기획 단계부터 가격 구조를 잘 세팅해놓고 온라인 최저가 대비 큰 할인율과 추가 메리트를 제안해 MD의 선택을 받을 수 있도록 노력해야 한다. 될 때까지 끊임없이 이벤트 제안을 하고 만약 성사가 되면 광고, 마케팅 등을 통해 눈에 띌 만한 매출을 만들어내야 한다. 그렇게 된다면 일회성이 아닌 장기적으로 내 상품 판매에 큰 도움이 된다. 경험이 많고 실력 있는 온라인 판매자나 벤더업체들은 이런 과정을 거쳤고 그렇기 때문에 어떤 상품을 판매하더라도 일반 초보 판매자들보다 많이 판매할 수 있게 된 것이다.

초보 판매자는 순전히 나의 힘으로만 판매하는 게 대부분인데 이런 과정을 거치면서 MD 그리고 온라인마켓과의 네트워킹을 만들면서 내가 고른 어떤 상품이라도 남들보다 잘 팔 수 있는 구조를 만들 수 있게 될 것이다. 특정 카테고리, 특정 온라인마켓 전문 벤더 업체들이 바로 그런 판매자들이다.

그럼 이제 국내 온라인마켓들의 다양한 특가딜에 대해 하나하나 알아보자.

오픈마켓 대표 특가딜 ──

특가딜은 소셜커머스의 대표 판매 방법인 '딜'을 벤치마킹해 만든 특가 행사인데 오픈마켓의 막대한 고객 트래픽이 들어오기 때문에 선정 경쟁이 치열하다. 그러니 수시로 제안을 해서 될 때까지 지원을 해야 한다. 단, 특가딜은 기타 쇼핑몰 딜에 비해 매출이 많이 나오기 때문에 물량 검토가 필수인데 판매 결과가 좋지 않으면 부진 재고로 남는다는 점을 명심해야 한다.

과거 티몬·위메프의 특가딜에 비해 오픈마켓 특가딜은 구좌 수가 적고 매출이 많이 나오기 때문에 선정되기가 매우 어렵다. MD들이 상품을 선정할 때 매출이 크게 나올 것 같지 않으면 절대 선정을 하지 않기 때문에 제안 시 파괴력 있는 상품이라는 것을 적극 어필해야 한다.

기존에 해당 오픈마켓에서의 판매 실적이 미흡하거나 없으면 선정될 확률이 극히 낮아진다. 해당 오픈마켓에서의 판매가 어느 정도 이루어지고 있고 그 판매가에서 더욱 할인했기 때문에 특가딜을 진행하면 폭발적인 매출이 나온다는 점을 적극 어필해야 한다. 이때 타 온라인마켓에서 행사 진행 시 성공했던 사례를 같이 제안하면 선정될 확률이 높아진다. 이런 오픈마켓 특가딜은 각 오픈마켓의 판매자센터 메뉴에서 지원하면 되는데 MD들이 제안받은 딜의 메리트를 고려해 선정하게 된다.

● 조금 더 알기 ●
오픈마켓 대표 '특가딜' 종류

- G마켓 슈퍼딜 https://www.gmarket.co.kr/n/superdeal
- 옥션 올킬 https://www.auction.co.kr/n/allkill
- 11번가 쇼킹딜 https://deal.11st.co.kr/browsing/DealAction.tmall?method=getShockingDealMain
- 롯데ON 123딜 https://www.lotteon.com/p/display/shop/seltDpShop/12907

네이버쇼핑의 원쁠딜

네이버쇼핑에도 원쁠딜이라는 특가딜이 있다. 2022년까지 운영했던 럭키투데이를 대체해서 새로 생긴 특가딜인데 하루 50개만 진행되고 네이버의 다양한 지면에 노출되기 때문에 선정되기만 하면 파격적인 매출을 기대해 볼 수 있다. 런칭 초기에는 1+1 상품만 가능했으나 문턱을 낮춰 지금은 1+1 상품뿐만 아니라 1+증정, 1+

포인트적립 상품도 제안이 가능하다. 조건만 맞다면 될 때까지 꾸준히 지원해야 하며 선정되면 단 3일간 진행되지만 상품 노출이 워낙 많이 되기 때문에 매출은 많이 나온다. 원쁠딜의 경우 스마트스토어 판매자센터에서 신청하면 된다.

쿠팡 무료노출 프로모션 ──

쿠팡은 로켓배송 상품에 집중하다 보니 상대적으로 특가딜이 약한데 무료노출 프로모션이라는 것이 오픈마켓의 특가딜 역할을 한다. 이 무료노출 프로모션은 한 번 선정돼서 노출 초반에 어느 정도 매출이 나오면 쿠팡 AI가 다양한 지면에 노출시켜 폭발적인 매출이 가능하다. 단, 쿠팡에서 요구하는 가격 할인 폭이 상당히 높아서 마진 구조가 나오는 상품만 진행이 가능하다. 쿠팡 무료노출 프로모

쿠팡윙 무료노출 프로모션 신청 화면

※ 출처 : 쿠팡

션 신청은 쿠팡윙 판매자센터에 '무료노출 프로모션 신청' 메뉴가 있으니 그곳에서 신청하면 된다.

기타 종합몰, 전문몰 특가딜 ────

종합몰, 전문몰에서도 특가딜, 기획전이 매일 진행되고 있다. 메인페이지의 특가딜, 기획전이라면 진행이 쉽지는 않겠지만 일단 진행이 되면 큰 매출을 기대해 볼 수 있다.

종합몰, 전문몰의 경우 정기적으로 특가딜, 기획전 모집 내용을 공지하는데 이때 지원해도 되고, 이런 공지가 활성화되지 않은 마켓의 경우 담당 카테고리 MD에게 전화, 이메일, 메신저로 입점 제안을 하면 된다. 종합몰의 경우는 브랜드 상품이 아니면 입점이 어렵기 때문에 일단 입점을 통과해야 특가딜 제안이 가능하다.

특가딜 매출 극대화 노하우 ────

예전에 온라인마켓이 몇 개 되지 않을 때는 특가딜에 들어가기만 해도 엄청난 매출이 나왔으나 지금은 온라인마켓들이 많아지고 특가딜의 숫자도 기하급수적으로 많아졌기 때문에 예전처럼 단순히 특가딜에 선정되었다고 폭발적인 매출이 나오지는 않는다. 그래서 특가딜의 매출을 극대화하기 위한 마케팅 활동을 전개해야 한다. 특가딜 매출을 극대화하는 대표적인 방법으로는 특가딜 링크가 나오면 해당 링크를 랜딩페이지로 SNS 광고나 각종 바이럴 마케팅을 진행하는 것이다. 최대한 트래픽을 많이 유입시켜서 매출을 올리는 방법이다. 물론 광고비나 바이럴 마케팅을 위한 노력도 들어간다.

요즘 핫한 방법은 활성화된 네이버카페 및 대형 커뮤니티 사이트 바이럴 마케팅이다. 특가딜이 진행될 때 해당 특가딜을 활성화된 네이버카페나 커뮤니티 사이트의 '쇼핑 정보 공유' 게시판에 올린다. 이것은 "써 봤더니 좋았다"는 후기 형식의 게시글을 올리는 침투마케팅이 아닌 단순히 해당 특가딜의 내용을 쇼핑할인 정보 게시판에 공유하는 것이다. 운영진이 쇼핑할인 정보를 올리도록 허용한 게시판이므로 문제가 생길 일도 없다. 단, 맘카페나 사이트마다 판매자가 직접 올리는 쇼핑 정보를 금지하기도 하므로 해당 사이트의 규정 등을 잘 확인해 진행하는 것이 좋다.

활성화된 카페는 조회 수도 엄청나게 나오기 때문에 이런 카페 여러 군데에 특가딜 링크를 공유하면 광고비를 하나도 들이지 않고 수천 클릭을 만들어낼 수 있다. 그런데 이런 쇼핑할인 정보 게시판에 게시글을 올리려면 아이디 등급이 높아야 하는 경우도 있으므로 적절한 카페를 미리 찾아 가입해서 게시글을 올릴 수 있는 등급으로 만들어놓는 작업은 필수이다. 게시글을 올릴 때는 해당 게시판의 조회 수가 많이 나오는 게시글들의 제목, 본문 내용, 게시글 올리는 방식 등을 벤치마킹해 올려야 효과가 극대화된다.

네이버카페뿐만 아니라 사람들이 많이 이용하는 인기 커뮤니티 사이트에도 쇼핑 정보 공유 게시판이 있을 수 있다. 커뮤니티 사이트 게시판의 조회 수는 기본 수천, 수만 단위이기 때문에 카페보다 훨씬 고객 유입에 좋다. 직접 활동하는 것이 어렵다면 커뮤니티 사이트 마케팅 대행사를 통해 홍보해도 된다. 마케팅 대행사는 크몽 같은 프리랜서 사이트에서 찾을 수 있는데 구매자 후기가 많고 내용이 좋은 대행사를 선택하는 것이 좋다.

네이버 맘카페 쇼핑 정보 공유 게시판

※ 출처 : 네이버카페 맘스홀릭베이비

5장

틈새 시장
온라인 유통 채널
집중 분석 및
실전 판매 전략

온라인 유통이 폭발적으로 성장하고 쇼핑몰 간에 경쟁이 치열해짐에 따라 모든 카테고리의 상품을 취급하는 종합쇼핑몰들의 경우 자리를 잡기가 예전 대비 매우 어려운 상황이다. 막대한 마케팅, 홍보비를 쓰고도 고객을 모으고 매출을 올리는 데 실패하는 경우가 정말 많다.

이런 상황에서 틈새 시장을 노리며 대형 쇼핑몰들이 하지 못하는 특수 카테고리에 대한 전문성을 바탕으로 성장한 온라인 유통 채널이 있는데 이것이 바로 전문몰이다. 유튜브 등 영상 콘텐츠에 대한 관심이 급증하면서 고성장하고 있는 커머스는 1인 방송 판매 기반의 라이브커머스이다. 현재의 트렌드를 보면 라이브커머스는 지극히 미래지향적인 커머스로서 발전 가능성이 매우 높다. 그리고 일반인들은 잘 모르지만 아는 업체들만 쏠쏠한 매출을 올리고 있는 유통 채널이 있는데 대량 특판 시장과 복지몰 시장이 그것이다.

이번 5장에서는 치열한 대형 쇼핑몰들 간의 전쟁에서 틈새 시장을 공략하며 빠르게 성장하고 있는 전문몰, 버티컬커머스와 일반인에게 숨겨진 알짜 시장인 특판, 복지몰에 대해 알아보도록 하겠다.

HOT 트렌드 버티컬커머스,
카테고리 전문몰

　전문몰은 특정 카테고리 내에 속하는 상품들을 전문적으로 판매하는 쇼핑몰을 말하며 버티컬커머스(Vertical Commerce)라고도 불린다. 버티컬커머스는 특정 카테고리 마니아들을 대상으로 넓고 깊은 구색과 전문성을 바탕으로 해당 카테고리의 대표 주자로 거듭나고 있는 쇼핑몰로 최근 온라인 유통 채널에서 떠오르는 강자로 부상하고 있다. 가령 프리미엄 식품 전문인 마켓컬리, 인테리어 용품 전문인 오늘의집, 문구용품 전문인 아트박스, 패션 상품 전문인 무신사, 땡처리 상품 전문인 이유몰, 뷰티 상품 전문인 화해 같은 쇼핑몰들이 바로 전문몰이다.

　바야흐로 카테고리 전문몰들의 전성시대가 펼쳐지고 있는데 전문몰 중에 규모가 가장 큰 패션 전문몰 무신사의 경우 2023년 거래액 4조 원을 돌파했으며 두 번째로 규모가 큰 식품 전문몰 마켓컬리는 2023년 매출액이 2조 원을 돌파했다. 이외에도 패션 전문몰인 에이블리는 2024년 상반기에만 거래액 1조 원을 넘겼다.

온라인 판매에서 내가 가진 상품과 100% 일치하는 타깃 고객만 공략할 수 있을까? 오픈마켓, 쿠팡, 스마트스토어는 엄청난 고객이 몰리는 곳이지만 내 상품과 일치하는 고객들만 추려서 찾아내기는 힘들다. 그러나 온라인마켓 중에는 나의 상품과 100% 일치하는 카테고리 전문몰들이 존재한다. 이런 카테고리 전문몰은 홍보가 제대로 안 돼서 마니아들만 알 정도로 은밀히 감춰진 마켓도 있고, 일부 대중들에게 드러난 큰 규모의 카테고리 전문몰도 있다. 카테고리 전문몰의 전체 고객 숫자는 대형 온라인마켓에 비할 바는 아니지만 내 상품과 정확히 일치하는 카테고리를 찾는 타깃 고객이 찾기 때문에 오히려 전체 고객만 많은 대형몰에서보다 매출은 더 나오는 경우도 많다.

대형 온라인마켓에는 수많은 상품 속에 내 상품이 묻혀 있기 때문에 고객들에게 노출되기가 쉽지 않아서 매출을 만들기가 힘들다. 그러나 이런 카테고리 전문몰은 일단 전체 상품 숫자 및 경쟁 판매자 수가 적어서 노출도 잘 되고, 해당 온라인마켓 MD와 커뮤니케이션만 잘 되면 좋은 노출 구좌를 확보하거나 이벤트를 통해 대형 온라인마켓보다 큰 매출을 만들어낼 가능성도 높다. 또한 내 상품과 정확히 맞는 단골 충성 고객도 이런 카테고리 전문몰에서 만들어내기가 쉽다.

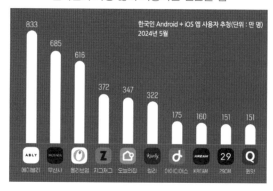
한국인이 가장 많이 사용하는 전문몰 앱

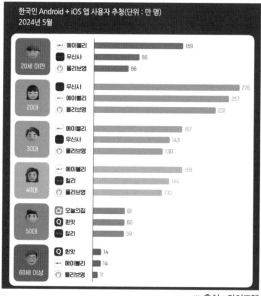
연령대별 가장 많이 사용하는 전문몰 앱

※ 출처 : 와이즈앱

카테고리 전문몰은 해당 카테고리의 넓고 깊은 구색을 취급하기 때문에 충성스런 특정 카테고리 선호 고객을 다수 보유하고 있다. 만약 내가 애견용품을 판매한다면 광고를 하지 않는다는 조건하에서 1등 애견 전문몰과 G마켓 애견 카테고리 중 어디서 더 큰 매출을 올릴 수 있을까? 당연히 1등 애견 전문몰에서 더 큰 매출이 나오고 장기적으로 내 상품에 대한 충성 고객도 만들 수 있을 것이다. 이런 장점 때문에 고객에게 검증된 유망한 카테고리 전문몰들은 대기업이 인수해서 운영하고 있다. 대기업인 카카오는 2021년 패션 전문몰인 지그재그를 무려 1조 원에 인수했다.

● 조금 더 알기 ●
대기업들의 '카테고리 전문몰' 인수 사례

— 지그재그(패션 전문몰) → 카카오가 인수

— 펀샵(얼리어답터 전문몰) → CJ 홈쇼핑이 인수

— 스타일난다(패션 전문몰) → 로레알이 인수

— 텐바이텐(감성 디자인 전문몰) → GS 홈쇼핑이 인수

— W컨셉(패션 전문몰) → 신세계 SSG닷컴이 인수

전문몰의 미래

대형 종합쇼핑몰은 네이버쇼핑과 쿠팡의 양강 구도가 확실해질 것으로 추측되는 가운데, 이 두 쇼핑몰을 제외한 나머지 오픈마켓, 종합몰 등은 하락세를 걸을 것으로 추측한다. 이런 온라인 유통업계 상황에서 새로운 대형 종합쇼핑몰이 런칭해 성공할 확률은 극히 희박하다. 그렇기 때문에 틈새 시장을 노려서 각 카테고리별로 강

력한 전문몰(버티컬커머스)이 온라인 유통업계에서 더욱 성장 수 있을 것이라 생각한다. 전문몰은 대형 종합쇼핑몰 대비 적은 투자금으로 시작할 수 있고 홍보를 위한 마케팅 비용, 각종 운영비도 적기 때문에 사업 리스크도 적다. 앞으로 차별화된 카테고리 전문몰들은 더욱 많이 생길 것이며 카테고리 제왕을 차지하기 위한 경쟁도 더욱 치열해질 것이다.

카테고리 전문몰 특징

카테고리 전문몰의 특징을 정리하면 다음과 같다.

- 내 상품의 정확한 타깃 고객들이 모여 있어 유입 고객의 구매 전환율이 높다.
- 단순히 남의 상품을 받아서 파는 위탁 판매, 사입 판매는 입점이 어렵다. 그렇기 때문에 재고를 충분히 가진 나만의 상품이 있어야 입점이 쉽다.
- 오픈몰 같은 상품 등록 입점 방식이 아니라 MD 승인 방식이다.
- 카테고리 마니아 고객들은 충성도도 높고 객단가도 우수하다. 대중성이 떨어지는 상품일지라도 전문몰에서는 타깃 고객이 많이 모여들기 때문에 판매가 발생할 수 있다.
- 특정 카테고리에 대해서는 대형 오픈마켓, 종합몰보다 해당 전

문몰이 판매에 더 유리하다. 유명한 대형 온라인마켓들의 경우 고객은 많아도 경쟁이 치열하다. 예를 들어 오픈마켓은 광고 없이 상품 노출이 어렵고 정확한 타깃 고객에게 노출도 어려우나, 카테고리 전문몰은 상품 수가 적고 판매자 수도 적어서 노출이 용이하고 구매전환도 잘 된다.

- 대기업 종합몰, 오프라인 대형 유통 채널 입점 전 단계로 활용하기도 좋다. 대기업 종합몰 같은 경우 웬만한 브랜드 상품이 아닌 한 입점이 어렵고, 특히 중국 수입 상품은 종합몰 입점이 거의 불가능하나 전문몰은 입점이 가능하다.
- 신규 브랜드 상품 초기 브랜딩에도 유리하다. 카테고리 마니아들의 입소문을 만들어서 브랜드가치를 올릴 수 있다.
- 광고비 부담이 적고, MD 네트워킹이 좋으면 큰 매출도 기대할 수 있다.

전문몰 공략 포인트

내가 취급하는 상품이 해당 카테고리에 맞고, 내가 직접 생산 또는 수입하거나 독점 유통권을 갖고 있다면 전문몰을 집중적으로 노려보는 것이 좋다. 상품 퀄리티가 좋으면 일반 대형 오픈마켓, 종합몰보다 전문몰에서 훨씬 큰 매출을 올릴 수도 있다. 내 상품의 정확한 타깃 고객들이 모여 있는 전문몰을 통해서 충성 고객을 만든다면 장기적으로 안정적인 매출을 기대할 수 있다.

전문몰도 MD와의 관계가 정말 중요한데 단순히 상품 등록만 해서는 큰 매출을 기대하기 힘들다. MD와의 적극적인 커뮤니케이션을 통해 특가딜, 기획전 같은 좋은 노출 구좌를 확보해 고객들에게 내 상품을 어필해야 한다. 내 상품에 해당 카테고리 마니아 고객들이 만족한다면 이들이 내 상품의 홍보대사가 되어 온·오프라인에 엄청난 입소문을 내 줄 것이다. 전문몰 공략 시 한 가지 주의할 점이 있는데 해당 전문몰이 카테고리 내에서 상위 업체인지 입점 전필수로 검토해야 한다. 만약 해당 전문몰의 규모가 너무 작으면 노력 대비 매출이 많이 나오지 않을 수 있기 때문이다.

전문몰 입점 시 주의 사항

전문몰은 대형 업체도 있지만 규모가 작은 소형 업체가 많다. 이런 업체와 거래할 때 주의할 점은 그 쇼핑몰의 재무 상태를 유심히 파악해 봐야 한다. 2024년 티몬·위메프 사태 및 바보사랑, 알레츠 등의 폐업을 봤을 때 재무 구조가 좋지 않은 쇼핑몰에 입점하면 큰 손해를 볼 확률이 있다. 특히 아무리 이전에 정산 기간을 잘 지켰더라도 어느 시점부터 정산 기간이 조금이라도 밀린다면 이는 굉장한 적신호이다. 이런 전문몰과 계속 거래를 할 때는 신중히 생각해 봐야 한다.

카테고리별 전문몰 집중 분석

(1) 뷰티몰

뷰티몰이란 화장품, 뷰티용품을 전문으로 판매하는 전문 쇼핑몰인데 보통 모바일 앱도 동시에 운영한다. 오프라인의 CJ올리브영, 롭스 같은 H&B 스토어의 온라인몰 형태라고 보면 된다.

대표 뷰티몰들은 엄청난 충성 고객을 보유하고 있고 매출도 상당하다. 화해 같은 경우는 뷰티업계에서 막강한 영향력을 행사하고 있고 화해에서 광고나 이벤트를 제대로 진행하려면 기본 몇천만 원 단위이다. 뷰티몰은 단순 온라인 판매뿐만 아니라 체험단, 이벤트, 뷰티인플루언서 연계 행사도 활성화되어 있다. 이런 뷰티몰들의 영향력이 막강하기 때문에 신규 브랜드, 신상품의 경우 뷰티몰부터 공략하는 경우가 많다.

뷰티 전문몰의 최강자 화해

온라인상에서 젊은 2030 세대는 뷰티몰에 대한 충성도가 절대적이다. 그래서 유명 뷰티몰의 체험단, 광고, 이벤트 비용은 상상을 초월할 정도로 비싸다. 그리고 상위권 뷰티몰들은 수수료가 25% 이상으로 매우 높다. 뷰티몰에서의 평판이 브랜

※ 출처 : 화해

드, 상품의 성공을 좌지우지할 정도로 영향력이 크기 때문에 마케팅, 광고비가 충분하지 않은 중소 브랜드의 경우 뷰티몰에 올인하는 경우도 많다.

주요 뷰티 전문몰	– 화해(모바일 앱) : www.hwahae.co.kr – 언니의파우치(모바일 앱) : www.unpa.me – 미미박스 : www.memebox.com – SKINRX 스킨 : www.skinrx.co.kr – 올리브영 온라인몰 : www.oliveyoung.co.kr

(2) 패션몰

패션 전문몰은 패션·잡화 영역에서 2000년대 초반 개인 쇼핑몰의 붐을 일으켜 대형 전문몰로 성장한 케이스가 많다. 이 패션몰에서는 특정 패션 편집샵의 충성 고객들은 해당 전문몰에서 지속적으로 구매하기 때문에 재구매도 활발하게 일어난다.

대형 전문몰들은 단순히 패션·잡화 카테고리뿐만 아니라 뷰티 영역까지 활발히 확대되고 있는데, 글로벌 로레알에 인수된 스타일난다 그리고 단순 신발 쇼핑몰에서 나아가 국내 1등 패션 플랫폼이 되어버린 무신사의 경우가 대표적이다. IT 스타트업들의 전성기가 시작되면서 패션 전문몰도 종합 패션 플랫폼 형식으로 진화하는 트렌드이다. 무신사, 지그재그, 에이블리, 신상마켓(도매) 등이 대표적인 경우이다. 플랫폼 형식의 패션 전문몰은 향후 성장가능성이 엄청나기 때문에 대기업들의 투자, 인수합병이 활발히 진행되고 있다.

카카오는 지그재그를 인수했으며, SSG닷컴은 W컨셉을 인수했다.

대형 패션 전문몰에서 판매되고 있는 상품들의 상당수가 중국 의류 도매 사이트에서 소싱한 것들이 많기 때문에 동일하거나 유사한 상품들을 중국 의류 도매 사이트에서 소싱해 이런 패션 전문몰에 입점하는 것도 누구나 가능하다.

주요 패션 전문몰	– 무신사 : www.musinsa.com – 에이블리(모바일 앱) : https://a-bly.com/ – 지그재그(모바일 앱) : https://zigzag.kr/ – 스타일쉐어(모바일 앱) : www.styleshare.kr – W컨셉(모바일 앱) : www.wconcept.co.kr – 퀸잇(모바일 앱) : https://web.queenit.kr/ – 신상마켓(모바일 앱, 도매) : https://sinsangmarket.kr/

2023년 거래액 4조 원을 돌파한 초대형 패션 전문몰 무신사

※ 출처 : 무신사

(3) 식품몰

일반적으로 온라인 유통 판매의 주력은 비식품·패션 카테고리이

나 식품에 특화된 온라인마켓들이 급성장을 하고 있다. 이들 식품 전문몰은 지속적인 식품 재구매를 하는 풍부한 충성 고객을 보유하고 있다. 마켓컬리가 대박을 친 이후로 식품 전문몰에 대한 관심이 급속도로 증가하며 새로운 식품 전문몰들이 계속 생겨나고 있다. 식품은 재구매가 이루어지고 회전이 빠르기 때문에 일단 자리 잡게 되면 비식품·패션 카테고리 대비 고매출, 고수익을 올릴 수 있다.

아직도 주로 오프라인에서 식품을 구매하나 온라인으로 식품을 구매하는 트렌드로 빠르게 바뀌어가고 있고 비식품·패션 대비 식품의 경우 온라인에서 경쟁이 치열하지 않기 때문에 지금 진입해서 시장을 선점하는 것이 중요하다. 할인점, 편의점, 체인 슈퍼마켓 같은 오프라인 대형 유통업체에 진입하기 어려운 식품이라 할지라도 식품 전문몰에서는 상대적으로 입점 및 판매하기가 쉽기 때문에 빨리 뛰어들어야 한다. 코로나19 팬데믹으로 인한 집밥 열풍과 밀키

주요 식품 전문몰	– 마켓컬리(2023년 매출액 2조 원) : www.kurly.com – 오아시스마켓(오프라인 매장 보유, 증시 상장 준비 중) : www.oasis.co.kr – 농협몰(농협중앙회 운영) : www.nonghyupmall.com – 우체국 쇼핑몰(국내 지역 특산물) : https://mall.epost.go.kr – 동원몰(동원그룹 운영) : www.dongwonmall.com – 정몰(정관장 운영) : www.kgcshop.co.kr – 농라(네이버카페, 2025년 1월 회원 수 130만 명) : https://cafe.naver.com/tlsxh – 동원몰 : www.dongwonmall.com – 정원 e샵 : http://www.jungoneshop.com/ – 정몰 : www.kgcshop.co.kr – 초록마을 : www.choroc.com

트 같은 가정간편식 시장의 급성장으로 식품 전문몰이 비약적으로 성장하고 있다.

쿠팡(로켓프레시), 신세계(SSG닷컴), 롯데(롯데ON) 등 유통 대기업도 온라인 식품 판매에 적극적으로 뛰어들고 있다. 마켓컬리는 프리미엄 식품 전문몰로 완전히 자리를 잡았으며 마켓컬리를 추격하고 있는 새벽배송의 강자 오아시스마켓은 홈앤쇼핑, 이랜드리테일로부터 430억 원을 투자받으며 기업가치를 1조 원으로 평가받았다. 식품 전문몰은 단순히 온라인 사이트뿐만 아니라 네이버밴드, 네이버 카페, 카카오톡 채널 등 다양한 형태를 가지고 있다.

(4) 디자인몰

디자인몰은 2030 여성 충성 고객들에게 엄청난 인기를 누리고 있는 트렌디몰인데 기발하고 예쁜 디자인의 가정생활용품, 패션·잡화 상품들을 주로 판매한다. 오픈마켓, 종합몰에서 판매하기 어려운 프리미엄 트렌디 상품들도 판매가 잘 일어난다. 일부 프리미엄 수입업체들은 디자인몰만 집중 공략하는 경우도 있을 정도로 감성적인 프리미엄 디자인 상품들의 판매가 좋다.

디자인몰들은 수수료가 25~40%로 매우 높으며, 상위권 디자인몰은 쿠팡 로켓배송처럼 직접 사입해서 운영하는 상품들도 있다. 텐바이텐은 오프라인 매장도 동시 운영하며 오프라인 고객들의 반응을 살피는 안테나 매장으로 활용하고 있다. 예쁘고 감성적인 디자인의 가정생활, 패션·잡화, 가전 상품을 취급하는 판매자라면 반드시 디자인몰을 공략해야 한다. 디자인몰의 성장가능성을 염두해두고 대기업들도 디자인몰을 인수하고 투자하는 경우가 많다. GS홈쇼핑은 텐바이텐을 인수했으며 대형 패션 플랫폼인 무신사도 29cm를 인수해 운영하고 있다.

주요 디자인 전문몰	– 텐바이텐 : www.10x10.co.kr – 29cm : www.29cm.co.kr

GS 홈쇼핑이 인수한 감성 디자인몰 텐바이텐

※ 출처 : 텐바이텐

(5) 얼리어답터몰

얼리어답터몰은 트렌드에 민감한 남성 얼리어답터들을 겨냥한 전문몰이며 트렌디한 프리미엄 상품, 아이디어 상품군 매출이 매우 높다. 주로 남성 대상의 상품들이 많이 판매되며 지속적인 구매를 하는 충성스런 남성 고객을 대규모로 확보하고 있다. 특히 고가의 최신 트렌디한 IT, 가전 상품 및 수입 상품들이 많이 판매된다. 남성 대상 고가 트렌디 상품이라면 일반 오픈몰 전체 매출 합계보다 편샵 한 군데의 매출이 더 큰 경우도 많이 있는데 그만큼 고객 충성도가 높다.

편샵의 경우는 성장잠재력을 인정받아 대기업인 CJ그룹이 인수했으며 제조사와 수입사만 입점이 가능하다. 고객의 구매를 유도하는 상세페이지의 퀄리티는 편샵이 최정상급이기 때문에 참고해 보는 것이 좋다.

주요 얼리어답터 전문몰	– 편샵 : www.funshop.co.kr – 얼리버즈 : https://e-birds.co.kr/

(6) 건강식품몰

경제 수준이 높아짐에 따라 건강식품에 대한 관심, 매출이 지속적으로 올라가고 있다. 그래서 건강식품만 전문적으로 판매하는 카테고리 전문몰도 계속 성장하고 있다. 건강식품은 규모가 작은 개인셀러들이 OEM 제조도 많이 하고 있는데 이 경우 이런 건강식품 전문몰에 입점해서 판매하는 것도 하나의 전략이 될 수 있다. 이런 건강식품 전문몰은 충성스런 일반 건강식품 소매 고객도 있지만 B2B 판매자들도 있기 때문에 도매와 소매를 다 잡을 수 있는 좋은 카테고리 전문몰이다. 일부 건강식품 전문몰은 건강식품 위탁판매

도 하고 있기 때문에 내 상품을 판매할 뿐만 아니라 좋은 건강식품
을 부담 없이 위탁거래 조건으로 소싱할 수도 있다.

주요 건강식품 전문몰	– 자연지애 : www.jsdang.com – 비타민마트 : http://vitaminmart.co.kr/ – 비엘몰 : https://www.bodyntrust.com/

(7) 약국몰

약국몰은 주로 약국에서 판매하는 의약품, 건강기능식품, 건강용
품 등을 판매하는 전문몰이다. 여기는 일반 고객이 구매하기보다는
주로 약사나 제약 관련된 업체들이 구매하는 전문몰인데 주로 회원
제 폐쇄몰 형태가 대부분이다. 일부 약국몰은 약사만 로그인 후 구
매할 수 있는데 대웅제약에서 운영하는 더샵, 한미약품의 한미몰,
유팜몰, 팜스넷 등이 있다. 만약 내가 취급하는 상품이 약국에서 판
매할 수 있는 건강기능식품, 의료 관련 용품, 건강용품이라고 하면
약국몰에 입점하는 것을 강력 추천한다.

약국몰에 입점한 경우 상품의 반응이 좋으면 전국의 약국에서 주
기적으로 정기구매 형식으로 판매도 이루어질 수 있기 때문에 더욱
매력적이다. 그런데 약국몰의 경우 취급 품목을 많이 가지고 있는
전문 벤더업체들을 선호하는 경향이 있어서 단품으로 입점하기란
쉽지 않다. 약국몰은 병원몰, 동물병원몰, 한의사몰과도 연계된 경
우가 많아서 입점은 어렵지만 입점이 되면 다양한 온라인 판매 채

널로 확장할 수 있는 계기가 될 수 있다. 각 약국몰 홈페이지의 온라인 입점 신청 코너를 통해 입점 제안을 할 수 있다.

주요 약국 전문몰	– HMP몰(한미약품) : www.hmpmall.co.kr – 팜스넷 : www.pharmsnet.com – 유팜몰 : www.upharmmall.co.kr – 더샵(대웅제약) : www.shop.co.kr – 팜페이몰 : www.pharmpaymall.com

한미약품이 운영하는 HMP몰

※ 출처 : HMP몰

⑻ 애완용품몰

1인 가구 증가, 고령화, 핵가족화, 소득수준 향상 그리고 코로나 19로 인한 외출 감소로 애완인구가 늘어나면서 애완용품몰도 호황을 맞고 있다. 애완동물을 가족으로 생각하는 고객이 늘면서 고가의 애완용품 판매도 애완용품 전문몰에서 급증하는 트렌드인데 본인에 대한 소비는 줄여도 애완동물에게는 좋은 걸 해주는 고객층이

증가하고 있다. 대형 애완용품몰의 경우 일반인들은 상상할 수 없는 다양한 애완용품 구색을 취급하고 있다,

이런 트렌드에 맞춰서 애완용품에 뛰어드는 신규 업체도 늘어나면서 시장에서의 경쟁도 치열해지고 있지만 그럼에도 애완용품 카테고리는 향후 고성장을 기대하는 카테고리이다. 애완동물을 키우는 고객들은 넓고 깊은 구색을 가지고 있는 애완용품 전문몰에 높은 충성도를 가지고 있기 때문에 애완용품 관련 상품을 취급하는 업체라면 애완용품몰을 적극 공략해야 한다. 그 예로 강아지대통령 같은 애완용품 대표몰의 매출은 일반 대형 오픈몰보다 매출이 훨씬

주요 애완용품 전문몰	– 강아지대통령 : www.dogpre.com – 도그팡 : https://www.dogpang.com/ – 더펫마트B2B(B2B 도매몰) : https://thepetmart.co.kr/

애완용품 업계의 쿠팡 강아지대통령

※ 출처 : 강아지대통령

많이 나온다는 사실을 명심하는 것이 좋다. 애완용품 B2B몰도 있어서 여기에 납품하면 도매 판매도 가능하고, 역으로 해당 B2B몰에서 위탁으로 상품을 소싱해서 판매를 할 수도 있다.

(9) 핸드메이드 수제품몰

수제품몰은 핸드메이드 수제 상품들을 거래하는 전문몰인데 직접 제작한 천연비누, 수제청, 디퓨저, 베이커리, 예술작품 등의 상품들이 주력을 이룬다. 핸드메이드 상품을 좋아하는 충성 고객층이 두텁기 때문에 오픈마켓, 종합몰, 소셜커머스보다 수제품몰에서 매출이 더 우수한 경우가 많다.

수제품몰은 보통 모바일 앱도 동시 운영하는데 최근 수제품몰 1등 업체인 아이디어스의 급성장이 두드러진다. 아이디어스는 2023년 9월에 이미 월 활성 이용자 수 500만 명, 누적 앱 다운로드 수 1650만 건을 돌파했다. 처음 출시하는 수제품의 경우 아이디어스 같은 수제품몰에서 충성 고객을 확보한 후 일반 온라인마켓으로 확대하는 전략을 추천한다.

주요 수제품 전문몰	– 아이디어스 : www.idus.com

(10) 문구몰

문구몰은 젊은 여성층에 인기가 많은 팬시, 문구, 아이디어 소품,

패션·잡화, 뷰티, 생활용품을 주로 판매하는 전문몰이다. 아기자기하고 예쁜 디자인의 상품들이 특히 인기가 많다. 상위권 문구몰은 온·오프라인 동시 운영하고 있는데 오픈마켓, 소셜커머스 같은 대형몰에서는 고가라서 팔리지 않는 프리미엄 상품들도 문구몰에서는 판매가 잘될 수 있다. 전체적인 가격대가 일반 온라인마켓 대비 상당히 높은데도 불구하고 2030 여성 충성 고객들로 인해 판매가 일어난다. 특히 카카오, 헬로키티, 라인 같은 캐릭터 상품들이 인기가 많다. 문구류뿐만 아니라 아기자기하고 디자인이 예쁜 다양한 상품은 카테고리를 막론하고 확장 중이다.

주요 문구 전문몰	– 핫트랙스 : https://hottracks.kyobobook.co.kr/ – POOM(아트박스가 운영) : www.poom.co.kr – 알파몰(알파문구가 운영) : www.alpha.co.kr

⑾ 땡처리몰

땡처리몰은 유통기한 임박 상품, 반품 상품, 홈쇼핑 잔여재고 등 사연(?) 있는 상품들을 전문으로 판매하는 전문몰인데 주로 일반 고객 대상으로 판매한다. 사연 있는 상품들을 오프라인 전문 땡업자에게 넘길 때보다는 훨씬 좋은 가격 수준으로 판매가 가능하다. 요즘은 특별히 사연이 없더라도 가격이 저렴한 특가 상품들을 땡처리몰에서 판매하는 트렌드로 바뀌어 가고 있다. 특별히 유통기한에 문제가 없다면 판매에 시간이 좀 걸리더라도 오프라인 땡업자들보다는 땡처리몰을 이용해 처리하는 것이 손해를 최소화할 수 있다. 가격이 매우 저렴하기 때문에 땡처리몰을 자주 이용하는 충성 고객이 다수 있다. 이유몰 같이 사입을 하는 땡처리몰도 있는데 사입 시에는 조건이 너무 빡빡해서 정말 급하게 대량 물량을 처리해야 할 때 이용하는 게 좋다.

주요 땡처리 전문몰	– 이유몰 : www.eyoumall.co.kr – 리씽크몰 : www.rethinkmall.com – 떠리몰 : www.thirtymall.com

⑿ 비품몰

비품몰은 기업용, 개인용 각종 비품을 거래하는 전문몰인데 일반 고객보다는 자영업자, 사업자, 기업사무실 등에서 많이 구매한다. 한 번 단골이 되면 꾸준한 매출 발생이 가능하기 때문에 관심을 가져볼 만한 전문몰이다. 주로 중국 수입 생활용품이 주류를 이루는데 사업자를 대상으로 하다 보니 가격경쟁력이 있어야 판매가 일어난다.

주요 비품 전문몰	– CELINKO : www.yelloitem.co.kr – 비품넷 : www.bipum.net

⒀ 인테리어몰

인테리어 카테고리는 코로나19 팬데믹으로 엄청난 수혜를 입은 카테고리이다. 그 시기에 집 안에 있는 시간이 길어지면서 집을 예쁘게 꾸미는 것이 하나의 트렌드로 자리 잡았다. 다들 '오늘의집'이라는 인테리어 꾸미기 플랫폼에 대해 들어봤을 것이다. 무거운 느낌이었던 가구, 인테리어를 가볍게 트렌디하게 만들어준 일등 공신이라고 할 수 있다. 오늘의집은 인테리어 분야 전문몰 중 압도적으로 많은 거래액과 사용자 수를 달성한 덕분에 2300억 원 규모의 시리즈 D 투자를 받으며 기업가치가 2조 원 이상으로 평가돼 설립 8년만에 유니콘 기업으로 올라서게 됐다. 2023년에는 매출액 2402억 원으로 2022년 대비 31% 신장했다.

주요 인테리어 전문몰	– 오늘의집(모바일 앱) : https://ohou.se/ – 한샘몰(한샘가구 운영) : https://mall.hanssem.com/

기업가치 2조 원 유니콘 기업으로 성장한 오늘의집

※ 출처 : 오늘의집

이처럼 인테리어 전문몰은 20~40대 여성들의 폭발적인 성원 속에 지속적으로 성장해나가고 있으며 앞으로의 전망도 매우 밝다. 오픈마켓, 종합몰, 쿠팡보다 인테리어몰에서 집꾸미기 쇼핑을 하는 것이 새로운 트렌드로 나타나고 있다. 여성들이 좋아하는 트렌디하면서도 폭넓고 깊이 있는 구색들과 압도적으로 많은 사용 후기도 인테리어 전문몰에 사람들을 끌어당기는 중요 요인이다.

⑭ 판촉, 사은품몰

판촉, 사은품몰은 기업, 개인 대상 판촉물이나 사은품을 전문적으로 판매하는 쇼핑몰로 소매보다 주로 도매, B2B 판매가 많다. 판촉, 사은품몰에서 상품을 소싱해 일반 오픈마켓에서 판매할 정도로 가격경쟁력이 높은 경우가 많다. 대부분의 상품은 중국에서 수입한 저가 상품인데 가격은 매우 저렴하지만 품질은 주의해야 한다. 대형 판촉 사은품몰은 회원 대상으로 별도 폐쇄몰을 분양해주고 상품도 공급해주는 비즈니스도 많이 한다. 소자본 온라인 유통 창업의 방향을 제시해주고 있는데 분양받은 폐쇄몰을 잘 홍보, 마케팅하는 능력이 있냐, 없냐가 이 비즈니스의 핵심이라 할 수 있다.

주요 판촉/사은품 전문몰	– 고려기프트 : http://adpanchok.co.kr/ – 판촉사랑 : www.87sarang.com – 하나기프트 : www.onegift.co.kr – 조아기프트 : https://joagift.co.kr/ – 해오름기프트 : www.jclgift.com

⒂ 중고몰

2020년 이후 가장 핫한 전물몰을 뽑으라면 중고몰을 들 수 있는데 그 예가 웬만한 사람들은 다 알고 있는 당근마켓이다. 기존 중고몰이라고 하면 2024년 12월 기준 회원 수 1941만 명의 네이버카페인 중고나라를 생각할 텐데 중고나라는 사실 전문몰이라기보다는 카페 커뮤니티 개념이라서 전문몰과는 거리가 있었다. 그러다가 현명한 소비를 원하는 트렌드에 발맞춰서 당근마켓, 번개장터 같은 모바일 앱 기반의 중고몰이 각광을 받게 되었다.

특히 당근마켓 같은 경우는 2021년 8월 1789억 원을 벤처캐피털로부터 투자받으며 기업가치가 무려 3조 원으로 평가받았다. 이후 유통 공룡 롯데쇼핑에서 중고나라의 미래 성장가능성을 염두에 두고 300억 원을 투자했다. 중고몰에서는 거래안정성이 떨어지기 때문에 사기 사건도 많이 발생하지만 중고일지라도 합리적인 가격에 상품을 구매하기를 원하는 소비자의 특성을 생각해 보면 중고몰은 향후에도 엄청나게 성장할 것으로 예상된다.

주요 중고 전문몰	– 당근마켓(모바일 앱) : www.daangn.com – 번개장터(모바일 앱) : https://m.bunjang.co.kr/ – 중고나라 : https://cafe.naver.com/joonggonara – 옥션 중고장터(모바일 앱) : https://corners.auction.co.kr/corner/usedmarket.aspx

- 거래 수수료, 입점비 없음

- 안심결제 수수료(당근페이, 번개페이 등) : 고객 부담

- 번개장터 · 헬로마켓 : 10대~30대 초반 고객이 주류, 당근마켓 : 전 연령대
  고객

- 패션 · 잡화, IT가전, 핸드폰, 뷰티, 다이어트 상품군 인기

- 당근마켓은 전문 판매업자들 제재

- 아마추어 몰이라 과대, 과장 광고도 많음

- 고객CS 부담(당근마켓톡, 번개톡 – 진상 고객)

- 가격, 광고 중요

- 판매자 신뢰도 확인 : 판매 이력, 고객 후기, 상품 숫자

카테고리 전문몰 찾는 방법 ──

카테고리별 전문몰을 찾으려면 구글에서 '카테고리 이름+쇼핑몰(몰)', '상품명+쇼핑몰(몰)'로 검색하는 방법이 기본이다. 매출이 많이 나오는 활성화된 전문몰을 찾으려면 주문 수집, 상품 등록, CS 처리 등을 지원하는 쇼핑몰 통합솔루션 서비스를 제공하는 대형 통합솔루션 업체의 홈페이지에서 연동 지원 쇼핑몰을 확인하면 된다. 쇼핑몰 통합솔루션 업체들의 경우 연동을 시킬 쇼핑몰을 정할 때 당연히 고객이 많고 매출이 높은 쇼핑몰 위주로 연동을 시키기 때문이다.

주요 대형 쇼핑몰 통합솔루션 업체	– 사방넷 : www.sabangnet.co.kr
	– 플레이오토 : www.playauto.co.kr
	– 샵링커 : www.shoplinker.co.kr
	– 이셀러스 : www.esellers.co.kr

쇼핑몰 통합솔루션 플레이오토 주요 연동 지원 쇼핑몰

※ 출처 : 플레이오토

카테고리 전문몰 입점 및 판매 전략 ─────

인기 있는 대형 전문몰을 제외하고는 카테고리 전문몰의 입점이 어렵지 않은 편인데 입점 신청은 대부분 홈페이지의 온라인 입점 제안 방식으로 진행한다. MD들이 입점 제안서 검토 후 승인하는 방식인데 불합격 시 연락이 오지 않을 수도 있다. 상품 등록만 하면 입점되는 오픈몰 대비해서는 입점 난이도가 조금 있고 단순히 남의 상품을 단순 위탁, 사입 판매하는 경우는 입점이 거절될 확률이 높다. 재고를 어느 정도 확보한 나만의 상품이 있는 경우에 입점이 수월하다. 간혹 홈페이지의 입점 제안 섹션이 없는 경우도 있는데 이런 경우는 고객센터에 연락해서 입점 제안 방법을 문의하면 된다.

수수료 및 거래 조건은 전문몰이 워낙 다양하기 때문에 전문몰별로 상이하나 대기업이 운영하거나 규모가 큰 전문몰의 경우 최소 25% 이상이다. 해당 전문몰 자체 내에서 매출이 많이 안 나온다고 할지라도 상품 홍보 및 브랜딩 강화 측면에서 입점하는 것을 추천하는데 너무 작은 규모의 전문몰 입점은 추천하지 않는다.

전문몰 입점을 대기업 종합몰, 오프라인 대형 유통 입점을 위한 발판 개념으로 생각하면 좋다. 전문몰에서 장기적으로 매출과 이익을 올려줄 충성 고객을 확보하고 온라인상에 입소문 및 명성을 만들어서 더 상위 단계의 온·오프라인 유통 채널로 확장하는 것을 추천한다.

전문몰에 단순히 등록만 해서는 큰 매출이 일어나지 않는다. 대부분의 전문몰은 MD들이 있는데 이들과 꾸준한 커뮤니케이션을 하면서 다양한 특가 행사 및 기획전에 참여해야 매출이 나온다. 또 대부분의 전문몰은 네이버쇼핑에 노출되는데 전문몰에서 진행하는 특가 행사나 이벤트들은 전문몰 자체 마케팅 비용으로 네이버의 메인페이지에 노출시킨다. 이때 폭발적인 매출을 만들어낼 수 있다.

다양한 행사에 참여하면서 MD와 친분이 생기게 되면 MD가 해당 전문몰의 좋은 노출 구좌에도 노출시켜 주고 행사 진행 시에도 우선권을 줄 수 있다. 이런 MD와의 협업이 없으면 전문몰에서 성공하기가 힘들 수밖에 없다. 반대로 MD와 협업이 잘된다고 하면 쿠팡, 네이버쇼핑, 오픈마켓에서 나오는 매출보다 훨씬 큰 매출을 해당 전문몰에서 기대해 볼 수 있다.

미래가 밝을 수밖에 없는
라이브커머스

온라인 판매, 유통을 하고 있는 사람들이라면 중국의 1인 SNS 크리에이터들인 '왕홍'에 대해 들어봤을 것이다. 이들은 SNS의 라이브 방송을 이용해 1인 방송으로 상품을 온라인으로 판매해 한 번 방송에 수천, 수억, 수십억 원의 매출을 올리고 있다. 중국에서 먼저 이런 라이브커머스 시장이 폭발적으로 성장했는데 우리나라에서도 라이브커머스 시장이 폭발적으로 성장하기 시작했다. 이러한 라이브커머스는 까다로운 방송 심의를 받아야 하는 라이브 TV 홈쇼핑, 데이터 홈쇼핑에 비해 규제가 적고 자유롭게 방송을 한다는 것이 큰 장점인데 아직까지 방송 심의가 없다는 건 라이브커머스에서 가장 큰 장점이다.

고객을 유혹해서 지갑을 열게 만드는, 정규 홈쇼핑에서는 할 수 없는 다양한 마케팅 활동을 거의 모든 대형 온라인마켓에서 모두

다 라이브커머스를 운영 중이다. 향후 영상 콘텐츠에서 너무나 막강한 파괴력을 가진 유튜브가 라이브커머스 시장에 본격적으로 뛰어들면 E커머스업계에 엄청난 파장을 불러일으킬 것으로 예상한다. 유튜브는 카페24와 제휴해 유튜브쇼핑을 시작했는데 2024년 하반기부터 집중적으로 육성할 것으로 발표했다.

중국, 미국 등 선진국에서 폭발적으로 성장하고 있는 이 시장의 잠재력을 보고 지금 다양한 라이브커머스 채널들이 탄생해 운영되고 있다. 아직 해외에 비해 매출은 미비하지만 앞으로 거대한 시장이 열리리라는 사실은 누구나 예측해 볼 수 있다.

2024년 씨브이쓰리 센터의 분석 자료에 의하면 국내 라이브커머스 시장은 2020년만 해도 4000억 원 수준으로 미비했으나 2023년에는 3조 원 시장으로 급속하게 성장했다. 년간 조회 수는 37억 회에 방송 수는 31만 회인데 2022년 대비 시장 규모는 45% 성장했고 조회 수는 102% 성장했다. 방송 평균 거래액도 209만 원에서 382

● 조금 더 알기 ●
'라이브커머스'는 무엇인가?

라이브커머스는 홈쇼핑과 같이 라이브 방송을 통해 소비자들과 쇼핑 호스트가 실시간으로 소통하면서 상품을 판매하는 방식이다. 기존의 정적인 방식의 온라인 판매와 비교해 동영상으로 상품을 더욱 생동감 있게 보여주고 소비자들의 궁금증이나 질문 등을 실시간으로 응대하면서 판매할 수 있다는 장점이 있기 때문에 최근 각광받는 쇼핑 판매 방식이다.

만 원으로 83% 성장했다. 최고 거래액을 달성한 기간은 11월로 블랙프라이데이 및 각 유통사의 대형 행사들이 집중적으로 몰려 있던 것이 원인이었다. 라이브 방송에서 인기 있는 주요 카테고리는 디지털·가전, 식품, 출산·육아, 패션의류, 화장품·미용 순이었다.

2023년 라이브커머스 실적

2023년 최고 거래액 카테고리 Top 5 & 월 거래액 순위

				👑	👑	👑
1위	디지털/가전	3,452억원(30%)	11월	2월	5월
2위	식품	1,959억원(17%)	1월	9월	8월
3위	출산/육아	1,240억원(11%)	4월	3월	1월
4위	패션의류	1,134억원(10%)	4월	3월	11월
5위	화장품/미용	880억원(8%)	11월	1월	10월

※ 출처 : 씨브이쓰리, 라방바 데이터랩

현재 우리나라 라이브커머스 시장은 네이버 '쇼핑라이브', '카카오쇼핑라이브·그립(Grip)', '쿠팡라이브'가 시장을 선도해가고 있으

며 '소스(Sauce)' 같은 라이브커머스 플랫폼과 대부분의 온라인마켓들에서 라이브커머스 판매를 진행하고 있다. 라이브커머스는 일반적인 홈쇼핑과는 달리 보통 판매자와 진행자의 경계가 없으며 누가, 어떻게, 어떤 상품을 판매하냐에 따라 다르지만 연예인이나 파워 인플루언서가 진행하는 정상급 라이브커머스 방송은 시간당 1억 원 이상 판매하는 경우도 있다. 라이브커머스는 한마디로 자유로운 모바일 홈쇼핑으로 생각하면 된다.

라이브커머스 시장은 지금도 핫하지만 몇 년 내로 엄청난 성장을 할 게 뻔하기 때문에 상품을 가지고 있는 판매자라면 빨리 뛰어들어 시장을 선점하는 것이 중요하다. 모든 신규 E커머스 플랫폼 및 신규 SNS 채널은 먼저 진입해 선점하는 사람이 가장 큰 수익을 올렸다. 소셜커머스, SNS 공동구매, 페이스북, 인스타그램, 유튜브 모두 마찬가지였다. 처음에는 경쟁도 적고 플랫폼 운영진이 적극적인 마케팅, 광고 투자를 하기 때문에 이때는 좋은 조건으로 플랫폼에 입점하고 성과를 내는 것이 가능하다.

"내가 어떻게 방송을?"이라는 생각을 버리고 처음에는 다소 미흡하더라도 적극적으로 라이브커머스 시장에 들어가야 한다. 이것도 경험이 쌓이고 노하우가 쌓이다 보면 장기적으로 큰 매출 및 수익을 올려줄 효자 온라인마켓이 될 것이다. 그 단계까지 가는 데 많은 노력과 투자가 필요하겠지만 누가 봐도 앞으로 올 거대한 대세 온라인마켓에 대한 투자이니 만큼 아깝지 않을 것이다.

TV 홈쇼핑 VS 라이브커머스

라이브 방송 전문 플랫폼은 네이버 쇼핑라이브, 카카오쇼핑라이브, 그립, 소스 등이 있다. 각 플랫폼들은 시청자와 실시간 채팅을 통해 쌍방향으로 소통하며 판매를 하는데, 일반 홈쇼핑 대비해 봤을 때 보통 방송 중간에 상세페이지를 볼 수 있다는 점이 큰 장점이다(플랫폼별 상이). 그래서 꾸준히 방송을 보지 않더라도 상세페이지만 보면 구매전환이 가능하다.

TV 홈쇼핑 VS 라이브커머스

구분	TV 홈쇼핑	라이브커머스
방송 심의 규제	높음	X
판매 수수료	35~45%	10% 내외
방송 추가 비용	높음	낮음
진입 장벽	높음	낮음
송출 수수료	높음	X
장비/장소/시간	전문 장비/스튜디오/시간 제한	휴대폰/공간, 시간 상관 없음
상호 소통	단방향	양방향
고객 콜센터	필수	댓글 소통
상품 상세페이지 노출	불가	일부 채널 가능
고객 대상	40대 이상 여성	20~40대 젊은 층
방송 접근성	일정 시간에 맞춰야 함	모바일로 언제나 가능
인서트영상 제작	필수	X
성장가능성	하향 트렌드	폭발적인 성장 트렌드

지금의 라이브커머스는 아직 제대로 정립이 안 되어서 수수료, 조건, 운영 방식 등 변화가 너무 빠르다. 네이버 쇼핑라이브 대비 타 플랫폼들은 가성비 및 매출 효율 면에서 많이 떨어진다. 라이브 방송은 매출 및 이익을 얻기 위해서 뿐만 아니라 상품 홍보, 충성 고객 확보, 상품 브랜딩 측면에서 접근하는 것도 중요하다. 라이브 방송 비용 대비 매출 및 이익이 미비하더라도 방송으로 인해 영상 콘텐츠가 만들어지고 장기적인 단골 고객을 확보했다면 그것 자체로도 의미가 있다.

이러한 라이브 방송의 성장가능성과 브랜딩 효과를 파악한 대형 온라인 쇼핑몰들은 앞다투어 라이브 방송 시장에 뛰어들고 있다. 쿠팡, 롯데ON 등 웬만한 대형 오픈마켓, 종합몰도 자체 라이브 방송을 플랫폼 내에서 진행 중이다. 롯데백화점, 신세계백화점, 현대백화점 등 오프라인 대형 유통업체도 라이브 방송을 진행하고 있으며 지속적으로 확대하고 있다. 이 중 막대한 고객 트래픽을 보유한 쿠팡의 라이브 방송인 쿠팡 라이브가 높은 매출을 올리고 있다. 쿠팡 라이브는 쿠팡 관리자 페이지인 쿠팡윙에서 진행 가능하며 숏츠 등록도 가능하고 쿠팡에서 여러 지면에 노출해주고 있어서 기회가 되면 꼭 해 볼 것을 강력 추천한다.

2023년 이후 트렌드는 유튜브 트렌드와 같이 짧은 동영상 콘텐츠가 인기이다. 참을성이 없는 현대인들을 위해 숏폼 형태의 짧은 방송이 인기를 끌어가고 있다. 매출 측면에서도 짧은 시간에 여러 방

쿠팡 라이브 관리 화면

※ 출처 : 쿠팡

송을 할 수 있는 짧은 영상이 유리하다. 라이브 방송을 잘 진행하게 되면 여타의 광고, 마케팅 대비 매출, 이익, 브랜딩 측면에서 효과가 탁월하기 때문에 E커머스업계에서 라이브 방송은 매년 비약적으로 성장할 것이다.

라이브커머스 1등 업체 네이버 쇼핑라이브

기존에 네이버가 운영하던 라이브커머스 '셀렉티브'가 '쇼핑라이브'로 변경되었다. 쇼핑라이브는 스마트스토어 운영이 필수적이며 새싹 등급 이상의 판매자만 진행할 수 있다. 네이버는 2023년부터는 짧은 동영상 콘텐츠인 숏폼에 집중하고 있는데 숏폼 형식의 숏클립을 집중적으로 노출시키고 있다.

쇼핑라이브 강점 ─

많은 판매자들이 여러 영상 플랫폼 중 네이버 쇼핑라이브로 몰려드는 데는 확실한 이유가 있다. 이번에는 쇼핑라이브의 강점에 대해 그 이유를 하나하나 알아보도록 하자.

(1) 네이버에서 유입되는 고객 트래픽

네이버에서 쇼핑라이브를 적극적으로 밀어주고 있고 네이버의 엄청난 고객 트래픽을 끌어올 수 있기 때문에 정말 매력적이다. 쇼핑라이브는 네이버에 유입되는 고객들에게 홍보가 가능하고 수수료도 업계 최저 수준이라 라이브 방송을 하는 업체들은 모두 진행하고 있을 정도이다. 네이버쇼핑에 자동 노출되고 많은 연계 마케팅이 가능해 타 라이브 방송 플랫폼 대비 큰 강점을 가지고 있다.

'노트북' 검색 시 메인페이지에
쇼핑라이브 노출

※ 출처 : 네이버쇼핑

(2) 쇼핑라이브 노출 위치

쇼핑라이브의 최대 장점은 네이버에서 노출 위치가 다양하다는 점이다. 온라인 판매에서 가장 중요한 것이 상품 노출이다. 그런데 고객 트래픽이 가장 많은 쇼핑 플랫폼인 네이버에서의 상위 노출이 어느 정도 보장되는 쇼핑라이브는 무조건 공략해야 하는 서비스이다. 쇼핑라이브의 주요 노출 위치는 쇼핑 검색, 통합 검색, 쇼핑라이브 탭, 상품 상세 페이지이며, 내 상품에 해당하는 대표 키워드, 세부 키워드 검색 시 쇼핑라이브 상품이 우선 노출된다는 장점이 있다.

⑶ 일반 광고 대비 효율적인 브랜드 홍보 효과 및 매출 이익

네이버 키워드 광고·쇼핑 광고와 기타 쇼핑 플랫폼들의 광고 비용이 매년 비약적으로 오르면서 광고 효율이 나지 않는 상황에서 네이버 쇼핑라이브 방송이 쇼핑몰 광고의 대안으로 떠오르고 있다. 실제로 광고를 통한 매출이나 이익보다 지속적인 라이브 방송을 진행함으로써 더 큰 매출과 이익, 그리고 브랜드 홍보 효과를 더 많이 본 업체들은 광고비를 최저 수준으로 줄이고 라이브 방송에 집중하는 경우도 많다.

2020년까지만 해도 라이브 방송 진행 비용이 너무 비싸서 효율이 나지 않는 경우가 많았으나 지금은 라이브 방송 진행 업체 및 프리

• 조금 더 알기 •
'네이버 쇼핑라이브' 개설 조건

― 스마트스토어 운영 필수
― 스마트스토어 새싹 등급 조건 이상(3개월 매출 건 수 100건 이상, 3개월 매출액 200만 원 이상)

랜서 쇼호스트도 많아지고 해서 진행 비용이 큰 폭으로 줄었다. 라이브 방송의 진입장벽이 낮아지고 대중화되면서 대행사나 쇼호스트를 쓰지 않고 직접 진행하는 업체가 많아지고 있는데 이 경우 수익 및 브랜딩 효과는 쇼핑몰 광고와는 비교 불가할 정도이다.

라이브커머스 운영 노하우

라이브커머스는 어떻게 운영해야 하는지 궁금해하는 초보 판매자들이 많다. 이번에는 좋은 매출, 이익을 만들어내기 위해서 꼭 알아야 할 라이브커머스 운영 노하우 관련해 주요 체크 포인트들을 하나하나 자세히 알아보도록 하자.

주요 타깃 고객 및 운영 상품 ────

일반적으로 라이브커머스에는 3040 주부 고객들이 대부분으로 주부들이 좋아하는 관련 상품들이 많이 팔리는데 특히 식품 같은 먹거리, 가전·디지털, 출산·육아, 패션·잡화, 주방 생활용품, 뷰티 상품의 매출이 좋다. 가장 대중화된 네이버 쇼핑라이브의 경우는 타 플랫폼에 비해 대부분의 카테고리에서 일정 수준 이상의 판매가 일어난다.

라이브커머스 대행사 ———

라이브커머스 대행사 비용은 보통 50~500만 원 정도 하는데 쇼호스트를 몇 명 쓰느냐, 그리고 기본 유입 고객을 몇 명을 만드느냐에 따라 가격이 천차만별이다. 대행사 비용이 올라가는 가장 큰 요인이 기본 유입 고객 숫자인데 대행사들이 기존에 보유한 고객들이 내 상품의 타깃과 일치하지 않는 경우가 많기 때문에 효율은 많이 떨어진다.

쇼호스트 선정 및 운영 ———

중소 사업자의 경우 처음부터 대행사를 이용하기보다는 기존에 내 상품과 비슷한 상품을 방송해 본 경험이 있는 쇼호스트를 직접 접촉해 진행하는 것을 추천한다. 경험이 많은 쇼호스트의 경우 기본적인 상품 설명만 줘도 알아서 진행하는 경우도 있다. 셀러오션 같은 온라인 판매, 유통 관련 네이버카페에 쇼호스트를 검색해 보면 많은 쇼핑라이브 경험자를 찾을 수 있다. 이들의 레퍼런스를 보고 접촉해 조건이 맞으면 진행하면 된다. 직접 접촉하면 쇼호스트 비용은 15만 원에서 50만 원 선에서 찾을 수 있는데 고정 금액이 아닌 매출액의 일정 부분 수수료를 요구하는 경우도 있다. 네이버 쇼핑라이브의 경우 일부 쇼호스트는 본인이 운영하는 스마트스토어 채널을 통해 방송하기를 원하는데 쇼호스트가 기존에 찜 회원을 많이 모았다면 많은 매출이 나올 수도 있다.

내 상품과 잘 맞는 쇼호스트를 찾았다면 장기 계약을 통해 비용을 낮춰야 한다. 잡코리아 같은 구인구직 사이트에도 경험 많은 쇼호스트들이 많이 있다. 대행사들도 이런 커뮤니티와 구인구직 사이트를 통해서 쇼호스트를 섭외한다.

네이버카페 셀러오션

※ 출처 : 네이버카페 셀러오션

라이브커머스 판매 전략 ——

라이브커머스 방송은 평균 30분에서 1시간 동안 진행되는데 매출은 후반부로 갈수록 점차 많아지며 방송이 끝나고 훨씬 더 많은 매출이 발생한다. 처음 방송 시작할 때는 사람들의 관심이 없다가 나중에 가격을 보고 괜찮으면 구매하는 패턴이다. 고객들은 방송을 보다가 장바구니에 담아 놓고 해당 상품을 네이버에 검색도 해 보면서 계속 고민하다가 방송이 끝나기 직전이나 방송이 끝나고 구매하는 경우가 많다. 라이브 TV 홈쇼핑과는 구매 패턴이 다르다.

라이브커머스는 상세페이지를 중간중간에 볼 수 있다는 큰 장점이 있다. 라이브 TV 홈쇼핑은 계속 반복해서 핵심 내용, 구매 유도 멘트를 해줘야 하지만 라이브커머스는 상세페이지를 보라고 말하면 된다. 방송 끝나기 5분 전이 가장 중요한데 이때 재고가 떨어질 수 있으니 빨리 구매하라고 다시 한 번 강조하는 게 중요하다. 이런 멘트 기술에 따라 매출이 3~4배 차이가 난다.

라이브커머스는 상세페이지가 있어 홈쇼핑처럼 상품을 매우 구체적으로 설명할 필요가 없다. 그래서 진행자의 부담이 적어 진행자를 쓰지 않고 내가 직접 진행할 수도 있다. 대신 시청자와 실시간 소통은 아주아주 중요하다. 최근에는 숏폼 형태의 짧은 방송으로 추가 매출을 올리는 것이 유행인데 선두 업체인 네이버 쇼핑라이브에서 집중적으로 밀고 있다.

매출이 가장 나오지 않는 요일은

실시간으로 소통하며 상세페이지를 직접 볼 수 있는 라이브커머스

※ 출처 : 네이버 쇼핑라이브

금요일, 토요일이고 방송하기 좋은 시간대는 주부 대상 상품이라면 낮시간과 일과를 끝낸 저녁 9시 이후 시간대가 좋다. 저녁 시간대는 주로 대기업 인기 상품의 기획전을 많이 한다. 그러나 이런 피크 시간대는 치열한 경쟁이 있기 때문에 내 상품이 비선호 카테고리라거나 큰 할인 혜택을 제공하지 못한다면 이런 시간대를 피해서 진행하는 게 좋다.

라이브커머스는 수수료가 낮다고 해도 방송 비용 및 할인, 증정 혜택이 많이 들어가기 때문에 의외로 상품 판매 마진이 낮다. 그렇기 때문에 매출, 수익을 극대화하는 용도보다는 상품·브랜드 홍보 및 충성 고객 확보, 단골 고객 혜택 제공 등의 목적으로 사용하는 게 좋다.

라이브커머스 플랫폼 종류

우리나라에는 업계 1위인 네이버 쇼핑라이브 이외에도 다양한 라이브 커머스 플랫폼이 존재한다. 라이브커머스는 어떤 곳들이 있고 어떤 특징이 있는지, 각 플랫폼에 대해 자세히 알아보도록 하자.

1. 네이버 쇼핑라이브

네이버 쇼핑라이브는 플레이스토어, 앱스토어에서 '네이버 스마트스토어센터' 앱을 다운받고 메뉴를 클릭 후 '라이브 시작하기'를 누르면 간단히 시작할 수 있다. 사전에 스마트스토어 가입 및 새싹 등급 이상 유지는 필수 조건이다. 쇼핑라이브는 최대 120분 동안 진행할 수 있는데 최소 10분 이상 진행할 것을 권장한다. 그리고 짧게 만들어서 자주 방송하는 경우에는 네이버에서 제재를 가할 수 있다. 진행 상품 카테고리의 제한은 없고 최소 1개, 최대 30개까지 방송 연동이 가능하다.

쇼핑라이브에서 발생할 수 있는 추가 비용으로는 판매 수수료를 들 수 있는데, 라이브 방송을 통한 구매와 다시보기 영상에 노출된 상품을 통해 구매가 일어나는 경우 '라이브 유입 수수료 3% + 네이버페이 수수료(사업자 등급별 상이)'가 적용되어 신용카드 결제 시 대략 5~7% 정도가 발생한다. 스마트스토어 수수료보다 1% 높다고 생각하면 된다. 단, 진행자를 부르고 스튜디오를 세팅하면 추가로 부대 비용이 들 수 있다.

나의 쇼핑라이브를 네이버 메인페이지에 노출할 수 있는 '기획 라이브'가 있는데 여기에 노출되면 엄청난 고객 트래픽으로 폭발적인 매출이 가능하다. 하지만 경쟁이 치열해서 선정되기가 쉽지는 않다. 기획 라이브를 신청하는 방법은 두 가지가 있는데 쇼핑윈도 공식 블로그를 통해 공지될 경우 기한 내 제안서를 제출하거나 네이버 제휴 제안 페이지에서 제안서를 제출하는 방법이 있다. 네이버 쇼핑라이브에 대한 자세한 정보를 원하면 쇼핑라이브 고객센터에 들어가면 자세한 정보를 얻을 수 있다.

2. 그립

그립(GRIP)은 라이브커머스 초기에 시작한 역사와 전통이 있는 업체로서 많은 충성 고객을 확보하고 있다. 신규 셀러들을 모집하기 위해 판매 수수료 무료 혜택 이벤트를 자주 하는 편이며, 마케팅 홍보 등의 다양한 혜택도 제공하고 있다. 카카오에서 그립의 가능성을 일찌감치 파악하고 2021년 1800억 원에 인수했다. 2024년 누적 가입자 400만 명, 누적 거래액 7000억 원을 돌파했다.

그립 입점 신청은 홈페이지 하단 '입점 안내'를 클릭하면 된다. 입점 신청서에 '브랜

카카오가 인수한 전통의
라이브커머스 플랫폼 그립

※ 출처 : 그립

드 명·상호명', '전화번호', '사업자등록증 번호', '상품 소개 url 및 기타 상품 설명'을 입력하면 된다. 추가로 제출할 파일이 있으면 첨부해서 제출하면 된다. 신분증, 사업자등록증, 통신판매업신고증 등 필수 입점 서류는 입점 승인이 떨어진 이후 등록하면 된다. 입점 및 상품 수수료는 무료이며 기본 판매 수수료 5.5%, 방송 판매 시 추가 수수료 3%, 결제망 이용료 3.5%이다. 셀러들의 판매 지원을 위한 마케팅비(쿠폰)와 결제대행 수수료를 지원하고 있다. 판매 대금 정산 주기는 월 4회로 당월 12일, 20일, 27일, 익월 7일에 실시한다.

3. 소스

소스(SAUCE)는 임대형 플랫폼 형식이다. 입점할 때 하나의 방송 채널을 구매해서 수수료까지 협의하고 일정 시간을 사서 진행하는 방식이라 비용에 대한 진입장벽이 있다. 그래서 주로 소상공인보다는 자사몰을 가진 대형 브랜드업체들이 많이 이용한다. 입점 신청은 홈페이지 '이용 문의'를 클릭하면 된다.

4. 카카오 쇼핑라이브

카카오 쇼핑라이브는 막대한 고객기반을 보유한 카카오에서 운영하는 라이브커머스 플랫폼이다. 카카오의 E커머스 사업 활성화에 큰 기대를 할 것으로 생각하고 집중적으로 지원하고 있다. 카카오 쇼핑라이브는 카카오톡과 연계해 실시간 모바일 라이브 방송을 통해 고객과 더욱 빨리 소통할 수 있기 때문에 향후 성장이 많이 기대되는 플랫폼이다.

대량 매출의 대명사
기업체·단체 특판 & 복지몰

유통을 하는 사람들이 환상을 가지고 있는 유통 채널이 있는데 바로 특판과 복지몰이다. 특판은 한 번에 수만 개의 상품을 판매할 수 있을 정도라 대량 매출의 대명사이고, 복지몰은 일반인들에게 노출되어 있지 않고 은밀한(?) 루트를 통해 입점해 온라인상에 가격 노출 없이 해당 복지몰의 충성 고객들에게 지속적이고 안정적으로 판매할 수 있는 루트라 여겨지는 경향이 강하다. 이번에는 판매자들이 큰 관심을 가지기는 하나 쉽게 접근할 수 없는 유통 채널인 특판과 복지몰에 대해서 알아보도록 하겠다.

특판

특판은 특수 판매 혹은 특별 판매를 의미하는데 일반적인 판매 방식이 아닌 특별한 상황과 용도로 판매하는 것을 뜻한다. 예를 들어 특정 기업체의 임직원 명절 선물로 해당 기업의 브랜드 로고가 박힌 선물 1,000개를 판매하는 식이다. 해당 기업의 통상적인 유통 경로나 판매 방식이 아닌 특별하게 발생하는 단발성 판매 방식이다.

특판은 보통 제품 구매 용도에 따라서 판촉물 특판과 선물용품 특판으로 구분된다. 선물용품 특판이란 기업체·단체에서 직원용 선물, 고객용 선물을 대량(몇천, 몇만, 몇십만 개 단위)으로 구매하는 것을 말하고, 판촉물 특판이란 신제품 홍보 또는 캠페인 활성화가 필요할 때 주로 구매하게 된다. 은행이나 주유소, 교회, 관공서 등에서 물티슈, PP 부채, 핫팩 등에 홍보 내용을 인쇄해서 배포하는 형태라고 생각하면 된다. 예를 들면 전국 지자체, 관공서, 공공기관 등에서 코로나19 방역 이슈로 일회용 마스크나 손소독제 등을 엄청나게 많이 구매, 배포해 한두 번은 받아본 경험이 있을 것이다.

'한국 특판 유통 연합회' 추정에 의하면 특판 시장은 선물용품 시장 20조 원, 판촉물 시장 10조 원으로 추산될 만큼 규모가 크다고

• 조금 더 알기 •
'특판' 성사의 가장 중요한 요소

- 특판 경쟁 입찰에 참여할 수 있는 정보력과 인맥
- 온라인 최저가 이하 가격
- 특판 담당 기업 담당자와의 네트워킹

한다. 그러나 특판 시장은 쉬우면서도 가장 어려운 시장인데 대량 판매인 만큼 경쟁업체도 많고 단가 싸움도 치열하기 때문이다. 게다가 인맥으로 이뤄지는 경향이 많아서 처음 접근하는 사람은 쉽게 접근할 수가 없다.

특판 빅 시즌은 설, 추석, 창립기념일, 노동자의 날인데 구매 물량이 엄청나고 판매 이익액이 높기 때문에 보통 해당 기업·단체의 특수 관계인(해당 기업 퇴직 임직원, 특판 담당자 지인 등)이 많이 한다. 대기업들은 거의 경쟁 입찰이고 규모 작은 기업들은 경쟁 입찰 또는 수의 계약 형태이다. 그러나 기업 특판 담당자와 공급업체 간에 사전 조율(?)이 이루어져서 명목상으로만 경쟁 입찰인 경우가 많다.

특판은 관련 인맥 및 뭔가 특수한 스토리가 없으면 뛰어들기 힘든데 보통 해당 기업·단체와 특수한 관계에 있는 특판 전문 벤더를 통해 이루어진다. 해당 기업체·단체의 특판 담당 직원은 일반적인

특판 제안 상품을 찾는 유통 카페 게시글

※ 출처 : 네이버카페 유통노하우연구회

특판 인기 상품	– 디지털 상품군(MP3, USB 등) – 패션 소품(시계, 넥타이, 양말 등) – 기프트 상품(선물 세트, 주방 세트, 열쇠고리 등) – 생활필수품(볼펜, 휴지, 티슈 등), – 가전 등 고급 상품(우수사원, VIP 선물)
특판 선호 가격대	– 1만 원, 3만 원, 5만 원, 10만 원, 20만 원

MD가 아닌 단순 구매팀 직원으로 가격도 중요하긴 하지만 그보다 안전하게 사고 없이 특판이 진행되기를 원한다. 그래서 평소 익숙하고 믿음직한 벤더업체를 통해 거래하는 것을 선호한다.

특판 경쟁 입찰 시 주의사항 ────

일반 유통 판매와 달리 특판은 사전에 자세히 알아봐야 할 내용들이 많다. 특히 특판 입찰전에 아래 내용들에 대해서는 꼭 숙지하고 진행을 해야 한다.

- 납품 기일, 포장, 운송 조건
- 모델별 수량 및 변동 범위
- 불량률과 그 처리 사항
- 결제 조건 & 계약 사항

특판은 물량이 워낙 커서 납기 및 계약 조건 미준수 시 엄청난 페

348

널티가 따른다. 만약 직원 추석 선물 10만 개가 추석 전에 도착하지 못한다면 엄청난 재앙일 것이다. 그래서 특판이 성사될 때 가격도 중요하지만 납기 조건이 최우선이 될 수밖에 없다. 이런 위험성 때문에 특판을 담당하는 구매팀 기업 담당자는 전문 특판 벤더업체들을 선호하게 된다.

특판 시장 진입 방법 ──

특판에 뛰어드는 방법은 두 가지가 있다. 첫 번째는 대기업·중견기업(현대, LG, 롯데 등) 법인 영업사업부에 업체코드 등록 후 경쟁 입찰하는 방법이다. 그러나 낙하산 업체도 많고 정식 업체코드 받기도 쉽지 않아서 입찰에 성공하기는 쉽지 않다. 그래도 일단 입찰에 성공하면 큰 매출을 맛보고 장기적인 특판 전문 업체가 될 수 있기 때문에 조건이 되는 업체들은 꼭 시도해 봐야 한다.

두 번째는 특판 전문 벤더업체를 활용하는 방법이다. 내가 아무리 시도해도 특판이 잘 안 풀릴 때는 차라리 일정 수수료를 주고 특판을 전문으로 하는 벤더업체를 통해 진행하는 것이 효율적이다. 벤더

• 조금 더 알기 •
대기업 '특판'·법인 영업 사이트
──
- 신세계B2B www.ssgb2e.com
- 롯데B2B www.lotteshopping.com/etc/corporatebusiness

업체 수수료는 10~30% 정도인데 여기에 해당 기업체·단체 고위직의 핫라인을 탈 경우에는 추가로 10~15%는 줘야 한다. 해당 특판 벤더업체의 특판 성사 기여도에 따라 수수료는 달라질 수 있다.

기본적으로 특판 시장에 진입하려면 나만의 상품을 가진 제조업체, 수입업체, 총판 정도는 되어야 진입이 가능하다. 단순 벤더업체는 타이트한 가격 조건(온라인 최저가 이하) 및 대규모 물량 확보 문제 등으로 인해 진입이 불가하다.

특판 전문 벤더업체 찾기 ─────

특판 전문 벤더업체는 유통과학연구회, 유통노하우연구회 같은 네이버 유통카페나 유통 관련 카카오 오픈채팅방, 유통 관련 네이버밴드를 통해 찾을 수 있다. 네이버카페 검색창에 '특판'을 검색하든지 해당 커뮤니티에 특판 상품을 제안하든지 특판 벤더를 구하는

• 조금 더 알기 •
한국 특판 유통연합회

'한국 특판 유통연합회(www.kfse.or.kr)'는 2015년도에 설립한 특판 유통 전문 단체이다. 특판을 원하는 구매자와 상품 공급자들이 다수 회원으로 가입되어 있다. 국내 최고의 특판 관련 정보와 인맥 구축이 가능하기 때문에 특판에 관심이 있는 업체들은 반드시 회원가입하고 본인의 상품을 등록하기를 추천한다. 회원들이 가입해 있는 카카오 오픈채팅방(https://open.kakao.com/o/gxCyGv8b)도 운영하는데 여기서도 많은 특판 거래가 성사된다.

글을 올리면 된다. '한국 특판 유통연합회'가 직접 운영하는 카카오 오픈채팅방에서도 특판 전문 벤더업체를 찾을 수 있다.

네이버 유통카페의 특판 벤더업체

복지몰

복지몰은 일반인들이 흔히 이용하는 오픈마켓, 소셜커머스, 종합몰과 달리 대기업 임직원몰이나 공무원몰, 특정 공공기관몰, 카드사 회원 포인트몰 등 특수 직종, 특수 계층에 속한 사람들만 이용할 수 있는 쇼핑몰을 말하는데 일반인들에게 오픈이 안 된다는 의미에서 폐쇄몰이라고 불리기도 한다. 일반 규모가 큰 회사, 공공단체의 경우 직원들에게 정해진 월급 이외에 직원 복지 차원에서 다양한 복리후생비를 지급하는데 이를 현금으로 주지 않고 복지포인트 방식으로 지급하는 경향이 있다. 이런 복지포인트를 가지고 회사나 단체에서 직접 또는 위탁으로 운영하는 복지몰에서 상품을 구매하든지 서비스를 이용하게 된다.

복지포인트 제도가 있느냐 없느냐에 따라 매출 차이가 크기 때문에 복지몰 입점 전에 복지포인트 제도 유무를 반드시 체크해야 한다. 복지포인트를 1년 내에 써야 하는 조건이 많기 때문에 복지몰 매출은 12월에 특히 많이 발생하는 경향이 있다. 2010년을 기점으로 각 기업들이 경쟁적으로 직원들의 복리후생을 위해 '선택적 복리후생제도'를 도입해 복지몰이 번성했고 신용카드가 활성화됨에 따라 카드사 포인트몰도 크게 확대되었다.

복지몰의 가장 큰 장점은 인터넷 가격 검색 시 판매 가격이 노출되지 않는다는 점인데 그렇기 때문에 시장 가격을 망가트리지 않고 가격 할인을 통해 큰 매출을 올릴 수 있고 급하게 처리해야 하는 물량이 있을 때 유용하게 이용할 수 있는 유통 채널이다. 제조업체나 벤더업체 입장에서는 이익은 제쳐두고 매출 또는 재고 처리를 위해 일반적으로 치고 빠지는 용도로 많이 이용된다.

복지몰 자체가 직원들에게 추가의 혜택을 주는 개념이기 때문에 복지몰에 입점하는 상품들의 기본 조건은 온라인 최저가 이하로 공급해야 한다. 이때 온라인 최저가와의 가격 차이가 얼마나 나느냐에 따라 매출이 큰 영향을 받는다. 복지몰이 인기 있는 또 하나의 이유는 폐쇄적인 운영 구조로 인해 일반 오픈마켓 대비 동일 카테고리 내의 입점 상품 수가 적어서 매출이 많이 일어나기 때문이다.

복지몰이 일반에 잘 알려지지 않은 유통이다 보니 정보도 부족하고 입점 업체들도 오래 전부터 거래해온 업체들인 경우도 많다. 따라서 지금부터라도 복지몰을 잘 공략하면 중소기업들은 큰 성과를 기대할 수 있다.

대한민국 대기업, 대형 공공기관의 경우 80% 정도가 복지몰을 운영하고 있는데 복지몰을 해당 기업, 기관이 직접 운영하는 데는 어려움이 있기 때문에 대부분이 복지몰 전문 운영 대행업체들에 위탁을 맡기고 있다. 따라서 복지몰에 입점하려면 이들 복지몰 전문 운영 대행업체들을 공략하면 되는데 대형 복지몰 전문 운영 대행업체들은 수십, 수백 개씩 위탁 운영을 하고 있어 한 번 관계를 잘 맺어놓으면 큰 효과를 볼 수도 있다. 가령 현대이지웰은 1,700여 개 업체, 베네피아는 3,700여 개 업체, e-제너두는 600여 개 업체의 복지몰을 위탁 운영하고 있다.

2,000개 이상의 복지몰을 운영 대행하는 업계 1등 현대이지웰

※ 출처 : 현대이지웰

외부 업체를 이용하지 않고 자체적으로 운영하고 있는 복지몰들은 직접 접촉해서 입점해야 하는데 복지몰들의 규모 및 조건을 보고 선택적으로 접근해야 한다. 이런 복지몰들은 우체국, 교직원나라 등이 있는데 이외에 다른 자체 운영 복지몰에 대한 정보들은 네이버 대형 유통 카페인 유통노하우연구회, 온라인 유통 센터, 무유모나 유통 관련 카카오 오픈채팅방 등에서 얻을 수 있다.

이런 복지몰에서 특히 인기 있는 상품들은 유명 브랜드 상품 및 복지에 걸맞는 건강에 관련된 식품이나 운동 기구, 스포츠 상품들이다. 오픈마켓, 종합몰만큼은 아니지만 최근에는 복지몰도 회원들

• 조금 더 알기 •
'복지몰' 체크 포인트

- 판매 가격 온라인 비노출
- 판매 수수료 10~25%
- 복지포인트 운영 여부 중요
- 온라인 최저가 이하 판매 조건
- 긴 정산 주기 40~60일

주요 복지몰 운영 대행업체

업체 명	회원사 수	주소
현대이지웰	2,000개 이상	www.hyundaiezwel.com
e-제너두	600개 이상	www.etbs.co.kr
베네피아	3,700개 이상	www.benepia.co.kr
네티웰	120개 이상	www.netiwell.com

을 위해 다양한 상품 구색을 갖추어나가고 있다. 특히 입점을 검토할 때 온라인 최저가 조건을 반드시 확인하고 제안을 해야 한다. 온라인 최저가와 차이가 클수록 큰 매출을 기대해 볼 수 있다.

입점 방법 ———

복지몰도 입점 방식이 MD 승인제이기 때문에 입점이 쉽지는 않다. 또한 폐쇄적인 유통 채널이라 정보가 많지 않고 인맥이 상당히 중요시되는 유통 채널이다. 유명 복지몰 운영 대행업체 홈페이지에서 온라인 입점 신청을 통해 복지몰 입점을 시도하고 운영 대행업체를 쓰지 않고 기업 또는 단체에서 직접 운영하는 복지몰들의 경우는 하나하나 접촉해서 입점해야 한다. 이렇게 운영 대행업체를 쓰지 않고 직접 운영하는 복지몰은 관리가 쉽지 않기 때문에 복지몰 전문 벤더업체들을 통해 입점하는 것이 바람직하다.

복지몰 전문 벤더업체들은 복지몰 운영 대행업체 및 각각 운영되는 대형 복지몰들과 네트워크가 있기 때문에 이들을 통하면 상대적으로 쉽게 입점할 수 있다. 단, 벤더 수수료 10~20% 정도를 지급해야 하는데 복지몰 직접 입점이 어려운 경우 이런 비용을 들여서라도 입점하는 것을 추천한다. 복지몰 전문 벤더들은 네이버 유통카페나 유통, 온라인 판매 관련 카카오 오픈채팅방 및 네이버밴드 등에서 찾을 수 있다.

복지몰 판매 전략 ─────

내 상품이 유명 브랜드가 아니거나 복지몰 성격에 맞지 않으면 아예 복지몰에 입점 시도를 하지 않는 게 좋다. 헛수고만 할 확률이 매우 높기 때문이다.

개별로 운영되는 복지몰은 하나하나 입점해서 운영하는 것이 어려워 전문 벤더업체들을 쓰는 것이 좋다. 그러나 개별로 운영되는 복지몰이더라도 카드사, 정유사, 금융사 포인트몰 같은 경우에는 매출이 크기 때문에 처음에는 직접 입점 시도를 하고 입점이 거부되는 경우 전문 벤더업체를 이용하는 것이 좋다.

현대이지웰 같은 복지몰 운영 대행업체들의 경우는 한 번 입점 시 수백 개의 복지몰에 들어갈 수 있기 때문에 직접 입점을 시도하는 것이 유리하다. 단, 복지몰 운영 대행업체 입점이 거부되는 경우에는 전문 벤더업체들을 통해 입점을 다시 시도해야 한다.

복지몰에 입점만 하고 가만히 있으면 원하는 매출이 나오지 않는다. 복지몰은 자체 할인 혜택 및 쿠폰, 외부 카드사 등 제휴할인을 많이 하는데 이때 MD의 힘이 세기 때문에 MD와 소통해서 특가 행사, 기획전 및 각종 이벤트에 꾸준히 참여해야 한다.

지금까지 안내되지 않은 삼성 계열사들의 경우 'https://계열사영문이니셜.s-bluevery.com'으로 도메인을 완성해 바로 접속하거나 각종 포털사이트에서 '계열사명 + 블루베리몰' 키워드로 검색하면 쉽게 해당 계열사 복지몰을 찾을 수 있다.

삼성 계열사 '복지몰'

삼성은 계열사별로 블루베리몰이라는 복지몰을 운영하고 있다. 매년 3월 초 삼성 임직원은 블루베리 복지포인트를 지급받게 되며 1년 내에 사용해야 한다.

삼성 계열사 블루베리 복지몰 리스트 및 사이트

계열사 블루베리몰 리스트	링크 주소
삼성에스원 블루베리몰	http://s1.s-bluevery.com
삼성전자 블루베리몰	http://sec.s-bluevery.com
삼성중공업 블루베리몰	http://shi.s-bluevery.com
삼성생명 블루베리몰	http://sslife.s-bluevery.com
삼성전기 블루베리몰	http://sem.s-bluevery.com
삼성화재 블루베리몰	http://ssfire.s-bluevery.com
삼성디스플레이 블루베리몰	http://displays.s-bluevery.com
삼성 SDS 블루베리몰	http://sds.s-bluevery.com
삼성 SDI 블루베리몰	http://sdi.s-bluevery.com
삼성 LED 블루베리몰	http://led.s-bluevery.com
삼성 SNS 블루베리몰	http://sns.s-bluevery.com
삼성 서울병원 블루베리몰	http://smc.s-bluevery.com
삼성 EZ1 블루베리몰	http://ez1.s-bluevery.com
삼성 코닝정밀소재 블루베리몰	http://cpm.s-bluevery.com
제일모직 & 에버랜드 블루베리몰	http://everlands.s-bluevery.com
삼성 엔지니어링 블루베리몰	http://secl.s-bluevery.com
삼성 코닝정밀소재 블루베리몰	http://cpm.s-bluevery.com
삼성물산 블루베리몰	http://everlands.s-bluevery.com
삼성증권 블루베리몰	http://securities.s-bluevery.com
삼성 웰스토리 블루베리몰	http://mwelstory.s-bluevery.com
삼성 바이오로지스	http://sbio.s-bluevery.com

※ 출처 : 모코나 뉴스

티끌모아 태산,
신선식품 C2C 판매 전략

온라인 유통은 보통 온라인 쇼핑몰에 입점해서 판매하는 것이 일반적이다. 일반적인 카테고리의 상품이라면 보통 이렇게 판매하는 것이 좋다. 그러나 신선식품의 경우는 좀 다르다. 대형 쇼핑몰에 입점해서 판매하는 것도 좋지만 직접 고객과 다이렉트로 온라인상에서 C2C(Customer to Customer) 판매가 많이 이루어진다. 신선식품 카테고리의 특성상 선도, 유통기한의 문제도 있고 판매자에 대한 신뢰도의 이슈도 있고 해서 고객과 생산자가 직접 C2C로 거래하는 시장이 은근히 크게 형성되어 있다.

도매업자에게 납품해서 이들이 대형 쇼핑몰에 입점해서 판매하는 경우 생산자의 마진은 당연히 적을 수밖에 없다. 그래서 만약 고객에게 C2C로 직접 판매한다고 하면 큰 마진을 볼 수도 있다. 재구매가 자주 일어나는 신선식품의 특성상 단골 고객으로 만들어서 꾸준한 매출을 올릴 수도 있다. 센스 있는 신선식품 판매자들은 이미 이런 소규모 C2C 마켓에서 큰 매출 및 마진을 보면서 판매를 하고 있다.

당근마켓 ———

당근마켓은 회원 수 2300만 명의 지역기반 초대형 C2C 중고 거래 플랫폼이다. 당근마켓은 중고 거래 플랫폼으로 많이 알려져 있지만 신상품 거래도 활발히 이루어진다. 특히 신선식품의 경우 당근마켓에서 거래가 활발하다. 당근마켓에서만 월 매출 억대를 올리는 신선식품 판매자들도 많이 있다.

당근마켓의 장점	– 일반 쇼핑몰 대비 적은 경쟁자 – 즉시 결제라 좋은 현금 유동성 – 일반 쇼핑몰 대비 판매의 용이함

당근마켓에서는 40~60대 고객들이 제철 신선식품 특히 농산물, 수산물을 많이 구매하는데 경쟁 판매자가 적고 즉시 현금 결제가 가능하다. 그리고 상품 사진과 글 몇자 적으면 판매 페이지가 완성되다 보니 상세페이지 제작의 부담도 없다. 단점으로는 채팅으로 거래가 이뤄지다 보니 채팅 응대에 많은 노력이 들어간다는 점이다.

채팅을 하면서 계좌를 보내고 바로 입금을 받는 방식이라 현금 유동성 면에서는 큰 도움이 된다. 채팅에 대한 부담은 판매 규정,

CS 메뉴얼을 템플릿으로 만들어서 복사, 붙여넣기 방식으로 어느 정도 해결이 가능하다.

당근마켓에서 비즈 프로필을 만들고 사업자인증을 받으면 당근 스토어를 만들어서 당근마켓 고객들에게 판매를 할 수 있는데 보통 큰 매출을 내는 판매자들은 이 방식으로 판매를 한다. 당근 스토어는 사업

당근마켓 비즈 프로필

※ 출처 : 당근마켓

자 한 개당 세 개를 만들 수 있다. 비즈 프로필을 만들려면 사업자 등록증이 있어야 한다.

당근마켓의 판매글은 상세페이지가 아닌 소식글이라고 하는데 신선식품 고객 연령층의 나이가 40~60대로 높기 때문에 최대한 가독성 있게 작성해야 한다. 그리고 세트장에서 촬영한 퀄리티 있는 사진보다는 실사로 찍은 날것 그대로의 느낌이 있는 사진이 판매에 유리하다. 판매글의 첫 문단에는 무조건 가격을 언급하고 싸다는 것을 강조해야 판매에 유리하다. 판매자의 얼굴이 직접 나오면 고객에게 더욱 신뢰를 줄 수 있고 단골 만들기에도 용이하다.

당근마켓에서 단골 고객을 만드는 데 자주 이용하는 것이 바로 쿠폰 이벤트이다. 쿠폰 발행 시 단골 고객 전용으로 하게 되면 고객

이 쿠폰을 다운받을 때 자동으로 단골이 맺어진다. 이렇게 많은 단골들을 확보하게 되면 단골 고객들에게 추가로 마케팅을 하는 것이 가능해서 판매에 큰 도움이 된다. 단골들에게 '소식글' 알림을 하루에

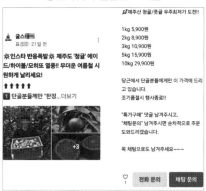

당근마켓의 심플한 소식글

※ 출처 : 당근마켓

한 번 보낼 수 있는데 이 때 내 상품을 무료로 홍보도 할 수 있다. 소식글 알림은 휴대폰 푸시로 뜨기 때문에 홍보 효과가 매우 크다.

단골 만드는 데 도움이 되는
단골 전용 쿠폰

※ 출처 : 당근마켓

당근마켓에서 판매 시 수수료는 두 가지로 구분되는데 직접 소식글을 올리고 채팅을 통해 계좌이체로 판매를 하는 경우 수수료는 없으며, 직접 당근마켓에 상품을 등록하고 판매를 하게 되면 수수료는 3.3%이다. 상품 등록 판매 시 판매 대금 정산 기간은 고객 구매 확정 이후 영업일 기준 3일이다.

당근 판매 시 특별한 상위 노출 로직은 아직 없으며 구매 후기가

많아야 판매가 잘 이루어지며 광고 구좌도 있어 초보 판매자도 쉽게 상위 노출이 가능하다. 아직까지는 당근 판매가 많이 활성화되어 있지 않아 광고비도 타 쇼핑몰 플랫폼 대비 높지 않다.

당근마켓에서 농산물, 수산물 등 신선식품 판매는 아직 남들이 생각하지 않는 블루오션 시장이기 때문에 경쟁이 치열해지기 전에 무조건 적극적으로 진입해서 판매를 하는 것이 좋다. 프리랜서 마켓 크몽에 당근마켓 판매에 대한 컨설팅, 강의와 리뷰 지원, 광고 대행 서비스들도 있기 때문에 관심 있는 분들은 알아보면 도움이 된다.

네이버카페 농라 ──────

네이버카페 중에 농수산물 직거래로 유명한 '농라'라는 카페가 있다. 농라는 오랜 역사와 전통을 가지고 있으며 총 두 개 카페가 운영 중인데 두 개 카페 회원 수가 무려 170만 명이 넘는다. 워낙 충성 회원들이 많기 때문에 제철 상품이고 가격만 좋으면 많은 판매가 일어난다. 판매 방식은 매우 단순한데 카페에 판매자로 등록하고 관련된 게시판에 판매글을 올리고 판매를 하면 된다.

- 농라 : https://cafe.naver.com/tlsxh
- 농라마트 : https://cafe.naver.com/nonglamart#

농라 판매자는 여러 코드로 분류가 되는데 본인의 상황을 잘 파악하고 나에게 맞는 코드로 판매자 가입을 해야 한다. 코드별로 판매할 수 있는 상품과 입점 비용이 다르다.

농라 코드 분류

D	통신판매업 신고를 한 직접 생산사 농민
CF	직접 제조 가공식품 판매자
CAF	자신이 생산한 농산물로 제조한 가공식품 판매자
CR	도소매, 수산물, 영농조합법인, 농업회사법인 등
CRF	제조된 가공식품을 유통 판매하는 도소매 판매자
G	영세농, 소농, 고령농 농산물 판매 지원하는 정부, 지자체 판매자

농라 등급별 입점 비용

코드	D코드	C코드(CR, CAF, CF)
분류	사업자, 통신판매신고증 있는 농민	수산물, 도소매, 법인, 가공, 펜션, 경매인 등
1년 계약	연 19만 8,000원(부가세 포함)	연 39만 6,000원(부가세 포함)
매월 계약	월 2만 2,000원(부가세 포함)	월 4만 4,000원(부가세 포함)

※ 출처 : 네이버카페 농라

농라 입점 방법은 카페 운영진에게 입점 승인을 받으면 내 상품에 맞는 게시판에 판매글을 쓰고 판매를 하면 된다. 농라에는 상품 카테고리별로 게시판이 세분화되어 있다. 판매글 작성 시 당근마켓과 마찬가지로 세트장에서 촬영한 퀄리티 있는 사진보다 실사로 찍은 날것 그대로의 느낌이 있는 사진이 판매에 유리하다. 판매글에 판매자의 얼굴이 함께 나오면 고객에게 더욱 신뢰를 줄 수 있고 단골 만들기에도 용이하다.

당근마켓과 함께 네이버 농라카페도 신선식품 C2C 판매에 매우 좋은 플랫폼이다. 대형 쇼핑몰 판매 대비 적은 노력으로도 쏠쏠한 매출을 만들어낼 수 있다.

농라 카페 게시판 분류

채소 farmer4989
- 고구마 감자
- 마늘 양파 생강
- 배추 우
- 절임배추
- 고추 건고추 고춧가루
- 오이 가지 냉이
- 여주 오크라 수세미
- 호박 미나리 죽순
- 파 열무 부추
- 햇밀상추,당근
- 파프리카,피망,비트
- 모듬 쌈, 채소세트
- 기타 채소류 꾸러미

과일 farmer4989
- 배 수박 망고
- 포도 무화과
- 자두 햄자
- 귤 감 곶감
- 사과 사과즙 참외
- 키위 옥수수 다래
- 블루베리 딸기 아로니아
- 토마토 복숭아
- 대추 멜론 복분자
- 오디 꾸지뽕 오미자
- 매실 살구
- 기타 과일

쌀 잡곡 farmer4989
- 쌀 보리
- 찹쌀
- 콩 흑미(밥쌀) 서리태
- 현미 팥
- 참깨 들깨 아마씨
- 백태 흑태 녹두
- 수수 매일 아마란스
- 잡곡(혼합곡) 세트
- 기타 잡곡

생선외 farmer4989
- 조개류 전복 바지락
- 새우 게 바닷가재
- 오징어 문어 낙지 꿀뚜기
- 미역,김,다시마
- 매생이 감태 다슬기
- 소금(천일염),멸치
- 홍합 소라 멍게
- 생선외 기타 수산물

생선 farmer4989
- 삼치 임연수 갈치
- 홍어 고둥어 민어
- 붕어 잉어 민물고기
- 장어 우럭 돔(감성돔 등)
- 전어 청어과메기 멸치
- 꽁치 도루묵
- 조기 굴비 옥돔
- 기타 생선류
- 건어물

발효식품 farmer4989
- 고추장 된장
- 메주 간장
- 청국장 쌈장
- 기타 발효식품

나물 farmer4989
- 고사리 둘나물
- 곤드레 새박 쑥 모시
- 기타 나물

견과류 farmer4989
- 밤 잣
- 땅콩 호두
- 기타 견과류

버섯 farmer4989
- 표고버섯,느타리버섯
- 상황/송이/새송이
- 목이버섯 영지버섯
- 기타 버섯

건강식품 farmer4989
- 건강식품 인증 게시판
- 꿀 로얄젤리 프로폴
- 난초(동양란,서양란)
- 햇개나무 알로에
- 기타 건강식품

약초 farmer4989
- 익모초 향기
- 오가피 와송
- 기타 약초

뿌리 farmer4989
- 인삼 홍삼 산삼
- 마 천마 토란
- 도라지 더덕
- 야콘 칡 칡즙
- 기타 뿌리 농산물

차 과즙 함(含)기름
- 가시오가피차 국화차
- 녹차 유자차 감잎차
- 과즙 나무 수액 비트차
- 참기름 들기름 맛기름
- 기타 과즙 기름

가공식품 farmer4989
- 떡 한과
- 한과 쌀국수 누룽지
- 김치 막두기 장아찌
- 조청 치즈
- 국수 만두
- 어묵,두부(두유)
- 과일펙틴 종류
- 과일 건과류 가공
- 농산물 가공
- 수산물 가공
- 축산물 가공

젓갈 액젓 farmer4989
- 명게젓갈 굴젓 조개젓
- 새우젓갈 합지액젓

축산물 farmer4989
- 닭,오리,달걀
- 소,돼지
- 토끼,흑염소,말
- 누에 달팽이

묘목,화초,종자
- 각종 묘목
- 각종 화초
- 각종 씨앗,종자

364

농라 카페 판매글 예

※ 출처 : 네이버카페 농라

    이상 2장부터 5장까지 쿠팡, 네이버쇼핑, 오픈마켓 등 국내 주요 온라인 유통 채널들의 특징, 장/단점, 공략 포인트에 대해 알아보았다. 온라인 유통 채널들의 더 심화된 세부 내용 및 대형 할인점, 편의점 등 오프라인 유통 채널들에 대해 더 공부해보고 싶으신 분은 필자가 직접 강의(2025년 촬영)한 '온라인/오프라인 유통마케팅 마스터클래스' 동영상 강의(20시간 68강 + 저자 직접 5개월 무제한 카카오톡 1:1 개인코칭 포함)를 들어보기를 추천한다. 필자가 운영하는 네이버카페 '유통노하우연구회' 전체공지를 보면 세부 내용을 확인할 수 있다.

저자가 직접 강의한 20시간 68강 동영상 교육 '온라인/오프라인 유통 마케팅 마스터클래스(https://cafe.naver.com/aweq123/40976)'

6장

반드시 알아야 할
온라인 판매
핵심 포인트

오프라인 유통의 시대가 저물어가고 온라인 유통의 시대가 활짝 열렸다. 오프라인 유통과는 확실히 다른 온라인 유통 때문에 기존 오프라인 유통에 익숙한 판매자들은 적응하는 데 힘들어하고 있다. 그래서 향후 반드시 온라인 유통을 해야 한다는 것은 알지만 온라인 판매가 어려워서 포기하고 오프라인 판매만 하고 있는 판매자들이 많다. 그러나 이렇게 오프라인 판매만 하는 판매자들의 미래가 어떨지는 다들 짐작할 수 있을 것이다.

해 본 적이 없어서 익숙하지 않은 온라인 판매지만 내 사업의 미래를 위해 반드시 시작해야 한다. 이번 6장에서는 온라인 판매를 할 때 반드시 알아야 하는 핵심 포인트에 대해 자세히 알아보겠다.

온라인 판매 프로세스 및
매출 구성 핵심 요소

온라인 판매는 오프라인 판매와는 많이 다르다. 그래서 판매 프로세스 및 온라인 판매 핵심 구성 요소에 대해 처음에 제대로 숙지하고 운영을 해야 한다. 기본적으로 알고 시작해야 할 중요 사항들에 대해 하나하나 자세히 알아보도록 하자.

고객이 온라인에서 상품을 구매하는 이유

고객들은 왜 온라인에서 구매를 할까? 온라인 판매를 하기 전에 이 문제에 대해서 생각해 보자. 아마 온라인에서 구매하는 고객들은 다음 페이지의 구매 이유와 같은 생각을 가지고 있을 확률이 크다.

이와 같은 고객 심리를 생각하면 온라인 판매를 하는 판매자들은 당연히 그런 고객을 만족시켜 주면서 판매를 해야 할 것이다. 보

고객이 온라인에서 상품을 구매하는 이유

오프라인보다 싸게 사고 싶다 / 온라인에서 다양하게 보면서 사고 싶다 / 오프라인에서 구매하기 귀찮다 / 오프라인에서 구하기 힘드니 온라인에서 사고 싶다

※ 출처 : 온라인 판매 사관학교

통 고객일 때는 당연히 아는 것들을 판매자 입장이 되면 신기하게도 아예 모르게 된다. 온라인에서, 특히 스마트폰으로 구매할 때 글자 크기가 작아 잘 안 보이면 당연히 보지도 않고 다른 상품으로 넘어가고, 판매자의 상품에 후기가 적으면 가격이 저렴해도 신뢰가 가지 않고, 다양한 구색을 갖추지 않은 판매자의 상품은 구매하지 않았을 것이다. 그러나 판매자가 되면 이 모든 것을 전부 다 까먹는다. 이것만 잘 지켜도 초보 판매자의 경우 매출을 몇 배는 올릴 수 있을 것이다. 철저하게 고객 입장에서 나의 상품, 상세페이지, 가격, 판매 방식을 생각해 보면 답이 나온다.

온라인 판매와 오프라인 판매는 다른 점이 많다. 온라인에서 구매하는 소비자의 성향을 생각해 보면 기본적으로 오프라인보다는 싸게 사고 싶다는 심리와 쉽고 편하게 구매하고 싶다는 특성이 있다. 만약 오프라인 판매가보다 비싸거나 구매하고 일주일 지나서 배송되거나 하면 상품을 판매하기가 쉽지 않을 것이다. 또한 오프라인에서 상품을 구매할 때처럼 판매자에 대해 충분한 정보를 가지고 구매하는 게 아니기 때문에 가격이 싸긴 하지만 판매자에 대해

쉽게 신뢰를 가질 수가 없다.

　주위에 오프라인 판매만 하는 나이가 40대 이상인 사장님들이 많은데 보통 오프라인 판매만 알고 있기 때문에 온라인 판매에 아주 서툴고 온라인 판매의 특성을 제대로 파악하지 못해서 제대로 온라인 유통에 적응하지 못하는 경우가 대부분이다. 답답하지만 이들이 주로 하는 말은 "상품과 가격만 좋으면 팔리지 않나요?"이다. 처음에는 직접 온라인 판매를 해 보려고 잘못된 방향(?)으로 열심히 노력하다가 결국은 "아, 나는 온라인 유통과는 맞지 않아"라고 포기하거나 온라인 판매 대행업체를 찾아서 맡기게 된다. 하지만 대행을 맡기더라도 본인이 온라인 판매에 대한 기본 개념이 정립되어 있지 않기 때문에 판매 대행업체와 온라인 판매 시 주요 이슈들에 대해 의견 다툼이 많고 결국 성과 없이 계약을 해지하는 경우가 많다.

　온라인 판매는 결국 상품 노출과 구매전환이다. 상품 노출은 마케팅, 광고라고 할 수 있고 구매전환은 상품이 가지는 속성의 우수성이 고객을 얼마나 설득하느냐와 관련되어 있다.

온라인 유통 채널 입점 시 온라인 판매 프로세스

　온라인 유통 채널 입점 시 일반적인 온라인 판매 프로세스는 다음과 같다.

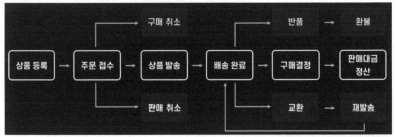

온라인 판매 프로세스

※ 출처 : 온라인 판매 사관학교

온라인 유통 채널 입점 시 온라인 판매 방법은 입점한 쇼핑몰에 상품 등록을 한 뒤 주문이 들어오면 상품 발송을 한다. 고객에게 배송 완료가 되고 고객이 구매결정을 하게 되면 쇼핑몰로부터 일정 기간이 지난 후 판매 대금 정산이 이루어진다. 주문 접수 단계에서 고객 변심 사유 등으로 구매 취소나 상품 재고 부족 사유 등으로 판매 취소가 이루어질 수 있고 배송 완료 단계 이후 고객 반품이나 교환 요청 등이 발생할 수 있다.

프로세스는 단순하지만 상품 등록 후 주문 접수, 즉 매출이 이루어지는 단계가 가장 어렵다. 주문 접수 이후의 단계들은 큰 어려움 없이 프로세스를 따라가면 되지만 고객 주문, 다시 말해 매출을 만들어내기 위해서는 상위 노출, 광고, 바이럴마케팅 등의 작업이 필요하다.

온라인 판매 매출 구성 핵심 요소

오프라인 판매에서 보통 매출이라고 하면 [객 수＊객단가]로 간단히 표현하는데, 온라인 판매에서의 매출은 [유입객 수＊전환율＊객단가]로 구성한다. 간단히 말하면 유입객 수는 내 상품의 상세페이지를 방문하는 사람의 숫자이며, 전환율은 나의 상세페이지를 방문하는 사람 중 구매하는 사람 비율이고, 객단가는 구매자 한 명이 구매하는 금액이다. 오프라인과 큰 차이점은 전환율이라는 개념이 들어간다는 점인데 전환율 1%에 전체적인 매출 및 이익에 어마어마하게 큰 차이가 있으니 조금이라도 전환율을 높이는 데 집중해야 한다.

온라인 판매 매출 구성 요소

※ 출처 : 온라인 판매 사관학교

(1) 유입객 수

상품의 상세페이지에 방문하는 것을 '유입'이라고 하는데 유입객 수에 영향을 끼치는 요인은 크게 세 가지를 들 수 있다. 첫째, 온라인마켓별 검색 SEO(Search-Engine Optimization; 최적화)와 MD와의 네트워킹이다. 온라인마켓에서 가장 중요한 채널 중 하나인 스마트스토어의 경우 검색 SEO의 중요성이 특히 강조된다. 그리고 상품 노출에 절대적인 영향력을 발휘할 수 있는 MD와의 관계를 통해 좋은 노출 구좌를 받는 방법이 있다. 온라인마켓 검색 SEO에서 가장 중요한 요소는 상품을 등록할 때의 카테고리와 상품명이다. 카테고리가 맞지 않는 상품을 등록하면 노출이 안 되고 상품명에 들어가는 키워드를 무엇을 쓰느냐에 따라 노출이 달라진다. 보통 검색량이 많은 대표 키워드와 검색량은 적어도 구매로 이어질 확률이 높은 세부 키워드가 강조되는데 나의 상황에 따라 대표 키워드로 승부할지 세부 키워드로 승부할지 정해야 한다.

초보 판매자가 본인의 현실을 모르고 검색량이 많은 대표 키워드를 상품명에 쓰다 보면 아마 전혀 상품 노출이 되지 않을 것이다. 그렇다고 검색량이 적은 세부 키워드들로만 상품명을 구성하면 고객 유입이 워낙 적어서 문제가 될 소지가 있다. 나의 상황에 따라 대표 키워드, 세부 키워드를 섞어서 판매 단계에 따라 효율적으로 써야 한다. 대부분의 온라인마켓에서는 검색 SEO가 상품 노출에 매우 중요하기 때문에 키워드에 대한 공부를 정말 철저히 해야 한다. 온라인상에서 고객이 내 상품을 찾아오는 데 가장 큰 영향을 끼치는 것이 키워드이기 때문이다. 그래서 온라인 판매에서는 이런 말이 있다. "검색되지 않는 상품은 존재하지 않는 상품이다." 실제로 상품을 온라인마켓에 등록했는데 검색이 되지 않는다면 어떻게 고객을 내 상품 상세페이지로 유입시킬 수 있을 것인가? 유입되고 나서도 구매전환을 위한 장치들을 상세페이지 등에 구현해야 하는데 만약 검색도 되지 않는다면 매출은 당연히 일어나지 않을 것이다.

둘째, 유료 광고를 통해 유입객 수를 늘리는 방법이 있다. 포털(네이버, 다음카카오, 구글 등) 키워드·배너 광고, 네이버 쇼핑 검색 광고, 쿠팡·오픈마켓 광고, 페이스북·인스타그램 등 각종 SNS 광고를 이용하면 비용이 들긴 하지만 유입객 수는 당연히 늘어난다. 물론 광고비 대비 효율은 당연히 고려해 봐야 한다. 온라인 판매 시장에서 광고가 너무 많이 늘어나서 광고 효율은 매년 지속적으로 떨어지고 있다. 유료 광고의 경우 고객 타깃팅을 잘 하고 광고 콘텐츠를 잘 만들어야 효과가 있다. 광고 효율성을 높이기 위해 광고 전에 일정 숫자 이상의 구매 후기는 반드시 만들어놔야 한다. 아무리 광고로 인해 유입이 많이 되었다 할지라도 구매 후기가 없거나 미흡하다면 고객은 구매를 망설일 확률이 높다.

셋째, 바이럴 마케팅이라고 하는 무료 홍보가 있다. 바이럴 마케팅은 네이버 블로그·카페·지식iN 및 인스타그램·페이스북·유튜브·카카오스토리를 통해 공식적으로는 광고비를 지불하지 않고 홍보하는 것이다. 하지만 속을 들여다보면 이 바이럴 마케팅도 100% 공짜라고 하기는 무리가 있다. 블로그, 카페 체험단을 통해 내 상품을 홍보하는 것도 체험단을 모집하는 데 비용이 들고 상품도 제공해야 한다. 광고 효율이 워낙 떨어지는 트렌드이다 보니 바이럴 마케팅을 통한 홍보 및 유입에 관심이 많아지고 있는데 이것도 잘해야 효과가 있지 서투르면 광고비보다 더 많은 비용을 들이면서도 효과는 더 떨어지는 경우가 허다하다. 특히 초보 판매자 입장에서는 바이럴 마케팅에 대한 이해도가 현저히 낮기 때문에 차라리 유료 광고로 유입시켜서 판매하는 것이 더 나을 때가 많다. 바이럴 마케팅 작업도 진행 전에 일정 수준의 구매 후기를 만들어놓는 것은 필수이다.

고객 유입이 없으면 구매전환 및 매출이 없기 때문에 검색, 광고, 홍보, MD 네트워킹 등 수단 방법 가리지 않고 상품 노출을 늘려야 한다. 일단 상품을 최대한 많이 노출시켜서 고객 유입을 늘려야 그 다음 단계인 구매전환을 통해 매출을 만들어낼 수 있다. 썸네일에도 많은 신경을 써야 한다. 쇼핑몰에 여러 상품이 있을 때 눈에 확 들어오는 썸네일이어야 고객이 클릭해서 유입이 발생하게 된다. 다른 판매자들과 유사한 일반적인 썸네일이면 클릭할 확률이 당연히 떨어질 수밖에 없다.

⑵ 전환율

우리나라 쇼핑몰의 구매전환율은 평균 1.5%라고 한다. 온라인 판매 하수들은 0.1%, 고수들은 5%도 될 수 있다는 말인데 여하튼 평균적으로 1.5% 정도는 된다는 말이다. 이 말은 평균적으로 검색 SEO, 유료 광고, 무료 홍보 등을 통해 100명을 유입시켰다고 하면 실제로 구매하는 고객은 고작 1~2명이라는 것이다. 기껏 막대한 비용, 시간, 노력을 투자해서 나의 상세페이지로 유입시켰는데 구매를 하지 않고 나가버리면 얼마나 안타까운가. 그러니 구매전환을 일으키기 위해서는 구매를 하게 만들 핵심 요소를 고객에게 보여줘야 한다. 매력적인 가격, 다양한 상품 구성, 매력적인 상세페이지, 판매자 신뢰도, 구매 후기 등이 바로 그것이다. 특히 상세페이지의 내용과 구매 후기야말로 구매전환의 핵심 요소라고 할 수 있다.

온라인 판매에서는 오프라인에서처럼 상품을 직접 체험하게 할 수도 없고 시식이나 샘플링 테스트도 할 수 없기 때문에 고객과 소통하는 방법은 오직 상세페이지뿐이다. 상세페이지가 어떠냐에 따라 구매전환은 0.1%가 될 수도 있고 5%가 될 수도 있다. 고객 한 명당 유입시키는 비용을 생각했을 때 구매전환율 0.1% 차이는 순이익에 엄청난 영향을 끼친다. 구매전환율이 1%만 올라가도 월 순수익이 몇천만 원이 올라갈 수도 있다. 반대로 구매전환율이 1%만 떨어져도 적자가 나서 사업을 접을 수도 있다. 그런 이유로 상세페이지 및 구매 후기에 들이는 노력은 아무리 많아도 지나치지 않다.

상세페이지는 한 번 만들어놓고 끝이 아니라 판매에 따라 계속 수정 작업을 해줘야 한다. 고객의 의견을 반영하고 좋은 구매 후기가 올라오면 상세페이지에 추가하고 고객이 자주 묻는 질문도 리스트업해서 상세페이지에 반영해야 한다. 초보자가 처음 상세페이지를 만들 때는 지식이 없어 잘 파는 상위 경쟁 판매자들의 상세페이지에 대한 철저한 연구가 필요하다, 그걸 바탕으로 나만의 내용을 추가해 상세페이지를 보강해야 한다.

초보 판매자들의 경우 상세페이지 제작 비용을 어떻게든 줄이려고 하는데 솔직히 말해 싼 게 비지떡이다. 비용을 좀 들이더라도 상세페이지는 제대로 만들어야 한다. 수많은 돈, 시간, 노력을 들여 고객을 상세페이지로 유입시켜야 하는데 그때 상세페이지가 제대로 되어 있지 않으면 구매전환이 이루어지지 않아 매출이 일어나지 않는다. 그래서 제발 상세페이지는 철저히 공부해서 제대로 만들고 돈을 아끼지 말 것을 당부한다.

와디즈 같은 크라우드펀딩 사이트나 유명 카카오스토리 채널 공동구매 채널 인기 상품들의 상세페이지도 철저히 공부하면 좋다.

카카오스토리 채널 공동구매 상품들의 끌리는 썸네일 및 카피라이팅

※ 출처 : 카카오스토리

이런 채널의 상세페이지들은 수많은 고민 끝에 만들어졌기 때문에 많은 도움이 되는데 전체적인 스토리라인, 카피라이팅, 이미지, 썸네일 등을 철저히 벤치마킹하면 된다.

상세페이지와 함께 또 하나 강조할 것이 있는데 바로 다수의 구매 후기이다. 구매전환을 일으키기 위해서는 다수의 구매 후기를 고객에게 보여줄 수 있어야 한다. 아무리 광고, 홍보, 검색 SEO를 통해 고객을 유입시키더라도 고객 구매 후기가 없거나 적으면 상세페이지가 아무리 잘 되어 있어도 판매는 잘 되지 않는다. 본인이 고객이라고 생각해 보더라도 아무리 가격이 저렴하고 상품이 좋아 보여도 구매 후기가 미흡하면 구매를 망설이는 것은 당연한 일이다. 그래서 고객 구매 후기는 수단, 방법을 가리지 말고 만들어놓아야 한다고 생각한다. 구매 후기는 상세페이지의 일부라고 생각해야 한다. 기껏 상세페이지에 엄청난 돈, 시간, 노력을 쏟아부어도 고객 구매 후기가 미흡하면 매출은 생각만큼 나오지 않는다. 반대로 고객 구매 후기가 1,000개 이상(+999)이라고 적혀 있으면 고객이 어떤 생각을 하게 될까? 다음 페이지의 구매 후기가 달린 상품들은 아마 상세페이지가 일부 미흡해도 다른 사람들이 구매했기 때문에 신뢰를 가지고 구매를 할 확률이 높아질 것이다.

구매 후기를 20개 만들었다고 나름 많이 만들었다고 자랑하는 사람들이 있는데 구매 후기가 많다는 개념은 십 단위는 아니다. 적어도 백 단위는 되어야 구매전환에 영향을 끼칠 수 있다고 생각한다.

네이버쇼핑의 구매 후기가 많은 상품

※ 출처 : 네이버쇼핑

이렇게 구매 후기가 전환에 큰 영향을 끼치기 때문에 일부 온라인 판매 고수들은 먼저 구매를 하고 추후에 구매 금액을 돌려주는 보상형 체험단을 운영하고 불법임에도 불구하고 정기적으로 막대한 가구매를 하는 것이다.

구매전환에 또 하나 영향을 끼치는 요소는 모바일 최적화이다. 우리나라 E커머스 시장에서 매출의 75%는 모바일 쇼핑이며 PC 쇼핑은 25%밖에 되지 않는다. 그러니 상세페이지를 만든 후에 항상 모바일에서 어떻게 보이는지 확인을 해야 한다. 스마트폰의 작은 화면으로 보는데 글자가 작고 이미지가 잘 안 보이면 성질 급한 고객은 바로 이탈하게 된다. 초보들은 상세페이지를 만들 때 모바일에서 어떻게 보이는지를 체크하지 않는 실수를 하는 경우가 많다. PC에서는 아무리 깔끔하게 보이더라도 실제 스마트폰으로 볼 때 어떻게 보이는지 반드시 체크해야 한다.

방문자 유입 방법에 따라서 전환율 차이가 존재한다는 사실도 명심해야 한다. 가령 나의 키워드를 검색해서 나의 상세페이지로 유입된 고객과 페이스북에서 나의 광고를 보고 유입된 고객은 동일한 전환율을 보이지 않을 것이다. 이미 구매를 생각하며 검색으로 들어온 고객과 단순 노출로 들어온 고객의 전환율은 당연히 큰 차이가 있다. SNS 광고, 홍보로 들어온 고객은 검색 SEO 또는 검색 광고로 들어온 고객보다는 구매전환율이 낮을 수밖에 없다.

SNS 광고, 홍보는 전환율이 떨어져서 효율이 나오지 않는다는 생각을 가지면 안 된다. 원래 SNS 광고, 홍보는 전환율이 검색 유입 대비 떨어질 수밖에 없는 것이며 투자한 비용, 노력 대비 효율만 나오면 되는 것이다.

일단 전환율을 일정 수준 이상으로 높일 수 있다면 그다음은 오직 상품 노출(유입객 수 증가)에 집중하면 된다. 이런 구조가 되면 매출은 당연히 따라오게 된다. 유입은 돈을 쓰거나 노가다로 노력을 하면서 만들어낼 수 있으나 구매전환율 1%를 높이기란 결코 쉽지 않다.

(3) 객단가

객단가는 [구매 가격 * 구매 수량]으로 표현하는데 간단히 얘기하면 판매 가격을 올리거나 많이 판매하면 객단가는 늘어난다는 이야기이다. 일반적으로 판매 가격을 올리기는 힘들기 때문에 효율적인 옵션 구성이나 추천 상품 등을 통해서 객단가를 올리는 것이 바람직하다. 그렇기 때문에 나의 샵에 등록된 상품들의 연관 상품을 옵션으로 구성하고 추가로 구매가 될 수 있는 상품들을 별도로 등록하는 작업이 필수이다. 가격 인상을 통해서 객단가를 늘리려고 하면 경쟁 판매자의 가격을 반드시 비교해 봐야 한다. 현재 판매되고 있는 가격이라는 것은 그 가격으로 세팅된 이유가 있을 것이다. 가격을 올리게 되면 그에 합당한 이유가 있어야 하고 고객이 납득해야 한다. 이런 특별한 이유 없이 단순히 나만 가격을 올리게 되면 매출은 당연히 줄어들게 된다.

기존 등록 상품과 연관되는 옵션과 추가 상품을 잘 구성하면 객단가를 올리는 데 크게 도움이 된다. 보통 할인 행사나 기획전을 할 때 한 개의 상세페이지에 많은 상품을 묶어서 하는데 그 이유가 바로 객단가를 늘리려는 목적이다. 온라인 판매 고수들은 광고를 할 때도 한 개의 상품만 광고하는 게 아니라 그 상품과 연관되는 옵션과 추가 상품들을 충분히 구성해 유입된 고객이 최대한 많은 상품을 구매하게 만든다.

여태까지 설명한 온라인 매출의 3 요소를 요약해서 말하자면 유입은 광고(돈을 쓰는 행위), 홍보(온라인상에 콘텐츠를 만드는 행위), 검색 최적화에 의한 노출이고, 전환율은 상세페이지의 완성도, 구매 후기, 모바일 쇼핑 최적화라고 말할 수 있다. 마지막으로 객단가는 한 번 유입된 고객에게 판매되는 상품의 개수(옵션, 추가 상품)라고 할 수 있다.

온라인 판매 고객 구매 결정 요소

초보 판매자들은 온라인 판매를 할 때 가격에 대한 맹목적인 집착이 있다. 그래서 온라인 최저가가 아니면 판매가 되지 않을 것이라 생각하고 가격 때문에 스트레스를 받는다. 정작 고객들보다 판매자가 가격에 더 민감한 상황이 벌어진다. 상품 키워드를 넣고 네이버쇼핑에서 검색해 보면 총 3,000개의 상품 중에서 내 상품이 2,000등에 노출되고 있는데 매출이 잘 안 나오는 이유가 가격이 비싸서 그런지 고민하는 판매자도 많다.

2,000등까지 상품을 찾아볼 고객은 단 한 명도 없다. 그러니 어떻게 하면 상품을 상위 노출 시켜볼까를 고민해 봐야 한다. 이제는 네이버 최저가 압박에서 벗어나야 한다. 물론 아직도 최저가가 중요한 카테고리가 있긴 한데 브랜드 명 및 상품 모델명이 존재하는 상품군이 바로 그것이다. 그러나 일반적으로 온라인상에서 고객들은 무조건 가격만 보고 구매를 하지는 않는다. 고객의 구매 결정에 영향을 미치는 열두 가지 요인은 아래와 같다.

구매 결정에 영향을 미치는 12가지 요인

① 판매 가격	⑤ 상품명	⑨ 구매 건수
② 고객 구매 후기	⑥ 홍보 문구	⑩ 결제 편리성
③ 상세페이지	⑦ 할인율	⑪ 판매자 브랜드
④ 썸네일 이미지	⑧ 배송 정보	⑫ 판매자 등급

위의 구매 결정 열두 가지 요소에 대해 고객은 종합 점수를 매겨서 구매 결정을 한다. 고객별로 각 요소별 점수 기준은 다른데, A 고객은 항목별로 5/3/2/1/1/1/1…, B 고객은 3/2/1/3/2/1/3…, C 고객은 2/5/1/2/3/1/2…, 이런 식으로 점수를 매긴다. 가격이 여전히 중요하긴 하나 구매 후기, 상세페이지, 배송 정보 등의 중요성도 높다. 가격은 저렴하나 구매 후기 1개, 가격은 약간 높으나 구매 후기가 500개인 경우 구매 후기 500개인 상품을 고를 확률이 더 높다. 가격이 선택의 기준이라면 모든 구매는 한 상품으로 몰려야 하는데 실제로 그렇지 않다. 고가 상품 및 규격 상품은 여전히 가격이 중요한 구매 결정 요소이나 저가 상품 및 비규격 상품은 가격 이외의 조건도 큰 영향을 끼친다. 10% 이내의 가격 차이라면 가격 이외에 다른 요소에 의해 구매할 확률이 높다.

젊은 층의 경우 빠른배송, 결제 편리성 등의 중요성이 높은데 특히 10대 및 20대 초반은 상품을 알아볼 때 네이버 검색보다 SNS 검색 비중이 더 높다. 젊은 층을 대상으로 탁월한 영상, 이미지 콘텐츠를 기반으로 SNS 광고를 통해 엄청나게 판매되는 상품들의 경우 다른 유사 상품에 비해 훨씬 비싼 경우가 매우 많다. 모바일 쇼핑 시대에는 PC로 검색할 때처럼 쇼핑몰별로 가격을 꼼꼼히 비교해보기가 쉽지 않기 때문에 가격보다 상품을 어떻게 보여주느냐가 관건이다.

한마디로 사고 싶어지게 만드는 잘 팔리는 콘텐츠 제작 및 고객 편의성 극대화가 중요하다. 보다 보면 정말 사고 싶어지는 상세페이지와 콘텐츠 구성은 가격비교라는 장벽을 넘어설 수 있는 무기이다. 그래서 모든 마케팅 콘텐츠 유통 전략은 '사고 싶어지게 만드는 것'에 초점이 맞춰져야 한다. 브랜드 상품을 제외하면 가격은 부수적인 요소 중 하나일 뿐이다. 잘 팔리는 콘텐츠를 만들 수 있도록 판매를 불러일으키는 세일즈 기법의 정수는 홈쇼핑에 있다. 틈날 때마다 홈쇼핑 방송을 시청하면 많은 도움이 될 것이다.

상품 노출과 구매전환을 위한 핵심 포인트

온라인 판매는 결국 상품 노출과 구매전환이 핵심이다. 상품 노출은 마케팅, 광고, 검색 SEO라고 할 수 있고, 구매전환은 상품이 가지는 속성의 우수성이 고객을 얼마나 설득하느냐와 관련되어 있다. 이를 위해 초보 판매자가 꼭 알아야 할 중요 포인트는 다음과 같다.

초보 판매자가 꼭 알아야 할 중요 포인트	① 내 상품에 맞는 정확하고 효율적인 키워드 추출 & 적용 ② 내 상품의 차별화 포인트 추출 & 어필 ③ 매력적인 상세페이지, 썸네일 제작 ④ (긍정적인) 구매 후기 개수 및 내용 ⑤ 적정한 온라인 판매 가격 설정 ⑥ 정확한 타깃 고객 선정 및 효율적인 광고, 홍보 집행 ⑦ 효율적인 고객 유입 프로모션 이벤트 진행 ⑧ 빠른배송과 간편한 결제(요즘 고객 특성) ⑨ 상위 판매자·경쟁 판매자 키워드, 상세페이지, 광고, 홍보, 프로모션, 판매 가격 심층 분석 & 벤치마킹

고객 구매 결정 핵심 포인트 :
썸네일, 상세페이지, 구매 후기

고객이 구매를 결정하게 하는 데에는 가격도 중요하지만 그 이외에도 여러 가지 구매 결정 요소들이 있다. 그중 썸네일, 상세페이지, 구매 후기가 특히 중요한 역할을 한다. 이 세 가지 중에 한 개라도 부실하면 가격이 아무리 저렴해도 구매가 일어나지 않을 수 있다.

썸네일

썸네일(대표이미지)은 고객 유입을 좌우한다. 썸네일에서 1차로 끌려야 클릭해서 상품 상세페이지로 들어오게 된다. 고객이 상품을 구매하려고 온라인상에서 마우스로 스크롤하면서 페이지를 넘길 때 눈에 띄는 썸네일이어야 클릭해서 유입이 된다. 썸네일이 좋지 않으면 온라인 판매의 기본이 되는 고객 유입이 확연히 떨어진다는

점 명심해야 한다. 썸네일은 직관적
이어야 하는데 사용샷, 착용샷을 보
여주는 것이 좋다. 그래서 사용하거
나 착용했을 때 최종적인 모습을 고
객에게 보여주어야 유입 및 구매전
환으로 연결될 수 있다.

직관적인 상품 착용샷 썸네일

※ 출처 : 네이버쇼핑

썸네일을 깔끔하게 만드는 것도
좋지만 주목도를 높이고 다른 경쟁 상품 대비 차별화를 주기 위해
텍스트, 컬러로 혜택이나 특성을 넣어주는 것도 좋다. 썸네일에 문
구나 배경색 등을 넣으면 상위 노출에 불이익을 주는 쇼핑몰들도
있으나 주목도를 높여 클릭을 유발해 매출이 발생하게 되면 이런
불이익을 상쇄하는 효과를 볼 수 있다. 일부 쇼핑몰들은 흰바탕에
상품 이미지만 있는 썸네일 이외에는 허용을 안 하기 때문에 해당
쇼핑몰의 상품 등록 규정에 맞게 썸네일을 만들어야 한다.

썸네일에 텍스트를 넣을 때 가독성 있게 문구를 잘 쓰면 도리어
눈에 확 띄어서 고객 유입과 매출이 좋아진다. 다만 네이버쇼핑 광
고를 할 때는 썸네일에 텍스트가 있으면 광고 진행 반려를 당하는
데 네이버쇼핑 광고 집행 시에만 썸네일을 변경해 이 문제를 해결
하면 된다. 썸네일은 무조건 경쟁자들의 썸네일보다 튀는 게 좋은
데 판매자의 얼굴이 썸네일 들어가면 상품에 대한 신뢰성이 올라가
서 매출에 큰 도움이 된다. 식품의 경우 판매자의 얼굴을 썸네일에

넣는 경우가 많다.

패션잡화같이 이미지가 중요한 상품은 인스타그램에 올라온 유저들이 올린 해당 상품 우수 이미지를 구매하든지 해서 썸네일을 만드는 것도 하나의 좋은 방법이다. 보통 5,000원 ~2만 원 정도면 구매할 수 있다.

판매자의 얼굴을 넣어
신뢰감을 주는 썸네일

※ 출처 : 네이버쇼핑

눈에 띄는 썸네일은 네이버쇼핑 1페이지에 있는 경쟁자 대비 다르기만 해도 된다. 가령 의류 카테고리일 때 1페이지에 있는 썸네일이 모두 여성 모델 한 명의 착용 컷이라면 남성, 여성 두 명의 착용 컷을 썸네일로 하는 경우 눈에 띄어서 클릭율이 올라갈 수 있다. 무조건 경쟁자와 다르게 주목할 수 있는 썸네일을 만들어야 한다.

상세페이지

온라인 유통에서는 '저렴한 가격과 상세페이지로 판매한다'라는 말이 있다. 그만큼 상세페이지가 중요하다는 의미이다. 앞에서 설명한 온라인 매출의 3 요소인 유입객 수, 전환율, 객단가에서 상세페이지는 '전환율'에서 가장 중요한 요소이다.

오프라인에서 상품을 판매할 때는 상품을 눈앞에서 볼 수 있고 만져볼 수도 있기 때문에 그 상품에 대해 대략적으로나마 알 수가 있다. 그러나 온라인 판매에서 상품에 대한 정보를 얻을 수 있는 것은 오직 상세페이지를 통해서 뿐이다. 오프라인 판매에서는 실제 상품을 보고 느끼고 만져보고 관능적인 면을 알 수 있지만, 상품 패키지에 표기되어 있는 정보 이외에는 추가 정보를 알 수가 없고 그나마 상품 패키지도 반드시 읽어본다는 보장도 없다. 그러나 온라인 판매 시에는 관능적인 부분을 제공할 수는 없지만 상세페이지에 상품에 대한 충분한 정보를 넣어서 고객에게 설명할 수가 있다.

상품이 아무리 우수하더라도 상세페이지가 좋지 않으면 온라인에서는 판매가 쉽지 않고 반대로 상품은 보통 수준이더라도 상세페이지를 잘 만들면 판매는 훨씬 잘 될 수 있다. 특히 상세페이지에 동영상 또는 움짤(GIF 파일)을 넣는 것은 요즘 트렌드에 맞고 고객들도 좋아한다. 기존 상세페이지로 설명할 수 없었던 부분을 동영상, GIF 파일로 표현할 수 있고 일반 텍스트 문구보다 고객에 어필하기도 쉽다. 비용적인 부분만 잘 고려된다면 상세페이지에 동영상, 움짤을 넣는 것이 상품 판매에 아주 유리하다.

동영상은 클릭해서 영상을 보는 것을 귀찮아하는 경우가 많은데 움짤은 클릭이라는 과정 없이 직관적으로 바로 상품의 특성을 보여줄 수 있기 때문에 상세페이지에 상당히 많이 사용되고 있다. 온라인에서 브랜드 상품이 아닌 중소기업 상품이고 가격도 보통 수준인데도 불구하고 판매가 우수한 상품들의 경우 상세페이지가 고객이 끌릴 만하게 잘 만들어져 있는 경우가 많다.

오프라인 유통 기반으로 움직이는 판매자들이 온라인 판매를 시작할 때 본인의 상품에 대한 엄청난 자신감으로 인해 상세페이지 및 구매 후기의 중요성을 간과하고 상세페이지를 대충 만드는 경향이 있다. 판매는 당연히 잘 안 되니 '본인의 상품은 온라인 판매로는 맞지 않고, 오프라인 판매가 맞다'는 이상한 결론을 내리는 경우가 많았다. 그러나 온라인 유통의 시대에 어떤 상품을 신규로 출시해서 판매한다고 하면 처음에는 유통 채널 확보, 유통 채널별 광고, 이런 것은 둘째치고 고객을 끌어들일 수 있는 매력적인 상세페이지, 썸네일 제작 및 구매 후기 확보에 모든 역량을 집중할 것이다. 상세페이지가 고객을 끌어들일 수 있을 만큼 매력적이지 않으면 아무리 많은 온라인 유통 채널에 입점하고 막대한 온라인 광고비를

• 조금 더 알기 •
'상세페이지' 기본 순서

① 이벤트 페이지 : 구매 후기, 무료배송 이벤트

② 브랜드, 스토어 소개 : 브랜드 스토리, 스토어 콘셉트

③ 메인 사진 : 이목을 끌 수 있는 가장 자극적인 사진

④ 소비자 니즈 또는 문제점 지적

⑤ 해결 방안 제시 : 제품 메인 사진

⑥ 셀링 포인트 : 제품의 핵심, 포인트, 장점

⑦ 상세 스펙 : 품명, 사이즈, 중량 등

⑧ 마지막 어필 : 제품 메인 사진

⑨ 배송 템플릿 : 배송 정보, 교환, 반품

집행한다 할지라도 고객의 구매를 만들어
내기가 어렵기 때문이다.

고객을 자극하는 끌리는
상세페이지

상세페이지를 잘 만드는 방법 중에 가장
기본은 기존에 효과가 검증된 매력적인 상
세페이지를 벤치마킹하는 것이다. 와디즈,
SNS 공동구매, 전문몰, 네이버쇼핑 등에서
내가 취급하는 상품과 비슷한 상품군인데
매출이 우수하고 고객 구매 후기가 많으며
상세페이지에 고객이 끌릴 만한 요소를 잘
녹여 넣은 상품들을 찾아서 장점들을 벤치
마킹하면 된다.

※ 출처 : G마켓

보통 순식간에 고객을 끌어들이는 매력
적인 상세페이지들은 와디즈 같은 크라우드펀딩 사이트, SNS 공동
구매 채널 등의 상세페이지에서 많이 찾아볼 수 있다. 수백 개의 잘
만든 상세페이지를 보다 보면 고객에게 잘 어필하는 상품들의 상세
페이지는 어떤 특징이 있는지 슬슬 보이기 시작할 것이다. 그만큼
매력적인 상품 이미지, 카피 문구, 상품 설명 기법, 고객 구매 후기
를 녹여 넣는 방법 등 우수 상세페이지의 특징들을 잘 벤치마킹하
는 것이 중요하다. 그리고 고객이 모바일에서 보는 경우가 많기 때
문에 글자 폰트, 색상 및 이미지, 동영상, 움짤 파일 크기에 신경을
써야 하는데 특히 글자 폰트는 크게 하는 것이 좋다.

매력적인 상세페이지는 먼저 이미지가 좋아야 한다. 보통 온라인 판매 시에 상품의 대표이미지(썸네일)가 뜨고 추가로 서브 이미지가 몇 개 보이게 되는데 이 이미지들에서 고객을 끌지 못한다면 긴 상세페이지를 읽는 단계로 넘어갈 수가 없다. 대표이미지와 서브 이미지 및 기타 상세페이지에 사용하는 이미지들의 경우는 비용이 좀 들더라도 제대로 만들어야 한다. 비용을 줄인다고 이미지 작업 비용을 줄인다면 매출도 포기해야 할 것이다.

상세페이지의 트렌드는 '예쁘게, 맛있게'가 아닌 착용, 사용, 시식 관련 리얼한 후기가 들어간 사진이나 영상, 움짤이 효과적이다. 내 상품이 이런 좋은 기능이 있고 이렇게 좋고 어떻다고 해 봤자 고객들은 광고로 느끼기 때문에 기존에 상품을 사용하거나 먹어본 사람의 리얼한 후기를 상세페이지에 넣는 것이 판매에 더 도움이 된다.

식품 먹거리의 경우는 시식 후기와 아울러서 제조 공장의 청결한 관리 상태와 위생적인 제조 공정을 동시에 보여주고 필요하면 예쁜 아기들이 맛있게 먹는 모습들을 넣어주면 더욱 좋다. 기능성 뷰티 제품의 경우는 반드시 상품을 사용하기 전후의 비포, 애프터 이미지 또는 영상을 보여줘서 이 기능성 제품을 사용하면 이러이러한 효과가 있다는 것을 법적 규제를 피해서 잘 어필해야 한다.

고객이 어떤 기능을 보고 상품을 산다고 했을 때 그 상품을 구매해서 사용하면 실제로 효과가 있는지가 가장 의심스러운데 상세페이지에 사용 전후의 사진, 영상을 보여줘서 고객에게 상품의 기능에 대한 확신을 주어야 판매로 연결될 확률이 높아진다. 상품에 권위를 부여해줄 수 있는 허

직관적으로 잘 표현된 카카오스토리 채널 공동구매 상세페이지

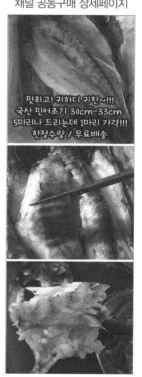

※ 출처 : 카카오스토리 채널 다이어트올킬

고객에게 상품의 신뢰도를 높여주는 각종 인증서

※ 출처 : 와디즈

가서, 인증서, 수상 내역, 유명인·유명 기관과의 제휴 등도 있으면 상세페이지에 해당 내용도 넣어주어 고객의 상품에 대한 신뢰를 높여주어야 한다.

상세페이지 내 카피 문구를 표현하는 것도 중요한데 가령 가공식품인 야채 호떡의 경우 '야채 호떡인데 잡채가 들어가 있어 너무 맛있어요' 이런 식의 일반적 표현법보다는 '잡채가 들어가 있어 호떡 겉면에 간장 소스를 발라 먹는 것 같아요. 겉에 발라진 간장 소스와 잡채의 짭조름한 맛 그리고 기름에 튀겨진 바삭거림이 최고입니다'라는 식으로 고객의 오감을 자극하는 문구를 넣어야 고객의 구매를 유도할 수 있다. 단순히 맛있다, 최고다, 고객들이 좋아한다, 정도의 표현으로는 온라인 판매 시 고객에게 어필할 수가 없다.

또한 고객에게 상품의 장점 및 특징을 최대한 구체적으로 묘사해주어야 한다. 단순한 상품 설명으로는 실물 없이 수많은 상품 중에 선택을 받아야 하는 온라인 판매에서 고객의 눈을 끌 수가 없다. '100% 스테인리스 젓가락'이라고 판매하는 것과 '인체공학적인 저중심 설계, 한 톨의 반찬도 놓치는 법이 없는 고강도 100% 301스테인리스 젓가락, 히트다 히트!' 이런 식으로 판매하는 것은 천지 차이이다.

상세페이지 만들 때 주의할 점이 있는데 과대 광고 및 저작권이다. 가령 다이어트 상품의 상세페이지를 만들 때 '살이 빠진다' 같은 문구를 직접적으로 사용하면 과대 광고로 걸린다. 또한 이미지, 동영상 저작권도 주의해야 하는데 TV나 케이블 TV에 나온 영상을 그대로 캡처해서 허락 없이 상세페이지에 사용하는 것도 불법이다. 과대 광고, 저작권 등의 신고는 보통 내 상품의 경쟁사에서 하는 경우가 많으니 주의해야 한다. 처음 상세페이지를 제작하는 중소사업자의 경우는 끌리는 상세페이지를 만드는 데 집중해 과대 광고 및 저작권에 대한 규정을 잘 몰라서 나중에 낭패를 겪는 경우가 많이 있으니 상기 내용에 대해 충분히 검토해 보고 상세페이지를 제작해야 한다.

상세페이지에서 카피 문구 표현은 혼자서 생각해내려고 고민하기보다는 앞서 언급한 것 같이 잘 되어 있는 다른 상세페이지들을 벤치마킹해서 나의 상품에 맞게 조합해 만들어내는 것이 효율적이다. 상세페이지를 만들기 위해 포토샵, 일러스트 등을 직접 배울 필요가 있는가 하는 문제는 중소기업에서 실전 판매를 할 때 보통 외부 업체에 상세페이지 제작을 맡기기 때문에 판매자가 직접 포토샵, 일러스트를 배우는 일은 비효율적일 수 있다. 그러나 상세페이지 제작은 외부 디자인 업체에 의뢰하더라도 카피 문구 작성이나 전체적인 상세페이지 기획은 판매자가 직접 하는 것이 좋다.

상세페이지 제작은 인터넷에서 검색해 보면 많은 제작 업체들이 나오는데 가격도 업체별로 천차만별이다. 업체별로 접촉해서 여태까지 제작한 상세페이지들의 포트폴리오를 보고 제작 비용과 비교해서 선택하면 된다. 물론 업체를 선택하기 전에 매력적인 상세페이지가 대충 어떤 것인지에 대한 감은 타 상세페이지 벤치마킹을 통해 가지고 있어야 한다. 저렴하게 일정 수준 이상의 상세페이지를 만들고 싶다고 하면 크몽 같은 프리랜서 사이트에서 '상세페이지' 키워드로 검색해서 나오는 전문가 중에 크몽에서 활동한 지 오래되고 구매 건수가 많고 구매평이 좋은 신뢰할 만한 전문가 중에 선정하면 된다.

PC 판매보다 모바일 판매가 더욱 중요하기 때문에 상세페이지가 모바일에서 어떻게 보이는지도 반드시 확인해야 한다. 미리캔버스 같은 상세페이지 제작툴을 사용하면 전문가가 만든 수준만큼은 안 되어도 꽤 수준 있는 상세페이지를 간단하게 만들 수 있다.

구매 후기

　온라인 매출의 판매 구성 요소 중 전환율에 가장 큰 영향을 끼치는 것은 상세페이지와 구매 후기이다. 상세페이지가 아무리 잘 되어 있어도 구매 후기 숫자와 구매 후기 내용이 부실하면 고객이 구매를 망설일 수밖에 없다. 온라인상에서 A라는 상품의 판매 글을 보았는데 가격도 저렴하고 상품도 너무 좋아 보였다. 그러나 주변의 비슷한 다른 상품들은 구매 후기가 수십 개, 수백 개 달려 있는데 A 상품은 구매 후기가 한 개도 없었다. 당신이라면 이 상품을 과연 살 것인가?

　직접 판매자의 얼굴 및 상품을 보고 물건을 구매하게 되는 오프라인 구매자와 달리 온라인 구매자는 상품이나 서비스에 대해 신뢰하기가 어려운데 좋은 구매 후기가 많이 있으면 판매자 및 상품에 대한 신뢰가 올라가게 된다. 현재의 온라인 유통은 상품 구매 후기에 죽고 사는 시대가 되었다. 온라인 유통이 발전하고 모바일 쇼핑이 증가할수록 실제 구매를 한 고객의 구매 후기는 더욱 중요해지고 이에 따라 판매량이 좌우된다. 상품에 대해서 부정적인 구매 후기가 늘어날수록 판매량은 급격히 줄어들며 판매량이 저조한 상품일지라도 좋은 구매 후기가 많아지게 되면 판매량은 급격히 늘어나게 된다.

　가끔 동일한 상품을 다른 판매자보다 더 비싸게 판매하더라도 좋은 구매 후기가 많은 판매자는 가격을 싸게 판매하는 구매 후기가 적은 판매자보다 더 많이 판매하는 경우도 있다. 그렇기 때문에 온라인 판매에 있어서 구매 후기는 반드시 만들어놓아야 한다. 구매 후기를 남기면 선물을 준다든지 할인 쿠폰 또는 적립금을 주는 등 수단 방법을 가리지 말고 만들어야 한다.

보통 처음 상품을 판매할 때는 구매 후기를 만들기가 힘든데 이런 경우는 지인들에게 상품을 추천해서 구매하게 해 구매 후기를 만들어놓기라도 해야 한다. 아무리 상품

판매자 간 구매 후기 수 차이

※ 출처 : 네이버쇼핑

의 가격이 저렴하고 품질이 좋다 하더라도 구매 후기가 없거나 부정적인 구매 후기가 달려 있다고 하면 다른 사람이 구매하기 쉽지 않다는 점을 기억해야 한다.

네이버쇼핑에서 위와 같이 동일한 농협 풍산 포기김치를 판매하는 두 명의 판매자가 있다. 첫 번째 판매자는 10kg을 6만 7,780원에 판매하고 두 번째 판매자는 5kg을 4만 6,000원에 판매하고 있다. kg당 가격을 봤을 때 첫 번째 판매자가 훨씬 저렴하게 판매하고 있다. 그런데 첫 번째 판매자를 구매 후기가 1개이고 두 번째 판매자는 구매 후기가 241개이다. 실제 농협 풍산김치의 상품성을 떠

나 위와 같은 구매평을 보고 고객들이 어느 상품을 구매할 확률이 높겠는가? 두 번째 판매자의 구매 후기의 내용이 좋다면 이런 경우 첫 번째 판매자의 상품을 구매하기가 쉽지 않을 것이다.

구매 후기의 중요성이 이렇게 크기 때문에 구매 후기는 상세페이지의 일부라는 말도 있다. 인기 있는 상품들의 상세페이지를 보면 좋은 내용의 구매 후기들을 따로 모아서 예쁘게 편집해서 상세페이지의 상단에 추가하는 경우가 많다. 구매 후기가 엄청나게 많으면 상세페이지의 내용은 제대로 읽지도 않고 구매하는 고객도 많다. 한 예로 아래 안동 농협쌀 같은 경우 구매 후기가 3만 9,062개나 있기 때문에 고객들은 상세페이지의 내용을 꼼꼼히 읽지 않고 큰 고민 없이 구매할 확률이 높다. 당신도 그렇지 않은가? 그렇기 때문에 온라인 판매에 있어서 구매 후기는 수단 방법 가리지 않고 만들어야 한다.

구매 후기가 많아 고객에게 신뢰를 주는 상품

안동농협농산물유통센터 밥이다르다!백진주쌀 백진주쌀 10kg
최저 40,000원 판매처 2
식품 > 농산물 > 쌀 > 백미
수확시기 : 10월중순 | 품종 : 백진주 | 생산년도 : 2021년
리뷰 ★★★★★ 39,062 | 등록일 2022.06. · ♡ 찜하기 47 · 🔲 정보 수정요청

※ 출처 : 네이버쇼핑

아무리 광고, 바이럴 마케팅, 특가 행사, 기획전 등을 통해 고객을 나의 상세페이지로 유입시켜도 구매 후기가 없거나 부실하면 실제

구매로 이어지지 않을 확률이 높다. 고객 유입을 위해 사용한 시간, 돈, 노력이 모두 허공으로 사라지는 것이다. 그래서 광고, 바이럴 마케팅 및 쇼핑몰 대형 이벤트를 하기 전 반드시 사전에 구매 후기를 만들어놓고 진행해야 한다. 구매 후기가 없는 상태에서 진행하는 것과 구매 후기를 많이 확보한 상태에서 진행하는 것과의 매출 차이는 비교 불가할 정도이다. 초보 판매자들의 경우 상품성만 믿고 구매 후기를 사전에 만들어놓는 작업 없이 광고, 마케팅, 대형 행사를 진행하는 실수를 많이 하니 주의해야 한다.

고객들은 보통 웬만해서는 구매 후기를 남기지 않는다. 쇼핑몰별로 차이는 있지만 전체 구매 고객의 10~20%만이 구매 후기를 남긴다. 고객들이 구매 후기를 남기는 이유는 크게 세 가지로 볼 수 있다.

고객들이 구매 후기를 남기는 이유	① 구매 후기 작성 이벤트, 쇼핑몰 구매 후기 포인트 획득 ② 판매자의 서비스에 감동해서 ③ 상품이나 판매자에 화가 나서

상당수의 고객이 ①번의 이유로 구매 후기를 남기는데 상품 판매 초기에는 마진 생각하지 말고 구매 후기 이벤트를 크게 진행해서 최대한 구매 후기를 확보해야 한다. ②번도 할 수만 있다고 하면 아주 바람직한데 문제는 ③번이다. 상품이나 판매자에게 화가 나서 구매 후기를 남기는 경우 별점 1점의 후기 테러를 당하게 된다.

별점 1점짜리가 혹시나 구매 후기 중 최상단으로 올라가게 되면 그 전에 아무리 많은 좋은 구매 후기를 쌓아놓았더라도 구매전환율이 확 떨어지게 된다. 여기서 다른 고객들의 별점 1점 구매 후기가 몇 개 추가로 올라오면 아무리 잘 팔렸던 상품도 나락으로 떨어질 수 있다. 그렇기 때문에 구매 후기 섹션 상단에 노출되어 있는 별점 1점 구매 후기는 수단 방법 가리지 말고 대응해야 한다. 화난 고객에게 환불, 교환을 해주거나 기타 추가 보상을 하거나 해서 별점 1점을 없애야 한다. 고객 대응이 잘 되면 별점 1점을 별점 5점으로 만들 수도 있다.

만약 도저히 고객 설득이 안 되면 호의적인 구매 후기들을 추가로 많이 만들어서 별점 1점 구매 후기를 하단으로 내려버려야 한다. 별점 1점짜리 구매 후기 하나 때문에 매출이 절반 또는 그 이하로 순식간에 떨어질 수 있다는 것을 명심해야 한다. 구매 후기가 상단에 배치되는 로직은 쇼핑몰별로 다 다르니 잘 분석해서 대응해야 한다.

매출에 치명타를 주는 별점 1점 구매 후기

여러번 재구매하고 지인들에게도 많은 추천을 했는데이번에 시킨 간장게장은 정말 실망입니다 너무 비려서 못먹겠습니다 믿고먹는다고 간장한방울도 버리지 않아야한다고 홍보했는데 지인들도 시켜먹고 이랬을까 걱정이었습니다

※ 출처 : 네이버쇼핑

구매 후기를 만드는 방법 ──

구매 후기를 만드는 방법은 크게 세 가지가 있다. 첫 번째 방법은 지인들을 통해 만드는 방법이다. 상품 출시 극 초반기에는 빠른 구매 후기 생성을 위해 지인들에게 홍보해 구매를 유도한 후 구매 후기를 만드는 게 일반적이다. 지인들에게 그냥 구매 후기 잘 작성해 달라고 하면 성의 없게 간단히 작성할 확률이 높기 때문에 지인에게 상품 장점에 대해 자세하게(?) 설명을 해주고 퀄리티 높은 구매 후기를 작성하도록 유도해야 한다. 판매자가 직접 구매하고 리뷰를 작성하는 경우가 있는데 이것은 쇼핑몰에서 금지하는 행위이다. 리뷰를 작성했다 할지라도 적발 시 삭제가 되고 해당 판매자에게 페널티가 내려진다.

두 번째 방법은 고객들을 통해 만드는 방법이다. 가장 이상적인 방법인데 고객들은 보통 아무 이유 없이 구매 후기를 작성하지 않는다. 후기 작성 이벤트를 통해 작성을 유도하는 것이 좋은데 상품 후기가 적을 때는 이벤트 비용을 아까워하지 말고 공격적으로 진행을 해야 한다. 앞에서도 자세히 설명했지만 구매 후기가 많으면 많을수록 구매전환율이 높아져서 상품 전체 매출 및 이익이 올라간다는 것을 명심해야 한다. 이미 몇백 개의 구매 후기가 있는 상품의 판매자들도 구매 후기 이벤트의 강도를 낮춰서라도 계속 구매 후기를 모으기 위해 노력하고 있다. 구매 후기 이벤트를 진행 시 포토 리뷰 이벤트를 진행하는 것이 좋은데 대형 쇼핑몰들은 일반 텍스트

리뷰보다 포토 리뷰에 더욱 큰 상위 노출 가점을 주기 때문이다.

상세페이지에 구매 후기 작성 시 포인트 적립 문구를 표시하는 방법도 있고 고객에게 보내는 택배상자 안에 리뷰 작성 시 포인트 적립 및 공통 문의 사항 답변 내용을 알려주는 전단지를 넣는 것도 구매 후기를 유도하는 좋은 방법이다. 그리고 고객에게 상품 배송 완료 후 잘 받았냐는 문자메시지를 보낼 때 리뷰 작성 내용을 홍보하는 방법도 많이 쓰인다.

세 번째 방법은 가구매 리뷰 작성 대행사들을 활용하는 방법이다. 이것은 각 쇼핑몰에서 적발 시 상품 삭제 등 페널티를 받을 수 있다. 크몽 같은 프리랜서 사이트나 온라인 판매 관련 오픈채팅방에 가면 이런 가구매 리뷰 대행사들이 많이 있는데 한 번 적발되면 타격이 너무 크기 때문에 추천하지 않는다.

프리랜서 사이트의 가구매 구매 후기 작성 대행사

※ 출처 : 크몽

• 조금 더 알기 •
'구매 후기' 작성 이벤트용 스타벅스 쿠폰 구매

구매 후기 작성 이벤트를 진행할 때 이벤트 상품으로 스타벅스 커피 쿠폰을 많이 사용한다. 이런 커피 쿠폰을 대량으로 구매할 때 센드비(https://sendbee.co.kr/)라는 모바일 쿠폰 발송 서비스업체를 이용하면 좋다. 스타벅스 매장에서 정상 판매가 4,500원인 아메리카노 커피를 2024년 11월 기준 3,830원에 구매할 수 있는데 5개 단위로 구매할 수 있다.

센드비 스타벅스 아메리카노 쿠폰

※ 출처 : 센드비

유통 효율을 극대화하는
최적의 가격 책정 전략

상품을 판매할 때 가장 고민이 되는 것 중 하나가 가격 책정이다. 오프라인 유통에서는 각 유통 채널별 가격을 알려면 직접 오프라인 매장을 방문해야 알 수 있었기 때문에 가격을 세팅할 때 마음의 부담이 덜했다. 그러나 온라인 유통에서는 판매 채널들이 워낙 다양하고 검색 한 번으로 각 온라인 유통 채널별 가격을 다 파악할 수 있다 보니 가격을 어떻게 세팅해야 할지 고민하는 초보 판매자들이 많이 있다.

모든 유통 채널의 MD가 원하는 것이 저렴한 가격이다 보니 유통 채널별 상품 선정과 가격 책정에 신경을 써야 한다. 네이버에서 검색 한 번 해 보면 모든 상품과 가격이 다 나오다 보니 각 유통 채널의 MD들뿐만 아니라 소비자들도 최저가를 쉽게 알 수 있다. 이런 상황에서 유통 채널별 가격 책정을 잘못했다가는 MD와의 관계가

악화되어 해당 유통 채널에서 퇴출될 수도 있고 다른 유통 채널에
도 진입을 못 할 수도 있다.

네이버쇼핑 가격비교 예

　어떤 업체는 상품이 출시되자마자 중형 체인 슈퍼마켓 MD와 상
담을 했는데 가격을 최저가 수준으로 낮게 해서 공급하면 입점시켜
주겠다는 제안을 받았다. 일단 오프라인 대형 유통업체에 진입하게
되면 그 후광 효과로 다른 유통 채널에도 손쉽게 진입할 거라는 생
각을 하고 거의 노마진에 가깝게 해서 체인 슈퍼마켓에 상품을 공
급했다. 그러나 중형 슈퍼마켓에 노마진 수준 최저가에 납품한 것
때문에 다른 유통 채널에 진입하는 데 문제가 생겼다.

　일반적으로 중형 슈퍼마켓보다 판매 가격이 더 낮게 책정되는 쿠
팡 로켓배송, 복지몰, SNS 공동구매, 할인점 등의 유통 채널에는 기
존 공급 가격보다 더 낮춰서 공급할 수가 없기 때문에 입점이 안 되
는 문제가 발생했다. 해당 유통업체 MD들에게 중형 슈퍼마켓 입점
스토리에 대해 열심히 설명하며 이해해 달라고 했지만, 상품 가격
을 최우선 시하는 유통업체에서 해당 업체의 사정을 받아들일 리가
없었다.

앞서 보는 바와 같이 유통 채널별 가격 책정은 정말 중요하다. 위의 사례는 다른 유통 채널에 입점하지 못 하는 것으로 끝났지만, 심할 경우에는 기존에 상품을 공급하던 유통 채널에서도 퇴출될 수도 있다. 규모가 작은 소형업체는 모든 온라인 판매 채널을 다할 생각 말고 본인의 상품, 상황에 맞게 판매 채널별 선택과 집중을 해야 한다. 한마디로 모든 온라인 판매 채널의 판매 가격을 다 고려할 생각 말고 주력 판매할 채널의 판매 가격만 심사숙고해서 결정하는 것이 좋다.

온·오프라인 유통 채널별 가격 수준

유통 채널	가격 수준
특판/폐쇄몰/복지몰/공동구매(카스채널, 밴드, 쇼핑몰 앱)	최저가
쿠팡 로켓배송	
오픈마켓(G마켓/11번가/옥션/롯데ON)	
종합몰(CJ/롯데/GS/현대/농수산)	
창고형 할인점(코스트코/트레이더스)	
할인점(이마트/롯데마트/홈플러스)	
중형 슈퍼마켓(롯데슈퍼/GS슈퍼/홈플러스 익스프레스)	
편의점, 백화점	최고가

※ 출처 : 온라인 판매 사관학교

특수한 경우도 있겠지만 일반적으로 온·오프라인 유통 채널별로 위와 같은 가격 구조가 형성되어 있다. 유통업체 MD들도 최대한 저렴한 가격을 추구하기는 하나 위의 유통 채널별 가격 수준에 대해서는 어느 정도 인지하고 있다. 그런데 만약 상위의 저가 유통 채널의 가격이 하위 고가 유통 채널보다 높을 때 문제가 발생한다. 신규 상품이라면 입점이 거절될 것이고 기존에 입점된 상품이라면 운영이 중단되고 괘씸죄에 걸려 해당 유통업체와 관계가 악화될 확률이 크다.

어느 한 특정 유통 채널에 입점할 목적으로 또는 매출을 올려볼 욕심에 가격을 선불리 파괴하면 유통 채널 전체에서 문제가 발생할 수 있기 때문에 주의해야 한다. 그리고 유통업체 MD들은 항상 가격 조사를 하고 있다는 사실을 기억하라. 심지어 중국, 동남아시아 외국인 바이어들도 한국에 오기 전 네이버에서 상품 가격 조사를 하고 방문한다.

가격 책정에 정답은 없으며 상품별, 판매자 각자의 상황별로 다르다. 판매 가격은 보통 원가에다 유통 수수료, 광고비, 인건비 등의 각종 비용을 더하고 여기다 마진을 붙여서 결정한다. 내 상품이 정말 독창적인 상품이 아니라면 경쟁사 판매 가격이 가격 책정의 기준이 되어야 한다. 온라인 셀러들 사이에서는 가격 책정할 때 [사입원가 * 1.6] 하는 것이 무슨 공식인 것처럼 전해지는데 이런 식으로 가격 책정을 하면 절대 안 된다. 1.6이라는 숫자의 의미는 1년 내내 여러 가지 상품을 판매해 봤더니 매출액의 총 합계가 사입원가 대비 1.6배 정도 된다는 의미이다. 각 상품별로 사입원가 대비 배수는 모두 다르다는 의미이다.

경쟁 상품을 고려해서 가격을 책정할 때 가격이 정확히 비교될 수 있는 공산품(브랜드 명, 모델명 존재)은 가격 100원이 의미가 있지만 패션, 생활잡화 같은 가격비교가 안 되는 상품군(브랜드 명, 모델명 존재하지 않음)은 가격 100원에 큰 의미가 없다. 전체적인 큰 틀에서만 가격을 비교하면 된다. 그리고 경쟁사의 가격을 볼 때 경쟁사의 미끼 상품의 가격을 보면 안 된다. 미끼 상품을 신경 쓰며 가격 대응을 해서는 안 되고, 미끼 상품의 판매 가격을 맞추지 못한다고 좌절할 필요도 없다. 경쟁사의 마진 보는 상품에 집중해야 한다. 보통 고객은 미끼 상품으로 들어와서 마진 보는 상품을 구매하게 된다. 경쟁사의 마진 보는 상품의 가격을 고려해 내 상품의 가격을 결정해야 한다.

• 조금 더 알기 •
'가격 책정' 시 중요 고려 사항

---

① 유통 판매 채널별 수수료 차이 : 자사몰, 스마트스토어, 오픈마켓, 종합몰, 홈쇼핑, SNS 공동구매, 오프라인 대형 유통 등
② 유통 판매 채널별 판매 가격 충돌 : 입점된 유통 판매 채널에서의 판매 가격 차이
③ 하부 조직 운영 여부 : 도매, 대리점, 벤더
④ 세금, 고정비 : 부가세, 소득세 및 사무실 임대료 등 고정적으로 나가는 비용

온라인 최저가 관리의 중요성 ──

온·오프라인 유통 판매를 진행할 때 판매 가격에 있어서 가장 중요한 것은 온라인 최저가이다. 온·오프라인 유통업체 MD들은 항상 기준을 온라인 최저가에 잡고 질문을 하는데 온라인 최저가를 기준으로 공급 원가, 판매가, 수수료, 마진을 이야기한다. 특가 행사, 기업체 대량 특판, 쿠팡 로켓배송 등을 진행할 때도 가격의 기준은 온라인 최저가 대비 얼마나 저렴하냐가 기준이 된다. SNS 공동구매 시장, 복지몰·폐쇄몰 등 특정 유통 채널은 온라인 최저가보다 저렴하지 않으면 입점 자체가 되지 않는다. 그렇기 때문에 장기적으로 육성할 나만의 상품이 있을 때 온라인 최저가 관리가 가장 중요하다.

벤더업체, 도매업체들도 온라인 최저가가 무너진 상품들은 취급하려고 하지 않는다. 온라인 최저가가 무너졌다는 의미는 상품 공급사(제조사, 수입사, 생산자)가 기존에 정한 온라인 최저가보다 더 낮게 판매되는 상황이 발생한 경우이다. 네이버쇼핑 같은 가격비교 사이트에서 검색했는데 상품 공급사가 말한 온라인 최저가보다 더 낮게 판매되는 쇼핑몰이 있는 경우가 바로 그것이다.

온라인 도매 사이트에 상품이 올라가서 불특정 다수가 해당 상품을 판매하게 되면 온라인 최저가 관리를 할 수가 없다. 그렇기 때문에 온라인 최저가 관리가 필요한 상품은 절대 도매 사이트에 올리면 안 된다. 가격준수 도매 사이트라고 홍보하는 도매 사이트들도 있지만 실제로 판매자들을 하나하나 관리하는 것은 거의 불가능에 가깝다. 도매 사이트에는 온라인 최저가 관리가 필요 없는 기획 상품, 시즌 상품 등을 등록해서 판매하는 것이 적합하다.

가격비교 사이트에서 쿠폰 적용 판매 가격 ——

온라인 판매하는 사람들이 온라인 최저가 관리 시 반드시 알아야 하는데 잘 모르는 내용이 있다. 네이버쇼핑, 에누리, 다나와 같은 가격비교 사이트에서는 주로 최저가가 팔리기 때문에 각 쇼핑몰이 온라인 최저가를 잡기 위해 가격비교 사이트에서만 적용되는 쿠폰을 붙인다. 한마디로 A라는 상품이 11번가 홈페이지에서 검색하면 판매 가격이 1만 원인데 네이버쇼핑에서 검색하면 동일한 11번가인데도 불구하고 쿠폰 할인이 적용되어 1만 원보다 판매가가 더 낮아

오픈마켓 상품 등록 시 가격비교 사이트 쿠폰 적용 선택

※ 출처 : G마켓

지는 경우이다.

G마켓, 옥션, 11번가 같은 오픈마켓들은 해당 쇼핑몰에 상품 등록 시 제휴사 쿠폰 할인 이벤트에 참여할 것이냐고 물어보는데 여기에 동의하면 가격비교 사이트에서 이런 할인 쿠폰이 적용될 수 있다. 쿠폰 적용은 어느 가격비교 사이트에, 얼마의 금액이, 언제 적용될지 알 수가 없고 해당 쇼핑몰에서 임의로 결정한다. 온라인 최저가 관리를 엄격하게 해야 하는 상품의 경우 이런 오픈마켓 제휴사 쿠폰 할인 이벤트에 절대 참여하면 안 된다.

온라인 유통에서 일반적인 네 가지 가격 책정 방법 ──────

오프라인 유통과 달리 온라인 유통은 온라인상에 가격이 노출되기 때문에 가격 책정이 중요하다. 특히 온라인 최저가 관리가 잘못되면 전체 판매에 큰 영향을 끼치기 때문에 처음 가격 책정이 중요하다.

온라인 유통에서 일반적인 가격 책정 방법	① 모든 판매 채널 가격을 동일하게 맞추고 판매 채널별 수수료에 따라 마진을 조정하는 방법 ② 오픈마켓을 가격, 마진 기준점으로 삼고 판매 채널별 수수료에 따라 판매 채널별로 가격을 다르게 정하는 방법 ③ 위의 ①, ②를 적당히 혼합하는 방법 ④ 네이버쇼핑에서 상위 10개 상품의 평균 가격으로 정하는 방법

위의 네 가지 방법이 일반적으로 온라인 유통에서 많이 쓰이는 가격 책정 방법인데 모든 가격 전략의 목적은 딱 하나이다. 가격을

동일하게 하느냐 차등을 주느냐가 아니고 어떻게 하는 것이 전체 수익을 높일 수 있느냐이다. 이런 원칙을 고려해 판매 가격을 책정해야 한다.

효율적인 가격 책정 노하우 ────

판매 가격을 정할 때 가장 이상적인 것은 판매 채널별로 규격, 디자인, 포장이 다른 상품 또는 결합 상품을 운영하는 것이다. 그러나 수많은 유통 채널별로 다른 상품을 운영한다는 것은 현실적으로 가능하지 않다. 특히 중소업체 입장에서 품목을 하나 늘린다는 것은 공장 생산 설비를 바꾸는 등 추가 투자가 들어갈 수도 있는 사항이라 쉽지가 않다. 그렇다고 동일한 상품을 온·오프라인 모든 유통 채널에서 동일한 가격으로 판매한다고 하면 문제가 발생할 여지가 많다.

필자가 제안하는 방법은 기본적으로 온라인 상품과 오프라인 상품을 구분하고 온라인에서는 오픈마켓, 종합몰 상품과 온라인 최저가 이하로 판매해야 하는 SNS 공동구매, 복지몰·폐쇄몰 상품으로 구분하는 것이다. 상품 가격대는 오프라인 상품은 고가, 오픈마켓·종합몰 상품은 중가, SNS 공동구매, 복지몰·폐쇄몰 상품은 저가 이렇게 세 가지로 운영한다. 각 상품 라인별로 가격 및 이익률을 조정하고 이익률이 낮은 라인은 박리다매로 극복한다.

SNS 공동구매, 복지몰·폐쇄몰 상품은 특별 상품의 개념이 강하기 때문에 기획 상품 형태로 만드는 것이 좋다. 만약 오프라인 유통이 강한 제조, 수입업체의 경우는 추가로 오프라인 상품을 대용량과 소용량으로 나누어서 대용량이 필요한 할인점, 중형 슈퍼마켓 같은 유통 채널에 저가로, 소용량이 필요한 편의점, 백화점 같은 유통 채널에 고가로 운영하는 것이 좋다.

유통 전체적인 가격을 세팅할 때 내가 주력으로 판매할 유통 채널 상품의 가격 및 이익률을 기준으로 나머지 유통 채널의 가격을 책정해야 한다. 가령 폐쇄몰, 복지몰, SNS 공동구매를 주력으로 할 업체라면 나머지 유통 채널 상품의 가격을 높게 올리고 폐쇄몰, 복지몰, SNS 공동구매 상품의 가격을 상대적으로 낮게 책정해 매출 및 이익을 극대화하는 것이다. 그리고 저가 상품이 잘 팔리는 것은 사실이나 상품 특성에 따라 평상시에는 고가로 설정해놓고 특가 행

· 조금 더 알기 ·
독점적으로 제조, 수입하는 상품의 경우 일반적인 '판매가 결정'

① 건강기능식품, 다이어트식품, 뷰티 상품 : 원가 * 4배 이상
   – 해당 상품군은 마케팅비 및 영업비가 많이 들기 때문에 마진을 많이 봐야 함
② 일상생활용품 : 원가 * 3배 이상
③ 일반 식품 : 원가 * 2배 이상
   – 식품군은 원가가 높기 때문에 판매가를 높이기가 어려움

사를 자주 걸어주어 평상시에는 판매가 거의 없고 특가 행사 시 판매량으로 전체 매출, 이익을 맞춰나가는 방법도 있다.

온·오프라인에서 운영 상품과 판매 가격을 관리하는 것은 쉽지 않은데 제조업체, 수입업체 또는 총판업체가 혼자서 유통 판매를 하면 제일 좋고, 협업하는 벤더업체나 도매 업체가 많아질수록 상품 관리, 가격 관리는 더욱 어려워진다.

상품별 특징(단·장기 운영)에 따른 가격 책정 ──

단기간에 재고를 남기지 말아야 하고 팔아치워야 하는 단기 운영 상품과 장기간 안정적으로 팔아야 하는 장기 운영 상품은 가격 책정이 당연히 달라야 한다. 특히 단기 운영 상품의 경우는 재고가 남게 되면 큰 문제가 되기 때문에 가격 책정에 더욱 신중을 기해야 한다.

(1) 단기 운영 구색 상품

단기 운영 구색 상품은 보통 시즌 상품, 재고 처분 상품, 경쟁이 심한 단기 트렌드 상품이다. 이런 상품들은 최대한 많은 유통 채널에 입점해서 판매하는 것이 유리한데 상품을 브랜딩할 필요성이 없는 경우가 많다. 오픈마켓에 고가로 올려놓고 가격을 할인해 오픈마켓, 소셜커머스, 전문몰, SNS 공동구매 유통 채널의 각 쇼핑몰에 돌아가며 저가로 특가 행사를 진행하는 것이 좋다. 또한 B2B 도매몰에 판매자들의 마진을 감안해 가격을 책정해 상품 등록 후 판매하는 방식도 추천한다.

(2) 장기 운영 주력 상품

장기 운영 주력 상품은 상품 브랜딩을 하며 장기적으로 판매해야 하는 상품이다. 이런 상품들은 온라인 최저가 관리를 정말 철저히 잘해야 한다. 전략적인 두 가지 가격 선택지가 있는데 첫 번째는 꾸준히 동일한 가격을 유지하면서 브랜딩, 홍보를 통한 판매를 주력으로 하고 가끔 저가로 행사를 진행해 판매하는 방법이다. 두 번째는 온라인 최저가를 고가로 책정하고 평상시에는 적은 판매를 일으키고 저가로 특가 행사를 자주 진행해 이때 대량 매출을 일으키는 방법이다. 장기적으로 총판업체, 벤더업체를 운영할 계획이라면 이들의 마진까지 감안해서 판매 가격을 책정해야 한다. 가격이 무너질 우려가 있기 때문에 B2B 도매 사이트에는 절대로 등록하면 안된다.

온라인마켓
상위 노출 로직 집중 분석

    온라인 판매를 할 때 가장 중요한 요소라고 할 수 있는 항목이 바로 온라인마켓별 상위 노출이다. 고객이 온라인마켓에서 키워드를 넣고 또는 특정 카테고리를 선정해 검색했을 때 수많은 상품이 나온다. 이때 내 상품이 1페이지에 노출되었을 때와 100페이지에 노출되었을 때 매출 차이는 어떨까? 1페이지에 노출되면 특히 1페이지 6등 안에 노출되면 매출은 검색량이 많은 키워드의 경우 엄청난 매출이 나올 수 있을 것이다. 그러나 내 상품이 100페이지에 노출된다면 과연 매출이 나올 수 있을까?

    온라인 세상에서는 '검색되지 않는 것은 존재하지 않는 것이다'라는 유명한 격언이 있다. 내 상품이 100페이지에 나오는 것도 엄밀하게 말하면 온라인상에 존재하지 않는 것이나 마찬가지이다. 그렇기 때문에 온라인 판매를 하는 판매자들은 모두 다 각 온라인마켓별 상위 노출에 목숨을 걸고 있다. 온라인마켓에서 상위 노출이 되고 안 되고는 매출과 수익에 엄청난 차이를 만들고 사업을 지속할 수 있냐 없냐를 결정할 정도로 중요하다.

네이버쇼핑 '홍삼' 키워드 검색 결과 예

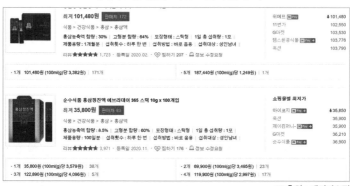

※ 출처 : 네이버쇼핑

내가 '홍삼' 제조사이며 홍삼 1품목만 판매하고 있는데 가장 매출이 많이 나오는 온라인마켓이라 할 수 있는 네이버쇼핑에서 위의 예시와 같이 1페이지에 노출되는 것과 10페이지에 노출되었을 때를 생각해 보자. 나의 주력 판매 온라인마켓이 네이버쇼핑이라고 하면 전체 매출, 이익의 차이는 당연히 비교할 수 없을 정도일 것이며 사업을 지속해야 마냐까지 고민해야 할 수준일 수 있다.

온라인 판매에 있어서 온라인마켓별 상위 노출은 목숨을 걸어야할 정도로 중요한 것이며 각 온라인마켓별 상위 노출 로직은 모두다르고 복잡하고 기준이 수시로 바뀐다. 심지어 해당 온라인마켓

MD들도 정확한 로직은 알 수가 없다. G마켓, 옥션, 11번가 등 오픈 마켓들은 상위 노출 로직이 존재하긴 하나 상위 노출에서 광고의 영향이 절대적이라 상위 노출 로직이 큰 의미가 없다.

상위 노출 로직을 제대로 파악하고 있어야 하는 온라인마켓은 네이버쇼핑이다. 네이버쇼핑의 경우 광고 구좌가 계속 늘어가고는 있긴 하지만 아직도 상위 노출 로직에 의해 1페이지에 노출되었을 때 가장 큰 안정적인 매출을 만들어낼 수 있는 온라인마켓이다. 종합몰, 전문몰들도 나름 자체적인 상위 노출 로직이 있긴 하나 노출에 있어서 MD의 영향력이 강한 온라인마켓이다.

여기에서는 온라인 판매에 있어서 가장 중요한 요소 중의 하나인 온라인마켓별 상위 노출 로직에 대해서 집중적으로 알아보도록 하겠다.

네이버쇼핑 노출 알고리즘 및 상위 노출 로직

일반적으로 G마켓, 옥션, 11번가 등 대형 오픈마켓들은 자체 디스플레이 로직을 따르고 MD의 힘이 강한 종합몰, 전문몰 들은 MD 큐레이션 로직을 따른다. 그러나 네이버쇼핑의 경우는 인기도, 적합도, 신뢰도라는 특수 알고리즘에 따라 상품이 노출되고 배열된다. 네이버가 국내 부동의 1위 검색 플랫폼이기 때문에 검색, 쇼핑에 있어서 막대한 데이터를 보유하고 있다. 이러한 데이터들을 바탕으로 각각의 항목별 점수를 부여해 높은 점수 순으로 상위 노출을 결정한다. 이러한 알고리즘 노출의 선두주자는 미국의 아마존인데 네이버쇼핑과 쿠팡 모두 아마존을 벤치마킹해 한국 현실에 맞게 상품별 상위 노출 순서를 결정하고 있다.

광고나 MD의 도움 없이 본인의 노력만으로 상위 노출이 가능하면서 가장 큰 매출이 나올 수 있는 온라인마켓이 네이버쇼핑이기 때문에 네이버쇼핑의 상위 노출 알고리즘 및 로직에 대해 철저히 공부해야 한다. 네이버쇼핑에서 키워드 검색을 해 보면 아래와 같이 '네이버 랭킹순', '높은 가격순', '리뷰 많은순', '리뷰 좋은순', '등록일순' 등 여섯 가지 상위 노출 정렬 방법 중 선택해서 볼 수 있다. 기본 필터값으로 '네이버 랭킹순'이 보여지고 실제로 대부분의 검색자가 '네이버 랭킹순'으로 검색 결과를 보기 때문에 '네이버 랭킹순'이 가장 중요하다.

◦ 조금 더 알기 ◦
네이버에서 공식적으로 말하는 '네이버 랭킹순'이란?

– 적합도 지수, 상품의 인기도·신뢰도 지수 등을 점수화해 정렬
– 단, 광고 상품은 별도 기준에 따라 상단 정렬

① 적합도 지수 : 검색어에 대한 상품 정보 연관도, 카테고리 선호도
② 인기도 지수 : 네이버쇼핑을 통한 상품 클릭 수, 판매 실적, 구매평 수, 찜 수, 최신성
③ 신뢰도 지수 : 네이버쇼핑 페널티, 상품명 SEO 스코어

네이버쇼핑에서 키워드 검색 시 6가지 상위 노출 정렬

※ 출처 : 네이버쇼핑

    네이버쇼핑에 입점해 있는 많은 온라인마켓인 오픈마켓, 쿠팡, 종합몰, 전문몰, 자사몰 중 상위 노출이 가장 많이 되어 있는 마켓은 네이버쇼핑이 제공하는 무료 쇼핑몰인 스마트스토어이다. 네이버에서는 네이버쇼핑 상위 노출에 있어서 스마트스토어를 절대 우대하지 않는다고 공식적으로 말하고 있으나 실제 펼쳐지고 있는 상황을 보면 다른 온라인마켓들 대비 스마트스토어가 상위 노출되어 있는 경우를 빈번하게 찾아볼 수 있다. 그렇기 때문에 네이버쇼핑에서 상위 노출을 하는 데 있어서 스마트스토어가 가장 유리하다. 네이버쇼핑 입장에서 상식적으로 생각해 보면 본인들이 만든 스마트스토어를 알게 모르게 지원하는 것은 당연하지 않겠는가?

    네이버쇼핑에서 특정 키워드 검색 시 노출되는 결과는 최상단에 광고가 나오고 그다음에는 '네이버 랭킹순'이라는 상위 노출 점수별로 1등부터 순서대로 노출된다. 네이버쇼핑에서 매출에 결정적

네이버 메인 네이버쇼핑 '주방수납장' 검색 결과 예

※ 출처 : 네이버쇼핑

인 영향을 미치는 것이 상위 노출이기 때문에 네이버쇼핑의 상위 노출 로직에 대해 자세히 알아야 할 필요가 있다. 일단 네이버쇼핑에서 1페이지 상위에 노출되어 있기만 하면 꾸준히 안정적인 매출을 만들어 갈 수 있기 때문에 모든 판매자가 상위 노출을 하기 위해 총성 없는 전투를 벌이고 있다. 특히 PC 통합검색 화면에서 보면 카테고리마다 다르지만 위의 이미지와 같이 '쇼핑' 영역에서 광고 포함 여덟 개가 보여지기 때문에 상위 노출 6등 안에 들어가는 것이 매우 중요하다. 어느 정도 검색량이 있는 키워드라면 해당 키워드 검색 시 6등 안에만 들어가면 안정적인 큰 매출을 올릴 수 있다.

쇼핑 검색 랭킹 구성 요소 ———

네이버쇼핑은 2024년 10월 크게 개편되었는데 가격비교 쇼핑몰과 '네이버플러스 스토어' 두 개로 나누어졌다. 상위 노출 로직도 가격비교 쇼핑몰과 네이버플러스 스토어가 상이한데 네이버플러스 스토어에는 유저 개인별 맞춤 노출을 강조하는 선호도 항목이 새로 포함되었다. 가격비교 쇼핑몰은 기존 네이버쇼핑과 동일하게 모든 유저에게 동일한 검색 결과를 보여주나 네이버플러스 스토어는 각 개인별 성·연령, 쇼핑 이력에 따라 상이한 검색 결과를 보여준다. 네이버쇼핑에서 알려주는 각각의 항목에 대한 설명은 아래와 같다. 단, 각각의 항목에 대한 세부 점수 및 가중치는 카테고리별, 키워드별로 모두 다르며 네이버의 정책에 따라 수시로 바뀌고 있다.

적합도와 신뢰도는 기본적으로 잘 지킨다는 가정하에 상위 노출에 가장 중요한 요소로 인식되는 것은 판매 실적, 구매평 수, 클릭

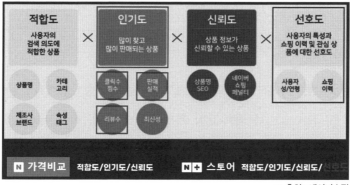

쇼핑 검색 랭킹 구성 요소

※ 출처 : 네이버쇼핑

수이다. 대부분 이 세 가지 항목에서 높은 점수를 받으면 네이버쇼핑에서 상위 노출되는 경향이 강하다. 그렇기 때문에 네이버쇼핑에 입점된 판매자들의 대부분이 위의 세 가지에서 어떻게든 점수를 만들기 위해 치열한 광고, 마케팅을 하고 있다.

(1) 적합도

이용자가 입력한 검색어가 상품명, 카테고리, 제조사·브랜드, 속성·태그 등 상품 정보의 어떤 필드와 연관도가 높은지, 검색어와 관련해 어떤 카테고리의 선호도가 높은지 산출해 적합도로 반영된다.

'적합도' 주요 구성 요소

필드 연관도	검색어가 '나이키'인 경우 나이키는 브랜드 유형으로 인식되며, 상품명에 나이키가 기입되어 있는 것보다 브랜드에 나이키로 매칭되어 있는 것이 우선적으로 노출된다.
카테고리 선호도	'블라우스' 검색어의 경우는 여러 카테고리 상품이 검색되지만 [패션의류 〉 여성의류 〉 블라우스] 카테고리의 선호도가 매우 높다. 검색 알고리즘은 해당 카테고리의 상품을 먼저 보여줄 수 있게 추가 점수를 준다.

(2) 인기도

해당 상품이 가지는 클릭 수, 판매 실적, 구매평 수, 찜 수, 최신성 등의 고유한 요소를 카테고리 특성을 고려해, 인기도로 반영된다. 인기도는 카테고리별로 다르게 구성되어 사용된다.

'인기도' 주요 구성 요소

구분	내용
클릭 수	− 최근 7일 동안 쇼핑 검색에서 발생한 상품 클릭 수를 지수화한다.
판매 실적	− 최근 2일, 7일, 30일 동안 쇼핑 검색에서 발생한 판매 수량·판매 금액을 지수화한다. − 스마트스토어의 판매 실적, 리뷰 수는 네이버페이를 통해 자동 연동, 부정 거래가 있을 경우 페널티를 부여한다.
구매평 수	− 개별 상품의 리뷰 수를 카테고리별 상대적으로 환산해 지수화한다.
찜 수	− 개별 상품의 찜 수를 카테고리별 상대적으로 환산해 지수화한다.
최신성	− 상품의 쇼핑 DB 등록일을 기준으로 상대적 지수화, 신상품을 한시적으로 노출을 유도한다.

(3) 신뢰도

네이버쇼핑 페널티, 상품명 SEO 등의 요소를 통해 해당 상품이 이용자에게 신뢰를 줄 수 있는지를 산출해 신뢰도로 반영한다.

'신뢰도' 주요 구성 요소

네이버쇼핑 페널티	구매평·판매 실적 어뷰징, 상품 정보 어뷰징 등에 대해 상품·몰 단위 페널티를 부여한다.
상품명 SEO 스코어	상품명 가이드라인을 벗어난 상품에 대해 페널티를 부여한다.

(4) 선호도

선호도 항목은 2024년 11월부터 새롭게 시작되었는데 한마디로 각각 유저 개인에 성별, 취향, 검색 기록, 네이버 쇼핑 이력에 따라 맞춤 상품 노출을 보여준다는 내용이다. 현재 쿠팡의 노출 로직과 비슷한 방향으로 간다는 것을 뜻한다. 적합도란 한 마디로 상품을 등록할 때 대부분의 고객이 생각하는 카테고리, 키워드, 속성에 정확히 맞게 등록해야 한다는 네이버쇼핑 SEO에 관한 것이고, 인기도는 고객의 구매가 많이 일어나고 고객 반응이 좋은 신상품이어야 한다는 것이며, 신뢰도는 네이버가 정한 가이드라인을 지켜야 하고 어뷰징 같은 불법 행위를 하면 안 된다는 것이다.

적합도의 '필드 연관도'는 상품 정보를 정확하게 입력하면 상품이 검색될 가능성이 상승한다는 것이다. 네이버쇼핑에 상품을 등록할 때 상품명만 입력하는 것이 아니라 상품명, 제조사, 브랜드, 카테고리, 속성, 태그 등 다양한 정보를 입력하도록 되어 있다. 제조사, 브랜드 등의 정보를 정확하게 입력해야 한다. 상품명은 최대한 간결하고 핵심 키워드만 포함하도록 하면서 특수문자나 무료배송, 사은품 증정과 같은 이벤트 필드에 들어가야 할 문자들이 들어가면 안 된다. 11번가, G마켓 등 타 오픈마켓에서 판매하는 것이 익숙한 판매자들이 자주 하는 실수로 이런 실수는 피해야 한다. 적합도 항목의 '카테고리 선호도'는 특정 키워드를 검색했을 때 해당 키워드의 카테고리를 사용해야 검색이 잘 된다는 뜻이다.

꿀팁을 주자면 상위 노출을 원하는 키워드를 결정하고 그 키워드를 네이버 쇼핑에 검색했을 때 1페이지에 노출이 되는 카테고리를 선택하면 된다. 예를 들어보면, '수유등'이라는 카테고리의 경우 흔히 '출산·육아' 카테고리에 해당한다고 생각할 수 있다. 하지만 네

이버 쇼핑에 검색해 보면 [가구/인테리어 〉 인테리어소품 〉 조명 〉
인테리어조명] 카테고리이다.

네이버쇼핑 '수유등' 검색 시 1페이지 검색 결과

※ 출처 : 네이버쇼핑

　수유등을 팔고 있는데 '출산·육아' 카테고리를 지정해두었다면
백날 팔아봐야 노출이 되지 않을 것이다. 따라서 카테고리를 알아
보는 작업은 상품 등록 전 반드시 선행되어야 하는 기본적이고 중
요한 작업이다.

　적합도와 신뢰도는 기본적으로 지킨다는 가정하에 상위 노출에
서 가장 중요한 것은 판매 실적, 구매평 수, 클릭 수이다. 온라인 판
매 중수 이상만 되면 이 세 가지가 상위 노출의 결정적인 요소라는
것을 안다. 2021년 이전만 해도 판매 실적 및 구매평 수가 상위 노
출에 결정적인 영향을 끼쳤지만 2021년 중순 네이버쇼핑 상위 노
출 로직이 일부 변경된 순간부터 클릭 수의 영향력이 엄청나게 높

아졌다. 네이버쇼핑에서 브랜드 상품들을 우대해주면서 '브랜드 카탈로그' 및 '쇼핑몰 최저가'로 묶여서 보여지는 상품들에 대한 상위 노출 우대를 시행하면서 각 쇼핑몰별 클릭 수의 중요성이 엄청나게 높아졌다. 심지어는 특정 카테고리, 특정 키워드의 경우 판매 실적, 구매평 수는 얼마 없어도 트래픽을 쏴주는 어뷰징 프로그램을 써서 클릭 수를 높여주면 판매 실적과 구매 평수가 훨씬 많은 다른 상품들을 제치고 1페이지 상위에 올라가는 일도 자주 벌어지고 있다.

다른 조건들이 조금 미흡해도 판매 실적과 구매평 수, 클릭 수가 월등히 높으면 다른 조건들에서의 모든 마이너스 점수를 뒤엎고 상위 노출이 된다. 그렇기 때문에 가구매, 트래픽(클릭) 쏘기 같은 어뷰징 작업이 성행하는 것이다. 오픈마켓은 판매량 점수가 3일밖에 지속되지 않는 데 비해 스마트스토어는 30일간 영향을 끼치기 때문에 가구매 작업이 많이 일어나고 트래픽이 상위 노출에 큰 영향을 끼치기 때문에 트래픽 쏘기 어뷰징 작업을 한다. 그러나 이런 어뷰징 작업은 한 번 적발되면 상품이 삭제되고 상점이 퇴출되는 등 손해가 막심하기 때문에 절대 하지 말길 바란다.

상위 노출을 하려면 정상적으로 판매량 및 고객유입 트래픽을 올리고 구매평을 확보하는 데 최대한 집중하라고 얘기하고 싶다. 실제로 스마트스토어 상위 노출 관련 책, 강의, 교육에 나오는 내용 중의 상당수가 판매량을 올리고 구매평을 확보하라는 내용이다. 판매자가 각종 광고, 마케팅을 하고 이벤트를 하고 고객 혜택을 주는 이유가 무엇이겠는가. 결국은 판매량 및 고객 유입을 올리고 구매평을 확보하는 작업이다.

초보 판매자의 경우 적합도를 맞추는 것도 버겁지만 결정적으로 판매 실적, 구매평 확보가 잘 안 되기 때문에 상위 노출이 어려운 경우가 많다. 판매 실적이 올라가면 당연히 고객 트래픽(클릭 수)은 증가할 수밖에 없는데 종합해서 설명하자면 판매 실적은 금메달, 구매평은 은메달, 네이버 SEO는 동메달이라고 할 수 있다. 은메달 100개여도 금메달을 이길 수 없기 때문에 구매평이 아무리 많아도 판매량이 많을 걸 이길 수 없다. 그리고 네이버 SEO를 엄청나게 잘 해도 판매량과 구매평을 이길 수는 없다는 점을 명심하라.

처음 상품을 등록할 때는 '인기도' 항목의 '최신성' 점수를 받을 수가 있다. 처음 상품 등록할 때는 판매 실적과 구매평이 없기 때문에 네이버쇼핑에서 최신성 추가 점수를 부여해 기존 등록 상품들 대비 상위 노출에 유리하다. 그래서 처음 상품 등록 후 2~3주 내에 판매 실적과 구매평을 많이 만들어내면 기존 상품들 대비 월등하게 상위 노출이 될 수가 있기 때문에 처음 상품 등록 후 2~3주에 모든 역량을 집중해서 광고, 마케팅을 진행하는 것이 좋다.

네이버쇼핑 상위 노출 관련 각종 꿀팁, 책, 강의, 교육들이 난무하는데 실제로 도움이 되는 내용이 많다. 본 챕터에서는 초보자들이 꼭 알아야 할 기본적인 내용을 담았으므로 숙지하고, 세부적인 팁이나 노하우는 별도로 유료, 무료 교육들을 통해 꼭 제대로 공부하는 것이 좋다. 다만 이런 별도의 유료, 무료 교육들을 듣기 전에 네이버에서 공식적으로 말하는 상위 노출 SEO 가이드를 꼭 알아야 한다. 네이버 '네이버쇼핑 입점 및 광고' 홈페이지에 있는 '상품검색 SEO 가이드'를 꼼꼼히 읽어 보고 숙지해야 한다.

네이버쇼핑 '상품검색 SEO 가이드'

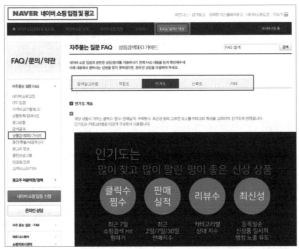

※ 출처 : 네이버쇼핑

오픈마켓 상위 노출 로직

오픈마켓들도 나름대로 상위 노출 로직이 있긴 하다. 하지만 광고 상품의 상위 노출 비중이 너무나 높아서 검색량이 어느 정도 나오는 키워드의 경우 광고 없이는 상위 노출이 거의 불가능하다고 할 수 있다. 웬만한 키워드는 광고 상품이 아닌 일반 상품 1등이 3페이지 이후에 나오는 경우가 대부분이다. 매출이 어느 정도 잘 나오는 오픈마켓인 G마켓, 옥션, 11번가를 보면 일반적인 키워드 1페이지에 광고 구좌들로 도배가 되어 있고 광고 구성도 광고 이름과 구좌 숫자만 조금씩 다를 뿐 전체적인 배치가 유사하다. 한 예로 2025년 1월 G마켓에서 '수납장'을 검색하면 일반 상품 1등이 107번째부터 나온다.

• 조금 더 알기 •

G마켓 '수납장' 검색 결과 노출 순서(2025년 1월 기준)

① 오늘의 프라임 상품(가로 고정 광고) : 5개

② 먼저 둘러보세요(세로 CPC 광고) : 8개

③ 오늘의 상품이에요(세로 고정 광고) : 8개

④ 이 상품은 어떠세요?(세로 CPC 광고) : 8개

⑤ 검색 맞춤 AI픽!(고객 개별 맞춤형 광고) : 2개

⑥ 슈퍼딜(G마켓 특가 행사) : 4개

⑦ 스마일배송(G마켓 3PL 배송 상품 노출) : 4개

⑧ 주목할 만한 상품이에요(리스팅 광고) : 67개

⑨ 일반 상품 → 107번째 상품부터 노출

오픈마켓 검색 광고 구성 ———

오픈마켓 검색 광고 구성	① 가로, 세로 고정 광고 ② 세로 CPC(Cost Per Click) 광고 ③ 리스팅 광고(노출 구좌 수는 광고하는 판매자 수에 의해 결정됨)

오픈마켓 검색 광고는 보통 가로·세로 고정 광고, 가로·세로 CPC 광고, 리스팅 광고로 구성된다. 고정 광고 및 CPC 광고는 보통 노출 구좌 수가 정해져 있고 1페이지 최상단에 노출되며, 리스팅 광고는 일 광고 비용은 저렴한데 노출 구좌 수가 정해져 있지 않고 광고하는 판매자가 많으면 많이 노출되고 판매자가 적으면 적게 노출된다.

리스팅 광고의 경우 인기 없는 키워드는 광고하는 판매자 수가 적지만 인기 있는 키워드는 광고하는 판매자가 500명이 넘을 수도 있다. 그래서 오픈마켓 일반 상품 랭킹 1등 노출 순서는 위에 말한 광고들이 끝나는 시점이다. 리스팅 광고 숫자가 적으면 운 좋게 1페이지 상위에 노출될 수도 있지만 이런 경우는 매우 드물다. 한마디로 말하면 오픈마켓에서 광고 없이 상위 노출해서 큰 매출을 올리는 것은 거의 불가능하며 최소한 저렴한 리스팅 광고라도 해야 한다는 것이다.

• 조금 더 알기 •
오픈마켓 리스팅 광고 '상위 노출' 로직

오픈마켓의 리스팅 광고는 노출 구좌 수 제한이 없고 일 광고 비용이 판매자별로 동일하다. 이들 리스팅 광고 내에서 상위 노출 순서는 보통 해당 상품의 오픈마켓 자체 상위 노출 랭킹에 따라서 좌우된다. 그렇기 때문에 리스팅 광고를 할 때 일반 상위 노출 랭킹이 좋아야 상위 노출에 유리하다.

11번가 리스팅 광고 '플러스 상품'

※ 출처 : 11번가

오픈마켓별 공식 상위 노출 기준

해당 오픈마켓에서 공식적으로 말하는 상위 노출의 기준은 다음과 같다.

(1) G마켓

광고 구매 여부, 판매 실적, 검색정확도, 고객 이용 행태, 서비스 품질 등을 기준으로 정렬한다. 고정 광고, CPC 광고 영역은 광고 입찰가 순으로 전시된다.

(2) 옥션

광고 구매 여부, 판매 실적, 검색정확도, 고객 이용 행태, 서비스 품질 등을 기준으로 정렬한다. 고정 광고, CPC 광고 영역은 광고 입찰가 순으로 전시된다.

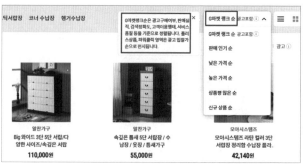

G마켓 상위 노출 기준인 'G마켓 랭크순'

※ 출처 : G마켓

(3) 11번가

광고 구매, 판매 실적, 검색정확도 점수를 기준으로 정렬한다. 고정 광고는 구매 금액 기준, CPC 광고, 리스팅 광고는 구매 금액과 서비스 품질 등을 기준으로 노출된다.

(4) 롯데ON

검색정확도 및 판매 실적 등을 점수화해 상품을 정렬한다. 단, 광고 상품은 별도 기준에 따라 상단 정렬된다.

오픈마켓 광고 상품 아닌 일반 상품 상위 노출 로직 ──

네이버쇼핑과 달리 오픈마켓들은 정확한 상위 노출 로직을 알려주지는 않고 있다. 그러나 일반적으로 전해지는 상위 노출 로직은 다음 표의 세 가지 점수를 합산해서 자체 기준에 의해 순위를 매겨 일반 상품의 상위 노출 순서를 정한다고 알려져 있다. 네이버쇼핑의 경우 30일까지의 판매 실적이 반영되는 데 반해 오픈마켓은 3일 간의 판매 실적이 반영된다는 것이 큰 차이이다.

오픈마켓 일반 상품 상위 노출 로직	① 3일간의 판매 건수 및 판매 금액 점수 ② 서비스 점수 : 배송 점수＋고객 응대 점수＋구매 후기 점수 ③ 검색정확도(SEO) 점수

오픈마켓 상위 노출 핵심 포인트 ──────

　오픈마켓은 상위 노출에서 광고의 영향이 절대적이기 때문에 일 별로 입찰해서 진행하는 고정 광고, CPC 클릭 광고를 진행하든지 광고 비용이 부담스러운 경우 최소한 리스팅 광고라도 진행해야 한 다. 고정 광고, CPC 클릭 광고는 광고 입찰가에 의해 상위 노출이 정해지지만 리스팅 광고 내에서 상위 노출을 하려면 판매량, 리뷰 관리가 필수이다. 리스팅 광고 구좌가 너무 많기 때문에 동일 비용 을 지불하더라도 상위에 노출되려면 해당 오픈마켓의 상위 노출 랭 킹 관리를 꼭 해야 한다. 만약 광고를 전혀 하지 않는다고 하면 검색 량이 적어서 광고를 거의 하지 않는 키워드를 제외하고는 상위 노 출이 거의 되지 않는다.

쿠팡 상위 노출 로직

　쿠팡은 네이버쇼핑처럼 공식적인 상위 노출 로직을 알려주지는 않고 있다. 그러나 쿠팡에서 키워드를 검색해 보면 나오는 '쿠팡 랭킹순'을 보면 상위 노출에 중요한 요소들을 알 수 있다. 대부분의 쇼핑몰에서와 같이 판매 실적, 고객 선호도(구매 후기), 상품경쟁력(가격, 배송 기간 등), 검색정확도(SEO) 등이 상위 노출에 중요한 요소이다.

쿠팡 상위 노출 로직 '쿠팡 랭킹순'

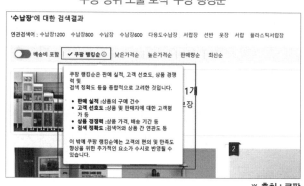

※ 출처 : 쿠팡

쿠팡은 오픈마켓처럼 검색 광고 구좌가 정해져 있지 않고 카테고리별 키워드별로 모두 다르다. 오픈마켓처럼 광고 구좌가 많지 않기 때문에 광고를 하지 않아도 검색정확도를 맞추고 판매량과 구매 후기가 많으면 1페이지 상위 노출이 어느 정도 가능하다. 그러나 쿠팡에서 키워드를 검색해 보면 쿠팡이 직접 운영하는 로켓배송 상품이 있는 인기 키워드의 경우 1페이지 최상단에 거의 로켓배송 상품과 광고 상품이 주로 노출되어 있는 것을 알 수 있다. 쿠팡도 당연히 본인들이 직매입해 직접 운영하는 로켓배송 상품들을 일반 상품 대비 더 많이 상위 노출 시켜준다고 할 수 있다.

아래의 쿠팡에서 매출이 많이 나오는 인기 키워드인 '유산균'을 검색한 결과를 보면 1페이지 최상단 1~8등이 모두 로켓배송 상품 또는 광고를 하는 로켓배송 상품인 것을 확인할 수 있다. 그렇기 때문에 로켓배송 상품이 많이 있는 카테고리 및 키워드에는 일반 상품으로 1페이지 최상단에 상위 노출 되는 것은 판매량 및 구매 후기가 압도적으로 많지 않으면 어렵다. 내 상품이 이런 카테고리와 키워드에 있는 상품이라면 상위 노출을 위해 로켓배송 입점을 검토

쿠팡 '유산균' 검색 결과 : 1페이지 1~8등 목록

※ 출처 : 쿠팡

해 볼 수 있다. 단, 로켓배송에 들어갈 수 있는 마진 구조가 나오는
지 그리고 타 온라인마켓의 판매 상황을 잘 검토해 봐야 한다.

기타 온라인마켓 상위 노출 로직

상위 노출 로직이 있다고 말할 수 있을 정도의 온라인마켓은 네
이버쇼핑, 오픈마켓, 쿠팡 정도이다. 나머지 종합몰, 전문몰 및 기타
온라인마켓들의 경우 고도의 시스템화된 상위 노출 로직을 가지고
있지는 않다. MD가 존재하는 MD몰은 상위 노출에 있어서 MD와
의 네트워킹이 중요하고 그 이외에는 온라인마켓에서 가장 중요시
하는 판매량과 고객 구매 후기가 영향을 끼친다. 상품 등록 시 충실
한 내용 입력 및 신상품인지 여부도 상위 노출에 영향을 끼친다.

기본적으로 상위 노출에 가장 중요한 것이 판매량과 구매 후기이
다. 판매량이 많고 고객 반응이 좋아야 온라인마켓의 수익이 올라
가기 때문에 이 두 가지가 해당 온라인마켓의 상위 노출에서 가장
중요하다. 그리고 중소형 온라인마켓의 경우 MD가 상품을 선정해
서 상위 노출할 수 있기 때문에 항상 MD와의 커뮤니케이션에 신경
을 써야 한다. 판매량과 구매 후기가 없거나 적어도 MD의 지원이
있으면 메인페이지 최상단 노출도 가능하다.

★★★ 실전 TiP

초보자 온라인 판매 관련 무료 교육 정보

초보자가 온라인 판매를 시작하면 궁금한 점들이 한두 개가 아닐 것이다. 궁금한 점들은 당연히 기본적인 내용이고 책, 블로그, 유튜브, 무료·유료 교육 등에서 쉽게 찾아볼 수 있다. 초보 판매자가 온라인 판매 전 온라인 판매의 기본을 익히는 데 좋은 무료 교육들이 많이 있다. 특히 대형 온라인마켓들은 해당 마켓의 판매자들을 위해 무료 교육을 진행하는데 여기 교육들이 매우 좋다. 판매자들이 교육을 받고 매출을 많이 올리면 해당 온라인마켓들에도 이득이기 때문에 무료 교육이지만 웬만한 유료 교

다양한 무료 온라인, 오프라인 교육을 제공하는 11번가 셀러존 교육센터

※ 출처 : 11번가

육을 능가할 정도로 내용이 알차다. 고가의 유료 교육들을 듣기 전에 먼저 아래 소개하는 무료 교육들을 반드시 들어서 온라인 판매의 기초를 익히고 그다음 심화 유료 교육들로 넘어가는 것이 좋다.

초보자가 기본적으로 궁금해하는 사업자등록, 상품 선정, 상세페이지 작성, 쇼핑몰 광고, 키워드 선정, 사진 촬영, 세금 처리, 고객CS 등 온라인 판매를 하면서 꼭 알아야 할 내용을 모두 무료로 배울 수 있다. 온라인 교육도 있고 오프라인 교육도 있는데 여력이 되면 오프라인 교육을 받아도 되지만 효율적인 시간 활용을 위해 온라인 교육을 추천한다. 이런 기본적인 내용도 모르고 바로 온라인 판매를 시작하면 좋은 성과를 내기 어렵다. 반드시 교육을 수강하는 것이 좋다.

1. 온라인마켓 판매자센터 무료 온 · 오프라인 교육

① 네이버 비즈니스스쿨 : https://bizschool.naver.com/

② G마켓 · 옥션 판매자 교육센터 :

   https://rpp.gmarket.co.kr/?exhib=47084

③ 11번가 셀러존 : https://seller.11st.co.kr/

④ 쿠팡 판매자 교육센터 : https://marketplace.coupangcorp.com/s/

   (쿠팡 광고 교육센터 : https://ads.coupang.com/)

⑤ 롯데ON 판매자 교육센터 : https://support.lotteon.com/online

네이버에서 운영하는 온라인 판매 교육센터 네이버 비즈니스 스쿨

※ 출처 : 네이버

2. 온라인 판매 및 온라인 유통 관련 유튜브 채널

유튜브에도 온라인 판매, 유통 관련해서 많은 정보와 노하우를 무료로 알려주는 좋은 채널들이 있다. 아래 소개하는 유튜브 채널들도 공부하면 도움이 많이 될 것이다.

① 유통 마케팅 사관학교 : https://www.youtube.com/channel/UCOxxN0iUUl3mcwMs_9kjFhg
② 동비TV : https://www.youtube.com/channel/UCHxNQtE_YwvWWxJ_7fVVOrg

'온라인/오프라인 유통 마케팅 마스터클래스' 온라인 교육

이 동영상 강의는 김태호 저자가 20시간, 68강을 직접 강의(2025년 촬영)하고 5개월간 저자가 직접 1 : 1 무제한 카카오톡 코칭을 해주는 온라인 교육프로그램이다. '온라인/오프라인 유통 마케팅 마스터클래스'는 온라인/오프라인 유통의 A부터 Z까지 모든 것을 다룬 국내 최초 마스터클래스 명품 유통/온라인 판매 강의로 최신 온라인 판매/유통 정보와 노하우를 배울 수 있다. 이 프로그램의 가장 큰 장점은 수강생을 대상으로 저자가 직접 수강 기간 5개월간 무제한 카카오톡 1:1 코칭을 해준다는 것인

데 특히 온라인 판매/유통 초보자나 우수한 상품을 가진 제조/수입업체 사장님들에게 큰 도움이 될 것이다. 온라인 교육 신청은 유통노하우연구회 네이버카페(cafe.naver.com/aweq123)에서 회원가입 후 전체공지 게시글에서 신청할 수 있다.

저자가 직접 강의한 20시간, 68강 동영상 교육
'온라인/오프라인 유통 마케팅 마스터클래스(https://cafe.naver.com/aweq123/40976)'

7장

절대 실패하지 않는
온라인 유통
실전 전략 수립

온라인 판매를 하면서 성공 확률을 높이려면 다양한 정보 및 네트워크를 활용해서 나에게 맞는 상품을 선정하고, 판매하기 위한 핵심 전략을 수립해야 한다. 초보자들이 상품을 선정할 때 고생을 많이 하는데 중수, 고수와는 다른 방식으로 접근해야 한다. 이미 잘 팔리고 있는 기존 상품을 벤치마킹해서 상품을 선정한다면 실패 위험을 낮출 수 있을 것이다. 이런 체계적인 전략 수립 없이 마구잡이로 온라인 판매를 시작하면 성공 확률은 낮아질 수밖에 없다. 가령 상품 카테고리별로 온라인 판매 방법이 동일할 수가 없다. 카테고리별 특징을 잘 알고 이를 바탕으로 판매 전략을 수립해야 한다. 이번 7장에서는 온라인 유통 판매를 진행하면서 성공에 한 걸음 다가설 수 있도록 도와주는 다양한 온라인 유통 실전 전략에 대해 알아보고 이를 수립하는 핵심 노하우에 대해서 알아보겠다.

실패하지 않는 상품 선정 핵심 노하우

초보자들이 가장 어려워하는 것이 무엇일까? 초보자들이 어려워하는 것들은 너무나 많겠지만 그중에서도 가장 난이도 있는 것을 보자면 아마 상품 선정일 것이다. 아무리 판매 테크닉, 유통 라인을 가지고 있으면 뭐하나? 상품 선정을 잘못하면 모든 게 무의미할 것이다. 그래서 여기에서는 초보자들이 쉽게 접근할 수 있으면서 데이터와 벤치마킹을 활용해 매출이 나오는 상품을 선정하는 방법에 대해 알아보도록 하겠다.

상품 트렌드 파악

상품을 선정할 때 가장 먼저 봐야 할 것은 바로 그 상품 카테고리가 어떤 트렌드인지 파악하는 일이다. 가령 이미 피크를 찍고 하향 트렌드를 겪고 있는 상품을 선정한다면 성공 확률은 낮을 수 밖에 없다. 무조건 하향 트렌드의 상품이라고 나쁘다고는 할 수 없지만 이왕이면 좋은 트렌드의 상품을 고르는 것이 낫지 않겠는가? 그러나 초보자 입장에서 너무 급성장하는 트렌드의 경쟁이 치열한 상품을 선정하는 것도 무조건 좋다고는 할 수 없다. 이런 트렌드의 상품들은 시즌성 상품이 많은데 이런 상품을 판매하려고 하면 수 많은 고수들과 경쟁을 해야 한다. 그러니 너무 급격한 성장세의 상품이나 너무 급격한 하향세의 상품은 초보자 입장에서 피하는 것이 맞다.

이런 트렌드를 객관적으로 파악할 수 있는 방법이 있는데 바로

네이버 데이터랩 '검색어 트렌드' 메뉴

※ 출처 : 네이버

네이버에서 제공하는 '검색어 트렌드'이다. 네이버 데이터랩의 검색어 트렌드 메뉴를 이용하면 네이버 통합 검색 영역에서 특정 검색어가 얼마나 많이 검색되었는지 확인해 볼 수 있다. 검색어를 기간별, 연령별, 성별로 조회할 수 있다.

내가 판매하려고 하는 상품의 3년 정도 트렌드를 조회해 보면 해당 상품의 트렌드를 알 수 있다. 사람들이 네이버에서 3년 동안 기간별로 얼마나 검색해 봤는지 파악함으로서 이 상품의 상승 혹은 하향 트렌드에 대해 감을 잡을 수 있는 것이다. 해당 상품이 시즌 상품인지 연중 판매되는 상품인지, 남성 상품인지 여성 상품인지에 대해서 감도 잡을 수 있다.

검색어 트렌드 메뉴에서 '시서스 가루' 검색 결과

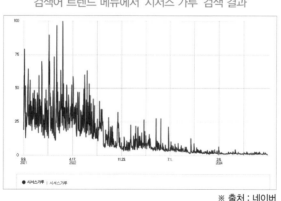

위의 자료는 다이어트 식품으로 인기가 높았던 시서스 가루의 3년(2021년 9월~2024년 9월) 검색 결과이다. 결과를 보면 2021년에 최고 피크를 찍고 하향 트렌드를 그리다가 2024년에는 거의 시장이

없는 것을 확인할 수 있다. 만약 시서스 가루를 내가 판매할 상품으로 선정한다면 성공 확률은 희박할 것이다.

검색어 트렌드 메뉴에서 '질유산균' 검색 결과

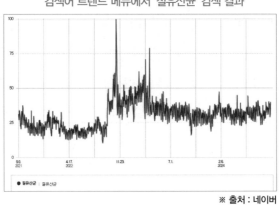

※ 출처 : 네이버

위의 자료는 여성 건강에 좋다고 하는 질유산균의 3년 검색 결과이다. 이 상품은 2022년 말, 2023년 초에 피크를 찍긴 했지만 2024년에도 안정적인 트렌드를 보이는 것을 확인할 수 있다. 다음 페이지의 자료는 수면 건강에 좋다는 멜라토닌의 3년 검색 결과인데 2024년 3월부터 급성장하는 트렌드인 것을 확인할 수 있다. 이런 식으로 네이버 데이터랩을 활용하면 내가 판매하려고 하는 상품 선정에 대한 힌트를 얻을 수 있다.

트렌드 조회를 통해 내 상품이 어떤 트렌드인지 파악하고 해당 상품군의 대표 상품을 네이버쇼핑, 쿠팡 등에서 찾아봐야 한다. 시장에 나온 상품들의 장단점과 가격 구조 등을 파악하고 내가 들어갈 만한 시장인지 아닌지 고민해 봐야 한다.

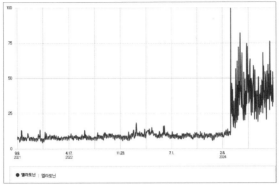

검색어 트렌드 메뉴에서 '멜라토닌' 검색 결과

모든 쇼핑몰들이 입점해 있는 네이버쇼핑에서 검색해 보고 네이버쇼핑보다 더 큰 거래액을 가진 쿠팡에서도 검색해 봐야 한다. 그래서 해당 상품군의 시장을 이끌어가는 대표 상품들에 대해서 자세히 분석해야 한다.

어떤 상품을 선정할 것인가

상품 선정시 세 가지 정도 방향이 있다. 첫 번째는 기존 타깃 상품과 동일한 상품을 선정하는 것이고, 두 번째는 기존 타깃 상품을 개선한 상품, 세 번째는 아예 시장에 없는 새로운 상품을 선정하는 것이다. 기존 타깃 상품과 동일한 상품을 선정한다고 하면 일단 내가 가격경쟁력이 있어야 하고 광고, 마케팅 능력이 뛰어나야 할 것이다. 초보자가 마케팅 능력과 가격경쟁력을 갖추기는 어렵기 때문에 이런 상품은 중수, 고수들의 영역이다. 세 번째 시장에 없는 새로운 상품도 상품을 보는 눈과 자금력, 광고, 마케팅 능력이 뛰어난 중수, 고수들의 영역이다. 초보자에게 가장 좋은 것은 기존 타깃 상품을 약간 개선한 상품인데 시장에는 그다지 알려지지 않은 상품이다. 이런 상품들은 이미 시장에서 검증이 되어 있기 때문에 실패 확률도 낮다. 타깃 상품과 100% 동일한 상품이더라도 이런 상품들이 네이버쇼핑, 쿠팡에서 확실히 자리 잡고 판매되고 있지 않다고 하면 이런 상품은 도전해 볼만 하다.

네이버 쇼핑BEST 벤치마킹

네이버쇼핑에는 '쇼핑BEST'라는 메뉴가 있는데 여기는 네이버 쇼핑에서 카테고리별, 연령대별로 가장 잘 팔리는 상품들을 확인할 수 있다. 이런 상품들은 이미 판매량, 인기도가 검증된 상품이기 때문에 벤치마킹을 해 볼만 하다. 그러나 그곳의 상품들과 100% 동일한 상품을 판매하려면 고민을 해 봐야 한다. 해당 상품의 온라인 최저가를 보고 내가 취급할 땐 어느 정도 판매가, 마진을 가지고 갈 수 있는지를 먼저 고민해 봐야 한다.

우리나라에서 판매하고 있는 상품들의 70% 이상은 중국 상품들인데 네이버 쇼핑BEST에 있는 중국 상품들은 대부분이 중국 1688 도매 사이트나 알리바바에서 찾아볼 수 있다. 해당 상품의 국내 온라인 최저가를 보고 1688 도매 사이트 가격을 비교해 보니 내가 판매했을 때 어느 정도 승산이 있다면 한번 도전해 볼만 하다. 그러나 내가 해당 상품을 들여와서 기존 온라인 최저가보다 낮게 판매했을 때 100% 잘 팔릴 것으로 확신해서는 안 된다. 고객들은 100% 가격으로만 구매하지는 않기 때문이다. 구매 후기 숫자, 구매 후기 내용, 배송 속도, 상세페이지 내용 등 다른 요소들도 종합해서 구매를 하기 때문이다. 그리고 내가 가격을 후려쳐서 판매를 하면 이미 자리를 잡고 판매하는 경쟁 판매자도 가격 싸움에 들어올 수 있다. 이미 자리를 잡은 선두권 판매자는 원가 경쟁력도 나보다 강할 확률이 높다.

네이버쇼핑 카테고리별 인기 상품을 보여주는 '쇼핑BEST'

※ 출처 : 네이버쇼핑

도매 사이트 BEST 상품 벤치마킹

도매 사이트에도 카테고리별로 Best 상품 순위가 있다. 보통 도매 사이트에서 뜨면 일반 쇼핑몰에서도 인기가 높아지는데 도매 사이트의 BEST 상품들을 보면 향후 어떤 상품들이 트렌드가 될지 예측을 해 볼 수가 있다. 국내 1등 도매 사이트인 도매꾹도 네이버쇼핑처럼 카테고리 Best 상품을 운영하는데 여기는 반드시 참고해 봐야 한다. 도매꾹 이외에도 인기 도매몰인 오너클랜, 도매매, 온채널, 도매토피아 등도 모두 인기 상품 코너가 있다. 이런 도매 사이트들의 베스트 상품들을 보면 상품 선정에 대한 감을 잡을 수 있다. 특히 중국 수입 생활잡화를 판매하려고 한다고 꼭 이런 도매 사이트를 참고해야 한다.

폐쇄몰 상품 벤치마킹

네이버쇼핑에 노출되지 않는 폐쇄몰들 중에 규모가 크고 인기 있는 폐쇄몰에는 우수한 상품들이 많이 있다. 가령 올웨이즈, 공구마켓, 리빙픽 같은 폐쇄몰이 그것인데 이런 폐쇄몰 상품들은 해당 쇼핑몰의 노련한 MD들이 수많은 고민을 하고 선정해서 판매되고 있는 상품들이다. 이런 상품들 중에 네이버쇼핑이나 쿠팡에서 판매되지 않거나 판매되더라도 확실한 우위를 점하고 있는 판매자가 없다고 하면 이런 상품들은 도전해 볼만 하다.

폐쇄몰에서 인기 있는 상품들은 오픈몰로 흘러들어 가는 경우가 많이 있다. 특히 폐쇄몰의 신상품 코너를 유심히 보면 좋은데 이왕이면 남들이 많이 관심을 기울이지 않을 때 먼저 선점하는 것이 중요하다.

유명 폐쇄몰 리빙픽(좌), 할인중독(우)

※ 출처 : 리빙픽(좌), 할인중독(우)

중국 도매 사이트 벤치마킹

다음은 중국 도매 사이트를 벤치마킹하는 방법을 알아보자. 앞서도 얘기했지만 우리나라에서 판매하고 있는 상품의 70% 이상은 중국 상품이다. 이런 중국 상품들이 들어오는 루트의 상당수가 바로 중국 도매 사이트이다. 중국 제조사와 직접 거래해서 상품을 수입하는 경우는 극히 일부분이고 대부분은 중국 1688, VVIC 같은 중국 도매 사이트를 통해 들어온다. 좀 난이도는 있지만 중국 도매 사이트의 히트 상품이고 구매 후기 내용도 좋은데 국내에는 없거나 아직 자리 잡지 않은 상품들을 수입하는 것을 추천한다. 물론 중국 히트 상품이라고 해서 무조건 수입해서는 안 되고 우리나라 정서와 맞는지와 법규, 인증 같은 문제들도 꼼꼼히 따져봐야 한다.

초보자보다는 중수, 고수의 영역이긴 한데 초보자들은 보통 국내에서 인기리에 판매되고 있는 중국 상품들을 수입하지만 중수, 고수들은 리스크를 감수하고 아직 국내에 없는 중국 도매 사이트 히트 상품들에 도전하는 경우가 많다. 물론 대박이 날 수도 있고 큰 손실이 날 수도 있다.

이상 데이터, 객관적인 자료들에 기반한 상품 선정 방법에 대해 알아봤는데 한가지 덧붙이자면 벤치마킹해서 상품을 선정할 때 유리한 점은 기존 벤치마킹 상품에 무엇인가 강점이 더해진 상품을 선정하는 일이다. 기존 벤치마킹 상품과 100% 동일한 상품을 판매한다고 하면 가격 싸움으로 인한 마진 저하 등 어려운 점이 많다. 그렇기 때문에 약간 틀어서 기존 우수 상품인데 조금 더 기능이 들어간 상품을 판매한다고 하면 추가적 셀링 포인트가 생겨서 판매하기에도 편하다.

상세페이지 및 광고 문구에 해당 셀링 포인트를 언급해서 구매전환율도 높일 수 있다. 그리고 기존 경쟁판매자들도 없어서 잘만 하면 나만의 히트 상품을 만들어낼 수도 있다. 실제로 온라인 유통 중수, 고수들은 이미 이런 방식으로 판매를 하고 있는데 이런 상품들을 발굴하면 이들은 OEM 생산을 통해 100% 나만의 상품으로 만들어서 브랜딩을 하면서 판매를 한다.

초보 판매자들은 중국 수입에 대해 어려워하는데 요즘은 우수한 중국 수입 대행사들이 많아서 전혀 걱정할 필요가 없다. 중국 도매 사이트에서 상품을 찾아서 상품 링크 주소만 대행사에게 넘겨주면 이들이 우리집까지 배송해준다. 중국 도매 사이트들은 상품 이미지만 올리면 동일하거나 비슷한 상품들을 찾아주는 기능이 있어서 국내 쇼핑몰의 타깃 상품 사진을 캡처해서 검색하면 동일하거나 비슷한 상품을 손쉽게 찾을 수 있다.

유튜브에 중국 1688 수입 관련 영상들을 검색해 보면 너무나 쉬

중국 1등 의류 도매 사이트 VVIC의 사진 검색 기능 메뉴

※ 출처 : VVIC

운 중국 수입 과정에 놀라게 될 것이다. 번역기를 쓰고 중국 수입 대행사를 쓰면 중국어를 하나도 몰라도 된다. 중국 도매 사이트에서 가격 및 후기가 좋은 중국 상품을 찾는 일도 힘들다고 하면 일정 부분 수수료를 내면 중국 수입 대행사들이 중국 도매 사이트에서 가격이 우수한 상품도 직접 찾아준다.

상품 카테고리별
온라인 판매 전략

    온라인 판매를 하면서 식품, 가전, 생활용품, 패션잡화 등 다양한 카테고리의 상품들을 판매할 수 있다. 각각의 카테고리별로 상품의 타깃, 트렌드, 경쟁자 현황, 판매 형태 등이 모두 다르다. 그렇기 때문에 각각의 카테고리별 특징, 장점, 단점, 최신 트렌드에 대해 철저히 숙지하고 온라인 판매 전략을 수립해야 할 필요가 있다. 내가 판매하려고 하는 상품 카테고리에 대해 제대로 알지 못하고 판매를 하는 경우와 확실히 알고 판매하는 경우 매출, 이익의 차이는 비약적으로 차이가 난다. 그럼 각 카테고리에 대해서 하나하나 제대로 알아보자.

패션의류

패션의류 카테고리는 시장 규모가 엄청나게 크며 3년 잘 팔면 강남에 건물을 올릴 수도 있는 카테고리라고도 한다. 실제로 온라인 쇼핑몰을 운영하면서 큰 돈을 벌었다고 하는 사람 중에 패션의류 카테고리 판매자인 경우가 많다. 그러나 초보자에게는 정말 쉽지 않은 카테고리이다.

이 패션의류는 패션의류에 관심이 있는 사람들이 많기 때문에 많은 사람이 도전하는 카테고리이다. 전체 시장 매출 규모도 크고 시장 성장률도 높은 카테고리인데 경쟁이 무척 치열하고 성공이 정말 어려운 카테고리 중에 하나이다. 특히 여성들의 경우 본인이 남들과 다른 패션 감각이 있다고 자부하고 큰 고민 없이 시작하면 큰일난다.

색깔, 사이즈가 다양해서 많은 재고를 보유해야 하고 봄, 여름, 가을, 겨울 시즌이 존재해서 시즌 내에 못 팔게 되면 큰 손해를 보게 된다. 트렌드도 자주 바뀌기 때문에 항상 트렌드에 대해 공부하고 준비해야 하는 골치 아픈 카테고리이다. 초보자가 왠지 멋있어 보이고 성공하면 큰 돈을 벌면서 품위 있게 사업을 할 수 있다고 생각하고 섣불리 뛰어들면 매우 위험하다.

초보자의 경우 패션의류의 기본 상품을 판매하는 것이 좋다. 이너티셔츠, 민소매, 레깅스, 스타킹 등 누구나 필요로 하는 상품이면서 이왕이면 시즌이 없고, 컬러나 사이즈 종류가 적어서 재고 부담을 줄일 수 있는 상품군이 성공률이 높다.

다른 카테고리와 달리 패션의류 쪽은 브랜드에 대한 중요도가 매우 높다. 그렇기 때문에 나만의 스토어 브랜드를 확실히 만들어야 한다. 처음에는 대형 온라인마켓에 들어가서 판매를 하더라도 결국은 나만의 스토어 브랜드를 스마트스토어나 자사몰에 확실히 구축해야 한다. 그래서 고객들이 스토어 브랜드 키워드로 검색해서 내 스토어로 들어와서 구매하는 횟수가 많아질수록 안정적인 매출 확보가 가능하다.

내 상품의 관련 키워드들을 수시로 찾아서 상품 등록 SEO, 마케팅·광고·홍보에 적용해야 하며 대표 썸네일, 상세페이지의 완성도를 높이기 위해 최선을 다해야 한다. 패션의류는 썸네일과 상세페이지의 퀄리티가 고객의 구매전환을 일으키는 데 다른 카테고리보다 훨씬 중요하다는 점을 숙지해야 한다.

단품으로 판매하는 경향이 있는 타 카테고리 대비 패션의류 카테고리는 내 스토어 브랜드에 대한 신뢰도로 판매를 하는 경향이 강하다. 중국 도매 사이트에서 수입한 똑같은 패션의류 상품이라고 해도 스토어 브랜드가 잘 알려진 유명 쇼핑몰에서 고가로 판매하는 것이 스토어 브랜드가 알려지지 않은 쇼핑몰에서 저가로 판매하는 것보다 훨씬 매출이 높다.

내 스토어 브랜드를 알리기 위해 다양한 광고, 마케팅, 홍보를 진행해 고정 충성 고객을 확보하는 것이 관건이다. 이런 광고, 홍보, 마케팅하는 것이 초보자에게는 매우 힘들기 때문에 초보자의 성공률이 매우 낮다. 전문적인 패션 쇼핑몰을 운영하게 되면 인스타그램, 블로그 등 외부 매체를 활용해서 홍보하는 경우가 많은데 감각적인 콘텐츠가 동반되면 특히 잘 팔린다. 여기서 감각적인 콘텐츠란 카드뉴스나 영상 콘텐츠가 아니라 '옷' 그 자체이다. 특히나 수많은 엄지족에게 간택받기 위해선 기본템보다 비비드한 컬러 혹은 기본템에 특정 포인트가 들어간 옷으로 구성한 콘텐츠가 성공 확률이 높다. 실제로 의류 쇼핑몰의 효자 아이템은 흰티와 같은 기본템이지만 SNS 피드에서 눈길을 사로잡아 유입 및 구매까지 이끄는 옷에는 정의 내릴 수 없는 '포인트'가 포함되어 있다.

성공하면 보상이 크지만 치열한 경쟁의 끝판왕 패션의류 카테고리

※ 출처 : 네이버쇼핑

패션잡화

패션잡화 카테고리는 가방, 시계, 벨트, 신발, 주얼리 등을 말하는데 패션의류 대비 보통 사이즈, 색깔 구색이 적어서 초보자가 판매하기에 좀 더 용이하다. 그러나 패션의류 대비해서 판매하기가 수월하다는 것이지 일반 상품들 대비해서는 경쟁도 치열하고 훨씬 어렵다. 물론 판매가 어렵기는 하지만 패션 카테고리의 특징답게 한 번 매출이 터지면 대박 매출 및 대박 수익을 올릴 수 있는 특징이 있다.

신발, 가방, 주얼리는 여성 타깃 상품이 많고 계절성 상품도 있지만 사계절 상품도 꽤 있는데 유행하는 키워드가 다른 카테고리보다 많이 존재한다는 특징이 있다. 단화, 비브랜드 가방, 키높이 신발 등 마진율 좋은 상품이 의외로 많으며 고객 구매 주기도 빠른 편이라 매출을 올리기에 좋다. 초보자는 가방, 모자 같은 구색이 적고 일반적인 상품을 판매하는 것이 좋다.

전문몰로 구성해 같은 분류의 다양한 제품을 나열해 운영하는 것이 좋으며 디자인만 살짝 다른 제품들은 하나의 페이지로 구성해 구매전환율을 높이는 전략이 유효하다. 그리고 브랜드 홍보를 통해 다양한 제품이 있다는 것을 소비자에게 알리면서 관련 키워드와 유행 키워드를 항상 찾아 반영하는 것이 중요하다.

뷰티

뷰티 카테고리는 브랜드가 중요한 카테고리이며 패션 카테고리와 마찬가지로 성공 시 거대한 브랜드를 만들어서 막대한 매출과 수익을 만들어낼 수 있는 카테고리이다. 그렇기 때문에 경쟁이 극악으로 치열하며 성공시키기 위해 광고, 마케팅이 정말 중요한데 브랜드를 알리기 위한 비용이 천문학적으로 들어갈 수 있다. 그래서 초보자에게는 적합지 않으며 광고, 마케팅, 브랜딩을 잘하는 고수들의 영역이다. 대기업들이 많은 인원과 엄청난 마케팅, 광고 비용을 쏟아부어도 성공하기 힘든 카테고리이다.

초보자들이 본인이 사용하는 화장품에다 약간의 좋은 성분과 스토리를 넣으면서 손쉽게 브랜드를 만들어서 런칭하는데 성공률은 매우 희박하다. 이미 자리 잡은 브랜드들도 계속 그 위치를 유지하기 위해 광고, 마케팅을 지속적으로 해야 하는데 아직 알려지지 않은 비브랜드, 신규 브랜드는 초반에 이익을 생각하지 않고 브랜드를 알리기 위한 적극적인 투자가 필수이다.

SNS 홍보, 블로그 체험단, 홈쇼핑 런칭, 키워드 광고, 할인 이벤트 등 다양한 마케팅이 필요한데 이 시장은 정말 크다. 소비자들의 구매 형태, 유행 원재료, 트렌드 등을 잘 분석해 본인의 상품, 스토어에 반영하는 것이 중요하다. 상품 자체가 좋은 것은 기본이고 광고, 마케팅에 자신이 있는 경우에만 진입하는 것을 추천한다.

가구, 인테리어

가구와 인테리어는 조금은 딱딱하고 유행에 덜 민감한 카테고리 중 하나이며 많은 관련 키워드들을 분석하고 반영해야 한다. 이는 온라인 판매 초보자가 접근하기 용이한 카테고리이며 시즌 키워드들이 많기 때문에 주의해야 한다. 진열 상태, 용도, 사용법 등 상세 페이지를 디테일하게 만들어야 구매전환이 일어난다. 인테리어 상품은 계절보다 한 템포 빨리 상품을 판매하는 것이 중요하다. 다양한 형태로 키워드 검색을 하기 때문에 키워드 선정이 판매의 핵심이다.

가구와 인테리어는 코로나19로 집에 있는 시간이 길어지면서 시

코로나19 팬데믹 이후 급성장하고 있는 가구, 인테리어 카테고리

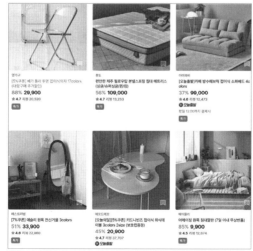

※ 출처 : 오늘의집

장 규모가 커지고 매출이 올라가고 있는 카테고리인데 가구, 인테리어 전문몰인 '오늘의집'은 누적 매출이 1조 원을 넘을 정도이다. 보통 가구는 오프라인 가구 전문점에서 사는 것이 일반적이었으나 코로나19 팬데믹 이후 온라인 구매가 지속적으로 늘어나고 있다. 구매 후 만족도가 중요한 가심비 카테고리이기 때문에 생필품에 비해 소비성이 높다. 소비 능력이 있는 30~50대 여성 주부 고객을 집중 공략해야 한다.

출산, 육아

출산과 육아는 상품 품질의 신뢰도를 최우선하는 가장 민감하고 유행을 타는 카테고리이다. 영유아 아기들 대상 상품이기 때문에 브랜드 및 품질이 매우 중요하다. 그래서 한 번 고객에게 검증된 상품들은 재구매가 많이 일어나서 안정적이고 큰 매출을 기대해 볼 수 있다. 처음 온라인 판매를 시작하는 여성 판매자들이 본인들에게 익숙한 출산, 육아 카테고리를 많이 선택한다.

상품에 대한 안전, 신뢰가 최우선이기 때문에 유명하지 않은 비브랜드나 신규 브랜드는 판매하기가 아주 어렵다. 아이를 키우는 엄마들의 심리를 이해하고 이에 맞춰서 광고, 마케팅하는 것이 판매의 핵심이다. 관련 세부 키워드를 찾고 경쟁이 적은 키워드를 공략해서 상품 인지도 및 노출을 늘려야 한다. 민감한 카테고리이기 때문에 고객CS 발생 시 최대한 고객과 원활히 소통해야 한다. 온라인상에 상품에 대한 안 좋은 후기가 있으면 한방에 폭망할 수도 있으니 주의해야 한다.

생활용품

생활용품은 말 그대로 우리 생활 주위에 있는 제품이다. 그렇기 때문에 양날의 검을 가지고 있다. 일상생활에 필요하기 때문에 구매 빈도가 높을 수 있는 반면 '필요하다'라는 생각 없이 일상생활을 잘 보내거나 이미 대체품을 가지고 있는 이들이 매우 많다. 그런 소비자들에게 평소 이 제품이 필요한 상황을 떠먹여 줌과 동시에 대체품보다 해당 제품이 더 낫다는 것이 고객에게 소구되어야 한다.

휴지, 물티슈, 샴푸, 세제 같은 일상용품은 회전율이 높고 따로 별도의 인증을 받을 필요가 없기 때문에 온라인에서 판매하기가 쉬우며 성장률도 매우 높다. 주방용품, 욕실용품 등 가정 용품의 경우 세부 카테고리가 다양하고 키워드가 많이 나오기 때문에 초보자가 매출을 상대적으로 쉽게 만들 수 있다.

브랜드가 상대적으로 중요하지 않고 비브랜드도 잘 팔리는 시장이라 온라인 초보 판매자에게 강력하게 추천하는 카테고리이다. 처음 온라인 판매를 시작할 때 이 카테고리부터 시작하는 것을 추천하며 관련 상품을 공급하는 B2B 도매 사이트도 아주 많다. 대부분이 중국 수입 상품인데 처음에는 도매 사이트 상품을 위탁, 사입으로 판매하다가 자신감이 생기면 직접 중국에서 사입해서 판매하는 방식을 추천한다. 고수들은 처음에 중국 사입을 거쳐 OEM 중국 제조로 진출해 브랜드를 만들어 파는 경우가 많다.

정말 다양한 상품과 세부 키워드가 존재하기 때문에 상세페이지를 잘 만들고 광고, 마케팅을 어느 정도 하면 매출 전환이 생각보다 쉽다. 최신 유행 트렌드, 유행 제품들을 가지고 있다면 단기간에 폭발적인 매출도 가능하다.

초보자가 접근하기에 매우 유리한 생활용품 카테고리

※ 출처 : 도매꾹

식품

식품은 코로나19 팬데믹으로 급성장한 카테고리이며, 오프라인 구매에서 온라인 구매로 급격히 넘어가고 있는 카테고리이다. 마켓 컬리 같은 식품 온라인 전문몰은 2023년 매출이 2조 774억 원이었고 매년 엄청난 성장을 하고 있다. 마켓컬리 뿐만 아니라 쿠팡, SSG닷컴, 오아시스마켓 등에서 식품 온라인 구매율이 지속적으로 폭발적인 증가를 하고 있다.

식품 제조업체는 온라인으로 판매하기에 여러 가지 제약이 있지만 제조하지 않고 판매만 하는 온라인 셀러라면 특별한 어려움 없이 온라인으로 판매가 가능하다. 재구매가 많은 카테고리이기 때문에 고객에게 맛, 품질을 인정받으면 장기적으로 폭발적인 매출을 기대해 볼 수 있는 카테고리이다. 여타 카테고리에 비해 경쟁률이 낮은 편이나 패션의류와는 달리 개인 취향이 뚜렷하지 않아 온라인 상위 노출이 없다면 매출이 일어나기도 어렵다. 산지 직송 상품이나 직접 제조한 밀키트 식품들이 주목받고 있으며 간편식, 도시락도 인기가 높다.

맛뿐만 아니라 상품에 대한 안전성, 신뢰가 핵심이라 브랜드가 중요하다. 단골 고객만 많이 만들면 안정적이고 폭발적인 매출을 올릴 수 있다. 브랜드 마케팅 및 온라인 광고, 홍보를 통해 단골 고객을 확보하고 안전함, 신선함, 수제, 방식, 맛 등을 강조하는 상세페이지가 필요하다. 먼저 먹어본 고객 후기가 매우 중요하므로 고객 관리를 철저히 해야 한다.

건강식품

건강식품은 마진이 매우 높고 한 번 성공하면 대박 매출, 이익을 올릴 수 있는 카테고리이기 때문에 경쟁이 매우 치열하다. 그래서 뷰티 카테고리와 마찬가지로 마케팅, 광고가 정말 중요하다. 건강식품 관련 카테고리는 많이 알려지지 않은 비브랜드나 신규 브랜드의 경우 고객에게 신뢰를 주어야 하는데 이게 쉽지 않다. 막대한 광고, 마케팅비를 집행해도 성공하기 쉽지 않은데 건강식품의 원가 대비 판매가가 매우 높은 것도 이런 홍보 비용 때문이다. 게다가 건강식품의 경우 타 카테고리와 달리 과대과장 광고 및 관련 법규가 까다로워 제조업체, 판매자들이 경찰서나 보건소에 가는 일이 많다.

건강식품은 오픈몰에서 성공하기가 쉽지 않기 때문에 오픈몰에서 온라인 최저가를 뻥튀기해서 올려 놓고 상대적으로 판매하기 쉬운 SNS 공동구매 및 폐쇄몰에서 대부분의 매출, 수익을 올리는 경우가 많다. 이 건강식품 카테고리는 광고, 마케팅, 브랜딩, 자금력이 모두 갖춰져야 하기 때문에 초보자가 접근하기에 어려운 카테고리이다. 그러나 한 번 성공해서 자리 잡으면 지속적인 재구매 및 높은 마진으로 큰 보상을 얻을 수 있다.

가전, IT

가전은 객단가가 높고 일상생활과 밀접한 관련이 있는데 동일 키워드의 제품을 구매한 고객이 재구매하는 데 3~5년 정도의 주기가 있다. 삼성, LG 등이 꽉 잡고 있는 TV, 냉장고, 에어컨 등 대형 가전쪽은 마진도 박하고 고수들의 영역이라 정말 어렵고, 소형 가전, 주방 가전, IT 등을 공략해야 하는데 틈새 시장을 잘 찾아야 한다.

유입 세부 키워드를 잘 발굴하면 판매가 잘되는 카테고리인데 독특한 아이템이라면 SNS, 블로그로 유입을 쉽게 일으킬 수 있다. 즉, SNS 등에서 놀랄 만한 영상으로 한 번 터지면 폭발적인 매출을 만들어낼 수 있는 카테고리이다. 직접 중국에서 수입하는 경우 전파 인증, KC 인증이나 AS 등 어려운 점이 많아서 초보자에게는 비추한다. 그러나 어느 정도 가전 판매 경험이 쌓이면 이런 것들이 진입 장벽이 되기 때문에 중국 수입 및 중국 OEM 제조 생산에 도전해 봐야 한다. 이렇게 중국 OEM 제조해서 성공한 경우 중국 유사 제품들이 언제 쫓아올지 모르기 때문에 항상 불안한 카테고리이다.

쿡밥, 라면요리기, 무선청소기 같은 1인용 소형가전이 사회 트렌드에 따라 인기가 높아지고 로봇청소기, 블루투스 이어폰, 휴대폰 부속용품 등 최신 디지털 기기들도 인기가 많다. 초보자는 에어팟 케이스, 에어프라이어 부속 제품, 휴대폰 주변기기, 컴퓨터 주변기기 등 본체보다는 경쟁이 적은 부속품을 파는 것을 추천한다.

스포츠, 레저

　유튜브에서 스포츠, 레저 카테고리 상품이 많이 소개되고 이 카테고리에서 성공한 판매자들이 많아서 관심 있는 초보자들이 늘고 있는데 직접 제조 또는 수입을 하지 않으면 매우 어려운 시장이다. 성공한 판매자들 대부분이 직접 제조 또는 수입해서 판매하고 있으며 스포츠 운동용품 같은 경우는 신상품이 잘 나오지 않아서 기존에 자리 잡은 상품을 이기기가 쉽지 않다. 상품 관련된 세부 키워드 분석이 중요하며 상세페이지에 사용 방법 및 상품 상태에 대해 디테일하고 상세하게 꾸며야 구매전환율이 올라간다.

직접 제조 또는 수입하지 않으면 판매하기 어려운 스포츠, 레저 카테고리

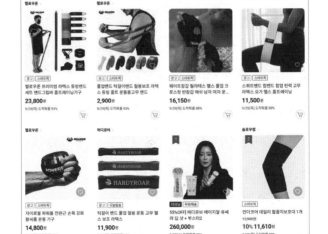

※ 출처 : 롯데ON

저비용 고효율
온라인 상품 브랜딩 전략

단기간에 팔고 끝낼 상품이 아니라면 항상 상품 브랜딩에 대해서 고민을 해야 한다. 상품이 고객에게 노출될 때를 생각해 보자. 코카콜라, 나이키, 오리온 초코파이 이런 상품들은 굳이 고객에게 상품에 대한 설명을 해줄 필요가 없다. 하지만 이런 상품이 아닌 중소기업의 상품을 생각해 보자. 고객들은 상품에 대한 정보가 전혀 없을 뿐더러 제조업체에 대한 신뢰가 없기 때문에 구매하려면 상당한 용기가 필요하다. 온라인이든 오프라인이든 SNS에서든 처음 보는 중소업체의 상품에 대한 판매 홍보글을 보면 아무리 상품 상세페이지에서 원재료, 맛, 기능, 디자인, 가격, 만족도 등등이 좋다고 구구절절 설명한다 할지라도 고객들은 믿지 않는 경향이 있다. 당신도 그렇지 않은가?

물론 상품 상세페이지 한 개로 구매를 일으킬 수 있다고 하면 베스트이지만 쉽지는 않은 일이다. 장기적으로 보았을 때도 상품 브랜드를 구축하기 위해서는 상품 브랜딩 작업이 필수적으로 필요하다. CJ, 롯데, 삼성, 오리온, 농심같이 이미 강력한 브랜드 인지도를 가지고 있는 대기업들조차도 신상품을 브랜딩하기 위해 막대한 마케팅, 홍보 비용을 투자하고 있는데 중소업체의 신상품이 상품 설명을 위한 기본적인 브랜딩 작업조차 되어 있지 않다고 하면 고객들이 과연 신뢰할 수 있을까?

대기업의 상품 브랜딩과 마케팅 투자 비용에 제한이 있는 중소업체의 상품 브랜딩은 당연히 달라야 한다. 중소업체는 자금, 인력의 부족 때문에 대기업처럼 막대한 마케팅 비용이 드는 TV, 신문 광고 등 유명한 대중 매체를 통한 브랜딩 구축 작업을 할 수가 없다. 온라인이 발달하기 이전에는 중소업체 상품을 브랜딩하기가 정말 어려웠다 하지만, 온라인이 발달하고부터는 상대적으로 적은 비용과 노력으로 상품의 브랜딩을 할 수 있게 되었다.

중소업체가 오프라인 영역까지 상품을 브랜딩하는 데는 한계가 있으므로 일단 온라인상에 상품을 브랜딩하는 데 집중해야 한다. 우선 해당 브랜드의 콘셉트, 탄생 스토리, 철학, 차별화 포인트 및 각종 세부 정보 등을 알 수 있는 브랜드 홈페이지는 기본적으로 구축이 되어야 한다. 자사 단독 쇼핑몰이 있으면 좋긴 하지만 쇼핑몰을 홍보하는 비용 및 각종 관리 부담이 있기 때문에 어느 정도 규모가 있는 중소업체가 아니라면 추천하지 않는다.

네이버 브랜딩

초기에는 다양한 장점을 가지고 있는 네이버 무료 쇼핑몰인 스마트스토어를 단독 쇼핑몰 대용으로 운영하는 것이 훨씬 효율적이다. 브랜드가 어느 정도 커지면 그다음에 단독 쇼핑몰 운영 여부를 다시 고민하는 것이 바람직하다. 중소업체가 브랜드 홈페이지, 단독 쇼핑몰을 운영한다는 것은 많은 투자가 들어가고 유지, 관리의 문제가 발생하기 때문에 업체 상황에 따라 네이버에서 무료로 제공하는 스마트스토어를 적극 활용하는 것이 바람직하다.

홈페이지와 쇼핑몰 구축이 끝나면 반드시 해야 할 중요한 상품 브랜딩 작업이 있다. 가령 어떤 사람이 A라는 상품에 대한 판매글 또는 정보글을 G마켓, 쿠팡 또는 카카오스토리, 인스타그램에서 보았다고 하자. 상세페이지 또는 홍보글을 보니 한번 구매해 볼까 하는 생각에 좀 더 알아보고 결정하려고 할 것이다. 이 사람은 좀 더 알아보기 위해 어떻게 할까? 센스 있는 사람은 답을 알 것이다. 아마 네이버에서 이 상품을 검색해 볼 것이다. 검색했을 때 나오는 콘텐츠들의 숫자와 내용에 따라 이 상품에 대한 신뢰와 확신을 가지고 구매를 하든지 아니면 실망해 구매를 포기할 것이다. A라는 상품에 관심이 있어서 네이버에 A라는 상품을 검색했는데 만약 A 상품이 한 줄도 안 나온다면 또는 혹시 콘텐츠가 있더라도 내용이 부실하다면 이 사람은 과연 A 상품을 구매할까? 여러분이라면 이 상품을 구매할 것인가?

우리나라 검색 시장에서 네이버의 검색 점유율은 50%를 훨씬 넘는다. 뒤를 이어 구글, 다음카카오 등이 뒤따른다. 2등 검색엔진인 구글이 주로 정보 탐색 용도로 사용되기 때문에 네이버의 상품 구매에 관련된 검색 점유율은 아마 70%도 넘을 것이다. 그렇기 때문에 네이버에 상품 콘텐츠를 집중적으로 구축해야 한다. 네이버의 각 영역에 상품에 대한 콘텐츠를 충분히 깔아놓으면 온라인 상품 브랜딩의 기본은 하게 된다. 현실적으로 한국에서 네이버 콘텐츠 구축보다 가성비 좋은 온라인 브랜딩 방법은 찾아볼 수가 없다.

상품을 장기적으로 브랜딩하며 운영할 계획이라면 다른 마케팅, 홍보, 광고 활동은 하지 않더라도 네이버 통합검색 각 영역에 상품 관련 콘텐츠를 구축하는 작업은 반드시 필수적으로 해야 한다. 상품에 호기심을 가진 고객이 더 알아보려고 네이버를 검색했을 때 A에 대한 콘텐츠 및 A를 구매할 수 있는 쇼핑몰들이 충분히 구축되어 있어야 한다. 콘텐츠 내용 중에서 가장 중요한 것은 상품을 체험해 본 고객들이 작성하는 사용, 체험, 시식 후기이다. A를 살지 말지 고민하고 있는데 벌써 실제로 구매해 본 고객들이 작성한 만족스러운 구매 후기가 쌓여 있으면 구매 결심을 하기 쉬워진다.

상품 콘텐츠 구축 관련해서 네이버 통합검색의 각 영역 중 고객들에게 가장 큰 영향을 끼칠 수 있는 네 가지는 '뉴스', '블로그', '인플루언서', '카페' 영역이다. 뉴스 영역이 가장 중요하고, 나머지 세

가지는 그다음이다. 뉴스 영역에 일단 A라는 상품에 대한 기사가 있으면 굳이 메이저 언론사가 아닌 중소 인터넷 언론사의 기사라 할지라도 상품에 대한 신뢰가 높아지게 된다. 그다음이 고객들의 진정성 있는 사용·시식 후기가 나오게 되는 블로그·인플루언서·카페 영역인데 여기에 콘텐츠가 많으면 상품에 대한 호감도가 올라간다. 그래서 네이버에서 상업성 키워드를 검색했을 때 광고 및 쇼핑 영역을 제외하고 보통 블로그, 인플루언서, 카페 영역이 가장 상위에 위치한다. 그런 이유로 블로그, 인플루언서, 카페에 사용·시식 후기 및 상품 정보를 다양한 관련 키워드에 노출시켜야 한다. 블로그, 카페글은 블로그가 80%, 카페가 20% 정도 노출되기 때문에 블로그 콘텐츠를 만드는 데 주력해야 한다.

여기에 덧붙여서 '동영상', '쇼핑', '지식IN' 영역 등에도 A에 대한 다양한 관련 키워드에 내용이 뒤따르면 더욱 좋다. 그럼 네이버 통합검색의 각 영역에 대한 세부 설명과 콘텐츠 구축 방법에 대해 더 알아보도록 하자.

뉴스

뉴스 영역에서는 상품 출시에 대한 안내, 상품에 대한 세부 설명, 상품 관련 이벤트, 상품 제조업체의 CEO 인터뷰, 상품 관련 인증, 수상 내역 등이 콘텐츠가 될 수 있으며 메이저 언론사를 통해서 기사를 내는 것은 현실적으로 쉬운 일이 아니기 때문에 보통 중소 온

네이버 '여성질 유산균' 키워드 '뉴스' 영역

※ 출처 : 네이버

라인 언론사를 이용한다.

뉴스 기사를 내는 두 가지 방법이 있다. 첫 번째는 기사를 작성해 언론사 기자들에게 직접 제안하든지 뉴스와이어 같은 유료 보도자료 배포 서비스를 이용해 직접 뉴스 기사를 만들어내는 방법이 있고, 두 번째는 언론 홍보 대행사들을 통해서 대행 비용을 주고 기사를 만들고 노출시키는 방법이 있다. 첫 번째 방법은 콘텐츠가 우수하고 기사 작성 능력이 뛰어나면 큰 효과를 볼 수 있다. 그러나 현실적으로 첫 번째 방법은 들이는 노력, 시간 대비 효율적이지 않기 때문에 두번째 방법을 일반적으로 사용한다.

언론 홍보 대행사들의 가격은 천차만별인데 크몽 같은 프리랜서 전문가 사이트들에서 찾으면 상대적으로 저렴한 가격으로 언론 홍보 전문가들을 찾을 수 있다. 프리랜서 전문가 사이트에서 '언론 홍보', '기사 송출' 등의 키워드를 검색해 나오는 전문가 중 가격과 구매 후기 평점이 좋은 전문가들을 접촉해 보고 선택하는 것이 좋다.

크몽 '언론 홍보' 키워드 검색 결과

※ 출처 : 크몽

블로그, 카페 ─

온라인 상품 브랜딩에서 가장 중요한 플랫폼은 네이버이다. 네이버의 뉴스, 블로그, 카페, 동영상, 지식IN, 이미지, 쇼핑, 인플루언서 영역에 내 상품 관련 콘텐츠를 노출시켜서 내 상품의 온라인 브랜딩을 강화해야 한다.

1. 블로그

블로그 영역에는 보통 사용 후기, 시식 후기 및 상품 정보 등의 콘텐츠를 올리는데 블로그 영역에 노출시킬 때는 한 개가 아닌 여러 개의 상위 노출이 가능한 블로그에 관련 키워드별로 노출시켜야 한다. 네이버에 '블로그 체험단'이라고 검색하면 수많은 업체가 나오는데 블로그 체험단은 체험단 수와 각종 서비스 조건에 따라 가격이 다양하다. 내가 세부 키워드들을 제시하고, 체험단을 직접 선정하고, 기타 작

네이버 '아기 유산균' 키워드 '블로그' 영역

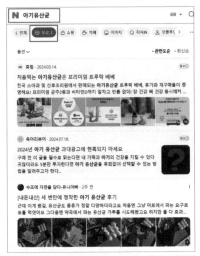

※ 출처 : 네이버

성 방법에 대한 가이드를 제시할 수 있으면 가격이 저렴해지지만 이런 것들까지 모두 대행을 맡기면 가격이 올라가게 된다.

블로그 체험단 진행 시에 모든 것을 100% 대행사에 맡기기만 하면 효율이 떨어질 수 있으며 키워드나 체험단 운영 방식, 블로그에 포스팅하는 방법에 대해 어느 정도 알고 대행사와 상담을 해야 효

• 조금 더 알기 •
레뷰

레뷰(REVU)는 역사와 전통이 있는 업계 상위 체험단 플랫폼이다. 블로그 체험단 숫자도 많고, 상품을 보내지 않고 상세페이지와 상품 정보만 보내주고 블로그 작성을 하는 기자단도 운영하고 있다. 또한 인스타그램 체험단 및 유튜브 체험단 모집도 가능하다.

과적인 체험단 운영이 가능하다. 체험단 운영 전에 네이버에서 블로그 체험단에 대해 검색하고 체험단 운영 시에 알아야 할 정보들을 반드시 확인하고 진행하는 것이 좋다. 업계 상위권인 레뷰 및 모블, 미블 등 많은 체험단이 있다.

2. 카페

네이버카페 영역 노출의 경우 상위 노출이 잘되는 카페 등급 '열매' 이상의 최적화 카페에서 진행해야 하는데 각 카페별로 접촉해 진행해야 한다. 카페에 올라온 사용, 시식 후기들은 블로그 체험 후기에 비해 고객들이 보기에 후기의 진정성을 더 느낄 수 있다. 어느 정도 정형화되고 세련된(?) 느낌이 있는 블로그 후기에 비해 아마 추어적인(?) 느낌이 있는 것이 카페 영역 후기이기 때문에 고객들의 신뢰를 얻기에 더 좋다. 단, 네이버에서 카페 영역과 블로그 영역 중에 블로그 영역을 더 우대하기 때문에 카페 체험단을 진행해도 블로그 체험단보다는 노출면에서 불리하다.

네이버의 회원 수 30만 명 이상 대형 맘카페의 체험단을 이용하길 추천한다. 이런 대형 맘카페에서 체험단 이벤트를 진행했을 때 좋은 점은 체험단 계약 조건에 따라 다르겠지만 보통 해당 맘카페에서의 노출뿐만 아니라 체험단에 참여한 회원이 운영하는 블로그와 SNS에도 노출이 된다는 점이다. 대형 맘카페에서 카페 회원들을 대상으로 체험단을 모집할 때 보통 카페+블로그+SNS에 동시에 노출시킬 수 있는 회원들을 대상으로 체험단을 모집하기 때문이다.

카페 체험단을 운영할 때 지역 맘카페보다는 비용이 좀 더 들더라도 전국 규모의 맘카페에서 체험단을 진행하는 것이 콘텐츠 노출 면이나 신규 고객 확보 차원에서 더 유리하다. 다만 전국 규모의 유명 맘카페다 보니 상품을 선별해서 체험단을 운영하고 체험단 조건도 까다로운 경향이 있다. 가성비 높은 전국 규모의 맘카페 네 군데를 소개하면 다음과 같다.

① 맘스홀릭 베이비

맘스홀릭 베이비는 국내 최대 규모 전국 단위 맘카페로 각종 육아 정보 및 생활 정보를 공유하는 카페이다. 체험단 이벤트 운영이 활성화되어 있으며 보통 카페, 블로그, SNS 세 군데에 동시에 올리는 조건으로 체험단이 진행된다.

② 예카

예카는 체험단, 이벤트, 공동구매를 전문으로 진행하는 맘카페이다. 회원 수 대비 체험단, 이벤트, 공동구매 가성비가 높다고 소문나 있다. 특히 주방용품 관련된 상품을 소유한 업체라면 반드시 검토해 봐야 할 카페이다. 주방용품이 주력이지만 기타 주부들이 좋아할 만한 먹거리, 생활잡화, 소형가전도 진행한다. 보통 카페, 블로그, SNS 세 군데에 동시에 올리는 조건으로 체험단이 운영된다.

③ 레몬테라스

레몬테라스는 전국 단위 맘카페로 인테리어나 홈데코 관련 내용이 주로 공유되나 체험단의 경우는 주부 대상의 모든 상품이 진행된다. 보통 카페, 블로그, SNS 세 군데에 동시에 올리는 조건으로 체험단이 진행된다.

④ 지후맘의 임산부 모여라

지후맘의 임산부 모여라는 전국 단위 맘카페인데 육아 관련 정보 공유 카페이며 체험단뿐만 아니라 공동구매 이벤트도 활발히 진행된다. 보통 카페, 블로그, SNS 세 군데에 동시에 올리는 조건으로 체험단이 진행된다.

네이버 대형 맘카페 '맘스홀릭 베이비' 체험단 이벤트

※출처 : 네이버카페 맘스홀릭 베이비

동영상 ———

상품에 대한 설명이나 사용 후기, 제작 스토리 등을 영상으로 만들어서 네이버TV, 유튜브, 카페, 블로그 등에 올리면 동영상 영역에 노출이 된다. 단, 동영상 제목이나 파일명에 노출시키려 하는 상품 관련 키워드를 넣어주어야 노출이 더 잘된다. 제작이 까다로운 네이버TV, 유튜브보다는 주로 블로그, 카페를 통해서 노출시키는 경향이 많다. 특정 키워드의 경우 동영상 영역이 최상단에 노출되는 경우가 있는데 이 경우에는 동영상을 제대로 만들어서 상단 노출을 노리는 것이 좋다.

쇼핑 ———

오픈마켓, 종합몰 및 어느 정도 규모가 있는 전문몰 같은 경우에 네이버쇼핑에 자동으로 연동시켜 주는 프로그램이 있기 때문에 해당 사이트에 입점한 후 네이버쇼핑 연동을 해당 사이트에 신청하면 네이버 쇼핑 영역에 동시 노출이 된다. 네이버 스마트스토어의 경우는 자동으로 쇼핑 영역에 노출이 된다.

지식iN ———

지식iN 영역은 보통 나의 상품에 대해 궁금해하는 사람들의 질문에 답변하면서 나의 상품에 대한 키워드를 입력하면 노출이 되는데, 내가 질문하고 내가 다른 아이디로 답변을 하는 등 자작극(?)이

자꾸 벌어지면서 네이버에서 이런 어뷰징(개인이 본인의 계정 외 부계정 등 다중 계정 조작을 해 부당하게 이익을 취하는 행위) 행위에 대해 제재(글 삭제, 네이버 아이디 제한)를 가하는 일이 자주 벌어지고 있다.

여하튼 지식iN에 내 상품 키워드로 글이 올라가면 네이버 검색에 노출될 수 있다. 지식iN 노출은 크몽에서 '질문', '지식인' 등의 키워드로 검색하면 다양한 대행사를 찾을 수 있다. 후기 숫자가 일정 수준 이상 있고 후기 내용이 괜찮은 대행사를 접촉해 진행하면 된다.

네이버 '유산균 효능' 키워드 '지식iN' 영역

Q. 유산균 효능 얻고싶어요
아이가 변비가 유산균 도움 받고 싶은데 유산균 효능 좋은 거 없나요? 변비 관리 잘 하고 ...

아이 유산균 효능 얻기 위해서는 일단 아이가 잘 먹는지부터 확인해주시고 또한 아이에게 맞는 유산균인지도 확인해주셔야 효과고 맛까지 다 확인하시면 도움 될 수 있...
● 여미랑 · 맞팔 · 초중고화습 · 2024.07.03.

Q. 유산균효능 보신 분?
혹시 유산균효능 관련해서 잘 아시는 분 답변 좀 부탁드려요. 제가 예전부터 유산균은 꼭 ...

유산균효능 얻기 못하셨다면, 다양한 제품을 시도해보거나 의사나 영양사와 상담하여 적합한 제품을 찾아보시는 것을 추천드립니다. 또한 유산균을 먹는 이유와 목...
● haboadld 라이프 · 2024.04.23.

Q. 비염유산균 효능 어디에 좋나요?(비염)
30대 후반/여 비염 비염유산균 효능 어디에 좋나요? 자세하게 좀 알려주세요

비염유산균은 다음과 같은 효능을 가지고 있습니다. 첫째, 면역 강화: 비염유산균은 면역 체계를 강화시켜 비염과 관련된 알레르기 반응을 완화시키는 데 도움을 줍니다. ...
● 정상원 약학 약학 · 2024.02.20.

※ 출처 : 네이버

인플루언서 ──

인플루언서 영역 노출은 블로그, 카페의 체험단 수준이 아니고 더 높은 영향력을 가진 인플루언서에 의해 작성된 콘텐츠만 노출이 가능하다. 블로그, 카페 체험단에 의해 작성된 후기 콘텐츠들이 신뢰도가 떨어진다고 생각하고 네이버에서 인플루언서들의 후기를 집중적으로 노출을 시켜주고 있다. 직접 인플루언서 영역에 노출된 인플루언서들에게 연락해서 콘텐츠를 올려달라고 협의를 할 수도 있고 크몽 같은 프리랜서 사이트에서 대행사를 통해 노출시켜도 된

다. 그래서 일반 체험단보다는 비용이 상대적으로 높을 수밖에 없다. 인플루언서 영역은 노출이 되는 키워드도 있고 노출 안 되는 키워드도 있는데 노출되는 키워드에는 꼭 만들어놓기를 추천한다.

위와 같은 네이버 통합검색 각 영역에 콘텐츠를 구축하는 것은 고객에게 상품에 대한 신뢰를 주기 위해 반드시 필요하고 온라인상에 상품을 브랜딩하는 데 있어서 가장 기본적인 요소이다. 이런 브랜딩 작업들은 한 번 세팅해놓고 끝나는 게 아니고 정기적으로 업데이트해줘야 한다. 가령 몇 년 전의 콘텐츠들만 있다고 하면 고객에게 신뢰를 주기가 힘들기 때문이다.

상품명 및 브랜드 명 키워드로 네이버 통합검색 콘텐츠를 구축하는 것 이외에 여력이 된다고 하면 상품과 관련된 다양한 세부 키워

크몽 '인플루언서' 영역

※ 출처 : 크몽

드로도 콘텐츠를 구축해놓으면 큰 효과를 볼 수 있을 것이다. 가령 내 상품명이 B이고 카테고리가 즉석 도시락이라면 B라는 키워드로 네이버 통합검색 각 영역의 콘텐츠를 구축할 뿐만 아니라 '직장인 도시락', '웰빙 도시락' 같은 잠재 고객이 검색해 볼 만한 세부 키워드에 대해서도 네이버에 콘텐츠를 구축해놓는 것을 말한다. 이렇게 세부 키워드에 대해 콘텐츠를 구축해놓으면 잠재 고객이 직장인 도시락, 웰빙 도시락을 네이버에서 검색했을 때 내 상품인 B가 노출되어 고객에게 B에 대한 홍보도 되면서 매출도 올릴 수 있다.

단, 각 세부 키워드의 검색량 및 세부 키워드로 콘텐츠를 구축할 시에 들어가는 비용도 고려해가면서 진행해야 한다. 세부 키워드의 검색량 정보는 '네이버광고'에 들어가서 회원가입 및 로그인한 후 '키워드 도구'로 들어가면 알 수 있다.

키워드별 검색량 및 각종 정보를 알 수 있는 네이버광고 시스템

※ 출처 : 네이버

SNS 브랜딩

SNS상에 콘텐츠를 만드는 일은 네이버 통합검색 영역에 콘텐츠를 구축하는 것만큼 가성비가 뛰어나지는 않다. 네이버 통합검색 콘텐츠 대비 SNS 콘텐츠들의 특징은 휘발성이다. 일정 시간이 지나면 사라지게 된다. SNS 콘텐츠들은 생명력이 짧다. 그렇기 때문에 신상품, 신규 브랜드 출시 초기에 상품을 소개하고 열광적인 초기 붐을 만들고자 할 때 이용한다.

SNS는 페이스북, 인스타그램, 유튜브, 카카오스토리 채널 등이 있는데 이 중 상품 브랜딩에 가장 유용한 SNS를 뽑으라면 역시 인스타그램, 유튜브, 페이스북을 들 수 있다. SNS를 검색했는데 내 상품 관련 콘텐츠가 하나도 없으면 고객들이 내 상품에 대한 신뢰를 갖기가 어려울 것이다. 그래서 적정 수의 콘텐츠를 SNS에 반드시 만들어놓아야 한다.

인스타그램 ———

인스타그램은 보통 체험단 형식으로 콘텐츠를 만든다. 네이버의 키워드에 해당하는 해시태그를 잡아서 체험단들을 통해 뿌리는 방식을 많이 사용한다. SNS 중에 즉각적인 매출, 홍보 수단으로 인스타그램 만한 SNS가 없다. 사진 한 장과 글자 몇 개로 고객 반응을 이끌어낼 수 있기 때문에 SNS 홍보 수단으로 가장 인기가 높다. 체험단은 보통 블로그 체험단이 일반적이었으나 지금은 수많은 인스타그램 체험단이 생겨났다. 직접 인스타그램 체험단을 모집해서 진행하기 힘든 판매자들은 대행사를 이용하면 된다. 체험단을 진행할 때 콘텐츠를 올려주는 인스타그램 유저가 어떤 사람이냐가 중요하다. 팔로워가 100명인 유저와 1만 명인 유저가 올리는 것은 홍보 효과 면에서 다르기 때문이다.

대행사를 이용할 때는 해시태그 키워드와 인스타그램 유저의 활성도를 잘 확인해야 한다. 팔로워가 1만 명만 넘어도 체험단 진행 시 적잖은 비용을 주어야 하는 경우가 많기 때문에 몇천 명 단위의 인스타그램 유저를 공략하는 게 낫다. 5,000명의 팔로워를 보유한 인스타그램 유저 20명만 잡아도 10만 명에게 내 상품을 홍보할 수 있다. 특히 2030 대상의 비주얼이 중요한 상품들의 경우 인스타그램 홍보를 잘 이용하면 확실히 효과를 볼 수 있는데 인스타그램 콘텐츠의 퀄리티가 높으면 구매로 바로 이어질 확률도 높다.

일반인 체험단 형식의 인스타그램 홍보 말고 이미 어느 정도 팬층이 형성된 팔로워 5만 명 이상 파워 인플루언서를 활용한 홍보 방법도 있다. 이들의 경우 비용은 많이 드나 확실히 홍보 효과는 높을 수 있다. 일반인 체험단을 할지 인플루언서 홍보를 할지는 가성비를 따져서 상황에 맞게 진행해야 한다.

유튜브 ———

유튜브는 휘발성이 강한 인스타그램이나 페이스북 콘텐츠와 달리 어느 정도 지속이 되는 특징이 있으며 게다가 검색 기반의 SNS 플랫폼이다. 그래서 네이버 통합검색 동영상 영역에서 유튜브 영상들은 키워드에 의해 검색도 된다. 유튜브는 단기적인 SNS 마케팅 수단이라기보다는 장기적인 SNS 마케팅으로 활용해야 한다. 해외 사례인데 '블렌텍(Blendtec)'이라는 믹서기 업체는 자사 믹서기 상품으로 아이폰과 갤럭시S를 갈아버리는 유튜브 동영상을 통해 회사 브랜드 인지도를 엄청나게 올리고 상품 판매량도 비약적으로 늘렸다. SNS의 대세가 유튜브로 가고 있기 때문에 항상 유튜브에 대해 적극적으로 활용 방안을 연구해야 한다.

SNS 브랜딩 사례

인스타그램 '미백크림' 콘텐츠

페이스북 '미팩토리 돼지코팩' 홍보 콘텐츠

※ 출처 : 인스타그램(좌), 페이스북(우)

페이스북 ───

페이스북은 인스타그램과 달리 광고를 해야만 어느 정도 도달이 된다. 체험단보다는 직접적인 상품 홍보 및 구매전환이 주를 이룬다. 페이스북의 기업용 계정인 페이지를 만들어서 여기에 콘텐츠를 올린 후 광고를 하는 형식이다. 이미지보다는 동영상이 훨씬 도달이 잘 되므로 콘텐츠는 동영상이 유리하다.

페이스북 영상 광고만으로 무명의 중소기업에서 매출 수천억 원의 기업으로 성장한 에이프릴스킨, 미팩토리, 블랭크코러페이션 같은 사례도 많이 있다. 앞에 설명한 업체들의 페이스북 페이지에서 동영상 콘텐츠의 카피 및 영상 구성 등을 벤치마킹해 만드는 것을 추천한다.

페이스북 브랜딩을 잘 알려면 타기팅, 콘텐츠 제작 및 광고 방법에 대한 충분한 검토가 필요하다. 특히 뷰티, 패션, 다이어트, 건강 관련 상품들은 페이스북 홍보의 효과가 좋다. 초기에는 광고비를 들여 유료 광고를 집행하더라도 위의 우수 업체들처럼 광고의 화제성, 차별성 및 퀄리티가 좋으면 페이스북의 공유하기 기능을 통해 수백만 명에게 홍보도 가능하다.

SNS 체험단 ───

SNS상에 콘텐츠 구축의 중요성이 증가함에 따라 블로그 체험단과 비슷하게 인스타그램 위주의 SNS 체험단들이 활성화되고 있다.

많지는 않으나 유튜브 체험단도 있다. 네이버에서 'SNS 체험단'으로 검색해 보면 업계 선두권인 공팔리터(0.8L), 레뷰를 비롯해서 많은 체험단을 찾을 수 있다.

체험단 업체들은 일정 수수료를 받고 인플루언서들에게 특정 업체의 상품을 공급해 SNS상에 해당 업체의 사용, 시식 후기 콘텐츠들을 만드는 것을 도와준다. SNS상에 후기 형식의 콘텐츠들을 많이 만들어서 고객들에게 상품에 대한 신뢰 및 정보를 줄 수 있다. 그리고 2030 젊은 여성 타깃의 비주얼이 중요한 패션, 잡화, 다이어트, 뷰티 상품이라면 SNS 체험단을 통해 즉각적인 매출 발생 효과도 노릴 수 있다.

그러나 위의 SNS 콘텐츠 구축에서 언급한 인스타그램, 페이스북, 유튜브의 경우도 역시 네이버 통합검색의 영향에서 벗어날 수 없다. 인스타그램, 페이스북, 유튜브에서 상품 콘텐츠를 보고 관심이 있어서 상품에 대해 더 알아보려고 하면 결국 네이버 통합검색에서 종합적으로 알아볼 것이기 때문이다. SNS상에 콘텐츠를 구축하는 것도 중요하지만 네이버 통합검색 영역의 콘텐츠 구축은 기본으로 확실히 해놓아야 한다.

내 상황에 맞는
유통 채널 확대 전략

상품을 판매하며 매출과 이익을 올리려면 간단하게 다음 네 가지 방법을 따르면 된다.

상품을 판매해 매출과 이익을 올리는 방법	① 신규 유통 채널을 확보한다 ② 기존 유통 채널에 상품 공급을 늘린다 ③ 상품이 소비자에게 공급되는 유통 단계를 단축한다 ④ 중간 유통 단계를 거치지 않고 직접 소비자에게 판매한다

이론은 간단하지만 본인의 상황에 맞는 방법을 선택하고 체계적으로 유통 전략을 수립하고 진행해야 한다. 보통 제조업체는 직접 생산하는 적은 수의 상품을 취급하고 다양한 온·오프라인 유통 채널들을 최대한 많이 확보해 매출, 이익을 올리고, 벤더업체는 많은 수의 다양한 상품들을 취급해 단품당 매출이 적더라도 합치면 매출이 커지는 방식을 추구하는 것이 맞다. 제조업체는 상품에 대한 소

유권이 있고 각 유통 채널의 다양한 요구 및 각종 변수에 대한 대응이 가능하기 때문에 최대한 많은 유통 채널에 입점해서 판매하는 것이 바람직하다. 또한 이익을 늘리려면 중간에 걸치는 유통 단계를 최소화하는 방법을 항상 고민하고 유통 채널을 거치지 않고 자체 쇼핑몰(자사몰) 판매나 수수료가 적은 스마트스토어 같은 온라인 유통 채널 등을 통해 소비자에게 직접 판매하는 방식이 좋다.

그러나 유통 벤더업체 또는 온라인 셀러들의 경우는 상품에 대한 소유권이 직접적으로 없기 때문에 많은 유통 채널에서 판매하는 것보다는 주력으로 집중할 유통 채널들을 몇 개 선정해 판매하는 것이 좋으며 대신 주력 유통 채널에서 판매하는 품목 수를 최대한 늘리는 것이 바람직하다. 이렇게 전문적으로 집중하는 유통 채널이 있어야 취급하는 상품에 변동이 있을 때(제조업체 상품 공급 중단, 신규 상품 소싱 등) 유연하게 대처할 수 있다.

유통 채널 확대 전략을 수립하기 전에 아래 열 가지 질문에 대해

유통 채널 확대 전략 수립 전 내 상품 자가진단 질문	① 내 상품의 주 고객이 이용하는 유통 채널은 어디인가? ② 온·오프라인 유통 중 어디에 집중할 것인가? ③ 고객에게 상품에 대한 구체적인 설명이 필요한가? ④ 내 상품의 규격은?(소규격, 중규격, 대규격) ⑤ 시즌성을 반영하는 트렌디한 상품인가? ⑥ 가격 단가는 어느 정도인가?(저가, 중가, 고가) ⑦ 나는 제조업체, 수입업체, 벤더업체 중 어디인가? ⑧ 마케팅, 영업 비용은 어느 정도까지 감당할 수 있나? ⑨ 지금 상황은 어떠한가? ⑩ 나의 마케팅, 영업 능력은 어떠한가?

생각해 보기 바란다. 나의 상황을 정확히 파악해야 효율적인 전략 수립이 가능하기 때문이다.

온라인상에 기본적인 상품 브랜딩 작업이 완료되면 각 유통 채널 입점을 진행해야 한다. 유통 채널 입점 전에 온라인상에 상품 브랜딩 작업을 하는 이유는 특정 유통 채널에서 상품을 접한 고객들이 관심이 있어서 상품에 대해 더 알아보고자 인터넷 검색을 했는데 해당 상품에 대해 아무 정보가 없으면 상품을 신뢰할 수 없어서 구매하기가 쉽지 않기 때문이다.

유통 채널 입점 전에 검토해야 할 것이 내 상품과 어울리는 유통 채널을 찾는 일이다. 가령 프리미엄 상품의 경우 백화점이나 종합몰 등에서 판매하는 것이 맞지 소셜커머스 같은 유통 채널에서 초특가에 판매하면 안 된다. 이렇게 나의 상품과 특별히 잘 맞는 유통 채널에는 더욱 집중해야 할 것이지만 나머지 유통 채널도 소홀히해서는 안 된다. 스마트스토어, 오픈마켓 같은 경우는 매출 증대의 목적이 아니라 가격의 기준점을 세팅한다는 개념에서 운영하는 경우도 많다.

소수의 특정 유통 채널과 잘 맞는다고 그 유통 채널에만 의지하면 추후 그 유통 채널의 트렌드가 나빠졌을 때 큰 문제가 발생한다. 유통 채널이라는 것이 흥망성쇠가 있기 때문에 소수의 유통 채널에만 의존하는 것은 큰 위험을 초래할 수 있다. 어느 수입 과자, 음료를 전문으로 하는 수입식품 업체는 예전 소셜커머스 전성기 시절 소셜커머스에만 집중하면서 유통 채널을 개발하라는 지속적인 조언에도 관리 여력이 안 된다는 이유를 들어 다른 유통 채널에는 진출을 하지 않았었다. 그러다가 소셜커머스의 경쟁이 치열해지고 1회 딜 행사당 매출액이 떨어지면서 큰 위기를 맞았다. 이 업체는 다른 유통 채널을 추가로 개발하고 매출을 끌어올리는 데 많은 시간과 노력을 들이며 고생을 했다.

이와 같이 제조업체나 수입업체의 경우는 상품에 대한 직접적인 관리를 할 수 있기 때문에 가능한 한 많은 유통 채널을 가지고 판매를 하는 것이 좋다. 그러나 중소업체 입장에서 위의 모든 유통 채널, 유통업체를 다 관리하기는 현실적으로 쉽지가 않기에 본인의 상황을 고려해 직접 관리할 유통 채널, 유통업체를 선정해 운영하고 직접 관리할 수 없는 부분은 전문 벤더를 쓰든지 미래를 기약하며 진입하지 않는 것도 하나의 방법이다.

상품별 특성이 있겠지만 여기서는 일반적인 상품의 유통 채널 확대 전략에 대해 말하고자 한다. 아래 순서대로 유통 채널을 확대해

온라인 유통 채널 확대 순서	① 스마트스토어 & 쿠팡 마켓플레이스 ② 오픈마켓(G마켓, 옥션, 11번가, 롯데ON) ③ 카테고리 전문몰(식품몰, 디자인몰, 뷰티몰, 애견몰, 얼리어답터몰, 비품몰 등) ④ 대기업 종합몰(현대H몰, GS샵, SSG닷컴, CJ온스타일 등) ⑤ 쿠팡 로켓배송, 로켓그로스 및 쇼핑몰 각종 특가딜 ⑥ 복지몰 & SNS 공동구매 ⑦ 홈쇼핑 & 오프라인 대형 유통(백화점, 할인점, 편의점, 중형 슈퍼마켓 등)

나가는 것이 좋다.

①~②번 유통 채널까지는 등록만 하면 되기 때문에 누구나 쉽게 입점할 수 있다. ③~⑦ 유통 채널은 등록하면 입점되는 시스템이 아닌 해당 유통업체의 MD·바이어가 상품, 업체를 평가해 승인해주는 방식이기 때문에 입점이 쉽지 않다. 그러나 ③번 카테고리 전문몰은 규모가 큰 대형몰이 아닌 이상 입점이 그렇게 어렵지는 않다.

유통 채널 확대 시에 유의할 점이 있는데 유통 채널의 수수료가 낮고 높은 데는 다 나름의 이유가 있다는 점이다. 수수료가 낮다면 기존에 입점된 상품 수가 너무 많아서 입점해도 노출이 제대로 안 되어 매출이 적을 수가 있고, 수수료가 높다면 일단 입점만 하면 상품 노출이 잘 되어서 매출이 많은 경우가 많다. 그러니 무조건 수수료가 높아서 좋지 않다는 생각은 버려야 한다.

수수료라는 것은 판매가 되어야 내는 것이다. 판매가 되지 않는다면 아무리 수수료가 낮아도 의미가 없는 것이다. 가령 종합몰 같은 경우는 온라인 유통에서 수수료는 매우 높지만 오픈마켓처럼 입점 상품 수가 많지 않고 광고비에 대한 부담도 거의 없다. 또한 종합몰에 입점했다는 것 자체가 상품의 브랜드파워를 높여주는 역할을 하기 때문에 수수료가 높아도 많은 업체들이 입점하고 싶어 하는 것이다.

그럼 지금부터는 각각의 단계의 유통 채널 입점 전략에 대해 세부적으로 알아보도록 하자.

효율적인 단계별 유통 채널 입점 전략

내 상품을 유통시킬 때 단계별로 현 상황에 맞는 유통 채널부터 입점을 진행해야 한다. 마구잡이식으로 입점을 받아주는 유통 채널부터 입점을 진행하다 보면 나중에 가격 충돌, 유통사 간 관계에 의해 입점 불가, 퇴점 등 큰 낭패를 겪을 수 있다.

1. 스마트스토어 & 쿠팡 마켓플레이스

스마트스토어는 네이버에서 제공하는 무료 독립 쇼핑몰인데 제작비용, 유지, 보수, 관리 비용이 0이고 전체 온라인 유통 채널 중 가장 중요한 네이버쇼핑에서 상위 노출 혜택을 받는 등 많은 장점이 있어서 중소사업자라면 반드시 운영하는 것이 좋다.

처음 유통을 시작하는 입장에서는 관리, 운영이 어려운 자사몰보다는 스마트스토어를 운영하는 것이 유리하다. 만약 자사몰을 운영한다고 하면 반드시 네이버, 구글, 다음 검색사이트 등록 및 최적화, 네이버쇼핑 연동을 해야 하고 모바일 최적화와 고객 통계분석 툴도 동시에 구축해야 한다. 또한 자사몰을 홍보하기 위해 네이버 키워드 광고 및 구글·다음 광고, 리타기팅 광고, SNS 홍보 등이 동시에 진행되어야 한다. 자사몰에 회원을 모으는 데는 엄청난 비용이 들고 광고, 마케팅이 수반되어야 하기 때문에 초보자의 경우 온라인 판매 실력을 어느 정도 갖춘 후 만들기를 추천한다.

스마트스토어는 기본적으로 네이버쇼핑에 노출이 되고 키워드 선정 및 네이버 SEO(Search Engine Optimization; 검색최적화)에 맞춰 등록만 잘하면 구매 건수와 구매 후기가 늘어남에 따라 네이버쇼핑 상위 노출이 가능하게 되는데 장점이 너무 많아서 요새는 스마트스토어의 중요성이 점점 증가하고 있다.

쿠팡 마켓플레이스는 쿠팡이 운영하는 오픈마켓이다. 쿠팡은 로켓배송이 주력이긴 하나 거래액 및 매출액 기준 국내 1등 쇼핑몰이라 고객 트래픽이 많기 때문에 쿠팡에도 당연히 상품 등록을 해서 판매를 해야 한다. 쿠팡은 로켓배송의 매출이 절대적이긴 하나 마켓플레이스에서도 아이템위너나 광고 등을 잘 활용하면 쏠쏠한 매출을 올릴 수 있다.

2. 오픈마켓(G마켓, 옥션, 11번가, 롯데ON)

G마켓, 옥션, 11번가, 롯데ON 등은 각 오픈마켓에서 요구하는 필수 서류들을 제출하고 판매자 등록만 하면 입점이 된다. 오픈마켓은 종합몰·전문몰·SNS 공동구매 대비 상대적으로 수수료가 5~15%로 저렴하고 입점이 쉬운 반면에 등록된 상품의 수가 너무나 많기 때문에 상품 노출을 위한 광고가 필수적이다.

오픈마켓은 온라인 판매의 가장 기본이 되는데 많은 수의 오픈마켓, 종합몰, 전문몰에 다양한 단품을 운영하는 경우에는 쇼핑몰 통합관리 솔루션(샵링커, 플레이오토, 사방넷 등)을 사용하게 되면 손쉽게 관리가 가능하다. 보통 오픈마켓 판매 가격이 온라인 판매 가격의 기준이 되는 경우가 많다. 오픈마켓 상품 등록까지 완료되면 상품에 대한 SNS 홍보(페이스북, 인스타그램, 카카오스토리, 유튜브, 밴드 등) 및 다양한 온라인 광고도 진행해 오픈마켓, 스마트스토어, 쿠팡, 자사몰로 고객을 유입시켜 매출을 올릴 수 있다.

3. 카테고리 전문몰(식품몰, 디자인몰, 뷰티몰, 애견몰, 얼리어답터몰, 비품몰 등)

일반적으로 온라인 판매자라면 누구나 입점하는 스마트스토어, 쿠팡, 오픈마켓 다음 단계는 내 상품 특성과 맞는 카테고리 전문몰이다. 판매자 등록만 하면 입점이 되는 앞 단계의 쇼핑몰들과 달리 MD가 승인해야 입점할 수 있는 쇼핑몰이지만 입점이 아주 어렵지는 않다. 그러나 마켓컬리, 오늘의집 같은 핫한 대형 전문몰들은 입점을 희망하는 업체들이 너무 많아서 경쟁이 치열하기 때문에 입점이 쉽지 않다.

전문몰에는 특정 카테고리에 대한 충성 고객들이 많아서 내 상품과 맞는 카테고리 전문몰에 입점해서 MD와 잘 소통하면 큰 매출도 기대해 볼 수 있다. 고객 트래픽이 많은 오픈마켓, 쿠팡보다 고객 트래픽은 적지만 내 상품의 충성 고객들이 몰려 있는 전문몰에서 훨씬 큰 매출을 올릴 수도 있다.

4. 대기업 종합몰(현대H몰, GS샵, SSG닷컴, Cj온스타일)

대기업 종합몰은 주로 백화점이나 홈쇼핑을 소유하는 대기업이 운영하는데 온라인계의 프리미엄 백화점이라고 보면 된다. 백화점, 홈쇼핑에서 입점 업체를 결정하는 것처럼 입점 절차가 진행되는데 상품성뿐만 아니라 업체의 규모, 신용도, 재무 건전성, 브랜드 인지도 등 다양한 항목들을 평가하기 때문에 입점이 까다롭다. 위탁판매 상품이나 단순 중국 수입상품은 입점하기가 어렵다.

위의 유통 채널 (1)~(3)번까지는 비교적 쉽게 입점이 되지만, (4)번부터는 입점이 쉽지가 않다. 종합몰은 입점이 어려워서 그렇지 오픈마켓처럼 등록상품이 많지 않고 광고비에 대한 부담이 없어서 MD와 커뮤니케이션을 잘해서 좋은 노출 위치(구좌)를 받으면 일정 수준 이상의 매출을 기대할 수 있다. 또한, 종합몰에 입점되었다는 것은 브랜드와 상품성을 대기업으로부터 인정받았다는 효과도 있어서 굳이 매출 목적이 아니더라도 브랜드 홍보를 위해 종합몰에 입점하는 것을 추천한다.

5. 쿠팡 로켓배송·로켓그로스 & 대형 쇼핑몰 각종 특가딜

오픈마켓, 전문몰, 종합몰에서 단기간에 큰 매출을 올리려면 '특가딜'이 가장 좋다. 그러나 특가딜을 대형 쇼핑몰에서 진행할 때는 주의해야 할 것이 있다. 보통 특가딜은 온라인 최저가 조건이다. 그래서 특가딜에 상품이 노출되면 그 가격이 온라인 최저가의 기준이 되고 다른 유통 채널 MD들에게 행사 상품이라는 이미지를 줄 수 있어서 종합몰이나 온라인 최저가가 중요한 다른 유통 채널 입점 시 장애요소가 될 수 있다.

보통 상품이 특가딜에서 판매가 되려면 마진을 상당 부분 희생을 해야 하는데 매출은 좋을지 몰라도 이익구조는 나빠지며 온라인 최저가 이하 가격을 요구하는 SNS 공동구매, 복지몰, 특판 같은 다른 유통 채널 입점이 어려울 수도 있다. 특가딜 방식 판매는 네이버쇼핑 같은 가격비교 사이트에서 검색이 되기 때문에 신중히 검토한 후 진행되어야 한다. 어느 쇼핑몰이든 단순히 상품을 등록하고만 있으면 큰 매출을 기대하기가 어려워 큰 매출이 필요한 경우 대형 쇼핑몰의 특가딜 참여가 큰 도움이 될 수 있다.

쿠팡 로켓배송은 높은 수수료 및 온라인 최저가 이하 판매가 유지 조건이어서 이를 맞출 수 있는 상품만 입점할 수 있다. 로켓그로스는 로켓배송보다는 쿠팡 내 상품 노출이 적고 매출이 적을 수 있지만, 수수료가 상대적으로 저렴하며 가격 관리를 판매자가 할 수 있다. 익일배송인 로켓배송, 로켓그로스에 대한 고객 충성도가 매우 높기 때문에 조건이 맞는 판매자라면 입점을 검토해 보는 것이 좋다.

6. 복지몰, SNS(카카오스토리 채널, 네이버밴드, 모바일 앱, 인스타그램, 네이버카페) 공동구매

위에 설명한 (1)~(5)번 유통 채널은 보통 오픈몰이라고 해서 네이버쇼핑 같은 가격비교 사이트에서 상품 및 가격이 검색되는 온라인 유통 채널이다. 그러나 복지몰, SNS 공동구매는 폐쇄몰이라고 해 온라인상에서 가격이 검색되지 않은 온라인 유통 채널이다. 온라인 최저가 이하 조건이 기본이며 복지몰에서는 브랜드 상품 및 가전, 레저스포츠, 건강식품 등 복리 증진 관련 상품이 잘 팔리며 SNS 공동구매에서는 중소기업 강소상품이 잘 팔린다.

보통 오픈몰과 폐쇄몰 양쪽 다에서 잘 판매되는 상품은 드물다. 폐쇄몰에서 승부를 보고 싶다고 하면 오픈몰에서 가격을 약간 높게 책정하고 기본적인 온라인 브랜딩 작업을 한 후 폐쇄몰에서 할인율을 높게 해 쇼핑몰 및 공동구매 채널별로 돌어가면서 특가 행사를 진행하는 것이 좋다.

7. 라이브 홈쇼핑 & 오프라인 대형 유통(할인점, 편의점, 백화점, 중형슈퍼마켓 등)

(1)~(6)번 유통 채널까지는 그래도 노력만 하면 중소기업도 어느 정도 입점이 가능한 유통 채널이지만, 홈쇼핑을 비롯한 오프라인 대형 유통 채널들은 솔직히 말해서 쉽지 않다. 그래서 (1)~(6)번 유통 채널을 마이너리그라고 하면, (7)번 유통 채널은 메이저리그라

고 할 수 있다.

라이브 TV 홈쇼핑은 시간당 억 단위 매출이 가능한 유통 채널이지만 수수료가 40% 이상이고 한 번 방송 시 몇천만 원 단위의 진행 비용과 억 단위의 재고를 준비해야 한다. 하이리스크, 하이리턴의 대표적인 유통 채널이라 초보자에게는 추천하지 않는다. 만약 처음 라이브 TV 홈쇼핑을 진행한다면 직접 MD와 소통해서 진행하기보다는 방송 판매라는 특수한 채널에서 잔뼈가 굵은 라이브 TV 홈쇼핑 전문 벤더를 통해서 진행하는 것이 좋다. 상품 브랜드력, 매출 면에서 검증이 안 된 상품은 입점이 진행되지 않기 때문에 앞의 (1)~(6)번 유통 채널에서 일정 수준 이상 성과를 거둔 경우에 한해서 도전해 보기를 추천한다.

오프라인 대형 유통업체는 유통 판매의 끝판왕이라고 할 수 있다. 웬만큼 유명하고 인기 있는 상품, 브랜드들은 이미 다 입점돼서 판매하고 있기 때문에 오프라인 대형 유통업체 MD는 웬만한 브랜드, 상품은 거들떠보지도 않는다. 중소기업이 아무리 본인의 상품이 우수하고 고객들에게 인기가 있고 본인 입으로 떠들어 봐야 오프라인 대형 유통업체 MD에게는 공허한 메아리인 경우가 많다.

오프라인 대형 유통업체 MD를 상대할 때는 기존 상품과의 확실한 차별화 포인트와 (1)~(6) 유통 채널에서 우수한 실적 같은 객관적인 자료로 설득을 해야 한다. 그러나 (1)~(6) 유통 채널에서 탁월한 실적이 있다 할지라도 대형 유통에서 기존에 판매되고 있는 상품과 차별화 포인트가 약하다면 입점이 힘들다. 또한 내가 과연 대형 유통 시스템에 맞춰서 사업을 할 수 있냐 하는 것도 고려해야 한다. 보통 대형 유통의 결제 주기는 45일 이상인데 몇백 개의 점포에 납품을 하면서 상품 대금을 45일 이후에 받는다고 하면 엄청난 자금이 묶이게 되고, 매출이 늘어나면 늘어날수록 자금은 더욱 많이 묶이게 된다. 또한 대형 유통에서는 정기적인 세일 행사와 도우미 투입을 해야 하는데 이것을 하게 되면 비용이 엄청나게 들어가게 된다.

대형 유통과 거래해서 속칭 대박 난 업체도 많이 보았지만 반대로 대형 유통업체와의 거래 때문에 부도가 난 업체도 많이 보았다. 한 주방용품업체는 온라인 유통 및 오프라인 소형 유통 채널과의 거래에서 15년간 착실하게 수익을 거두었는데, 할인점에 입점해서 무리하게 확장을 하다가 자금 압박으로 결국 부도가 난 안타까운 케이스도 있었다.

대형 유통 시스템을 맞출 수 있고 상품의 차별화 정도 및 가격이 우수한 중소업체 상품의 경우는 굳이 (1)~(6) 유통 채널에 모두 입점해 대형 유통에 도전할 필요 없이 중간에라도 대형 유통 입점을 추진해도 된다. 단, 대형 유통업체에 입점할 수 있을 정도의 충분한 객관적인 근거를 마련하고 입점 신청을 해야 할 것이다.

오프라인 대형 유통업체의 경우 온라인 유통업체와 달리 상품 진열 공간상의 제약이 있고 각각 유통업체별 선호 상품이 존재하기 때문에 이것을 잘 고려해야 한다. 가령 백화점은 프리미엄 브랜드 상품, 편의점은 소용량 기호 상품, 할인점은 대용량 상품, H&B 스토어는 뷰티 및 기호성 식품 등 각 유통 채널별 상품 및 선호 규격을 잘 파악해서 입점 제안해야 한다.

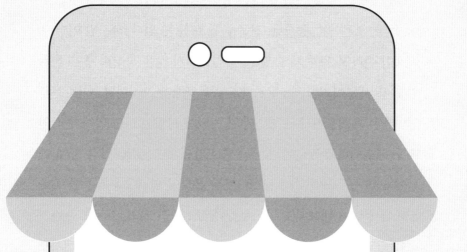

8장

가성비갑
온라인 유통 판매
노하우

일반적으로 잘 알려진 온라인 유통이라고 하면 보통 스마트스토어, 쿠팡, 오픈마켓, 종합몰, 전문몰 등을 들 수 있다. 하지만 이런 대중적인 온라인 유통 채널 말고 잘 알려지지 않은 가성비 좋은 온라인 유통 채널이 있는데 바로 SNS 공동구매가 그것이다. 이런 온라인마켓은 폐쇄몰이라고 하는데 알고 있는 사람만 아는 알짜 온라인 유통 채널이다. 이번 8장에서는 중소기업 강소 상품 인기 판매 채널인 SNS 공동구매에 대해 알아보고 온라인 인맥구축을 통한 매출 극대화 전략에 대해서도 알아보겠다. 또한 1인 기업, 소규모 셀러가 매출 극대화를 위해 반드시 해야 하는 멀티채널 전략에 대해서도 배워보겠다.

[SNS 공동구매 판매 노하우1]
카카오스토리 채널, 네이버밴드, 모바일 앱

보통 오픈몰에서 온라인 판매를 조금 해 본 판매자들은 폐쇄몰에 대한 환상이 있다. 폐쇄몰 중에서도 특히 SNS 공동구매에 대한 관심이 높다. 아무래도 대중적으로 노출이 되어 있지 않고 공동구매를 진행하면 한 번 행사에 수천만 원 매출을 올린다고 어디서 들은 적이 있기 때문에 왠지 공동구매 채널에 들어가면 큰돈을 벌 것이라고 생각하는 것이다. 그러나 SNS 공동구매는 한 번 터지면 큰 매출을 올릴 수는 있지만 수수료가 높고 온라인 최저가 관리가 중요하기 때문에 아무 상품이나 들어갈 수 있는 판매 채널은 아니라는 점 명심해야 한다. 여기에서는 가성비 좋은 중소기업 강소 상품들이 큰 인기를 누리는 SNS 공동구매에 대해 집중 분석해 보도록 하겠다.

SNS 공동구매 역사

SNS 공동구매는 카카오스토리, 네이버밴드, 인스타그램, 블로그, 네이버카페, 모바일 앱 등을 통해 판매하는 방식으로, 보통 회원들이 많이 모인 커뮤니티 또는 팔로워를 많이 모은 인플루언서에 의해 진행이 된다. SNS 공동구매 또한 폐쇄몰 판매의 일종으로 네이버 같은 검색사이트에서 가격 노출이 되지 않는 경우가 대부분이며 온라인 최저가 대비 가격이 저렴해야 판매가 이루어지는 구조이다.

2016년까지만 해도 SNS 공동구매라고 하면 카카오스토리 채널 공동구매(줄여서 카스 공동구매), 네이버밴드 공동구매가 대세였으며 여기서 나오는 매출은 어마어마했다. 전성기 때인 2015년, 2016년 까지만 해도 년 매출이 몇천억 원 단위였다. 지금은 카스 공동구매, 네이버밴드 공동구매의 경우 예전의 위상을 많이 잃었다. 한 개의 채널, 밴드에서 나오는 매출은 전성기 때보다 많이 줄어들었다.

그러나 한 개의 채널, 밴드의 매출은 떨어졌지만 전체 채널, 밴드의 숫자가 엄청나게 많이 늘어나서 전체 매출액은 크게 줄어들지 않았다. 예전에 개별로 공동구매를 진행하던 카스 채널, 밴드 운영자가 운영 효율이 안 나서 운영 채널이나 밴드를 매각하거나 퀸즈 안젤라 같은 대형 공동구매 운영 대행사에 위탁 운영을 맡기고 있는 상황이다. 그러나 아직도 충성스러운 엄마부대를 바탕으로 SNS 공동구매 중에서는 상위권 매출을 올리고 있다. 카스 공동구매, 밴드 공동구매는 하향 트렌드를 걷고 있지만 대신 모바일 앱 공동구매, 인스타그램 공동구매는 무섭게 성장해 전체 공동구매 시장은 2016년 대비 몇 배는 성장했다.

카카오스토리 채널 공동구매 & 네이버밴드 공동구매

카카오스토리 채널 공동구매가 인기를 끌게 된 이유는 브랜딩이 제대로 안 된 중소기업 상품을 온라인 최저가 대비 저렴한 가격과 엄마들의 마음을 확 사로잡는 매력적인 상세페이지로 높은 매출을 만들어냈기 때문이다. 원래 홍보가 제대로 되지 않은 중소기업 상품들은 판매가 어렵다. 그런데 카스 공동구매에서 많이 팔린 이유는 일단 한 개의 카카오스토리 채널에서 하루에 세 개밖에 공동구매를 진행할 수 없어서 상품 노출이 잘되고 회원들의 해당 카카오스토리 채널에 대한 신뢰가 높아서 여기서 판매하는 상품들은 괜찮을 것이라는 믿음 때문이었다.

카카오스토리 채널에서는 가격을 온라인 최저가 이하의 조건으로 한정 기간만 판매하기 때문에 일단 회원 수를 많이 보유한 채널에 입점만 하면 기본 이상의 매출은 올렸다. 그래서 여러 온라인마켓에서 이런저런 이유로 매출도 안 나오고 입점을 거절당한 비브랜드 중소기업 상품들이 끌리는 상세페이지와 저렴한 가격만으로 카카오스토리 채널 공동구매에서 좋은 성과를 내는 경우가 많았다.

특히 3040 주부들 타깃의 중소기업 비브랜드 화장품, 다이어트 식품들이 카카오스토리 채널 공동구매에서 일반 오픈몰에서보다 훨씬 많은 매출을 올리는 경우가 자주 발생하고 있다.

카카오스토리 채널, 네이버밴드, 모바일 앱 공동구매의 상품은 거의 동일한데 하나의 채널에서 성공하면 다른 채널로도 확대가 되기 때문이고 상세페이지 기본 구성이 위의 세 군데 공동구매가 거의 동일하기 때문이다. 대형 카카오스토리 채널 운영자들은 네이버밴드 및 모바일 앱도 동시에 운영하는 경우가 많다.

SNS 공동구매의 초기 전성시대를 이끌던 카카오스토리 채널 공동구매

※ 출처 : 카카오스토리

온라인 판매 초보자들은 카스 공동구매, 밴드 공동구매를 쉽게 보고 상품만 있으면 쉽게 판매할 수 있는 것으로 생각하는데 이건 오산이다. 이 시장은 오픈마켓, 스마트스토어처럼 초보자가 접근해서 쉽게 판매를 진행할 수 있는 온라인마켓이 아닌 온라인 판매 경험이 어느 정도 있는 중급 판매자 이상이 들어가야 하는 시장이다.

카스 공동구매, 밴드 공동구매는 나름의 판매 규정과 원칙 그리

고 MD 인맥이 절대 중요하다. MD들은 일이 너무 많기 때문에 이 공동구매 시장을 잘 모르는 초보 공급자들과 거래하는 것을 꺼리기 때문이다. 그래서 초보 공급자의 경우 상품 제안을 해도 거절당하는 경우가 거의 90% 이상이다. MD 입장에서는 시간도 없는데 판매가 잘될지 안 될지 모르는 상품의 판매를 위해 공급자를 하나하나 가르치며 공동구매를 진행하고 싶지가 않은 경우가 많다. 차라리 말도 잘 통하고 문제가 발생하면 능숙하게 대응해주는 공동구매 전문 벤더와 같이 일하기를 선호한다. 일단 되든 안 되든 내가 먼저 입점 제안을 해 보고 진행이 잘 안 되면 공동구매 전문 벤더를 통해 입점하는 방식이 좋다.

카카오스토리 채널, 네이버밴드 공동구매 주요 포인트를 정리하면 다음과 같다.

카카오스토리 채널, 네이버밴드 공동구매 주요 포인트

① 네이버 검색에 상품, 가격 미노출
② 결제 조건 : 15~40일(종합몰·쿠팡 로켓배송 대비 짧음, 채널별 상이)
③ 주요 고객층
　　− 카스채널 : 3040 주부 고객(지방 고객 비중 높음)
　　− 네이버밴드 : 3040 주부 고객이 주력이나 남성 고객도 있음
④ 높은 수수료 : 20~30%(공동구매 전문 벤더 이용 시 추가 10~15%)
⑤ 별도의 광고비 지출 없음
⑥ 판매가 : 온라인 최저가 이하 조건(온라인 가격 무너진 상품 판매 불가)
⑦ 브랜딩 안 된 중소기업 상품 판매 유리
⑧ 인기 상품 : 주부들이 좋아할 만한 생활용품, 식품, 다이어트, 뷰티, 패션 상품
⑨ 가격대 3만 원 미만의 저가 상품 주력
⑩ SNS 공동구매 전문 벤더들의 영향력 높음
⑪ 일부 채널에서 히트 시 전 채널 및 앱 공동구매, 인스타그램 공동구매로 확대 가능

---

⑫ 고객을 유혹하는 과대, 과장 광고 많음
⑬ 카카오스토리 채널 공동구매는 하루 게시글 제한이 3개이고 네이버밴드는 제한 없음

• 조금 더 알기 •
공동구매가 활성화된 '카카오스토리 채널', '네이버밴드'

카카오스토리 채널	15초 다이어트 & 뷰티(https://story.kakao.com/ch/15diet) 육아상식(https://story.kakao.com/ch/ilovebaby) 요리살림(https://story.kakao.com/ch/howtocook) 살림의 여왕(https://story.kakao.com/ch/0u82) 살림의 달인(https://story.kakao.com/ch/isalrim) 집밥 레시피(https://story.kakao.com/ch/masterbaby) 당신의 주방(https://story.kakao.com/ch/yourkitchen) 냉장고 레시피(https://story.kakao.com/ch/daycook)
네이버밴드	해피콜의 5일 장터(https://band.us/band/50537170) 그녀들의 살림창고(https://band.us/band/57139681) 명품쇼핑 패션아울렛(https://band.us/band/64340132) 줌마들의 여신스타일(https://band.us/band/60638155) 주부상식(https://band.us/band/57306293) 오렌지타운 쇼핑(https://band.us/band/52824028) 주부상식 특가공구(https://band.us/band/56531152)

카카오스토리 채널, 네이버밴드 공동구매 판매 노하우 ———

카카오스토리 채널, 네이버밴드 공동구매에서 좋은 매출, 이익을 만들어내기 위해 꼭 알아야 할 주요 체크 포인트에 대해 하나하나 자세히 알아보도록 하자.

① 고객의 생생 구매 후기를 보여줘라

상품이 좋다는 평가는 판매자가 아니라 고객이 해야 효과가 좋다.

② 온라인 최저가를 관리하라

오픈마켓, 쿠팡, 종합몰 판매가 대비 공동구매 판매가를 훨씬 더 싸게 제안해야 한다.

③ 상품 판매 시점보다 약간 앞서서 제안하라

예를 들어 시즌 과일, 신학기 용품, 겨울 방한용품, 가을 레깅스 등은 특정 시즌에 잘 팔리는 시즌 상품이다. 이때 잘 팔리는 시기보다 약간 앞서서 제안을 해두는 것이 좋다.

④ 수량 한정, 기간 한정을 강조하라

공동구매 기간은 보통 1~2일로 잡고 진행한다. 이때 이번 기회를 놓치면 후회할지도 모른다는 고객의 불안감을 자극하기 위해 수량 한정이나 기간 한정을 강조하는 것이 좋다.

⑤ 상품이 비싸다면 비싼 이유를 충분히 어필하라

고급 원재료 사용 또는 상품 제조상의 원가 증가 등 사유에 대해 구체적으로 설명해야 한다.

⑥ 상품을 제안하기 전에 반드시 시장조사를 하라

나의 유사 상품이 기존에 먼저 진행되었는지 사전에 파악하고, 만약 진행이 먼저 되었다면 꼭 일정 기간의 시차(3~4개월)를 두고 진행해야 한다.

⑦ 중저가 상품 가격대를 공략하라

카카오스토리 채널, 밴드 공동구매는 보통 3만 원 전후 가격대가 잘 판매된다. 너무 저렴한 것은 택배비가 부담되고, 5만 원 이상 고가는 가격대가 너무 높아서 판매 결과가 좋지 않은 편이다.

공동구매 전문 카카오스토리 채널, 네이버밴드 찾는 방법 ──

공동구매가 활성화된 카카오스토리 채널을 찾는 방법은 검색창에 '주부', '살림', '육아', '엄마', '공동구매', '요리', '레시피', '다이어트' 등의 키워드를 검색해서 나오는 채널에 들어간 후 실제 공동구매가 진행되는지나 판매가 많이 되는지 확인하면 된다. 판매가 잘 되고 있는지 확인하려면 댓글 달린 숫자를 보면 된다.

공동구매 전문 채널에서 '발견'을 클릭하면 타 공동구매 전문 카카오스토리 채널도 파악이 가능하다. 발견을 누르면 해당 채널 구독자들이 함께 많이 보는 채널을 보여주는데 보통 공동구매를 하는 구독자들은 여러 개의 공동구매 채널에 가입해서 구매하기 때문에 다양한 활성화된 공동구매 채널을 찾을 수 있다. 네이버밴드도 비슷한 방식으로 밴드 검색창에 키워드를 검색해서 찾으면 된다.

공동구매 전문 카카오스토리 채널 검색 방법

※ 출처 : 카카오스토리

카카오스토리 채널 입점 제안 방법 ——

카카오스토리 채널 입점은 일반 온라인 유통 채널 입점에 비해 난이도가 있다. 입점 가능성은 떨어지지만 직접 입점 제안하는 방법과 SNS 공동구매 전문 벤더업체를 통해 손쉽게 입점 제안하는 방법이 있다.

(1) 직접 입점 제안

카카오스토리 채널 홈 화면에서 'Information'을 누르고 업체 정보를 클릭하면 상품 입점 제안 관련 이메일 주소나 전화번호를 확인할 수 있다. 처음 입점 제안할 때는 10만 명이 넘는 대형 채널은 입점 확률이 떨어지고 5만 명 안팎의 소형 채널부터 공략하는 것이 좋다. 일단 소형 카카오스토리 채널에서 어느 정도 매출이 나오면 자동적으로 대형 카카오스토리 채널 및 네이버밴드, 모바일 앱 공동구매까지 확대될 수 있다.

처음 어렵게 입점한 소형 카카오스토리 채널에서 지인들을 통한
댓글 지원 및 기타 마케팅
작업 등 초반 매출 펌프질
작업은 필수이다. 처음 입
점한 채널에서 매출이 안
나오면 다른 대형 채널 및
네이버밴드, 앱 공동구매로
확대되기가 매우 어렵다는
점 반드시 명심해야 한다.

카카오스토리 채널 입점 제안 방법

※ 출처 : 카카오스토리 채널 '살림의여왕'

(2) 전문 벤더 통한 입점

지속적으로 카카오스토리 채널에 직접 제안했는데 입점이 안 되
는 경우가 있다. 이때는 MD와의 네트워킹이 잘 되는 카카오스토리
채널 전문 벤더를 통해서 입점하는 것이 좋다. 보통 카카오스토리
채널 전문 벤더는 네이버밴드 공동구매, 모바일 앱 공동구매, 인스
타그램 공동구매, 블로그마켓, 카페 공동구매 벤더까지 같이 하는
경우가 많기 때문에 한 번 알아놓으면 다양한 SNS 채널에서의 판
매가 가능하다.

전문 벤더를 통하면 좋은 점이 일단 내가 각각의 공동구매 마켓
을 관리하는 데 들이는 노력을 줄일 수 있으며, 이들이 MD와의 네

트워킹이 강하고 공동구매에 대한 판매 노하우가 많기 때문에 내가 직접 입점해서 판매하는 것보다 더욱 많은 매출을 올릴 여지가 높다는 것이다. 단, 전문 벤더를 통하게 되면 10~15% 정도의 추가 수수료가 발생한다. 가령 채널 수수료가 25%라면 총 수수료가 35~40%가 되는 것인데 그렇기 때문에 이런 높은 수수료를 견뎌 낼 마진 구조가 되는 상품에 한해 입점이 가능하다. 보통 공동구매 최종 판매가 대비 마진이 35~40%가 되도록 공급가를 전문 벤더에게 제안하면 된다.

SNS 공동구매 벤더들의 경우 1인 벤더들이 많은데 이들과 거래할 때 특히 금전 문제를 조심해야 한다. 내가 벤더에게 상품을 공급해서 판매가 되면 공동구매 채널에서 먼저 벤더에게 결제를 해주고 벤더가 나에게 결제해주는 시스템인데, 일부 신용이 안 좋은 벤더들은 결제가 늦어지거나 심할 경우 폐업하고 잠적해버리는 사례도 드물지 않게 발생한다. 경기가 안 좋다 보니 일부 영세 카카오스토리 채널, 네이버밴드들은 대금 결제를 계속 미루다가 나중에 폐업하고 사라지기도 하니 주의를 요한다.

SNS 공동구매 전문 벤더를 구할 때 복수의 벤더와 거래하면 SNS 공동구매 시장에서 가격 세팅이 힘들기 때문에 한 개의 상품은 한 개 벤더와 거래하는 것이 좋다.

네이버밴드 입점 제안 방법 ——

네이버밴드 입점도 일반 온라인 유통 채널 입점에 비해 난이도가 있다. 입점 가능성은 떨어지지만 직접 입점 제안하는 방법과 SNS 공동구매 전문 벤더업체를 통해 손쉽게 입점 제안하는 방법이 있다.

(1) 직접 입점 제안

공동구매 네이버밴드 게시물 또는 네이버밴드 홈에 있는 운영 업체 정보를 확인해 전화, 이메일로 입점 제안하면 된다. 만약 여기에 연락처가 기재되어 있지 않으면 밴드 리더의 프로필을 누르고 메시

• 조금 더 알기 •

100여 개의 '카스 채널', '네이버밴드' 위탁 운영 대행사 퀸즈안젤라

퀸즈안젤라는 '15초 다이어트 & 뷰티', '뷰티나라', '꾸미고팡' 등 300만 유저를 기반으로 한 약 100여 개의 카카오스토리 채널 및 네이버밴드를 운영하고 있다. 여기에는 매일 고객의 눈높이에 맞게 다양한 쇼핑 콘텐츠가 업로드되고 있으며 최신 트렌드의 가성비 최고 상품을 만날 수 있다. 카카오스토리 채널, 네이버밴드 공동구매에 관심이 있는 좋은 상품을 가진 제조사 · 수입사, 온라인 셀러들은 100여 개의 채널을 운영하면서 동시에 SNS 공동구매 전문 벤더인 퀸즈안젤라와 소통할 것을 강력히 추천한다.

① 퀸즈안젤라 공식 카카오스토리 채널 :
　https://story.kakao.com/ch/queens0909
② 퀸즈안젤라 상품 제안 : 09queens@naver.com

지를 보내 입점 제안하면 된다.

⑵ 전문 벤더 통한 입점

기본적인 방식은 앞에 설명한 카카오스토리 채널 전문 벤더를 통한 입점 방식과 동일하다. 네이버밴드는 카카오스토리 채널 공동구매보다 매출 규모가 작기 때문에 수많은 밴드에 직접 입점하는 것보다는 전문 벤더를 통해 입점해서 판매하는 것이 더 효율적일 수 있다.

SNS 공동구매 전문 벤더 찾는 방법 ────

많은 판매자들이 SNS 공동구매 전문 벤더를 찾고 싶어 하는데 어떻게 하는지 몰라서 고민하는 경우가 많다. SNS 전문 벤더는 유통 관련 네이버카페 및 카카오 오픈채팅방에서 쉽게 찾을 수 있다.

⑴ 대형 네이버 유통 카페

'유통노하우연구회', '온라인 유통센터', '유통과학연구회' 같은 네이버 대형 유통 카페에는 많은 SNS 공동구매 전문 벤더들이 활동하고 있다. 네이버카페에서 '공동구매' 키워드로 검색해서 나오는 게시글들을 보다 보면 전문 벤더들을 찾을 수 있다. 그리고 유통노하우연구회 네이버카페는 '벤더업체 등록' 게시판이 있는데 여기서 SNS 공동구매 전문 벤더업체들을 찾을 수 있다.

네이버카페 유통노하우연구회의 벤더업체 등록 게시판

※ 출처 : 네이버카페 유통노하우연구회

(2) 유통 관련 네이버밴드, 카카오 오픈채팅방

네이버밴드, 카카오 오픈채팅방 검색창에 '유통' 키워드를 검색해서 나오는 밴드, 오픈채팅방에 들어가서 찾을 수 있다.

카카오스토리 채널, 네이버밴드 공동구매

입점/판매 프로세스 ─────

카카오스토리 채널, 네이버밴드 공동구매 입점/판매 프로세스는 MD들이 입점을 결정하는 일반 종합몰, 전문몰과 비슷한데 처음 입점 제안 시 온라인 입점 제안이 아니라는 것이 큰 차이점이다.

카카오스토리 채널, 네이버밴드 공동구매 입점, 판매 프로세스	① 상품 입점 제안(이메일, 전화, 카카오톡) 및 샘플 발송 ② MD 입점 검토 ③ MD 입점 승인 ④ 상품 판매 시작 ⑤ 고객 상품 수령 ⑥ 판매 대금 정산

상품 입점 제안 시 주요 정보 ─────

상품 입점 제안 시 필요 서류는 사업자등록증, 회사소개서, 통장 사본, 상품 제안서, 상세페이지, 기타 홍보 자료 등이 있다. 입점 제안서에 들어가야 할 내용은 상품명·규격, 상품 이미지, 시중 소비자 판매가·카스 채널 판매가·상품 공급가, 온라인 최저 판매가 및 최저 판매가 링크 주소, 채널 마진, 배송비 유무, 택배사 정보, 유통 기한 및 제품 생산일자 등이 있다.

입점 제안서 작성 시 유의해야 할 점은 MD 및 채널 운영자들은 일이 많고 너무나 많은 입점 제안이 들어오기 때문에 내용을 압축하고 간결하게 핵심만 어필하는 제안서를 보내야 한다는 것이다. 제목만 보고 절반도 읽지 않는 경우도 있다. 장황한 PPT 파일이나 복잡한 구성의 제안서는 절대 안 된다. 이메일로 제안할 때는 내 상품의 차별화 포인트 및 강점을 간단한 핵심 텍스트 및 사진 몇 장으로 어필하는 것이 더 좋다.

· 조금 더 알기 ·

입점 제안서 양식 예시 자료 다운로드 링크

네이버카페 유통노하우연구회 : https://cafe.naver.com/aweq123/4117

모바일 앱 공동구매

카카오스토리 채널 공동구매, 네이버밴드 공동구매가 하향 트렌드를 걷게 되면서 새롭게 부상한 공동구매 플랫폼이 바로 모바일 앱 공동구매이다. 이는 모바일 앱으로 온라인 쇼핑을 하는 데 대중화된 시대에 공동구매도 카카오스토리 채널, 네이버밴드에서 진화해 공동구매 전용 모바일 앱들이 속속 생겨났다. 카카오스토리 채널, 네이버밴드 공동구매의 경우 카카오와 네이버 내에서 이루어지는 플랫폼 서비스이다 보니 장기적인 안정성도 떨어지고 플랫폼의 트렌드에 따라 큰 영향을 받게 된다. 그래서 기존 공동구매 채널 운영자들이 본인만의 독자적인 공동구매 플랫폼을 만들게 되었는데 그 대표 주자가 바로 모바일 앱 공동구매이다. 카카오스토리 채널, 네이버밴드 공동구매 방식이 모바일 앱 안에서 이루어진다고 생각하면 된다.

많은 카카오스토리 채널, 네이버밴드 공동구매 운영자들이 공동구매 모바일 앱도 동시에 운영하고 있다. 이 모바일 앱 공동구

SNS 공동구매의 대세로 떠오른
모바일 앱 공동구매

※ 출처 : 미스할인

매 시장이 급속도로 성장하고 있으며 기존 카카오스토리 채널, 네이버밴드 공동구매 고객들을 빨아들이고 있다. 공동구매 앱은 플레이스토어나 앱스토어에서 다운로드를 받으면 된다.

모바일 앱 공동구매의 대표 업체인 '제이슨그룹' 같은 경우 '심쿵할인', '할인중독', '공구마켓'이라는 세 개의 공동구매 앱을 운영하는데 누적 다운로드 수 2000만을 훌쩍 넘기고 누계 거래액이 7000억 원을 돌파했다. 좋은 상품을 가지고 있는 제조·수입업체, 온라인 셀러들은 제이슨그룹이 운영하는 세 개의 공동구매 앱에 입점해 볼 것을 강력히 추천한다. 입점은 제이슨그룹 홈페이지의 온라인 입점 상담 코너를 이용하면 된다

모바일 앱 상품 및 공급 업체 ────

모바일 앱 공동구매가 카카오스토리 채널 공동구매와 네이버밴드 공동구매로부터 파생되었기 때문에 판매되는 상품은 기본적으로 카스 공동구매, 네이버밴드 공동구매와 매우 유사하다. 모바일 앱 운영자가 카스 채널, 밴드 공구도 같이 운영하는 경우가 많아서 상품들도 동일 상품이 진행되는 경우가 많다. 운영자들이 양쪽 시장을 꾸준히 모니터링하면서 실적이 좋은 상품들을 서로 런칭하고 있다. 각종 먹거리, 뷰티, 건강식품, 패션, 생활용품들이 주 품목인데 생활용품들의 경우 중국 수입 상품이 많다. 이런 이유로 상품 공급업체들도 카스 채널, 밴드 공구업체들과 거의 동일하다. 그러나

제이슨그룹같이 매출이 많이 나오는 업체들은 자체 PB 상품을 개발하고 있는데 매년 PB 상품 숫자가 늘어나고 있다.

수수료 및 정산 기간 ──

모바일 앱 상품의 수수료의 경우 20~30% 정도로 카스 채널, 밴드 공동구매와 비슷한데 푸시앱을 쏴주는 등 광고 구좌도 이용 시 3~10% 추가 수수료가 부과된다. 정산 기간은 업체별로 상이하지만 10~40일 정도이다. 영세한 모바일 앱 업체의 경우 부도가 나는 경우가 있으니 거래 시 주의를 요한다.

주요 공동구매 모바일 앱

모바일 앱	다운로드 수	비고
공구마켓	500만 회 이상	제이슨그룹이 함께 운영하는 공동구매 앱
심쿵할인	500만 회 이상	
할인중독	500만 회 이상	
올웨이즈	500만 회 이상	팀구매가 특징인 공동구매 앱, 거래액 1등
옐로우쇼핑	100만 회 이상	
미스할인	100만 회 이상	회원 등급제 및 팀구매 진행
할인타임	100만 회 이상	
봉순이마켓	100만 회 이상	40~60대 대상 상품 위주 공동구매

제이슨그룹 공동구매 앱 삼총사
(공구마켓, 할인중독, 심쿵할인) ——

전통적인 유통 대기업들 사이에서도 최근 꾸준한 성장으로 돌풍을 일으키고 있는 제이슨그룹은 차세대 공동구매 쇼핑 앱 '공구마켓'과 업계 최저가에 도전하는 '할인중독', 심장이 쿵 하는 놀라운 가격으로 승부하는 '심쿵할인'이라는 공동구매 특화 모바일 앱을 개발, 운영하고 있다.

공구마켓은 제이슨그룹에서 출시한 첫 모바일 쇼핑 앱으로 공동구매의 새로운 패러다임을 표방하며 탄탄한 소비자층을 보유하고 있다. '2019년 대한민국 미래경영대상'에서 쇼핑 앱 부문 대상을 수상했다. 소비자의 니즈에 맞는 질 좋은 상품 찾고 유통 단계를 최소한으로 줄여 소비자들이 더욱 합리적인 가격으로 구매할 수 있도록 소비자 최적화 쇼핑 서비스를 제공한다. 가장 잘 팔리는 상품을 월간·주간·일간 순위로 한눈에 볼 수 있는 베스트와 살림, 패션, 뷰티, 푸드 등 다양한 카테고리와 혜택이 가득한 이벤트 섹션으로 구성해 쇼핑의 즐거움을 극대화했다.

할인중독은 배우 오나라를 모델로 파격적인 최저가 보장제를 도입하면서 '2019년 대한민국 소비자 신뢰 대표브랜드 대상' 최저가 쇼핑 앱 부문 대상을 수상했다. 상당수의 마니아층을 보유한 앱으로서 인기의 비결은 질 좋은 상품을 합리적인 가격에 구매할 수 있다는 점이다. 생활 전반 모든 카테고리의 상품이 다 모여 있는 이

앱은 해당 분야의 전문 상품기획자(MD)가 매일 직접 선정해 늘 새로운 상품들로 구성된다. 또한 최저가 쇼핑 앱이라는 명성에 걸맞게 인터넷 최저가를 유지하도록 꾸준하게 노력하고 있다.

심쿵할인은 소비자들 사이에서 좋은 상품을 합리적인 가격으로 선보이는 쇼핑 앱으로 2018년 올해의 앱 모바일 커머스 부문에 선정됐다. 매일 엄선된 50여 건의 새로운 할인 상품이 등록되며, 인기 상품은 불과 2시간 만에 동이 나기도 한다. 심쿵할인 앱은 직관적인 UI와 다양한 섹션으로 사용자 편의를 최우선으로 한다. 또한 사내 부설 연구소에서 자체 개발한 발주·정산 솔루션과 결제 시스템으로 빠르고 정확한 발주와 간편한 결제가 특징이다. 최근 회원제를 도입하면서 다양한 회원가입 이벤트로 소비자들 사이에서는 계속 써야 하는 생필품을 심쿵할인에서 최저가로 구매하는 것이 제테크 팁으로까지 입소문이 났을 정도다.

제이슨그룹의 강점은 많은 유저가 사용하는 쇼핑 플랫폼뿐만이 아니다. 철저한 시장조사, 꼼꼼한 제품 검수와 더불어 경쟁사 가격조사 등을 통해 가성비 높은 제품을 자회사 어바웃굿즈를 통해 직접 제조한다. 건강기능식품, 가전, 리빙, 패션, 뷰티 등 다양한 PB 브랜드를 론칭해 발 빠르게 소비자들의 니즈를 충족시키고 있고 대기업과의 협업을 통해 제품 기획 능력까지 갖춘 것 또한 강점이다. CJ 헬스케어나 컬럼비아, 버팔로 등 인지도 높은 브랜드 라이선싱 제휴를 통해 그동안 브랜드가 기존 전개하지 않았던 분야를 분석해 독자적이고 품질이 검증된 제품을 만든다. 그리고 버티컬커머스 트렌드에 발맞춰서 다양한 라이브 방송 및 경매 방식 판매도 진행하고 있다.

꾸준한 PB 브랜드 론칭에도 아직까지 제이슨그룹 앱에는 파트너사의 제품들이 더 많다. 유통과 커머스를 비즈니스로 하는 사업체나 사람들을 만나다 보면 제이슨그룹이 운영하는 쇼핑 앱(공구마켓, 할인중독, 심쿵할인)에 입점하는 방법에 대해 심심치 않게 문의를 받는다.

제이슨그룹에 입점하는 방법은 홈페이지를 이용하는 것 단 한 가지 방법뿐이다. 제이슨그룹 홈페이지에 접속해 'Contact Us'를 클릭하면 'Business Proposal'이라는 텍스트 박스가 있다. 문의 선택 탭에서 '입점 문의'를 선택하고 회사명과 연락처 등을 적은 후 입점에 대해 문의를 남겨 놓으면 담당 MD가 확인 후 연락을 하는 구조이다.

매우 간단한 입점 문의 방법과 달리 입점하기까지는 제품 검수, 가격 책정, 배송 시스템 등 무척 까다로운 과정이 기다리고 있지만 제품과 가격, 배송에 대한 확신이 있다면 시도해 볼 가치가 있다. 제품과 가격에는 자신이 있지만 배송이 문제라면 제이슨그룹에서는 사입을 통한 직접 배송도 지원해주고 있다. 또한 파트너사의 원활한 자금 흐름을 위해 주정산 시스템 도입, 사진 촬영, 편집 등 전문인력을 동원한 상세페이지 제작지원까지 가능하다.

제이슨그룹 공동구매 입점 신청 화면

[SNS 공동구매 판매 노하우2]
인스타그램, 블로그, 카페

카카오스토리 채널 공동구매, 네이버밴드 공동구매가 붐을 이루면서 활성화되기 전까지 공동구매는 네이버카페 공동구매와 블로그 공동구매가 소규모이긴 하지만 공동구매 시장을 이끌었다. 카스·밴드 공동구매처럼 기업적으로 판매하는 게 아니고 카페 운영자나 블로그 운영자가 소규모로 카페 회원 및 블로그 이웃에게 알음알음 판매하는 구조였다. 카스·밴드 공동구매가 커지면서 카페 공동구매는 규모가 많이 작아졌지만 블로그 공동구매는 '블로그마켓'이라는 네이밍으로 새로 탄생하며 시장이 커지고 있다. 네이버에서도 블로그마켓을 적극적으로 지원하고 있기 때문에 앞으로도 많은 성장이 예상된다. 여기에 SNS 중에서 가장 핫한 인스타그램이 대유행하면서 인스타그램 공동구매도 크게 성장하고 있다.

인스타그램 공동구매(인스타마켓)

2025년 기준 가장 핫한 SNS를 뽑으라면 인스타그램이라 할 수 있을 것이다. SNS의 흐름을 살펴보면 페이스북 → 카카오스토리 채널 → 네이버 밴드 → 인스타그램, 이런 순서를 들 수 있을 것이다. 카카오스토리 채널, 네이버밴드, 페이스북은 이미 전성기를 지났고, 페이스북은 지금 들어가 보면 광고들로 도배가 되어 있다. 전성기를 지났다고 할지라도 카카오스토리 채널과 밴드는 아직도 공동구매 판매 매출이 크긴 하지만 내가 직접 만들어서 운영하기에는 광고 없이 키우기가 너무 어렵다. 광고를 해서 키우더라도 광고비 대비 효율을 생각하면 막막할 뿐이다.

페이스북은 판매에 적합하지 않은 SNS인 상황에서 인스타그램의

• 조금 더 알기 •
'인스타그램' SNS 특징

- 2030 젊은 층, 특히 여성이 주 사용자이다.
- 게시글에 상품 판매를 위한 링크를 걸 수 없다.(단, 광고에는 가능)
- 인스타그램 프로필에만 링크를 걸 수 있다.
- 타 SNS 대비 팔로워 도달율이 높다.
- 비즈니스 계정 운영이 가능하게 되어서 상품 판매, 기업 홍보가 가능하다.
- 유저의 참여율이 타 SNS 대비 높다.
- 해시태그(#)로 소통 및 검색한다.
- 사진 한 장으로도 손쉽게 감성 콘텐츠 작성을 할 수 있다.

경우 판매 링크를 넣는 서비스 프로그램도 많고 인플루언서의 영향력이 가장 크게 작용을 하는 SNS이다 보니 개인이 온라인 판매를 하는 데 있어서 가장 유리하다.

인스타그램 공동구매 시장은 보통 인스타마켓이라 불린다. 팔로워를 많이 보유한 인플루언서 위주로 판매가 활발히 진행되고 있다. 링크트리 같은 인스타그램 판매 지원프로그램이 있기 전에는 판매 링크를 넣기가 까다로워서 인스타마켓이 활성화가 되지 않았는데 지금은 상황이 180도 변했다.

인스타마켓 인기 판매 상품 ──

인스타그램은 의류, 액세서리, 육아, 화장품, 뷰티, 다이어트 관련 상품이 많이 판매되는데 인스타그램 주 사용층이 2030 여성 층이기 때문이다. 최근에는 다이어트, 건강과 연계된 농산물·수산물 등 신선식품도 판매가 늘고 있는 트렌드이다. 인스타그램이 이미지를 매우 중시하는 SNS이다 보니 비주얼이 중요한 상품의 경우 인스타그램 판매에서 큰 효과를 볼 수 있다.

인스타마켓 매출 우수 상품	- 실제 인플루언서 아이들이 사용하는 육아 아이템, 유기농 기저귀, 유기농 유아 로션 등 - 실제 사용하는 패션, 화장품, 액세서리 용품 등 - 먹음직스럽게 표현된 먹거리 등 - 요가, 필라테스 인플루언서 강사들이 판매하는 운동복, 다이어트 제 품 등 - 인스타 피드에서 인기가 많은 감성적으로 꾸며진 인테리어 소품 등

내가 운영하는 인스타그램 개인 계정에
팔로워를 모아서 판매 ———

인스타그램은 아직 광고비 없이 키울 수 있는 SNS이다. 나의 팔로워들을 모아서 판매를 할 때 유의할 점은 내 상품의 고객이 될 수 있는 팔로워들을 모아야 한다는 점이다. 가령 내가 다이어트 식품을 판매한다고 하면 다이어트에 관심이 있는 20~40대 여성들을 모아야지 관심이 없는 남성들을 모아서는 의미가 없다는 것이다. 다이어트에 관심이 있을 법한 여성들을 인스타그램 상에서 찾아서 팔로우, 좋아요, 댓글 등을 통해 소통해서 나의 팔로워로 만들어야 한다. 인스타그램 팔로워를 늘리는 방법은 유튜브나 네이버에서 검색하면 수많은 무료 자료들이 나오기 때문에 그것을 참고하면 된다. 절대 고가의 유료 강의를 들을 필요가 없다.

인스타마켓에서 판매할 때 본인의 스마트스토어나 개인 쇼핑몰, 블로그마켓 링크를 연동시켜서 판매하는 것이 일반적이다. 인스타그램 게시글 본문에는 링크를 넣을 수가 없기 때문에 프로필에 스마트스토어, 블로그마켓, 개인 쇼핑몰 등의 링크를 넣어서 판매를 한다. 여러 개의 링크를 넣으려면 링크트리 같은 유료, 무료 인스타그램 연동 서비스를 이용하면 된다.

연동 서비스가 나오기 전에는 주로 블로그마켓, 스마트스토어 링크 주소를 통해 판매했으나 최근에는 링크트리 같은 연동 서비스를 통해 판매하는 것이 트렌드가 되어가고 있다. 연동 서비스를 통하면 여러 개의 링크 주소를 넣을 수 있어서 여기에 판매하는 상품뿐만 아니라 본인 개인 브랜딩을 위한 홍보 및 다양한 추가 상품, 서비스를 알릴 수 있어서 갈수록 많이 사용되고 있다.

인스타그램 판매에 큰 도움이 되는 링크트리

※ 출처 : 인스타그램

판매용 콘텐츠들은 아무렇게나 올리는 게 아니고 기존에 인스타그램에서 잘 판매하고 있는 콘텐츠들을 참고해서 만들어야 한다.

기존에 잘 팔고 있는 인스타그램 유저들은 이미 어떤 형식의 콘텐츠가 고객들에게 어필하는지를 잘 알고 있다. 이들을 벤치마킹하는 데 있어서 사진보다는 동영상이 효과적이다. 인스타그램 검색창에 '공동구매'라는 해시태그로 검색을 하면 활성화된 인스타그램 유저들이 엄청나게 많이 나오니 이들 중에 벤치마킹할 대상을 선택하면 된다. 인스타그램에서 공동구매로 판매할 상품을 선정할 때 명심해야 할 것 한가지는 인스타그램의 타깃 층이 2030이라는 점이다. 다른 타깃 대상의 상품들은 판매하려고 노력해 보아도 효과가 적다는 점을 명심해야 한다.

인스타그램 판매를 하는 노출 로직은 두 가지가 있다. 첫 번째는 내 채널의 팔로워들에게 판매하는 방법과 해시태그를 검색하고 들어오는 사람들 대상으로 판매하는 방법이 있다. 매출이 어느 정도 나오려면 팔로워들에게 판매하는 방법이 일반적이다. 이 방법은 팔로워들 모으기가 쉽지 않지만 일정 수 이상의 팔로워를 모으면 안정적인 매출이 나온다. 두 번째 방법은 팔로워가 적어도 쉽게 판매할 수 있지만 끊임없이 해시태그에 대한 연구와 판매기법 그리고 많은 반복 작업의 노력이 필요하다. 물론 두 가지 방법을 병행하는 것이 좋다. 인스타그램 검색창에서 '인스타마켓'이라고 검색하면 많은 인스타마켓 판매자들을 볼 수 있다.

인스타마켓 상품 공급처 확보 ———

남들이 다 판매하는 상품을 온라인 일반 도매몰에서 소싱해 판매하는 경우 큰 매출을 기대할 수 없고 폐쇄몰 판매 전용 도매 사이트나 상품을 가지고 있는 제조, 유통 인맥들을 통해 공급받는 것이 좋다. 다른 판매자들이 많이 판매하지 않고 3만 원 이하 저렴하게 판매할 수 있는 상품을 소싱하는 것이 좋다. 매력적인 제조사 상품인데 인스타그램에서 전혀 판매되지 않는 상품이라면 진행했을 때 매출이 많이 나올 확률이 크다.

내가 어느 정도 팔로워들을 모아놓고 현재 인스타그램 공동구매를 진행하고 있다고 하면 힘들더라도 제조사와 직접 컨택해서 상품을 공급해달라고 설득하는 것이 가장 좋은 방법이다. 나 말고 다른 인스타그램에서 많이 판매되고 있는 상품이라면 진행 시 큰 매출을 올리기가 쉽지 않다. 1688, 알리바바 같은 중국 도매·무역 사이트에서 경쟁력 있는 상품을 수입해서 판매하는 것도 매우 좋다. 팔로워를 많이 모은 인플루언서라면 이 방법이 큰 매출을 올릴 수 있는 유용한 방법이다.

인스타마켓 운영 노하우 ———

팔로워가 적은 판매자라면 해시태그를 통한 검색판매에 집중하는 것이 좋다. 해시태그를 통한 검색 유입 판매는 팔로워를 노력해서 모을 필요가 없는데 이때는 상품을 잘 선정하는 것이 중요하다.

네이버 온라인 최저가 대비 저렴한 상품을 판매해야 승산이 있다. 이런 해시태그 유입 고객은 판매자에 대한 신뢰가 없어서 네이버 같은 가격비교 사이트에서 가격을 검색해 보고 구매할 확률이 높기 때문이다. 이런 판매 방식의 판매자들은 보통 가격에 자신이 있어

서 투박한 텍스트와 이미지로 판매를 하며 일반 인스타그램 인플루언서의 판매 게시글과는 차이가 있다.

그리고 인스타마켓에서 현재 잘 팔고 있는 상위 판매자들의 콘셉트, 카피라이팅, 게시글, 이미지 등을 벤치마킹하는 것은 필수이다. '공동구매', '인스타마켓', '블로그마켓'이라고 검색해서 나오는 게시글 중에 '인기' 게시물을 보고 이 중 댓글이 많이 달리고 호응이 좋은 인스타마켓들을 벤치마킹하라.

'인스타마켓' 검색 후
'인기' 게시물 벤치마킹

※ 출처 : 인스타그램

인스타그램 인플루언서 활용 판매 ────

인스타그램 개인 계정을 만들어 팔로워들을 모아 판매하는 방법의 경우 아무리 인스타그램 팔로워들을 모으는 게 쉽다고 할지라도 시간과 노력이 들어간다. 게다가 SNS에 익숙하지 않은 사람에게는

넘사벽이라고 느낄지도 모른다. 이럴 때 인스타그램 인플루언서들을 활용해서 판매하는 방법이 좋은 대안이 될 수 있다.

인스타그램에는 팔로워를 몇만, 몇십만 명을 보유한 유저들이 있는데 이들을 보통 인스타그램 인플루언서라고 한다. 이들은 어떤 상품에 대한 게시글 한 개만 올려도 그 상품의 매출을 확 끌어올리는 힘이 있는데 내가 직접 인스타그램을 운영하면서 판매하기 힘들 때 이들을 활용해서 판매하는 방법이 있다.

고전적인 방법은 인스타그램 상에서 이런 인플루언서들을 찾아서 이들에게 DM(다이렉트 메시지) 또는 프로필에 있는 이메일을 통해 상품 판매나 홍보를 부탁하는 것이다. 팔로워가 몇만, 몇십만 명 되는 인플루언서들에게는 하루에도 수많은 판매, 홍보 제안이 오기 때문에 답변을 받기가 쉽지는 않다. 차라리 팔로워 수는 일정 수준을 넘으면서 어느 정도 영향력 있는 몇천 단위 인플루언서를 수십 명 활용하는 게 더 유리할 수 있다.

보통 인플루언서를 통해 판매할 때 수수료는 기본 30% 이상으로 상당히 높으며 저단가 상품보다는 고단가 상품을 진행 시에 성사 확률이 높다. 수수료가 상당히 세기 때문에 차라리 상품공급 원가를 제안하고 판매가는 알아서 결정하라고 하는 방식이 더 좋을 수도 있다.

수고를 감수하며 직접 하나하나 접촉해서 인플루언서를 활용하는 방법도 있지만 비용을 들이더라도 이미 인스타그램 인플루언서들을 많이 확보한 SNS 공동구매 벤더에게 맡기는 것도 하나의 방법이다. 상품을 가진 제조사들은 직접 인스타그램을 키워서 판매하거나 인플루언서를 직접 접촉해서 판매하기보다는 전문 벤더를 활용해서 판매하는 경향이 강하다. 벤더 수수료는 보통 10~20% 정도 생각하면 되는데 이런 전문 벤더는 인스타그램 공동구매뿐만 아니라 카카오스토리 채널, 네이버밴드, 네이버카페, 블로그 공동구매도 같이 진행하니 참고하기 바란다.

블로그 공동구매(블로그마켓)

초보자가 정말 쉽게 접근할 수 있는 온라인마켓이라면 블로그, 인스타그램 판매를 들 수 있다. 지금도 수없이 많은 사람이 전업이든 부업이든 블로그, 인스타그램에서 판매를 하고 있다. 보통 투잡으로 하고 있는 분들은 사업자등록을 하지 않고 판매를 하는 경우가 대부분이다. 사업자등록을 하냐, 안 하냐는 온라인마켓에 뛰어드는 데 엄청난 진입장벽이다. 그래서 간단하게 블로

네이버 '포도즙 공동구매' 검색

※ 출처 : 네이버 블로그

538

그, 인스타그램에서 사업자등록 없이 부업으로 소소하게 판매를 하면서 어느 정도 판매가 되면 본격적으로 온라인 판매에 나서는 경우가 많다.

네이버에서 '상품명＋공동구매'라고 검색을 해 보면 수많은 블로그 공동구매 판매자들을 찾을 수 있는데 블로그 공동구매는 블로그마켓이라고 불린다. 네이버도 커머스 사업 확대를 위해 블로그마켓 판매자들을 적극 지원하고 있다.

블로그마켓 특징 ─────

블로그마켓은 운영과 관리가 쉽기 때문에 누구나 접근하기가 편하다는 것이 장점이다. 한 마디로 블로그만 있고 내가 올린 상품을 구매해줄 구매자만 있으면 언제든 쉽게 판매할 수 있다. 결제도 무통장입금으로 받을 수도 있고 블로그페이, 스룩페이 같은 간편 결제 시스템을 통해 신용카드로 받을 수도 있다.

간편 결제 시스템 계약 및 운영이 번거로우면 본인의 스마트스토어를 연결시켜서 판매하는 방법도 있다. 무통장으로 받든 신용카드로 받든 부가가치세, 소득세 같은 세금은 반드시 납부를 해야 한다. 무통장으로 받는 판매자 중에 세금 신고를 누락하는 경우가 많은데 이것은 엄연히 불법이고 적발 시 벌금이 부과된다는 점을 꼭 명심해야 한다.

블로그마켓은 오픈마켓, 스마트스토어와는 판매 방식이 다르다.

첫 번째 판매 타깃은 본인의 블로그 이웃들이고, 두 번째 판매 타깃은 검색해서 나의 블로그로 들어온 사람들이다. 오픈마켓, 스마트스토어는 가격경쟁력 및 상품경쟁력이 중요한 반면에 블로그마켓은 판매자가 누구인지가 판매에 큰 영향을 끼친다. 일반적인 오픈몰에서는 판매자가 누구인지는 신경을 별로 안 쓰는데 비해 블로그마켓은 블로그를 운영하는 판매자가 어떤 사람인지를 보면서 구매를 결정하게 된다.

블로그마켓은 사람 냄새가 진하게 나기 때문에 이를 잘 활용하면 가격경쟁력이나 상품경쟁력이 일부 떨어져도 블로그마켓 운영자에 호감을 가지고 있는 방문자가 있다면 구매가 일어난다. 실제로 블로그마켓에서 판매되는 상품들의 가격을 보면 네이버에서 검색 시 온라인 최저가 보다 비싼 경우를 가끔 찾아볼 수 있다. 내가 가진 상품이 가격경쟁력이 없는 경우는 블로그마켓 판매가 일반 오픈몰에서 판매하는 것보다 유리할 수 있다.

블로그마켓에서 구매하는 고객들은 보통 네이버 등 검색 포털사이트에서 구매하려는 상품의 키워드를 검색해서 유입된다. 하지만 이렇게 키워드로 유입되는 고객들을 만들려면 내 블로그의 노출지수가 어느 정도 높아서 키워드들을 상위에 노출시킬 수 있는 힘이 있어야 한다. 바로 블로그를 만들게 되면 상위 노출이 어렵기 때문에 꾸준히 블로그를 운영해 블로그 지수가 어느 정도 쌓인 다음에야 키워드 상위 노출에 의한 유입 고객을 만들 수 있다. 초보 블로그라면 키워드 상위 노출 고객 유입보다는 블로그 이웃들을 통해 판매하는 것이 유리하다. 물론 블로그 이웃들을 통해 판매하면서 지속적으로 게시글을 올려 블로그 지수를 높이는 작업은 필수이다. 오픈몰에서 판매할 때 광고비, 홍보비에 대한 부담이 높은데 블로그 마켓 같은 SNS 마켓에서는 이런 부담이 적다는 것이 큰 강점이다.

블로그 이웃들을 통한 판매는 판매자인 나에 대한 친근감과 호감도가 높아서 구매전환율이 5~15% 정도로 일반 쇼핑몰 전환율(1~3%) 대비 몇 배는 높다. 특히 농산물, 수산물 등 신선식품을 판매하는 경우는 오픈몰 운영 대비 더 좋은 매출을 올리는 경우도 매우 많다. 판매하고 있는 상품의 키워드를 검색해서 들어온 고객들은 보

일반적인 블로그마켓 결제 관련 예

[공동구매] 오슬로 에어프라이어 10L /오븐+토스터+에어프라이어가 한번에! 로티세리도 가능해요!

■공구링크: https://hott_kr/213109

■공구기간: 1/25 - 1/29 (5일간)
■구매방법: 프로필상의 링크 클릭, 회원가입 X
■제품구성: 오슬로 에어프라이어 10L (아이보리, 그린)
■제품배송: 설연휴로인해 2/3일 순차배송예정

링크를 클릭하면
간편 결제 서비스, 자사몰,
스마트스토어 등으로 넘어간다

※ 출처 : 네이버 블로그

통 해당 제품에 대한 정보를 이미 알고 있고 구매 후기도 검색해서 좋다는 것은 인지하고 있기 때문에 그다음 단계는 판매자가 어떤 사람인지 그리고 결제, 배송, 반품 등은 어떤지를 보면서 구매를 결정하게 된다. 그래서 블로그마켓 판매글에 결제, 배송, 반품 등에 대한 내용을 정확히 표현해야 한다. 무통장입금만 받는 경우는 신용카드 결제가 되는 경우보다는 판매가 떨어질 수밖에 없다. 그래서 스마트스토어 링크를 연결하거나 간편 결제 서비스(스룩페이, 블로그페이 등)를 연결하는 경우가 많다.

블로그마켓 인기 카테고리 ─────

블로그마켓에서 특히 잘 팔리는 상품군은 패션, 뷰티 및 유아관련 상품 카테고리이다. 그리고 신선식품을 포함한 각종 먹거리 상품이 인기가 높아지고 있다. 그 외에 해외 브랜드 구매대행 상품 및 인테리어 관련 상품들도 인기가 높다. 너무 잡다한 카테고리를 판매하면 좋지 않고 어느 정도 연관성이 있는 카테고리를 판매하는 것이 좋다. 내가 고객 입장이라고 생각해 봤을 때 해당 블로그마켓이 전문성이 없이 잡다한 상품들을 판매한다고 하면 구매를 하기가 쉽지 않을 것이다.

블로그마켓 상품 공급처 확보 ─────

초보 판매자에게 있어서 블로그마켓에서 판매할 상품 소싱이 가장 큰 문제일 것이다. 상품은 다양한 루트로 확보할 수 있는데 손쉽게 위탁배송 도매몰에서 받을 수도 있고 상품을 가진 아는 인맥을 통해서 확보할 수도 있다. 위탁배송 도매몰에서 상품을 얻는 경우 사입 부담도 없고 배송 관련해서도 편리하나 상품경쟁력이 많이 떨어져서 판매가 잘 안 되는 경우가 많다. 그래서 내가 블로그 이웃들이 어느 정도 있다고 하면 제조사, 수입사나 총판과 네고를 통해 상품을 공급받는 방법이 가장 좋다. 또한 1688, 알리바바 같은 중국 도매·무역 사이트에서 소량 수입해서 판매하는 방법도 매우 좋다.

또 하나의 상품 공급 추천 루트는 온라인 판매, 유통 관련 커뮤니티를 활용하는 방법이다. 네이버카페 유통노하우연구회 같은 유통 카페나 유통 관련 네이버밴드, 오픈채팅방에서 활동하면 대형 온라인 도매몰에서는 볼 수 없는 상품들을 공급하는 판매자들을 많이 만날 수 있다. 사입 조건이 아닌 위탁판매 조건으로도 상품을 공급받을 수 있으니 이런 루트를 잘 활용하는 것도 좋다. 여기서 나와 궁합이 맞는 우수한 상품을 찾을 수 있고 판매자와의 네고에 따라 얼마든지 좋은 조건으로 공급받을 수 있다.

블로그마켓 운영 노하우 ──

초보자가 처음 블로그마켓을 운영할 때 꼭 해야 할 일은 상위 블로그마켓 판매자들을 벤치마킹하는 것이다. 제목, 판매글, 이미지, 판매 방식 하나하나에 따라 매출에 큰 차이가 있다. 상위 판매자들은 수많은 판매 경험을 통해 고객들에게 잘 어필할 수 있는 온라인 판매 방법을 계속 개선해온 경우가 많기 때문에 이런 상위 판매자들을 처음에는 벤치마킹하고 나만의 판매 노하우를 접목시켜야 한다. 상위 판매자들은 보통 댓글, 공감이 많이 달리고 판매 페이지만 봐도 범상치 않다. 이들의 전체적인 블로그 콘셉트부터 카피라이팅, 상품, 가격, 표현 방식들을 철저히 벤치마킹해서 나만의 차별화된 블로그마켓을 만들어야 한다.

블로그마켓 인플루언서 운영자에게
상품을 공급해 판매하는 방법 ──

내가 경쟁력 있는 좋은 상품을 가지고 있다면 현재 잘 판매하고 있는 블로그마켓 운영자에게 상품을 공급해 판매하는 방법도 있다. 블로그마켓 운영자에게 메일, 쪽지, 댓글로 상품 제안을 하면 된다. 블로그 주소 가장 뒤에 있는 아이디를 확인 후 '아이디@naver.com'으로 메일을 보내면 되고, 네이버 쪽지를 보내도 된다. 가령 블로그 주소가 'https://blog.naver.com/iam232210'이라면 이 블로그 운영자의 이메일주소는 'iam232210@naver.com'이다.

블로그 이웃이 많고 공동구매 진행 시 댓글이 많이 달리는 운영자들은 제안을 해도 성사될 확률이 높지는 않다. 일반적으로 블로그마켓 운영자에게 주는 수수료는 20~30% 정도인데 판매 수수료로 하지 않고 공급가만 주고 판매가는 운영자가 알아서 결정하는 경우도 있다. 건건이 블로그마켓 운영자와 접촉해 상품을 공급하는 것이 번거롭다고 하면 SNS 공동구매 벤더업체에게 상품을 공급하는 것도 하나의 방법이다. 이런 벤더들은 매출이 잘 나오는 블로그마켓 운영자들을 많이 알고 있어서 내가 직접 운영자에게 제안하는 것보다 공동구매 진행 확률이 훨씬 높다. 벤더 수수료는 10~20% 정도 생각하면 되는데 이런 벤더들은 유통·온라인 판매 관련 네이버카페나 유통·온라인 판매 관련 오픈채팅방이나 네이버밴드에서 찾을 수 있다.

· 조금 더 알기 ·

SNS 공동구매 벤더들의 주요 판매 채널

- 카카오스토리 채널 공동구매   - 네이버밴드 공동구매
- 모바일 앱 공동구매   - 인스타마켓
- 블로그마켓   - 네이버카페 공동구매
- 카카오 톡스토어

카페 공동구매

카카오스토리 채널, 네이버밴드 공동구매가 활성화되기 전까지 언더그라운드 공동구매의 1인자는 네이버 커뮤니티 카페 공동구매였다. 네이버에는 주제별로 많은 커뮤니티 카페들이 존재한다. 가령 지역 엄마들이 모인 지역맘카페, 특정 자동차 동호회 회원들이

모인 자동차카페, 캠핑인들이 모인 캠핑카페 등 주제별로 다양한 카페들이 있는데 이런 카페 중 카페 회원들 대상으로 공동구매를 진행하는 경우가 많다.

공동구매가 가장 활성화된 카페는 왕성한 구매력을 자랑하는 20~40대 주부들이 모인 지역 맘카페(일산맘, 목포맘 등)인데 주부들을 대상으로 한 공동구매가 자주 이루어진다. 그리고 카테고리별 마니아들이 모인 동호인 카페들에서도 카페 주제와 관련된 상품들의 공동구매가 이루어진다. 가령 자동차 동호회 카페에서는 자동차 관련 용품, 캠핑 카페에서는 캠핑용품, 뷰티 관련 카페에서는 뷰티용품 등 카페 주제와 관련된 상품들의 공동구매가 이루어진다.

이런 공동구매가 진행되는 카페는 보통 카테고리의 대형 카페들인데 여기서는 판매뿐만 아니라 업체 홍보도 이루어진다. 일정 금액의 비용을 내고 카페 내에서 배너 광고를 하든지 게시판을 할당받아서 상품 홍보도 가능하다. 가령 내가 캠핑용품을 취급한다고 하면 수십만 명의 캠핑 동호인들이 모인 캠핑카페에서 내 상품 홍보를 하고 판매를 하면 좋지 않겠는가? 게다가 이들 카페에 모인 회원들은 정확히 내 상품에 맞는 타깃들이기 때문에 판매 효율도 높다. 그리고 주부 대상 상품들은 식품, 비식품 가릴 거 없이 엄마들이 모여 있는 맘카페에서 판매가 된다.

공동구매가 진행되는 대형 카페의 운영자는 보통 일반 개인이 아닌 회사가 운영하는 경우가 많으며 카카오스토리 채널, 네이버 밴드, 모바일 앱 등도 같이 운영하는 경우가 많다. 최근 네이버 대형 카페 활용 트렌드는 굳이 카페 내에서 상품의 공동구매를 진행하지 않고 상품 체험단, 이벤트 등을 통해 내 상품의 타깃에 맞는 수만, 수십만 명의 카페 회원들에게 노출시켜서 홍보하고 자사몰 또는 온라인 쇼핑몰에서 구매하게 하는 방식으로 바뀌어 가고 있다. 특히 신규 브랜드라면 수십만 명 이상이 모인 동호회 카페에서 상업성이 강한 공동구매 대신에 이벤트나 체험단 등을 진행하게 되면 자연스럽게 타깃 고객들에게 나의 상품을 홍보하는 효과도 기대해 볼 수 있다.

공동구매가 활발히 이루어지는 전국 단위 맘카페 '지후맘의 임산부모여라'

※ 출처 : 네이버카페 지후맘의 임산부모여라

공동구매 카페 찾는 방법 ───

공동구매 카페를 찾는 방법은 내가 취급하는 상품의 키워드로 네이버카페 영역에서 조회하면 되는데 만약 내가 자동차용품을 취급한다고 하면 '자동차', '소나타', 'K5' 등 자동차 관련 키워드로 조회해서 나오는 카페들 중에 회원 수가 많고 게시판에 글이 많이 올라오는 활성화된 카페들을 선택해서 공동구매가 진행되는지 확인을 하면 된다. 뷰티 상품을 취급한다고 하면 '화장품', '뷰티' 키워드로 검색하면 된다. 농산물, 수산물의 경우도 공동구매 네이버카페들이 많이 있으며 특히 주부 대상 상품들의 공동구매 카페들은 조금만 검색해 보면 쉽게 찾을 수 있다.

카페 내에서 공동구매를 진행하지 않고 이들이 운영하는 네이버 밴드나 모바일 앱, 카카오스토리 채널에서 공동구매를 한다고 하는 경우도 있는데 이런 안내는 보통 카페의 배너 홍보에 나와 있다.

입점 방법 및 조건 ———

공동구매하는 카페를 찾았으면 보통 카페 왼쪽 하단에 운영자의 회사가 표시되어 있는데 전화나 이메일을 통해 연락하면 된다. 만약 카페 왼쪽 하단에 운영자에 대한 정보가 없을 때에는 운영자에게 쪽지나 메일을 보내서 연락하면 된다. 입점 조건은 보통 판매된 매출액에 대해 일정 %의 수수료를 지급하는 조건이든지 아니면 매출에 상관없이 일정액의 입점비를 내고 진행하는 방식이다.

보통 수수료 조건이라고 하면 20~30%를 생각하면 된다. 단, 매출 효율이 형편 없는 카페들도 있는데 특히 입점비 방식으로 진행되는 카페들은 위험 부담이 있으니 주의해야 한다. 판매 방식은 보통 카페 운영자가 상품을 사입해 판매하는 방식이 아니고 카페 회원들이 주문하면 내가 배송해주는 위탁판매 방식이다.

주요 공동구매 및 직거래 진행 네이버카페 ——

네이버에는 많은 네이버카페가 있지만 공동구매를 진행하고 있는 네이버카페의 수는 많지가 않다. 맘카페나 특정 카테고리 동호인이 모여 있는 카페에서 주로 공동구매가 이루어진다

공동구매, 직거래가 이루어지는 네이버카페

농산물	농라 http://cafe.naver.com/tlsxh
가공식품 및 신선식품	농라마트 https://cafe.naver.com/nonglamart
주방용품	예카 http://cafe.naver.com/mjann
주부용품	지후맘의 임산부 모여라 http://cafe.naver.com/1msanbu
캠핑용품	초캠장터 http://cafe.naver.com/chocammall
자동차용품	클럽벤츠 https://cafe.naver.com/nfsclub12

카페 공동구매 전문 벤더 활용 판매 ——

카페 공동구매 운영자들이 공동구매 시스템을 잘 모르는 초보 판매자들의 입점을 반기지 않는 경향이 많다. 그래서 여러 카페에 입점 제안을 하더라도 거부당하는 경우에는 카페 공동구매 전문 벤더를 활용하는 방법을 추천한다. 이들 카페 공동구매 전문 벤더들은 카페 공동구매 운영진들과 친분이 있기 때문에 이들을 통하면 공동

구매 진행 확률이 높아진다.

벤더 수수료는 10~20% 정도 생각하면 되는데 이런 벤더들은 유통, 온라인 판매 관련 네이버카페나 유통, 온라인 판매 관련 오픈채팅방이나 네이버밴드에서 찾을 수 있다. 이런 벤더들은 카페 공동구매뿐만 아니라 블로그마켓, 인스타마켓, 앱 공동구매 모두 진행을 하기 때문에 요청하면 다른 공동구매 채널도 추가로 진행이 가능하다.

최소 노력, 최대 효과
멀티 채널 판매 전략

온라인 유통을 하는 사람들 중에 네이버쇼핑, 쿠팡 등 특정 쇼핑몰만 하는 경우가 있다. 그냥 네이버쇼핑과 쿠팡이 매출도 잘 나오고 주변에서 좋다고 하니 다른 온라인 채널에 관심을 기울이지 않는다. 그러나 이렇게 특정 플랫폼에 몰빵하는 구조로 가다가는 나중에 사업에 큰 위기가 올 수 있다.

가령 네이버쇼핑이나 쿠팡에서 로직을 변경하거나 해당 플랫폼이 하향 트렌드로 가면 내 사업도 흔들릴 수 있다. 필자 주위에도 쿠팡, 네이버쇼핑에 매출의 90% 이상 나오다가 해당 플랫폼의 노출 로직 변경으로 매출이 급감해 힘든 시간을 보내고 있는 사장님들이 많이 있다. 그렇기 때문에 특정 플랫폼에만 몰빵하지 않고 다양한 채널로 확장하는 것이 필요하다.

보통 타 채널에 대한 공부를 하기 싫고 시간도 없고 귀찮기 때문에 안 하는 경우가 대부분이다. 이번 챕터에서는 사업의 안정화를 위해 꼭 필요한 멀태 채널 전략에 대해 알아보도록 하자.

쇼핑몰 통합관리 솔루션

오픈마켓, 쿠팡, 전문몰, 종합몰, 스마트스토어 등 다양한 쇼핑몰에 입점해서 판매를 할 때 가장 큰 문제 중의 하나는 바로 관리의 문제이다. 수많은 쇼핑몰에 일일이 로그인하고 주문을 확인하고 송장을 입력하고 상품을 등록하고 고객CS를 한다는 것이 쉬운 일이 아니다. 매출이 커지고 입점한 쇼핑몰이 많아질수록 필요해지는 직원의 숫자는 늘어날 수밖에 없다. IT에 익숙하지 않은 4050 어느 정도 나이드신 사장님들의 경우 이런 문제 때문에 쿠팡, 네이버쇼핑만 하는 경우가 많다.

그러나 쇼핑몰 통합관리 솔루션을 사용하면 최소의 직원으로도 수많은 입점 쇼핑몰, 고객CS 처리가 가능하다. 쇼핑몰 통합관리 솔루션은 여러 쇼핑몰에 분산되어 있는 상품, 주문, CS의 데이터를 자동으로 한 곳에 취합해서 관리할 수 있게 해주는 솔루션이다. 솔루션을 사용하게 되면 판매자는 시간 절약 및 인력 절감의 효과를 얻게 되며 이런 단순 작업 대신에 다른 마케팅이나 영업 활동에 집중할 수 있어서 더 많은 수익을 얻을 수 있다.

플레이오토, 샵플링, 사방넷, 이셀러스 등 다양한 쇼핑몰 통합관리 솔루션이 시중에 나와 있으며 단순 상품 관리, 주문 관리, CS 관리뿐만 아니라 통계 관리, 재고 관리, 마케팅 지원, 판매 대행 등의 기능도 지원해주는 솔루션들도 있으니 각 업체별로 하나하나 알아보고 본인에게 맞는 쇼핑몰 통합관리 솔루션을 선택하면 된다.

기능이 많다고 좋은 것도 아니고 적다고 나쁜 것도 아니다. 보통 기능이 많으면 가격이 올라가는데 나의 수준에서는 단순 상품 관리, 주문 관리, CS 관리만 필요한 경우 가격이 비싸고 기능이 많은 것은 전혀 도움이 되지 않는다. 멀티 채널 전략을 하는 데 있어서 쇼핑몰 통합관리 솔루션은 선택이 아니고 필수다.

재택 알바 활용

쇼핑몰 운영을 할 때 고비용이 드는 정직원이 부담스러울 때가 많다. 특히 단순 작업을 하는데 출퇴근을 시키며 4대보험, 퇴직금을 해줘야 하는 정직원을 굳이 쓸 필요가 없다. 재택 직원을 통해서도 충분히 효율적인 업무 수행이 가능하다. 10년 전만 해도 온라인 쇼핑몰 관리를 할 줄 아는 알바 재택 직원을 구하기가 힘들었으나 코로나19 전후 불어닥친 온라인 쇼핑몰 창업 열풍으로 인해 지금은 손쉽게 구할 수 있다.

재택 알바를 구할 때는 당연히 온라인 쇼핑몰 관리 경험이 있는 직원을 채용해야 한다. 온라인 쇼핑몰에 대해 아무 것도 모르는 사람을 뽑아서 가르친다는 것은 너무나 비효율적이다. 알바몬, 사람인 같은 알바 사이트나 셀러오션 같은 쇼핑몰 커뮤니티에 부업을 구하는 재택 알바들이 많이 있다. 여기에 모집 공고를 내고 전화 인터뷰를 통해 체크한 후 고용하면 된다. 재택 알바로서 젊은 미혼의 20대보다는 어느 정도 책임감이 있는 30대 기혼 경단녀들이 인기가 많다. 책임감 있게 일하는 사람을 뽑으려면 시급을 시장가보다 조금 높게 책정하는 것을 추천한다.

쇼핑몰 경험 있는 재택 알바를 손쉽게 구할 수 있는 구인구직 사이트

※ 출처 : 알바몬

셀러허브, 멸치쇼핑 활용 여러 쇼핑몰 등록

셀러허브는 입점형 쇼핑몰 통합관리 솔루션이라고 하는데 1인 기업 또는 소규모 온라인 유통 판매자들이 이용하면 좋은 솔루션이다. 플레이오토, 샵플링 같은 일반적인 쇼핑몰 통합관리 솔루션 기

능은 비슷하면서도 한 가지 큰 차이점이 있는데 바로 20여 개의 쇼핑몰에 입점을 시켜준다는 것이다. 그래서 셀러허브에 상품을 등록하면 셀러허브가 제휴한 20여 개의 오픈마켓, 종합몰, 전문몰에서 판매를 할 수 있다. 게다가 셀러허브 MD들이 해당 쇼핑몰과 커뮤니케이션해 특가전, 기획전 등에 참가도 할 수 있다.

1인 셀러, 소규모 판매자에게 도움이 되는 셀러허브

※ 출처 : 셀러허브

　1인 셀러 같은 경우 알바 한 명을 쓰기도 힘든 경우가 많은데 셀러허브를 이용하면 혼자서도 수십 개의 쇼핑몰에서 판매 및 관리를 하는 것이 가능하다. 단, 판매자 개인 계정으로 입점하는 것이 아니고 셀러 허브 계정으로 입점을 해야 한다는 것을 명심해야 한다. 이용료는 가입 등급별로 다른데 월 서비스 이용료 5만 5,000원(부가세 포함)에 가입 등급별 이용료가 별도로 들어간다. 본인의 상황에 맞는 등급을 선택해 운영하면 된다. 수수료가 높다고 생각할 수 있으나 통합관리 솔루션 이용 및 종합몰, 전문몰 수수료 및 쇼핑몰 MD 들과의 커뮤니케이션을 통해 각종 행사에 참가할 수 있다는 점을 감안하면 그렇게 비싸다고도 할 수 없다.

멸치쇼핑은 G마켓, 옥션, 11번가 같은 오픈마켓인데 규모는 작은 중소형 오픈마켓이다. 그러나 멸치쇼핑은 일반적인 오픈마켓과는 큰 차이점이 하나 있다. 멸치쇼핑에 상품을 등록하면 멸치쇼핑이 자체 계정을 통해 제휴한 오픈마켓, 종합몰, 전문몰에 입점을 시켜 준다는 점이다. 셀러허브처럼 멸치쇼핑도 쇼핑몰 통합관리 솔루션 기능도 제공해준다. 그리고 마케팅 지원도 해주는데 멸치쇼핑 자체 마케팅 비용으로 입점한 쇼핑몰에 쿠폰 행사도 진행시켜 준다. 마케팅 지원을 받는 경우 멸치쇼핑 자체 내에서 매출은 높지 않을 수 있으나 제휴 쇼핑몰에서 큰 매출이 발생하는 경우가 많다. 1인, 소규모 판매자가 이용하면 큰 도움을 받을 수 있다.

멀티 채널 전략 핵심 포인트

멀티 채널 전략을 쓸 때 핵심 포인트는 최소의 노력을 들여 최대의 효과를 봐야 한다는 것이다. 여러 채널 관리를 하는 데는 많은 시간, 노력이 필요하다. 일단 위에서 알아본 솔루션 및 재택 알바를 통해 인건비 및 노력을 줄이고 각 채널에 맞는 전략을 효율적으로 세워서 운영을 해야 한다.

(1) **스마트스토어**

스마트스토어는 온라인에서 유통 판매를 시작할 때 가장 중요한 채널 중 하나로 수수료가 가장 적고 네이버쇼핑에서 가장 잘 노출되어 집중적인 관리가 필요하다. 광고, 마케팅도 가능하다고 하면 적극 진행해야 한다. 네이버쇼핑에서 대표 키워드 1페이지 상위 4등 안에 들어가면 지속적인 매출이 발생할 수 있으니 적극 공략해야 한다. 원쁠딜, 기획전 같은 이벤트도 가능하면 참가해야 한다.

(2) **쿠팡**

쿠팡은 국내 1등 쇼핑몰이기 때문에 당연히 집중해야 할 채널이다. 마켓플레이스, 로켓배송, 로켓그로스 어느 방식으로 진행할지 결정하고 광고, 마케팅도 적극적으로 진행해야 한다. 쿠팡의 무료 프로모션을 적극 활용하고 아이템위너 판매도 검토하는 것이 좋다.

(3) **오픈마켓**(G마켓, 옥션, 11번가, 롯데ON)

오픈마켓들은 네이버쇼핑, 쿠팡에 밀려 예전의 파워는 많이 잃어버렸다. 그러나 아직도 온라인 유통에서는 어느 정도 힘이 있는 유통 채널이다. 일단 상품 등록은 다 해놓고 광고를 진행할지를 결정해야 하는데 광고 효율을 생각하며 진행해야 한다. 그리고 MD와의 커뮤니케이션을 통해 특가딜, 기획전 진행을 항상 시도해야 한다. 이런 행사 매출이 일반 매출의 몇십 배, 몇백 배 더 나올 수 있다.

⑷ 종합몰, 전문몰

종합몰, 전문몰은 MD의 파워가 강하다. 상품 노출, 행사 진행, 수수료 결정 등에 있어서 MD의 영향력이 절대적이다. 그래서 단순히 입점만 해서는 매출이 나오지 않는다. 이 채널도 MD와의 커뮤니케이션이 핵심인데 각종 행사, 기획전에 적극 참여해야 매출이 나온다. MD와의 교류가 없으면 단순 상품 등록으로 소소한 매출만 기대해 볼 수 있다. 수단, 방법 가리지 말고 MD와의 적극적으로 커뮤니케이션 해야 한다.

⑸ 모바일 앱, SNS 공동구매 채널

가격이 노출되지 않는 폐쇄몰 개념의 모바일 앱, SNS 공동구매 채널도 잘만 하면 매출에 큰 도움이 되는 채널이다. 그러나 1인 판매자, 소규모 판매자의 경우 오픈몰을 운영하기도 벅찬데 폐쇄몰까지 하는 것은 힘에 부칠 수 있다. 그래서 정말 매출이 많이 나올 수 있는 올웨이즈, 할인중독, 심쿵할인, 공구마켓 같은 모바일 앱 공동구매 채널은 직접 하고 나머지 채널들은 실력 있는 공동구매 벤더를 통해 판매하는 것이 좋다. 공동구매 벤더의 경우 자금 사정이 좋지 않은 경우가 많아서 나중에 금전적인 사고도 많기 때문에 계약을 하기 전에 믿을 만한 업체인지 꼭 확인하고 진행해야 한다.

온라인 네트워킹을 활용한 실전 온라인 판매 전략

모든 비즈니스에 있어서 인맥 및 최신 실전 정보는 매우 중요하다. 오프라인 유통뿐만 아니라 온라인 유통의 경우도 인맥 및 최신 실전 정보가 미치는 영향은 상당하다. 초보 판매자 시절이야 인맥이고 뭐고 일단 혼자서 열심히 노력해 온라인 유통 판매의 기초를 닦아야 하지만 초보 판매자를 탈출하게 되면 좋은 상품도 소싱해야 하고, 내 상품을 판매할 도매·대리점 라인도 확보해야 하고, 온라인마켓 특가딜이나 기획전을 잡기 위해 해당 MD들과의 커뮤니케이션이 중요하게 된다.

또한 최신 실전 온라인 유통 정보들을 습득할 필요가 있는데 이런 돈이 되는 실전 정보들은 책, 교육, 강의에서는 배울 수 없는 경우가 대부분이고 현업에서 활동하고 있는 인맥에게서 나오는 경우가 많다. 초보 판매자가 현업에서 통할 수 있는 실전 온라인 판매 정보, 노하우에 관해서 가장 많이 배울 수 있는 방법이 무엇일까? 바로 온라인 판매 파워셀러나 현재 온라인 판매를 하고 있는 동료들 그리고 온라인 유통 관련 서비스를 제공하고 있는 마케팅, 광고, 디자인, 벤더업체들에게서 가장 많이 배울 수 있다.

초보자의 경우 아는 인맥도 없고 어떻게 인맥을 만들어야 할지도 모르기 때문에 발전이 더디다. 예전 오프라인 시대에는 인맥을 만들고 활용하기가 정말 어려웠지만 요즘은 온라인을 통해서 쉽게 인맥 및 커뮤니티를 구축할 수 있다. 가장 손쉽게 온라인 판매 관련 카카오 오픈채팅방을 만들어서 해당 오픈채팅방 링크를 각종 커뮤니티에 뿌리기만 해도 관련 인맥들을 카카오 오픈채팅방으로 모을 수 있다.

당신이 건강용품을 판매하고 있는데 상품이 잘 팔리는 회원제 약국몰에 입점하고 싶다고 치자. 그때 약국몰에 기존에 입점해 있는 사람들 또는 약국몰을 잘 아는 사람을 알고 있다면 얼마나 도움이 될까? 유통, 온라인 판매 관련 네이버카페, 네이버 밴드, 카카오 오픈채팅방 등에 가면 분명히 이런 인맥을 만들 수 있다. 온라인이기 때문에 숫기가 없어도 전혀 문제가 없다. 숫기가 없어서 사람을 잘못 만나도 온라인에서는 글만 쓰면 된다. 그래서 이런 온라인 커뮤니티가 활성화되는 것이다.

여기서는 많은 최신 실전 정보와 노하우가 오고가는데 여기서 좋은 상품을 소싱할 수 있고, 내 상품을 도매로 대량으로 판매할 수도 있고, 나를 도와줄 수 있는 든든한 인맥도 만들 수도 있다. 필자도 수없이 많은 커뮤니티에 가입되어 있는데 여기서 현업에서 활동하는 실전 전문가들로부터 책, 교육, 강의에서는 배울 수 없는 최신 정보, 노하우를 얻고 있다. 이 교재에도 이런 좋은 인맥에게서 배운 정보, 노하우들이 많이 담겨 있다.

진정한 서로 도움이 되는 인맥을 만들려면 온라인상에서만 친해서는 한계가 있다. 오프라인에서 만나야 인맥의 깊이가 매우 깊어지는데 귀찮지만 한 번 같이 만나서 커피 또는 저녁 식사를 하면 그 사람은 평생지기가 될 수도 있다. 마음이 통하는 인맥을 만나면 그 사람이 나의 사업에 엄청난 도움을 줄 수 있고 나도 그 사람에게 도움을 주면서 서로 돈이 되는 좋은 관계 구축이 가능하다.

특히 온라인 유통을 하는 입장에서는 역시 상품을 공급해줄 공급자와 내 상품을 구매해줄 구매자를 만나는 게 특히 중요할 텐데 이런 온·오프라인 커뮤니티에서 쉽게 찾을 수 있다. 이런 인맥을 잘 만나면 나의 매출은 10~100배 늘어나는 것도 가능하다. 만약 아는 인맥이 종합몰 MD를 잘 알아서 나를 소개시켜 준다면? 그리고 그 MD를 통해 특가딜, 기획전 등 각종 이벤트의 좋은 구좌에 꾸준히 내 상품이 노출되게 된다면 어떨까? 나의 매출은 비약적으로 올라갈 수 있다.

수많은 커뮤니티에 가입해서 활동하는 게 힘들고 귀찮지 않냐 할 텐데 가입만 하고 눈으로만 보고 활동은 하지 않는 것은 나의 선택이다. 정말 필요한 경우에만 활동하면 된다. 필자도 수백 개의 카페, 오픈채팅방, 네이버밴드에 가입되어 있지만 대부분이 활동 없이 정보만 보는 편이다. 요새는 실시간으로 피드백이 빠른 카카오 오픈채팅방이 가장 활성화가 잘 되어 있고 각종 최신 실전 정보와 노하우 그리고 상품 소싱 및 상품 판매에서 큰 도움을 받을 수 있다.

우리가 상품 소싱 및 도소매 판매자 모집을 생각하면 보통 도매시장이나 온라인 도매 사이트를 생각하지만 이런 온·오프라인 커뮤니티를 통해서도 상품을 소싱하고 B2B로 판매할 수 있다. 특히 노출이 많이 된 온·오프라인 도매 사이트 상품 대비 수익을 많이 낼 수 있는 숨겨진 보석 같은 알짜 상품들은 이런 커뮤니티에서 소싱하기가 더욱 쉽다. 온·오프라인 도매 사이트에서 판매할 생각도 하지 않는 우수한 상품을 가진 제조사, 수입사, 생산자들을 이런 커뮤니티에서 만날 수 있다. 특히 온라인 커뮤니티의 경우 요즘 핫한 소싱 발굴 루트이다. 그리고 내 상품을 소개하면서 내 상품을 판매해 줄 온라인 셀러, 벤더업체, 수출업체, MD들도 손쉽게 만날 수 있다.

네이버카페, 카카오 오픈채팅방, 네이버밴드 등에 들어가 보면 알겠지만 수많은 상품 거래와 정보, 노하우 공유, 인맥 만들기가 이루어지는 것을 확인할 수 있을 것이다. 또한 해당 커뮤니티에서 오프라인 모임도 진행이 되는데 이런 오프라인 모임에 참석하게 되면 정말 도움이 되고 끈끈한 인맥들을 만들 수 있다.

유통, 온라인 판매, 제조, 무역 관련 네이버카페

네이버 대형 유통, 온라인 판매, 제조, 무역 카페들의 경우 본인들의 상품을 도매로 판매하려고 하는 많은 제조, 수입, 생산자, 총판업체들이 모여 있는데 이들이 수시로 게시판에 상품을 올리고 있다. 네이버카페에서는 상품 소싱, 상품 판매에 관한 정보뿐만 아니라 다양한 온라인 판매, 유통 관련 최신 정보도 얻을 수 있고 좋은 인맥도 만들 수 있는 장점이 있다.

상품을 소싱하고 다양한 많은 정보 및 인맥을 얻을 수 있는 유용한 네이버카페는 실전 tip에서 소개하려 한다.

유통, 온라인 판매 관련 카카오 오픈채팅방

유통, 온라인 판매 관련 카카오 오픈채팅방도 네이버카페와 마찬가지로 다양한 인맥을 만들고 내 상품을 판매하고 좋은 상품을 소싱하기에 아주 좋은 커뮤니티이다. 실시간으로 소통이 되는 오픈채팅방은 어찌 보면 네이버카페보다 활용도가 더욱 상승하고 있다. 요새 카카오 오픈채팅방이 핫하다 보니 정말 수많은 카카오 오픈채팅방이 개설되어 있다. 인맥을 만들고 실시간으로 정보와 노하우를 얻기에 카카오 오픈채팅방만큼 효율적인 것은 지금으로서는 없다.

오픈채팅방은 개설하기도 쉽기 때문에 아무것도 모르는 초보자

도 인터넷 검색, 유튜브 검
색해서 정보를 조금만 얻
으면 쉽게 개설할 수 있다.

카카오 오픈채팅방에서 이루어지는 상품 거래

※ 출처 : 카카오톡

카카오 채팅방에서 '오
픈채팅'을 선택 후 '유통',
'사업', '공동구매', '온라인
판매', '스마트스토어', '수
출', '영업', '마케팅', '식
품', '뷰티' 키워드를 검색
하면 나오는 카카오채팅방
중에서 가입 회원 수가 많
고 활성화가 많이 된 카카
오채팅방에 들어가면 된
다. 일부 채팅방의 경우 비
밀번호가 걸려 있는 경우

카카오 오픈채팅방 검색 방법

※ 출처 : 카카오톡

가 있는데 이때는 들어갈 수가 없다.

유통, 온라인 판매 관련 네이버밴드

네이버카페의 모바일 버전인 네이버밴드의 경우도 다양한 상품
들을 소싱, 판매하고 도움이 되는 인맥들을 얻을 수 있다. 네이버밴

드 검색창에서 '유통', '무역', '셀러', '온라인 판매' 검색 후 활성화된 밴드에 가입하면 된다. 이런 네이버밴드에서도 수많은 상품 소싱·판매, 정보 공유가 일어나고 있다.

네이버밴드 검색 방법 & 밴드에서 이루어지는 상품 거래

※ 출처 : 네이버밴드

• 조금 더 알기 •
온라인 커뮤니티 이용 시 주의사항

네이버카페, 카카오 오픈채팅방, 네이버밴드에서는 많은 인맥 구축, 상품 거래, 정보 교류, 사업 설명, 아이템 홍보 등이 일어나는데 전체 내용의 95%는 나와 관련 없는 내용이지만 5%의 유용 정보를 캐치해야 한다. 그리고 익명의 공간이기 때문에 사기 사건이 많이 발생하니 특히 주의해야 한다. 큰 금액의 금전 거래를 할 때는 꼭 오프라인으로 만나서 진행하는 것을 추천한다. 특히 우리에게 익숙하지 않은 해외에 수출해주겠다고 하면서 사기를 치는 경우가 많이 발생하고 돈을 먼저 보내면 상품을 보내주겠다고 하는 경우도 주의해야 한다.

유통, 온라인 판매, 제조, 무역 관련 네이버카페

유통, 온라인 판매를 하면서 많은 정보와 노하우를 습득하고 인맥도 형성할 수 있는 많은 네이버카페가 있다. 아래 카페들에 회원으로 가입하고 활동을 하면 유통 판매에 큰 도움이 될 것이다.

1. 유통 관련

- 유통노하우연구회 : https://cafe.naver.com/aweq123(필자가 직접 운영)

- 유통과학연구회 : https://cafe.naver.com/dbstnzld1

- 온라인 유통센터 : https://cafe.naver.com/zelpia

2. 온라인 판매 관련

- 셀러오션 : https://cafe.naver.com/soho

- 킵고잉 : https://cafe.naver.com/thekwondo

3. 식품 관련

- 식품 제조 : https://cafe.naver.com/food2008

- 농라 : https://cafe.naver.com/tlsxh

- 농라마트 : https://cafe.naver.com/nonglamart

- 수유사 : https://cafe.naver.com/iyo5345

- 건강식품 온라인 판매연구회 : https://cafe.naver.com/sales2013

4. 병행수입/해외 구매대행 관련

- 온꿈사 : https://cafe.naver.com/onggumsa

- 글로벌셀러 창업 연구소 : https://cafe.naver.com/fmsmania0

- 몰테일스토리 : https://cafe.naver.com/malltail

5. 무역 관련

- 무역 실무 : https://cafe.naver.com/infotrade

- 무유모 : cafe.naver.com/kukmuyu

6. 특정 카테고리 관련

- 한국 봉제공장(봉제 상품) : https://cafe.naver.com/misinggo

- 화곡동 화장품 도매시장(화장품 도매) :

  https://cafe.naver.com/runaway10

- 초캠장터(캠핑용품) : https://cafe.naver.com/chocammall

- 차박캠핑클럽(캠핑용품) : https://cafe.naver.com/chcamping

- 중고나라(중고 상품) : https://cafe.naver.com/joonggonara

저자가 직접 운영 중인 네이버 온라인 판매/
유통 판매 커뮤니티 카페 '유통노하우연구회'
(회원 수 6만 명 국내 최대 온라인 판매/유통 판매 노하우 공유 커뮤니티)

   유통노하우연구회(cafe.naver.com/aweq123)는 온라인 판매/유통 판매에 어려움을 겪고 있는 예비 창업자, 직장인, 온라인셀러, 제조업체, 수입업체 등을 위해 만들어진 온라인 판매/유통 판매 노하우 공유 커뮤니티이다. 유통노하우연구회는 회원 각자의 실전 노하우/경험 공유, 온라인 마케팅 정보 공유, 온라인 판매 궁금증 질의/응답이 주를 이루고 있다. 그리고 다양한 분야 온라인 판매 전문가들의 수준 높은 실전 무료 칼럼만 봐도 온라인 판매를 하는 데 큰 도움을 얻을 수 있다.

   실제 현업에 종사하는 사람들도 궁금한 점이 많은데, 가령 쿠팡 로켓배송의 수수료/정산 조건은 무엇인지, G마켓 슈퍼딜 진행은 어떻게 하는지, 스마트스토어 상위 노출 조건은 무엇이며 가구매 등 어뷰징을 하면 어떻게 되는지 등등 실전 온라인 판매의 세부 정보들을 알고 싶어 한다. 유통노하우연구회에서는 매일 회원들 간에 이런 실전 온라인 판매 정보 및 노하우들이 공유될 뿐만 아니라 회원들이 가진 다양한 상품들을 소싱할 수도 있다. 유통노하우연구회 내의 검색창에 키워드만 입력하면 웬만한 실전 온라인 판매 정보/노하우 및 판매하기를 원하는 아이템들을 무료로 찾을 수 있다. 만약 찾고자 하는 내용이 없는 경우 카페 내에 질문 글을 올리면 해당 내용에 대해 알고 있거나 경험이 있는 회원들이 신속히 답변을 해준다. 또한 유통노하우연구회에는 벤더업체 등록 게시판이 운영되는데 여기에는 각 온라인/오프라인 유통 채널의 전문 벤더들이 등록을 한다. SNS 공동구매, 복지몰/폐쇄몰, 할인점, 편의점, 뷰티 스토어, 종합몰, 중국/태국/동남아시아 수출 전문 벤더들이 등록되어 있다. 만약 특정 채널에 벤더를 통해 입점/판매를 하고 싶은 회원이 있다면 이 게시판을 통해 전문 벤더를 선택하여 내 상품을 온라인/오프라인으로 판매할 수 있다. 카페에 신규 회원으로 가입만 해도 8가지 무료 선물(SNS 공동구매 제안서 양식, 3시간 분량 온라인 판매 노하우 동영상 강의, 카테고리별 오프라인 도매 시장 리스트, 도매 사이트 위탁판매 마진 계산표 등)을 무료로 다운받을 수 있다.

→ 유통노하우연구회 카페에 회원가입하시면 많은 실전 온라인 판매/유통 판매/온라인 마케팅 정보를 얻으실 수 있습니다.

저자가 직접 운영 중인 네이버카페 유통노하우연구회(https://cafe.naver.com/aweq123)

총판, 벤더, 도매, 파워셀러 활용 추가 매출 달성 전략

유통 판매를 할 때 나 혼자만의 힘으로 판매를 할 수도 있지만 벤더업체, 총판업체, 도매업체, 온라인 파워셀러들을 활용해서 판매할 수도 있다. 나 혼자 힘으로 팔 때 여러 가지 비용도 들이면서 하루에 100개 판다고 하면, 이런 외부 협력업체들을 활용하면 큰 비용 증가 없이 하루에 1만 개도 팔 수 있다. 그렇기 때문에 대형 브랜드 업체들은 직접 판매하는 것보다는 총판업체, 벤더업체, 도매업체를 활용해서 유통 판매를 하고 있는 것이다.

신규 브랜드를 키울 때 일정 수준까지는 내가 얼마나 잘 판매하느냐가 중요하지만 브랜드 매출이 일정 수준을 넘어가면 그때는 온·오프라인 유통라인을 얼마나 잘 세팅하고 관리하느냐가 중요하다. 이것이 진정한 빅브랜드로 가는 길이다. 누구나 알만한 유명 브랜드 중에 하위 유통라인을 구축하지 않고 100% 직접 판매하는 브랜드는 손에 꼽는다. 처음에 유통에 뛰어들 때는 관련 인맥이 없어서 엄두가 안 나지만 앞서 설명한 온라인 인맥 구축 노하우를 이용하면 이런 협력업체들을 만나서 비즈니스하는 일이 가능하다.

유통 채널을 확대할 때 제조업체, 수입 업체가 모든 것을 할 수 있으면 좋겠지만 유통 말고도 신경 쓸 일이 많은 중소기업 입장에서 모든 상품 유통을 직접 해나가는 것이 쉽지가 않다. 이럴 때 합리적인 대안이 총판업체, 벤더업체, 도매업체, 파워 온라인 셀러를 활용

총판업체 VS 벤더업체

많은 사람들이 총판업체와 벤더업체의 차이에 대해 궁금해한다. 이 두 업체의 특징과 차이에 대해 분명히 알고 있어야 한다.

1. 총판업체
총판은 '총판매권'의 약자로 특정 브랜드, 특정 상품에 대한 판매권한을 지닌 판매자를 뜻한다. 보통 오프라인 유통에서는 판매 지역별로 세분화되고, 온라인 유통에서는 판매 채널별로 세분화된다. 오프라인 유통에서 전국 총판은 전국 모든 지역의 도매상에게 납품할 권리 혹은 소매 판매할 수 있는 권리를 지닌 총판을 뜻하고 지역 총판은 특정 지역 내에서만 판매가 가능한 업체를 뜻한다(수도권 총판, 경상도 총판, 전라도 총판 등).
온라인 유통에서는 채널로 보통 구분되는데 온라인 전체 총판, 폐쇄몰 총판, 오픈몰 총판 이런 식이다. 보통 온라인 유통에 익숙하지 않은 제조업체들이 오프라인은 직접 하고 온라인은 총판업체를 통해 운영하는 경향이 많다.

2. 벤더업체
벤더업체는 특정 브랜드 상품의 제조사나 총판 업체로부터 판매권한을 위임받아 온라인에서 '판매 대행'을 하는 업체이다. 벤더업체는 매입 벤더업체와 위탁 벤더업체로 구분되는데 매입 벤더업체는 대량의 재고를 싼값에 매입해서 판매하는 업체를로 주로 이미 브랜딩이 잘 구축돼서 사업의 위험성이 적은 유명 브랜드사 재고를 취급하는 경우가 많다.
위탁 벤더업체는 자체적으로 상품을 매입하지 않고 판매만 대행하기 때문에 브랜딩이나 판매망이 잘 구축되지 않은 스몰 브랜드를 취급하는 경우가 많다. 매입에 의한 구분 말고 판매 채널별로도 구분이 된다. 오프라인 유통에서는 백화점 벤더, 할인점 벤더, 편의점 벤더 이런 식이고 온라인에서는 SNS 공동구매 벤더, 종합몰 벤더, 복지몰 벤더, 홈쇼핑 벤더 등으로 구분된다.

하는 것이다.

온라인 유통 전체를 외부 업체에 맡기고 싶을 때는 유능한 벤더업체와 총판업체 계약을 맺으면 된다. 총판 계약은 모든 상품 유통에 대한 권리를 벤더업체에게 넘긴다는 것이다. 내가 도저히 머리 아프고 힘든 유통을 제대로 해낼 자신이 없는 경우에는 유능한 총판업체를 찾는 것이 좋을 수도 있다. 그러나 내가 유통에 대한 지식이 없으면 총판업체가 제대로 하고 있는지 알 수가 없고 총판업체가 나처럼 상품에 애착을 갖고 신경 써서 유통해줄지도 의문이다.

온라인 유통 전체가 아닌 특정 유통 채널 부분만 외부 벤더업체에게 맡기는 방법도 있다. 보통 이 방법을 많이 이용하는데 관리하기 쉬운 자사몰, 스마트스토어, 오픈마켓까지만 직접 하고 MD 또는 채널 운영자와 소통해 업무가 진행되는 종합몰, 복지몰, SNS 공동구매, 오프라인 대형 유통 등은 해당 유통 채널 전문 벤더에게 맡기는 것도 한 가지 방법이다.

가령 종합몰 벤더, SNS 공동구매 벤더, 복지몰 벤더, 할인점 벤더, 편의점 벤더 이런 식으로 특정 유통 채널에 특화된 벤더들이 있다. 이런 벤더업체들은 네이버 유통 카페 및 각종 유통 모임, 유통, 온라인 판매 관련 카카오톡 오픈채팅방에서 찾을 수 있다. 벤더업체를 선택할 때는 과거의 벤더, 총판 경력을 확인하고 재무 구조가 튼튼한 업체를 선택해야 한다. 가능하다면 과거에 벤더, 총판을 준 제조업체에게 해당 업체의 평판에 대해 물어보아야 한다.

또한 특정 유통 채널에 대해 벤더를 줄 때 복수 업체를 벤더로 선정하면 가격 정책의 혼선이 생기고 문제 발생의 소지가 높기 때문에 일반적으로 유통 채널당 한 개의 벤더업체만 운영하는 것이 좋다. 그리고 가격 정책, 상품 운영 정책, 재고 처리 정책에 대해 사전에 충분히 협의를 거쳐야 한다.

예를 들어 충청도를 기반으로 해온 한 전통과자 업체는 신규로 온라인 유통에 진출하기를 원했다. 그러나 회사 규모도 작고 인력도 충분치 않았던 터라 온라인 유통 전체를 직접 관리하기는 어려운 상황이었다. 이런 상황에서 지인의 소개로 유능한 온라인 유통 벤더업체를 만나서 온라인 유통의 감각을 키운다는 의미에서 오픈마켓, 스마트스토어만 직접 운영하고 관리가 어려운 나머지 온라인 유통 채널은 벤더업체에 일임을 했다.

온라인 벤더업체 VS 오프라인 벤더업체

온라인 벤더업체	각 온라인 쇼핑몰 담당자와 협업해 특가 행사, 기획전 등을 제안 및 진행해 판매를 촉진한다. 다양한 마케팅 활동을 진행한다. 예) 오픈마켓 벤더, 종합몰 벤더, 특판·판촉 벤더, 포인트몰 벤더, SNS 공동구매 벤더, 복지몰 벤더, 홈쇼핑·인포모셜 벤더
오프라인 벤더업체	주력 카테고리 상품을 제안받아 오프라인 유통업체에 소개 및 납품한다. 온라인 벤더업체 대비 마케팅 기능이 약하다. 오프라인 벤더업체는 관리하는 유통업체의 규모가 크고 폐쇄적이라서 유통업체별로 전문 벤더가 되는 경우가 많다. 예) 이마트 벤더, 롯데마트 벤더, 신세계백화점 벤더, 롯데백화점 벤더, CU 벤더, 롯데슈퍼 벤더, GS편의점 벤더, 고속도로 유통 벤더, 식자재 벤더

우수한 온라인 벤더업체

- 각 온라인마켓 MD들과 끈끈한 네트워킹
- 특가딜, 기획전 세팅(좋은 노출 구좌, 좋은 거래 조건)
- 온라인 가격 관리 능력
- 신상품 입점 능력
- 온라인 마케팅 능력(광고, 바이럴마케팅, 상세페이지 등)

벤더업체가 유능하고 관계가 좋았기 때문에 온라인 유통 매출은 매년 꾸준히 상승해 벤더 계약 2년 만에 오프라인 유통 매출을 넘어서게 되었다. 이런 식으로 유능하고 신뢰할 만한 벤더업체와의 협업은 좋은 결과를 만들 수 있으니 모든 것을 직접 하기 어려운 중소업체들은 적극 활용하는 것이 좋다.

온라인 벤더업체 관리 방식 ────

　복수의 온라인 벤더업체를 두고 있는 제조, 수입업체 중 규모가 작고 오프라인 유통의 기반이 약한 회사는 매출을 늘리는 데 중점을 두어 복수의 온라인 벤더업체 운영으로 발생되는 각종 문제(가격 충돌, 유통 채널 중복 등)들을 방치한다. 반면 오프라인 유통의 기반이 잘 잡혀 있고 규모가 큰 회사들은 온라인 벤더업체들을 효율적으로 통제하려고 한다. 보통은 일정 기준을 가지고 벤더 관리를 하는데 보통 아래 세 가지 방식으로 벤더업체 관리를 한다.

벤더 관리 방식

유통 채널별로 나누는 방식	- 오픈마켓, 종합몰, 전문몰, 공동구매같이 유통 채널별로 벤더업체를 지정
상품군별로 나누는 방식	- A 상품군, B 상품군, C 상품군 등 각 상품군별로 벤더업체를 지정
자율 경쟁	- 유통 채널별, 상품군별 벤더업체를 정하지 않고 벤더업체들끼리 무한 경쟁 - 매입 금액별로 프로모션 지원금을 걸고 달성 업체에게만 혜택을 줌 　예) 매입 금액 5000만 원 이상 3% 지원금, 1억 원 이상 4% 지원금, 3억 원 이상 5% 지원금 지급

　위의 세 가지 방식 중 유통 채널별로 나누는 방식은 유통 채널 내부에서는 문제가 안 생기나 결국 각 유통 채널별로 가격 차이가 발생하는 것을 피할 수 없어서 문제가 발생한다. 이 방식은 보통 제조, 수입업체가 특정 유통 채널을 직접 관리하는 경우에 많이 선택

한다. 자율 경쟁 방식은 일명 '개싸움' 방식으로 제조, 수입업체 입장에서는 우수한 벤더업체만 끌고 가는 것이기 때문에 제조, 수입업체 입장에서는 좋지만 벤더업체 입장에서는 치열한 경쟁을 해야 하고 언제 퇴출될지 모르기 때문에 본사와의 관계가 장기적으로 지속되기가 힘들다. 또한 벤더업체들 간 치열한 경쟁으로 인해 시장 가격이 너무 낮아질 가능성이 크다.

상품군별로 나누는 방식의 경우 각 벤더업체가 관리해야 할 유통 채널이 많아지고 광고비가 증가하는 문제점이 있지만 유통 채널별 충돌이 발생하지 않고 상품군별로 가격, 운영 정책을 수립할 수 있어서 안정적이다.

위의 세가지 방식 모두 나름의 장단점이 있기 때문에 각자의 상황에 맞게 벤더업체 관리 방식을 결정하면 된다.

온라인 벤더업체, 총판업체 찾는 방법 ──

네이버 유통 카페나 유통, 온라인 판매 관련 카카오 오픈채팅방, 네이버밴드에는 벤더업체, 총판업체들이 많다. 온라인 벤더업체와 총판업체를 찾으려면 이들과 접촉하면 되는데 이곳에 위탁판매한다고 글을 올리면 벤더업체, 총판업체, 파워셀러들에게 연락이 온다. 오프라인 벤더업체들도 이런 방식으로 찾을 수 있다.

도매 판매 ─────

도매의 경우 예전 온라인이 발달하기 이전에는 도매, 소매업체를 오프라인으로 모집해 도매를 진행했다. 그러나 지금은 온라인상에서도 도매, 소매업체를 모집할 수 있다. 가장 쉬운 방법은 도매꾹 같은 인터넷 도매 사이트를 이용해 도매, 소매업체를 모집하는 것이다.

도매꾹 같은 온라인 매입형 도매 사이트에 상품을 등록하면 상품에 관심이 있는 도소매업체들이 상품을 사입해 소매업체 또는 일반 소비자에게 판매하게 된다. 인터넷 도매 사이트 활용 시 가장 중요한 것은 도매 사이트 구매자들이 최소 20~30% 이상 마진을 보고 판매할 수 있도록 경쟁력 있는 가격으로 상품을 등록하는 것이다.

만약 제조, 수입업체가 상품 이미지 및 상세페이지를 줄 수 있고 낱개 포장, 배송까지 가능하다고 하면 오너클랜, 온채널 같은 배송 대행형 위탁 도매 사이트를 이용해 온라인 개인 판매자들을 모집할 수도 있다. 이들 개인 판매자들은 제조, 수입업체 대신에 오픈마켓, 스마트스토어, 자사몰, 소셜커머스, SNS 등 다양한 온라인 판매 공간에 상품을 등록시켜 판매해줄 것이다.

그러나 도매로 판매를 할 때 개인 판매자, 도매업체, 소매업체가 판매할 수 있는 가격보다 제조, 수입업체가 매출 욕심으로 더 낮게 판매를 한다면 개인 판매자, 도매업체, 소매업체들은 떠나가고 평판은 나빠질 것이다. 일부 제조, 수입업체는 상품 초반 홍보를 위해 도매 사이트를 통해 판매자들을 모집해서 그들을 통해 온라인 홍보를 하고 정작 본인이 최저가로 판매를 해 문제를 일으키는 경우도 있다.

도매 유통 채널을 활용하는 것이 장점만 있는 것은 아니다. 일단 도매 판매의 세계로 나가게 되면 적정 가격 관리가 어렵다. 법적으로 얼마에 판매를 할지는 최종 판매자가 결정하기 때문에 제조, 수입업체가 원하는 적정 가격이 유지가 안 될 수도 있다. 가령 도매꾹 같은 매입형 도매 사이트를 통해 프리미엄 상품을 사입한 도매, 소매업체가 판매가 잘되지 않아서 처분하려고 프리미엄 상품에 어울리지 않는 낮은 가격에 판매를 한다 해도 막을 수는 없다. 그렇기 때문에 장기적으로 육성해야 하는 주력 상품의 경우는 도매 유통 채널을 통한 판매에 대해 신중하게 결정해야 한다. 반면에 단기간에 판매하고 끝내야 하는 기획 상품, 시즌 상품 또는 과다 재고 상품 같은 경우는 이런 도매 유통 채널을 통해 판매하기에 좋다.

도매는 분명히 좋은 제도이지만 관리가 제대로 안 되면 가격정책이나 브랜드 정책에 문제가 생길 소지가 많다. 그래서 도매 사이트를 선정할 때 적정 가격 유지 기능이 있거나 자사의 유통 정책과 맞는 도매 사이트를 선정해야 하며 주기적으로 자사 상품의 온라인 판매 가격을 모니터링해야 한다. 일단 도매로 판매하면 온, 오프라인 불특정 다수 유통 채널에 자사 상품이 노출되며 자신도 모르게 수많은 소비자에게 판매가 된다는 점을 기억해야 한다.

온라인 파워셀러를 통한 판매 ───

벤더업체, 총판업체, 도매업체와는 별도로 온라인 파워셀러들을 활용해 판매하는 방법도 유용하다. 벤더, 총판, 도매업체들은 보통 마케팅이나 직접적인 소매 판매 능력은 약한 경우가 많다. 그러나 온라인 파워셀러들은 소매 판매가 주특기이다. 특히 스마트스토어 빅파워, 프리미엄 등급 파워셀러들은 소매 판매 측면에서는 거의 최고 수준의 판매자들이다. 이들에게 내 상품을 주고 판매를 시킨다면 큰 효과를 얻을 수 있다.

이왕이면 내 상품과 유사한 카테고리의 상품을 판매하는 제조, 수입업체가 아닌 판매자들과 협업하는 것이 좋다. 스마트스토어 빅파워, 프리미엄 등급 판매자 이외에도 각 오픈마켓, 쿠팡을 검색해 보면 내가 속한 카테고리에서 최상위 매출을 올리는 판매자 중에 제조, 수입업체가 아닌 판매자들과 협업하면 된다.

스마트스토어 애견용품 카테고리 프리미엄, 빅파워 판매자

※ 출처 : 네이버쇼핑

온라인을 통한
손쉬운 해외 수출 & 판매

    유통을 하고 있는 판매자이고 국내 판매가 어느 정도 진행되고 있는 상황이라면 여건만 된다면 당연히 해외 판매에도 관심이 가게 마련이다. '수출', '해외 판매' 하면 어떻게 들리는가? 판매자 입장에서는 너무나 하고 싶고 좋은 것은 알지만 비 경험자라면 막막하게 들릴 것이다.

    온라인이 활성화되기 전에는 수출 및 해외 판매는 쉬운 일이 아니었다. 무역을 모르는 입장에서 해외 고객 찾는 것부터 수출에 필요한 각종 서류 준비, 운송, 관세, 계약 등등 전문성이 필요한 것은 사실이다. 하지만 온라인 유통이 활성화되면서 수출과 해외 판매도 이전보다는 훨씬 수월해졌다. 해외 오픈마켓 등의 일반 소비자에게 소량씩 팔게 되면 통관에 필요한 서류 같은 것도 제출할 필요가 없다. 한국에 있으면서 아마존에 팔고, 알리바바에 팔고, 동남아시아 쇼피에 팔 수 있는데 '아마존에서 10억 벌기', '동남아시아 쇼피에서 10억 벌기'라는 말이 온라인상에 난무하고 있다.

온라인 유통이 발전하기 전에는 해외 바이어를 오프라인으로 찾아서 수출을 시도했지만 이제는 B2B, B2C로 바로 해외 바이어, 해외 고객들에게 팔 수 있는 해외 온라인 판매 시장이 활성화되어 있다. 특히 제조업체이거나 나만의 상품을 가진 사람은 그만큼 경쟁력이 있기 때문에 해외에서 판매하기가 쉽다.

이번에는 온라인으로 손쉽게 해외에 팔 수 있는 유통 채널 및 해외 수출&판매 지원 서비스들에 대해 알아보도록 하겠다.

해외 온라인마켓 판매

먼저 해외 판매를 위한 방법에는 해외 오픈마켓에 입점해서 판매를 하는 방법이 있다. 해외 소비자에게 소매로 판매할 때 가장 중요한 포인트는 저렴한 비용으로 해외 배송을 담당해줄 배송대행사가 있느냐 하는 것이다. 해외 배송대행사가 있는 국가라면 해외 오픈마켓에 소매로 판매하는 게 매우 쉽다. 그리고 또 하나의 포인트는 해당 국가의 오픈마켓에 판매자로 가입을 쉽게 할 수가 있느냐 하는 것이다. 오픈마켓별로 외국인의 경우 해당 국가 현지 사업체가 있는 경우에만 판매자 가입이 가능한 등 제한이 있기 때문이다. 그렇기 때문에 배송대행사가 존재하고 외국인 판매자 가입이 쉽게 가능한 해외 온라인마켓에는 많은 한국인 판매자들이 활동하고 있다. 2025년 기준 한국인들이 많이 판매하고 있는 국가들은 미국, 동남아시아, 일본, 중국이다.

아마존 ———

아마존(www.amazon.com)은 전 세계 1등 B2C, C2C 온라인마켓인데 한국에서 미국에 판매할 때는 주로 FBA라는 아마존 자체 물류 판매시스템을 이용한다. FBA는 Fullfilment by Amazon의 약자로, 판매자가 아마존 물류 센터에 상품을 입고하면 아마존에서 고객에게 배송해주고 각종 CS도 처리해주는 시스템이다. 우리나라의 쿠팡 로켓그로스, G마켓·옥션의 스마일배송과 유사하다고 생각하면 되는데 제트배송과 스마일배송이 미국 아마존 FBA를 벤치마킹한 것이다.

미국 시장이 워낙 크기 때문에 차별화된 상품을 가진 제조업체라면 해외 판매를 도전해 볼 만하다. 아마존 판매자 가입, 상품 등록 방법, 광고 집행, 배송 관련해서는 국내에 많은 책들과 교육들이 있으니 그것을 참고하면 된다.

동남아시아 쇼피 ———

쇼피(Shopee)는 일반인들에게는 잘 알려지지 않았지만 동남아시아 거래액 1등 온라인마켓이다. 그리고 우리나라 판매자들이 동남아시아에서 가장 많이 판매하는 오픈마켓이다. 쇼피의 경우 국내 판매자들이 정말 쉽게 동남아시아에 판매할 수 있도록 해준다.

해외 판매할 때 가장 큰 문제가 물류인데 쇼피에서는 물류를 대행해준다. 판매자가 쇼피의 한국 내 물류 창고까지만 상품을 보내면 쇼피가 동남아시아 및 남미 8개국 고객의 집까지 상품을 보내준다. 국내 오픈마켓 판매나 쇼피 판매나 큰 차이가 없기 때문에 쇼피에서 판매하는 국내 판매자가 급증하고 있다. 쇼피의 경우 국내 판매자 전담 응대 직원도 있고 한국어 홈페이지, 다양한 무료 교육 및 서비스들을 제공하고 있기 때문에 타 해외마켓 대비 쇼피의 판매 난이도는 매우 낮다.

쇼피 판매자는 제조업체도 있지만 일반 온라인 셀러들이 많이 이용하는데 쿠팡 로켓배송 상품을 쇼피에 올려놓고 주문이 들어오면 로켓배송으로 쇼피 한국집하 물류 센터로 보내서 판매하는 방식으로 많이 한다. 4일 내에 쇼피 물류 센터로 보내야 하기 때문에 쿠팡로켓

동남아시아 거래액 1등 오픈마켓 쇼피

※ 출처 : 쇼피베트남

배송 상품을 많이 이용한다. 이렇게 쿠팡 로켓배송을 통해 쇼피에서 판매하는 사람이 급속도로 증가해 경쟁이 점점 치열해지고 있다.

쇼피에 입점하면 싱가포르, 말레이시아, 베트남 필리핀, 대만, 태국 등 동남아시아 6개국에서 판매할 수 있다. 그리고 동남아시아 이외에 브라질, 멕시코에도 쇼피가 있어서 남미에도 판매할 수 있다. 동남아시아의 경우 외국인의 판매자 가입 조건이 까다로운 미국, 일본, 중국 대비 외국인 판매가 쉽기 때문에 좋은 상품을 가지고 있다면 반드시 도전해 보기를 추천한다.

쇼피코리아 홈페이지에 들어가서 입점 신청을 하면 매우 쉽게 판매를 시작할 수 있는데 처음 쇼피 판매는 싱가포르 쇼피부터 시작해야 한다. 한국어로 된 교육 프로그램 및 한국 판매자 전담 쇼피 직원이 있기 때문에 국내 오픈마켓 판매를 시작하는 것처럼 쉽게 쇼피 판매를 시작할 수 있다.

일본, 중국 오픈마켓 ──

일본에는 라쿠텐(www.rakuten.co.jp), 중국에는 타오바오(world. taobao.com)라는 오픈마켓이 유명한데 일본과 중국의 경우 외국인이 해외에 거주하면서 해당 국가에 판매하는 일이 까다롭다. 가령 현지 법인 및 은행 계좌가 없으면 판매가 불가능한 경우도 있기 때문에 현지의 에이전트 업체들과 제휴해서 판매하는 방식으로 진행하기도 한다.

일본 라쿠텐은 2021년부터 한국법인의 입점 판매가 가능해졌으나 중국 타오바오는 아직도 중국법인만 입점 판매가 가능하다. 보통 일본이나 중국의 경우는 직접 판매보다는 현지 쇼핑몰에서 이미 판매하고 있는 판매 대행업체를 통해서 하는 것이 일반적이다.

세계 1등 B2B 온라인마켓 알리바바 ─────

전 세계인을 대상으로 B2B 판매를 할 수 있는 온라인마켓이 바로 알리바바이다. 전 세계 200여 개국에 1억 6000만 바이어가 있고 16개국 언어로 번역되어 서비스되고 있다. 아마존이 B2C, C2C 소매 판매로 세계 1등 온라인마켓이라면 알리바바는 B2B 도매 판매 및 수출 판매로 세계 1등 온라인마켓이다. 알리바바가 중국 사이트지만 영어로 되어 있기 때문에 접근하기 쉽고 세계 1등 B2B 플랫폼답게 고객 숫자도 넘사벽이다. 세계에 통할 만한 상품을 가진 제조업체라면 반드시 도전해 봐야 하는 온라인마켓이다.

국내 제조업체 중에서도 알리바바를 통한 수출이 전체 매출의 대부분을 차지하는 경우도 많다. 알리바바 입점 및 판매 관련해서는 시중에 많은 책과 교육들이 있으니 그것을 보고 진행하면 된다.

오프라인으로 해외 전시회에 참가해서 바이어를 발굴하는 시대는 알리바바가 생긴 뒤로 위축되고 있는 트렌드이다. 전시회 참가 비용 및 노력을 생각하면 알리바바는 엄청난 메리트가 있는 해외 수출 플랫폼이다.

타 해외 오픈마켓들과 달리 연 회원비가 부담스러울 수 있는데 알리바바는 연 회원비를 제외하고는 전혀 비용이 들지 않는 특징이 있다. 연 회원비가 등급별로 다르지만 4,999달러부터 2만 1,449달러까지 다양하다. 하지만 국내 정부 기관 및 유관 단체에서 국내 기업의 해외 온라인판로 개척의 일환으로 알리바바 회원비에 대해 많은 지원을 하고 있으니 그런 프로그램을 이용하면 된다.

국내 오픈마켓 해외 판매 서비스 ────

G마켓은 국내 오픈마켓이지만 해외 판매도 지원하고 있다. G마켓의 경우는 해외 판매를 지원하는 글로벌 G마켓(G마켓 영문샵과 G마켓 중문샵)을 운영하고 있어서 중국 및 기타 해외에 거주하는 외국인 및 교민에게 판매를 하고 있다. 아직까지는 주로 교민 판매가 많지만 외국인 비중도 점점 확대되고 있다.

해외 거주 외국인, 교민에게 판매하는 글로벌 G마켓

※ 출처 : 글로벌 G마켓

국내 수출 지원 온라인 사이트 활용 해외 판매

앞서 언급한 내용들은 해외, 국내 온라인마켓들을 활용한 B2C, B2B 해외 판매에 관한 내용인데 국내에는 해외 B2B, B2C 판매를 지원하는 다양한 수출지원 온라인 사이트들이 있다. 이런 전문 기관들을 이용해 해외 판매를 할 수도 있다. 해외 온라인 쇼핑몰에 직접 판매하기도 그렇고 해외 판매 대행업체를 쓰기도 망설여지는 업체는 국내 수출지원 사이트들을 활용하면 편하고 빠르게 해외 판매를 시작할 수 있다.

바이코리아 ———

바이코리아(BUYKOREA)는 전 세계 84개국, 10개 지역, 128개 무역

관을 보유한 KOTRA가 우리나라 제조, 공급업체를 전 세계 바이어와 연결해주기 위해 운영하는 글로벌 B2B e-마켓플레이스이다. 한국 상품의 해외 홍보, 해외 구매정보 중개는 물론이고 국내 B2B e-마켓플레이스 최초로 온라인 거래대금 결제, EMS 국제 배송 할인 서비스를 도입하는 등 우리나라 중소기업의 수출을 위한 원스탑 온라인 수출마케팅 솔루션을 제공하고 있다.

바이코리아에 상품을 등록하면 검색엔진 최적화(SEO)를 통해 구글, 야후 등 해외에서 주로 이용하는 유명 검색엔진에 보다 잘 노출되어 해외 바이어로부터 인콰이어리(가격이나 물품인도 조건, 주문 요청)를 수신할 수 있다. 바이코리아는 해외바이어가 직접 등록한 구매 오퍼 이외에도 KOTRA 해외 무역관에서 발굴한 구매 오퍼를 함께 제공하는데 구매 오퍼를 등록한 잠재 바이어에게 인콰이어리를 송

KOTRA(대한무역투자진흥공사)가 운영하는 수출 지원사이트 바이코리아

※ 출처 : 바이코리아

부하는 등 직접 연락을 취하면서 수출 기회를 창출할 수 있다.

바이코리아 입점은 코트라 홈페이지에서 회원가입한 후 바이코리아에 상품을 등록하면 된다.

디지털수출지원 센터 ──

디지털수출지원 센터는 한국무역협회(www.kita.net)에서 운영하는 B2B, B2C 해외 판매 지원 플랫폼이다. 디지털수출지원 센터에서 자체적으로 운영하는 영문 쇼핑몰 및 아마존, 이베이 등 글로벌 쇼핑몰을 통해 전 세계 판매 중이며 국내 기업의 온라인 수출 확대를 지원하고 우수한 한국 상품을 해외에 알리고 있다.

디지털수출지원 센터에서 직접 운영하는 Kmall24는 한국을 사랑하는 해외 팬들을 위한 한류 온라인 쇼핑몰인데 글로벌 결제 서비스(신용카드, 페이팔, 알리페이)를 탑재하고 실시간 고객 상담(CS) 서비스 및 해외 배송대행까지 지원하고 있다. 또한 바이어의 대량 주문 문의 유입 시 B2B 매칭 서비스를 통해 수출을 지원하고 있다.

대한민국에 소재한 업체라면 누구나 Kmall24 및 기타 서비스를 무료로 이용 가능하며 무역협회 전 세계 바이어 B2B매칭 서비스(www.tradekorea.com)와 연계해 B2C를 통한 B2B 수출을 지원한다. Kmall24 입점 업체 중 무역협회 회원사는 아마존, 티몰, 아마존 재팬 등의 해외 오픈마켓에서도 상품을 판매할 수 있도록 지원하고 있다. 그리고 IBK 기업은행과 공동으로 정산 서비스를 진행해 결제

된 통화(USD, JPY 등) 그대로 정산받을 수 있다.

트레이드코리아(www.tradekorea.com)는 디지털수출지원 센터에서 운영하는 B2B 수출지원 사이트이다. 국내 기업의 온라인 글로벌 시장 개척을 지원하고 국내 수출 중소기업과 해외 기업과의 거래를 활성화하기 위한 e-마켓플레이스이다. B2B 해외 판매에 관심이 있는 업체들은 반드시 트레이드코리아를 활용해 보길 추천한다. 해외 전시회, 박람회에 비용과 노력을 들여 방문하지 않더라도 한국에서 해외 바이어를 발굴할 수 있는 좋은 기회이다.

• 조금 더 알기 •
트레이드코리아에서 지원하는 주요 서비스

국가에서 운영하는 단체인 트레이드코리아는 우리나라 업체들의 해외 수출 활성화를 위해 다양한 서비스를 운영하고 있다. 수출을 희망하는 많은 업체들이 이용하고 있는 주요 서비스에 대해 하나하나 알아보자.

1. 해외 비즈니스 매칭
한국무역협회 해외지부 및 해외 마케팅 오피스에서 1:1 타깃 마케팅 후 발굴된 복수의 바이어 정보를 제공하는 서비스이다. 해외 바이어 요청 시 트레이드코리아의 프리미엄 회원을 우선적으로 소개해준다.

2. 바이어DB 타켓팅
한국무역협회가 보유한 바이어의 데이터베이스를 무료로 제공하는 서비스인데 수출업체가 원하는 검색을 통해 맞춤형 바이어 검색 결과를 제공받을 수 있다.

3. 글로벌 빅바이어 거래 알선

글로벌 빅바이어를 온라인상으로 초청해 국내업체와 상시적으로 거래알선을 지원하는 무역협회 온라인 거래 알선 서비스이다. 글로벌 유통 '빅바이어의 소싱 품목'을 파악해 맞춤형 바이어 발굴을 지원한다.

4. 해외 바이어 구매 오퍼

국내 중소기업의 수출 기회를 증진시키고자 해외 바이어의 인콰이어리를 공개하고 있다. 해외 바이어의 명확한 오퍼를 통해 수출 기회를 확대할 수 있는 서비스를 제공한다.

5. 업종, 단체 해외 마케팅 지원

지자체, 업종별 단체의 수출 유망 품목 및 소속업체에 대해 한국무역협회 본·지부가 융합해, 셀러스토어 제작, 트레이드코리아 온라인관 구축, 해외비즈니스 매칭 등 전반적인 온라인 수출 마케팅을 지원해주는 서비스이다.

6. 셀러스토어 구축

글로벌 진출을 목표로 하고 있는 유망 수출 기업에 무료 온라인 B2B 플랫폼을 제작해주는 서비스인데 해외 마케팅·바이어 발굴·인콰이어리 수신 등 온라인 무역 전반에 활용할 수 있다.

7. 온라인 전시관

온라인 전시 매체로 품목·테마별 특별관을 운영하며 해외 바이어에 국내 우수 상품을 보다 편리하게 홍보할 수 있는 마케팅 서비스를 제공하고 있다.

기타 수출 지원 플랫폼 ────

바이코리아, 디지털수출지원 센터 외에도 EC플라자(www.ecplaza.net), EC21(www.ec21.com) 같은 해외 수출지원 사이트들도 있으니 참고하기 바란다. 그리고 한국무역협회와 대한무역투자진흥공사(KOTRA)에서는 다양한 무역, 수출, 해외 판매 관련 교육과 서비스, 컨설팅, 판매대행 프로그램들이 있으니 해외 판매나 수출을 생각하는 업체라면 반드시 제대로 알아보기 바란다. 이왕이면 무역, 수출, 해외 판매 쪽으로 수십 년의 경력이 있는 전문 기관의 도움을 받는 것이 좋지 않겠는가?

9장

반드시 공략해야 하는
급성장
온라인 쇼핑몰

쿠팡, 네이버쇼핑, 오픈마켓, 종합몰 이외에 급성장하고 있는 쇼핑몰들이 있다. 2023년부터 화제가 되고 있는 알리익스프레스는 2024년부터 드디어 한국 판매자들을 받고 있다. 또한 잘 알려지지는 않았지만 의외로 큰 매출이 나오는 떠오르는 쇼핑몰들이 있는데 바로 올웨이즈, 통신사 회원몰, TOSS 회원몰, 캐시워크 회원몰이다. 특히 통신사, TOSS, 캐시워크 회원몰은 아직 판매자 숫자가 적어서 경쟁이 치열하지가 않다. 신규 플랫폼들은 먼저 진입하는 판매자가 승자가 된다. 남들이 관심을 크게 기울이지 않는 지금 빨리 진입해서 자리를 잡아야 한다.

유통업계의 불변의 법칙이 있는데 1~2개 유통 채널에 올인하지 말라는 것이다. 만약 해당 유통 채널이 하향 트렌드를 걷게 되면 사업에 정말 큰 위기가 발생한다. 그렇기 때문에 매출은 적더라도 항상 다양한 유통 채널에서 판매를 해야 한다. 그래야 주력 유통 채널에서 문제가 생겼을 때 대응이 가능하다. 특히 신규로 떠오르는 유통 채널이라면 무조건 진입해서 판매를 해야 한다.

이번 9장에서는 반드시 공략해야 하는 떠오르고 있는 숨겨진 알짜 쇼핑몰들에 대해 알아보도록 하겠다.

무섭게 성장하는 C커머스 알리익스프레스

쿠팡과 네이버쇼핑이 양강 구도를 구축하고 있는 한국 E커머스 업계에 강력한 경쟁자가 출현했다. 바로 C커머스라 불리는 중국 직구업체 알리익스프레스와 테무이다. 이미 국내 시장에서 엄청난 영향력을 가지고 있는 알리익스프레스, 테무 같은 중국 직구 쇼핑몰은 쿠팡, 네이버를 비롯한 오픈마켓, 종합몰들을 엄청나게 위협하고 있다. 와이즈앱에 따르면 2024년 종합몰 앱 순위에서 알리익스프레스는 2등, 테무는 4등을 차지했을 정도이다. 이들은 말도 안 되는 저렴한 가격, 무료배송을 앞세우며 엄청나게 성장하고 있다. 물론 일부 상품의 품질 불량 문제도 있지만 이것도 100% 무료반품을 앞세우며 대응하고 있다.

중국에서 어느 정도 품질이 검증된 상품만 국내에 판매하고 있는데 향후 한국에서 판매되는 상품들의 품질은 더욱 좋아질 것이다.

알리익스프레스는 이르면 2027년 이후 한국에서 쿠팡에 필적하는 쇼핑 플랫폼으로서의 입지를 구축하겠다는 의지를 드러냈다. 레이 장 알리익스프레스 코리아 대표는 2024년 9월 3일 중국 항저우 본사에서 가진 기자 간담회에서 "3~5년 내 목표는 (한국) 온라인 쇼핑 플랫폼 고객의 절반 이상이 알리익스프레스를 이용하도록 하는 것"이라고 말했다.

2024년 2월 한국인이 가장 많이 사용한 종합몰 앱

순위	앱 이름	사용자 수	작년 동월 대비 (만 명)
1	쿠팡	3,010	+57
2	알리익스프레스	818	+463
3	11번가	736	−208
4	테무	581 *23년 7월 한국 출시	+581
5	G마켓	553	−102
6	티몬	361	−61
7	위메프	320	−116
8	GS SHOP	314	−5

한국인 Android + iOS 앱 사용자 추정(단위 : 만 명) 2024년 2월

알리익스프레스 앱 월간 사용자 추이

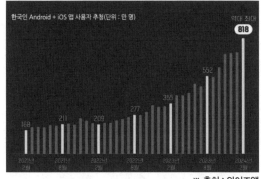

한국인 Android + iOS 앱 사용자 추정(단위 : 만 명)

※ 출처 : 와이즈앱

국내 E커머스 이용자 수는 약 3400만 명으로 추산되는데 2027년 이후 이 중 절반인 1700만 명을 고객으로 확보하겠다는 목표치를 제시한 것이다. 그리고 한국 상품을 해외로 판매하는 역직구 사업도 2024년 10월부터 시작했는데 2025년 1월 G마켓과의 협업으로 인해 더욱 강화될 예정이다.

알리익스프레스의 무서운 성장세와 잠재력을 고려했을 때 만약 쿠팡처럼 물류 센터를 확보해 빠른배송을 시행한다면 이는 불가능한 목표는 아니라고 생각한다. 벌써 2027년 내 물류 센터 건립을 목표로 CJ대한통운 등 국내 운송업체들과 접촉하고 있는데 익일배송뿐만 아니라 신선식품에 대해 당일배송도 검토 중이라고 한다.

알리익스프레스는 국내에서 영향력 확대를 위해 국내 판매자들을 받아들이고 있다. 테무는 아직 국내 판매자들을 받아들이고 있지는 않지만 향후 알리익스프레스처럼 국내 판매자들을 입점시킬 확률이 높다.

이번 챕터에서는 지금 국내 판매자들이 입점 가능한 알리익스프레스에 대해 집중적으로 알아보도록 하겠다.

케이베뉴 한국 상품 전용관

알리익스프레스는 2023년 10월부터 한국 상품 전용 케이베뉴(K-venue)관을 운영 중인데 케이베뉴관은 한국 제품을 국내 배송으로 받아볼 수 있는 한국 소비자 특화 판매 코너이다. 초기에는 LG 생활건강, 한국 피앤지 등 국내 대형 브랜드만 입점이 가능했는데 2025년 1월 기준 대형 브랜드가 아니더라도 법인사업자들은 입점이 가능하다. 향후에는 법인사업자가 아닌 일반사업자도 입점이 가능할 것으로 생각된다. 케이베뉴는 2024년 12월 기준 PC 버전에서는 노출이 안 되고 모바일 버전에서만 노출이 된다.

케이베뉴에서 판매하는 제품은 한국에서 직접 무료로 배송되며, 배송 기간은 상품·지역마다 상이하지만 대부분 3일 내에 배송된다. 2024년 1월까지 케이베뉴의 국내 판매자들에게 판매 수수료가 면제되었지만 2025년 2월부터 카테고리별로 3.3%~11%가 부과되고 있다.

케이베뉴가 런칭한 2023년 10월부터 2024년 7월까지 9개월 동안 케이베뉴에 입점한 국내 판매자 수는 월평균 148%의 증가율을 기록했는데 단순 계산했을 때 판매자 수가 매월 2.5배 가량 증가한 셈이다. 특히 알리익스프

한국 상품 전용관 케이베뉴

※ 출처 : 알리익스프레스

레스는 매출 규모가 큰 대형 브랜드들을 밀고 있는데 '브랜드존' 메뉴를 만들어서 집중적으로 홍보하고 구매를 유도하고 있다. 워낙 많은 고객들이 있고 유명 브랜드 위주로 판매가 되기 때문에 매출도 매우 좋다.

알리익스프레스에서 집중적으로 밀고 있는 '브랜드존'

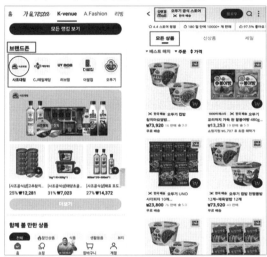

※ 출처 : 알리익스프레스

케이베뉴 대표 프로모션

알리바바는 4단계의 프로모션을 진행하고 있는데 이 프로모션에 참여하게 되면 큰 매출을 기대해 볼 수 있다. 시기별로 프로모션 단계별 이름은 달라지지만 초기 입점 셀러가 어떤 단계로 프로모션에 참여해야 하는지 가이드라인을 알려준다. MD와 소통하며 꾸준히 참가를 해 매출을 올리기를 추천한다.

이런 프로모션에 참가하지 않고 단순히 상품 등록만 해서는 큰 매출을 기대할 수 없다. 그리고 알리익스프레스도 MD몰이기 때문에 MD와의 관계 구축이 그 무엇보다 중요하다.

다음은 2024년 9월 기준 케이베뉴 프로모션 이름이다.

케이베뉴 단계별 행사 내용

케이베뉴 판매자들에게 알리익스프레스가 제안하고 있는 단계별 행사 내용에 대해 알아보도록 하자. 단계별 조건에 해당하지 않는 상품의 경우 행사 지원을 해도 진행이 어렵다.

Step1. 얼리버드
- 판매량이 아직 없는 '신상품'을 위한 프로모션
- 비교적 짧은 기간 진행되며 해당 기간 동안 상품 노출 가능(일부 상품 추가 할인)
- 케이베뉴 내 '신상품' 및 '1000억페스타' 노출(알고리즘 기반)

Step2. 슈퍼딜
- 얼리버드 참여 후 판매량이 생긴 상품 대상으로 지속적인 참여 독려를 위한 프로모션

- 약 보름간 진행되며 해당 기간 동안 상품 노출 및 플랫폼 지원금 제공(상품별 상이)

Step3. 1000억페스타

- 어느 정도 판매량이 쌓인 상품 대상으로 본격적인 매출 부스팅을 위한 프로모션
- 행사 기간은 일주일, 한 달 등 다양하게 진행되며 각 상품의 상황에 맞춰 행사를 선택해 참여 가능
- 케이베뉴 최상단 및 '1000억페스타' 채널 내 노출

Step4. S급 행사

- 알리익스프레스의 1년 중 가장 큰 규모의 행사로 최대 매출 달성을 위한 프로모션
- 연 5회 진행 : 3월, 6월, 8월, 광군제, 블랙프라이데이

케이베뉴 인기 프로모션
'1000억페스타'

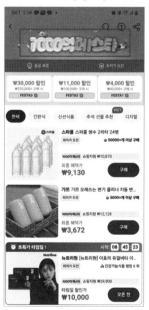

※ 출처 : 알리익스프레스

입점 조건, 수수료, 정산 조건

　케이베뉴의 수수료는 한국 셀러 상생강화를 위해 2025년 1월까지는 0%였으나 2025년 2월 부터는 카테고리별로 3.3%~11%가 부과되고 있다. 정산은 월 2회 이루어지는데 알리익스프레스는 '정산 대기 중' 이라는 개념이 있다. '정산 대기 중'은 구매 확정 기점으로 7일 후, 결제 요구 사항을 충족하며 환불이 발생하지 않은 상태를 말한다. 정산은 정산일 이후 영업일 기준 2일에 입금된다

- 첫 번째 정산일은 매월 1일
  - 전월 15일부터 전월 말일까지 모든 정산 대기 중인 건에 대한 지급
- 두 번째 정산일은 매월 15일
  - 이번 달 1일부터 이번 달 14일까지 모든 정산 대기 중인 건에 대한 지급

알리익스프레스 정산 프로세스

※ 출처 : 알리익스프레스

입점 조건 및 입점 세부 내용

알리익스프레스가 중국 글로벌플랫폼이다 보니 한국 온라인플랫폼 대비 상이한 점이 많아 입점 관련 내용에 대해 잘 모르는 판매자가 많이 있다. 알리익스프레스의 입점 조건 및 입점 세부 내용에 대해 알아보자.

입점 조건 ──

알리익스프레스는 2025년 2월 기준 법인사업자만 입점이 가능한데 향후에는 일반사업자로 확대될 것으로 생각된다. 신청하는 모든 법인사업자가 입점이 가능한 것은 아니고 상품성이 있다고 판단되는 업체만 입점이 허용되는데 입점이 쉽지는 않다. 아직 알리익스프레스는 매출도 많이 나오는데도 불구하고 일반 E커머스 쇼핑몰들처럼 경쟁이 치열하지가 않다. 게다가 향후 발전 가능성까지 생각하면 무조건 입점해서 판매를 진행해야 한다.

입점 신청 ──

입점 신청은 알리익스프레스 홈페이지 최하단 '제휴맺기'에서 'Seller Log in' 클릭 후 '지금 무료로 가입하기'에서 신청하면 된다. 입점 신청 후 5영업일 내에 결과가 통보된다.

입점 제출 필수 서류 ————

알리익스프레스 입점 시 제출해야 할 필요 서류는 국내 일반 오픈마켓들과 비슷한데 세부 제출 서류는 아래와 같다.

- 사업자등록증(한글)
- 통신판매업신고번호
- 법인(대표자) 정보 및 연락처
- 사업자등록증명(영어)
- 기업정보 및 연락처
- 은행계좌 정보

식품 카테고리 판매 신청

알리 익스프레스는 식품 판매 관련해 위험을 사전에 방지하기 위한 정책으로 권한을 받은 셀러에게만 식품 카테고리에 상품 등록을 허가하고 있다. 식품 판매를 희망하는 업체는 필요 서류를 준비해서 신청을 해야 한다. 서류 제출 후 승인까지는 대략 일주일 정도 걸린다. 기타 판매채널 url을 기준으로 식품 카테고리 허가 여부를 판별하는데 내부 기준에 부합되면 신청이 반려된다.

제출 서류 ————

(1) 주요 판매 채널 링크(위탁판매 스토어링크) : PDF 파일 첨부
   - 1개~3개의 위탁판매 형태의 주요 판매 채널 스토어 링크를 PDF로 정리해 첨부(사업자등록증과 일치하는 스토어의 URL, 쿠팡

및 직매입 링크는 판매자 확인이 불가해 지양)

(2) 사업자등록증, 사업자등록증명 : 이미지파일 첨부

(3) 지난 1년간의 행정처분 이력

– 식품의약품 안전처 행정처분 검색 후 스크린샷 첨부

(제조사가 아닌 가입한 판매자 사업자로 확인)

(4) 동의서 첨부

– 아래 문구 작성 후 날인 스캔본 첨부, 예시 이미지 참고, PDF 파일로 첨부

문구 : 위 내용 및 첨부된 파일이 사실이 아닐 경우 알리 익스프레스가 해당 판매자 계정 또는 상품을 비활성화하는 것에 대해 동의합니다. (사업자명, 날짜, 서명(인감날인) 포함)

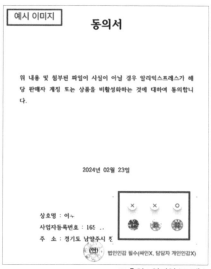

※ 출처 : 알리익스프레스

엄청난 고객 트래픽, 떠오르는 공동구매 강자 : 올웨이즈

공동구매 시장은 카카오스토리 채널, 네이버밴드 공동구매가 시장을 이끌다가 SNS 자체의 하향 트렌드로 인해 해당 공동구매도 하향 트렌드를 겪게 되었다. 이후에는 SNS에 영향을 받지 않는 앱 공동구매로 트렌드가 넘어갔다. 특히 제이슨그룹이 주도하는 삼총사 공동구매 앱(심쿵할인, 할인중독, 공구마켓)이 공동구매 시장의 강자가 되었다.

그런데 2021년 9월 런칭한 올웨이즈가 무섭게 성장해 2023년부터 앱 공동구매 시장의 독보적인 최강자로 떠올라 알리익스프레스, 테무와 함께 2023년 가장 많이 성장한 쇼핑몰이 되었다. 올웨이즈는 전통의 강자 오픈마켓, 종합몰을 위협하는 고객 트래픽을 가지고 있다. 와이즈앱에 따르면 2023년 종합몰 앱 사용자 수에서 전체 쇼핑몰 앱 중 8등을 차지했을 정도이다. 올웨이즈는 7억 명 이상이 사용하는 중국 2등 쇼핑몰 핀둬둬를 벤치마킹해서 출발했는데 한국에서도 성공적인 결과를 만들어내고 있다.

팀 구매로 폭발적인 성장을 하고 있는 올웨이즈

※ 출처 : 올웨이즈

올웨이즈는 팀 구매 기반 커머스 서비스인데 이 팀 구매 기반이라는 말이 쉽게 이해되지 않을 것이다. 보통 우리가 사용하는 커머스는 개인 기반으로 한 서비스로서 구매까지의 여정을 최대한 간편하게 할 수 있도록 편의성을 중시한다. 예를 들어 쿠팡은 물류 센터, 배송 인력에 과감히 투자해서 당일배송, 익일배송과 같은 편의성에 집중해서 빠르게 성장할 수 있다. 하지만 이러한 편의성을 제공받기 위한 비용은 구매한 상품에 그대로 녹아들 수밖에 없다.

이러한 생각으로 올웨이즈는 커머스의 본질인 편의성보다 가격에 집중했다. 상품을 시장에서 가장 저렴하게 구매하기 위해서 팀원들을 모집하고 필요한 팀원이 모이면 저렴하게 구매할 수 있는 프로세스를 구성했다. 이러한 팀 구매 방식을 통해 결제된 상품은 모두 판매자가 직접 고객에게 전달한다. 즉, 판매자와 구매자가 직접 연결됨에 따라 상품 가격 상승 요인들(보관 비용, 유통 비용, 마케팅 비용)이 제거되어 고객은 최저가로 상품을 구매할 수 있게 된다.

2024년 8월 주요 종합몰 앱 TOP10 설치자와 사용자 현황

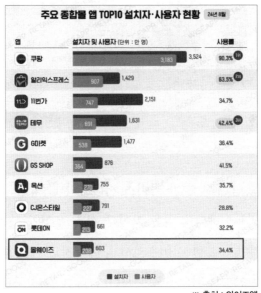

※ 출처 : 와이즈앱

이런 성장성에 힘입어 모바일 팀 구매 커머스 플랫폼 올웨이즈 운영사 레브잇은 2023년 6월 600억 원 규모의 시리즈 B 투자를 유치했다. 총 누적 투자유치 금액은 869억 원을 넘었다.

모든 쇼핑몰은 처음에는 판매자들에게 수익을 주다가 쇼핑몰이 성장하면서 판매자들의 수익은 줄어들게 정책이 나온다. 그렇기 때문에 처음에 올웨이즈에 입점해서 고수익을 올리다가 고인물이 돼서 안정적인 수익을 만들어야 한다.

고객층 및 주력 상품군

올웨이즈의 주력 고객은 구매력이 높은 30~50대 여성 고객인데 초기에는 타깃을 그쪽으로 잡았지만 향후에는 가성비를 중시하는 전 연령 고객대로 확대할 계획이다. 젊은 층을 끌어들이기 위해 올

2023년 7월~11월 성별, 연령별 모바일 앱 순위

※ 출처 : 아이지에이웍스

팜 같은 게임 마케팅을 런칭해 큰 효과를 보고 있다. 주력 상품군은 식품, 생활용품, 주방용품이다. 특히 식품에 대한 선호가 높은데 재구매가 활발하다.

팀 구매 기반 쇼핑몰

올웨이즈의 가장 큰 특징 중 하나가 바로 공동구매 개념의 팀 구매이다. 혼자서 구매하면 비싸고 팀 단위로 구매하면 가격이 싸지는 것이 특징이다.

- 조금 더 비싸더라도 빠르게 구매하고 싶다면
  → 개인 구매가(온라인 최저가)로 구매(1인 구매)
- 팀이 모일 때까지 기다려서 낮은 금액으로 구매하고 싶다면
  → 팀 구매가로 구매(2인 구매 = 공동구매 형식)

팀 구매가는 온라인 최저가 대비 30~50% 낮춰 해야 하며 더불어 개인 구매가와 팀 구매가는 최소 10% 초과(10% + 1원 이상)의 차이가 있어야 한다. 가령 개인 구매가가 1만 원이라면 팀 구매가는 9,000원이 아닌 8,999원 이하로 설정해야 한다. 올웨이즈의 모든 상품은 무료배송으로 팀 구매가에는 배송비를 포함해 최저가로 설정되어야 한다.

올웨이즈만의 강점

단기간에 폭발적으로 성장한 올웨이즈에는 저렴한 수수료 이외에도 많은 판매자, 고객들을 끌어모은 장점들이 있다. 올웨이즈만의 장점들에 대해 하나하나 알아보도록 하자.

(1) 낮은 수수료

올웨이즈로 판매자들이 몰리는 이유 중의 하나는 바로 업계 최저 수준의 수수료라는 점 때문이다. 일반적인 오픈마켓의 경우 수수료는 보통 10%를 넘는데 반해 올웨이즈는 모든 카테고리에 대해 업계 최저 수준인 3.85%(부가세 포함)의 수수료만 부과하고 있다(플랫폼 수수료 0원, PG사 수수료 3.85%). 각종 딜, 행사 참여 시에도 수수료는 동일한데 상이한 경우는 해당 행사 페이지에서 확인이 가능하다. 3.85% 이외 별도의 입점비와 결제 수수료는 발생하지 않는다.

이런 낮은 수수료 때문에 올웨이즈는 무료배송이면서도 온라인 최저가 이하의 가격으로 판매하는 것이 가능한 구조이다. 그리고 온라인상에 가격 노출이 되지 않기 때문에 온라인 최저가 관리를 해야 하는 업체들에게 매우 유리하다.

업계 최저 수준의 수수료, 비용 구조의 올웨이즈

비교	올웨이즈	A사	B사
수수료	3.85%(부가세 포함)	평균 10.8%	12%
서버 비용	X	월 5만 5,000원(월 매출 100만 원 이상 시)	월 9만 9,000원(월 매출 20만 원 이상 시)
온라인 가격 노출	비노출 (폐쇄몰 구조)	노출	노출
품절/배송 지연 패널티 비용	X (판매자 점수만 차감)	패널티 비용 지불	패널티 비용 지불
정산	구매 완료 후 2~3주 내	구매 확정일 기준 매월 말	배송 완료 당월 말일+35일 내

※ 출처 : 올웨이즈

(2) 상품명, 썸네일의 자유도

쿠팡, 네이버쇼핑 같은 대형 쇼핑몰의 경우 상품명이나 썸네일에 제약 사항이 많다. 규정을 지키지 않으면 상품 등록이 안 되거나 상위 노출에 불이익이 있어서 고객을 끌어들이는 자극적인 상품명이나 썸네일을 사용할 수가 없다. 그러나 올웨이즈는 이런 제약 사항이 없어서 판매자의 역량에 따라 상품명, 썸네일로 다양한 고객 후킹 유입

올웨이즈의 자극적인 상품명과 썸네일

※ 출처 : 올웨이즈

612

이 가능하다. 심지어 상품명에 하트, 별 마크 등 이모티콘도 사용할 수 있고 썸네일에 큼지막한 후킹 멘트도 넣을 수 있다.

(3) 매출을 보장하는 CPS 광고

쇼핑몰의 일반적인 광고는 매출 여부와는 상관없는 클릭 광고, 배너 광고 등이 대부분이다. 그러나 올웨이즈는 발생한 매출에 대해서만 광고비를 부과하는 판매 보장 CPS(Cost Per Sales) 광고를 운영한다.

키워드 검색 후 '판매'가 이뤄져야 광고 비용이 소진되는데 키워드는 최대 열 개까지 선택할 수 있다. 이러한 CPS 광고는 쇼핑몰 업계에서 혁신적인 내용으로 판매자들의 엄청난 호응을 얻고 있다. 보통은 판매가 되지 않아도 광고비를 내야 하는데 CPS 광고는 판매가 돼야 광고비를 내니 판매자들이 열광할 수밖에 없다.

(4) 게임 마케팅

올웨이즈는 젊은 층 추가 고객 확보와 구매전환, 체류 시간 확대를 위해 게임 마케팅을 진행하고 있다. 벤치마킹한 중국 핀둬둬에서 큰 성공을 거둔 작물 키우기 온라인 게임을 '올팜'이라는 이름으로 올웨이즈에서 출시하고 큰 성과를 거두고 있다. 올팜의 성공은 마켓컬리 등 다른 쇼핑몰업체에서도 게임 마케팅에 뛰어들게 된 결정적인 계기가 되었다.

올팜 같은 게임을 '팜게임'이라고 하는데 팜게임이란 게임을 통해 농사를 짓는 것을 의미한다. 쇼핑몰 플랫폼 내의 팜게임을 플레이하면 이용자가 게임 속에서 키운 작물을 집으로 배송받거나, 식료품을 구매할 수 있는 쿠폰 등의 혜택이 주어진다. 올팜의 성공 이후 올웨이즈는 양파 게임, 올워크 등 다른 게임 마케팅도 진행하면서 고객을 모으며 충성도를 강화하고 있다.

다양한 게임 마케팅 올팜, 양파 게임, 올워크

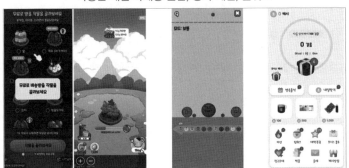

또한 게임 광고라는 것을 만들어서 추가 구매를 유도하고 있다. 작물을 키우는데 상품을 사거나 구경하면 빨리 키울 수 있는 비료, 물 등을 제공하는 심리를 이용해 게임 광고를 활용하고 있다. 올팜 광고는 올웨이즈 광고의 주력 광고 중의 하나인데 종류도 매우 다양하다. 가령 올팜 '오늘의 특가' 광고는 고객이 올팜의 광고를 30초 이상 보면 작물을 키우기 위한 물을 주는 광고이다. 이때 상품이 마음에 들면 추가 구매가 발생하고 고객에게는 대량의 고급비료를 추

가로 주는 구조이다. 여러 개의 상품을 한 번에 노출할 수 있어 상품들의 노출을 극대화하고 효율을 높일 수 있다.

결제 대금 정산

올웨이즈의 매출 정산은 구매확정이 된 주로부터 일주일 후의 금요일에 지급한다. 구매확정은 배송완료일 기준 7일이 지난 시점인데 판매 요일에 따라 12~18일 정도 소요될 수 있다. 월요일부터 일요일까지 배송완료된 주문 건이 7일 후 자동으로 구매확정 되며, 차주 금요일에 정산이 이루어진다. 다음의 예시를 보면 9월 6일부터 9월 12일까지 배송완료된 상품의 경우 최종 정산일은 9월 24일인 것을 알 수 있다.

올웨이즈 정산일 예

※ 출처 : 올웨이즈

올웨이즈 광고 구좌

올웨이즈가 급성장함에 따라 매출을 올리기 위해서 광고의 필요성이 높아지고 있다. 네이버쇼핑, 쿠팡, 오픈마켓 대비 광고비를 훨씬 적게 쓰고도 높은 매출을 올릴 수 있어 광고의 인기가 높아져만 가고 있다. 향후 올웨이즈가 더욱 성장하면 광고비도 비례해서 올라갈 것이기 때문에 효율이 높은 지금 적극 공략해야 한다. 광고 집행은 판매자센터의 '광고 관리' 메뉴에서 하면 된다.

올웨이즈의 광고 구좌는 크게 세 개인데 다음과 같다.

⑴ 파워 퍼포먼스 광고

파워 퍼포먼스 광고(CPC; Cost Per Click)란 제품을 검색화면 등의 최상단에 노출해 구매를 촉진하는 광고이며 판매 보장 광고(CPS)의 상품보다 상단에 노출된다. 키워드는 최대 30개까지 설정 가능한데 판매된 부분과 무관하게 클릭이 될 때마다 차감되는 광고이다. 광고 입찰가는 90원부터이며, 입찰에 성공하면 실제 입찰가보다 저렴한 차순위 입찰가를 기준으로 차감된다. 만약 차순위 상품보다 좋은 등급의 상품일 경우, 입찰가는 최대 15%까지 할인된다. 단, 차순위 상품보다 상품 점수가 많이 떨어지는 경우 입찰가는 0~20% 더 부과될 수 있다. CPC 과금 방식으로 노출 수와 상관없이 실제 광고를 클릭했을 때만 광고비가 차감된다.

⑵ 판매 보장 광고

판매 보장 광고(CPS; Cost Per Sales)는 키워드 검색 후 '판매'가 이뤄져야 광고 비용이 나가는 방식이다. 클릭 시 광고 소진액이 발생하는 타 플랫폼의 CPC 광고와 다른 CPS 광고이다.

올웨이즈 앱의 키워드 검색 결과 화면 내 상단 혹은 중단에 광고가 노출되는데 1번의 파워 퍼포먼스 광고보다는 노출 순위가 낮다. 오픈마켓 최저가보다 비싼 상품은 광고를 노출하지 않으며 키워드는 최대 열 개까지 설정 가능하다. 광고 상품의 경우 수시로 상품 등급 테스트를 진행해 ROAS(Return on ad spend; 광고 수익률)가 변경된다. ROAS 변경 시 판매자센터에 기재되어 있는 판매자 전화번호로 문자메시지가 발송된다.

(3) 올팜 광고

올팜 광고는 게임을 하는 고객들에게 보여지는 광고인데 보통 3일간 광고 단가에 따라 랜덤 노출되는 광고이다. 오늘의 특가, 낙엽, 미니 게임, 퀴즈 등 다양한 광고가 있는데 게임 활성화가 진행되면서 게임 광고에 대한 판매자들의 관심도 높아져가고 있다. 올팜 광고는 중간에 수정이 불가능하기 때문에 광고를 중단하고 다시 재신청을 해야 한다.

올팜 '오늘의 특가' 광고

※ 출처 : 올웨이즈

올웨이즈 입점 신청

입점은 올웨이즈 판매자센터에서 입점사 신청을 하고 세부 사업
자등록 및 추가 정보 입력을 하면 된다. 단, 해외 구매대행 사업자,
해외 사업자, 사업자등록이 되어 있지 않은 경우는 입점이 안 된다.

올웨이즈 입점 신청서 양식

전 국민 기반의 통신사 회원몰, T딜·K딜·U+콕

전 국민을 고객 기반으로 하는 일반인들 및 판매자들에게도 잘 알려지지 않은 숨은 알짜 쇼핑몰이 있다. 바로 SK, KT, LG유플러스가 운영하는 통신사 회원몰인데 이 쇼핑몰들은 통신사 가입 회원들만 이용하는 폐쇄몰이다. 온라인상에 상품 및 가격이 노출되지 않기 때문에 네이버쇼핑 같은 가격비교 사이트에서 발견할 수가 없다. 오직 해당 통신사 쇼핑몰 앱에서만 구매할 수가 있다.

우리나라는 거의 전 국민이 휴대폰을 가지고 있기 때문에 고객 기반은 정말 탄탄하다고 할 수 있다. 실제 구매 고객은 그렇게 많지 않더라도 워낙 모수가 되는 회원 수가 많기 때문에 쏠쏠한 매출이 나오는 폐쇄몰이다. 대부분의 온라인 유통 판매자들이 해당 폐쇄몰을 모르기 때문에 쇼핑몰 내 경쟁도 매우 약하다.

통신사 폐쇄몰은 휴대폰 문
자메시지를 기반으로 성장해서
문자커머스라고도 불린다. 처음
에는 통신사의 가입자에게 최
저가 상품을 추천해주는 부가
서비스로 시작했다가 생각보다
거래량이 급속도로 커지자 통
신사에서 투자 및 서비스 확대
를 시작했다. 이 폐쇄몰은 통신
사가 보유한 고객의 성별, 연령,
지역, 위치, 검색어 등의 빅데이

문자커머스로 시작해
급성장하고 있는 통신사 폐쇄몰

※ 출처 : T딜

터를 기반으로 인공지능이 '구매할 가능성이 높은' 고객을 발굴하
고 상품을 추천하는 것이다. 이런 문자 커머스는 2020년 SK텔레콤
이 처음 시작했는데 문자커머스라는 이름이 붙게 된 이유는 문자를
보내서 마케팅하기 때문이다.

판매 방식은 통신사에서 빅데이터를 분석해서 선정한 제품을 구
매 가능성이 가장 높은 이용자 군에 구매 링크나 쿠폰을 문자로 보
내주는 것이다. 마케팅 정보 수신 동의한 고객에게 개인화된 마케
팅 문자를 발송하고 별도의 회원가입 없이 바로 상품을 구매할 수
있는 것이 문자 커머스의 특징이다. 이렇게 문자메시지로 출발했지
만 시장이 커지자 통신사 모두 별도의 모바일 앱을 만들어서 폐쇄

몰 형식으로 운영 중이다.

통신사 입장에서 자사 가입자만을 대상으로 운영하는 폐쇄몰이다 보니 타사 고객을 유치하기 위한 제로섬 게임을 할 필요가 없고 폐쇄몰 형태의 운영을 표방하면서 온라인 최저가 상품을 입점시켜 가격경쟁력을 갖췄다. 이런 이유 때문에 재구매율도 매우 높은데 T딜이 공개한 2022년 자료를 보면 재구매율이 무려 74%에 달하기도 했다.

문자 커머스는 SK텔레콤이 2020년 4월부터 'T딜'이라는 이름으로 처음 시작했고 이어서 2021년 7월에 KT에서 'K딜'이 론칭했고, LG유플러스는 2021년 7월 'U+콕' 서비스를 시작했다. 네이버쇼핑, 쿠팡, 오픈마켓 같은 메이저 쇼핑몰처럼 성장하지는 않겠지만 통신사 폐쇄몰은 경쟁이 적은 블루오션 쇼핑몰로서 충분히 공략해 볼 가치가 있다.

여기에서는 가장 매출이 잘 나오고 활성화된 SK가 운영하는 T딜을 집중적으로 알아보고 KT의 K딜, LG 유플러스의 U+콕에 대해서도 알아보도록 하겠다.

T딜

T딜은 SK가 운영하는 회원제 폐쇄몰로 우리나라 1등 통신사 폐쇄몰이다. T딜이 매출이 잘 나오고 블루오션이라는 얘기가 일부 E

커머스 관련 유튜브에서 나온 이래로 관심이 집중되고 있다. 폐쇄
몰이라 가격이 노출되지 않아서 가격을 지키면서 큰 매출을 만들려
는 판매자들이 많이 이용하고 있다.

T딜 프론트 노출 구좌 ———

T딜 프론트 노출 구좌란 PC, 모바일 앱 진입 시 보여지는 영역인
데 홈, 브랜드 대전, 요일 특가, 기간 특가, 주말 특가 등이 있으며
세부 내용은 아래와 같다.

비교	홈	브랜드 대전	요일 특가	기간 특가	주말 특가
구좌 설명	티딜 메인 영역	브랜드 런칭 및 강화를 위한 구좌	매출 부스트를 위한 특가딜 운영 구좌	스테디 상품 발굴을 위한 구좌	주말 매출 부스트를 위한 구좌
상세	– 각 구좌의 메인딜 큐레이션 + 티딜 매출/판매 등 베스트 상품 자동화	– 브랜드 메인딜 + 일반딜	– 화요 특가/목요 특가 오픈 – 예상 매출 5000만 원 이상 메인딜 운영 가능 – 구좌 매출 목표 일 4억 원	– 예상 매출 1000만 원 이상 발송 지원 검토	– 금요일부터 일요일 동안 오픈 – 주말 베스트 상품 운영
운영 상품 SKU	최대 200개	최소 4개부터	60개부터	제한 없음	60개부터
운영 기간	상시	최소 2일, 최대 7일 (월 00시 오픈)	1일 (화/목 00시 오픈)	최소 3일, 최대 7일 (월/화/목/금 00시 오픈)	3일 (금 오전 10시 오픈)

T딜의 프론트 노출 구좌 예

※ 출처 : T딜

T딜 발송 구좌

T딜은 SKT 3000만 고객 빅데이터를 AI로 분석해 월 평균 약 1억 건 이상의 발송을 통해 매출을 활성화시키고 있다. 상품·이벤트 관

구좌	특징
매출 성과 상위 상품	상시 판매 진행 상품 중 매출 성과 우수 상품 발송
스타딜	발송 성과 우수 상품 발굴을 목적으로 하는 발송
pick	MD가 직접 추천한 상품으로 운영하는 발송
콘텐츠	1+1, 9,900원, 베스트 등 기획 구좌 발송
해시태그	시즌성/발굴성 해시태그 발송
이벤트	요일 특가, 기간 특가, 브랜드 대전, 주말 특가 등 메인 노출 구좌 안내 발송

발송 구좌 노출 영역 예

런 다양한 문자메시지, 앱푸시를 통해서 발송이 된다.

프론트, 발송 구좌 선정 기준 ────

1. 트렌드(시즌성)

2. 성과 우수 상품(기존 매출, 타 쇼핑몰 매출)

3. MD 선정 상품

4. 특가(이벤트) 상품

　T딜은 위의 네 가지를 고려해 프론트, 발송 구좌가 선정되는데 어떤 구좌에 들어가느냐에 따라 내 상품의 매출이 엄청나게 나올 수도 있고 폭망할 수도 있다. 그래서 T딜에서 큰 매출이 나왔다고 말하는 판매자들은 좋은 구좌를 받았을 확률이 높다. 다른 MD몰들과 마찬가지로 T딜도 MD와의 커뮤니케이션이 특히 중요하다. MD

랑 소통이 잘되면 좋은 구좌에 들어갈 수도 있고 소통이 잘 안 되면 아무리 좋은 상품을 제안해도 좋은 구좌를 받지 못할 수도 있다.

상품, 리뷰, 파트너사 페널티 ———

T딜은 페널티 제도를 운영하는데 페널티를 받으면 판매에 심각한 타격을 받고 심지어 계약 해지도 발생하기 때문에 항상 주의해야 한다.

입점 조건 ———

(1) 온라인 최저가 & 무료배송

T딜은 SK텔레콤 회원들에게 추가 혜택을 주기 위한 회원제몰이기 때문에 온라인 최저가 이하의 판매 가격 및 무료배송은 필수 입점 조건이다. 온라인 최저가보다 100원이라도 싸야 입점이 된다.

(2) 상품성

T딜에 입점을 신청하면 무조건 입점이 되는 것이 아니고 T딜에서 꼼꼼하게 상품을 검증한다. 타 쇼핑몰 플랫폼에서 판매 이력, 리뷰 등을 고려해 입점 여부를 MD가 결정한다.

(3) 수수료율

건강기능식품만 20%이고 나머지 카테고리는 모두 15%이다.

⑷ 정산 조건

전월 구매확정건 기준으로 당월 10일에 세금계산서를 발행하고 당월 25일에 정산 금액이 지급한다.

⑸ 수동 상품 등록 원칙

쇼핑몰 통합관리 서비스를 통한 대량 등록 시 판매가 불가하다. 입점 신청은 T딜 파트너센터에서 하면 된다.

입점신청 시 필수 제출 서류 ──

T딜 입점 시 제출해야 할 필요 서류는 국내 일반 오픈마켓들과 비슷한데 세부 제출 서류는 아래와 같다.

1. 사업자등록증   2. 통신판매업신고증
3. 인감증명서   4. 통장 사본

※ 입점 신청 후 보통 7일 이후에 결과가 나옴

입점 프로세스 ──

T딜에 입점하려고 할 때 진행 프로세스는 다음와 같다.

⑴ 회원가입

파트너센터를 통해 입점 신청 시 자동으로 회원가입이 승인된다.

⑵ 상품 등록, 계약

판매 상품 등록 후 입점 신청 요건 충족 시 전자 계약이 진행된다.

⑶ 상품 판매 시작

상품 판매 승인 시 상품 판매가 시작(승인되면 자동으로 '신상품' 메뉴에 등록됨)된다.

⑷ 전시, 문자 발송

고매출 기록 상품의 경우 T딜 내부 협의 후 메인 프론트 전시, 문자가 발송된다.

⑸ 정산

일정에 맞춰 전월 구매 확정 건에 대해 정산 및 세금계산서가 발행된다.

K딜

K딜은 KT가 운영하는 통신사 회원몰(회원 수 900만 명)인데 SK가 운영하는 T딜에 비하면 고객 트래픽이 매우 적은 편이며 유명 브랜드 위주로 입점이 진행되다 보니 웬만큼 유명하지 않으면 입점이 어렵다. T딜은 소상공인이 주력 판매자이나 K딜은 어느 정도 규모

있는 브랜드사만 입점이 이루어지고 있다. K딜도 문자커머스에서 출발했으며 T딜과 마찬가지로 다양한 상품, 이벤트를 문자 메시지, 푸시앱 등을 통해 홍보하고 있다. T딜처럼 얼마나 좋은 구좌를 받느냐가 매출의 핵심 관건이다. MD와의 커뮤니케이션이 전체 매출을 결정한다.

KT가 운영하는 회원몰 K딜

※ 출처 : K딜

(1) 입점 상품 조건

K딜은 온라인 최저가에 무료배송 조건이어야 입점 제안이 가능하다. 단, 도서, 산간 지역은 추가 배송비 설정이 가능하다.

(2) 수수료

수수료는 15%를 기본으로 하되 특수 상품이나 행사 상품의 경우 MD와의 협의를 거쳐 조절이 가능하다.

(3) 정산 조건

당월 구매 확정 주문에 대해 익월 10일까지 세금계산서가 발행되고 말일 정산 금액이 지급된다.

⑷ 쿠폰 행사 할인금액

쿠폰 행사 할인금액은 100% K딜에서 부담한다.

⑸ 입점 제안

입점 제안은 K딜 파트너센터에서 하면 된다.

올웨이즈 입점 신청서

※ 출처 : 올웨이즈

K딜 상품 제안 리스트

U+콕

U+콕은 LG유플러스가 운영하는 통신사 회원몰이다. U+콕도 유명 브랜드 위주로 입점이 진행되다 보니 웬만큼 유명하지 않으면 입점이 어렵다. U+콕은 T딜, K딜과 달리 LG유플러스 이용 고객이 아니더라도 가입 및 이용이 가능하다. U+콕도 문자커머스에서 출발했으며 T딜과 마찬가지로 다양한 상품, 이벤트에 대해 문자메시지, 푸시앱 등을 통해 홍보를 하고 있다. T딜과 마찬가지로 얼마나 좋은 구좌를

LG유플러스가 운영하는 회원몰 U+콕

받느냐가 매출의 핵심 관건이며 역시 MD와의 커뮤니케이션이 전체 매출을 결정한다.

U+콕도 다른 통신사 회원몰처럼 온라인 최저가에 무료배송 조건이다. 이 조건이 안 되는 상품들은 상품 제안을 해도 승인이 떨어지지 않는다. 수수료는 건강기능식품은 20%이고 나머지 카테고리는 15%이다. 입점 신청은 U+콕 모바일 앱 최하단의 '입점 신청' 메뉴에서 신청하면 된다. 담당 MD가 신청서 검토 후 승인 여부를 알려준다.

U+콕 상품 제안 리스트

※ 출처 : U+콕

블루오션 폐쇄몰 :
토스 회원몰, 캐시워크 회원몰

2024년 7월 기준 전체 고객 2688만 명의 막대한 고객기반을 보유하고 있는 금융 앱 토스는 보통은 금융 관련 서비스를 하는 것으로 알고 있다. 그런데 토스도 회원들 대상으로 하는 회원제 폐쇄몰 토스쇼핑을 운영하고 있다. 그리고 회원가입 수 2100만 명을 돌파한 국민 적립형 만보기 앱 캐시워크도 회원들 대상으로 회원제 폐쇄몰 캐시딜을 운영하고 있다. 이들 회원제 폐쇄몰은 막대한 회원 수를 기반으로 꾸준히 성장하고 있다.

눈치 빠른 판매자들은 남들보다 먼저 이들 회원제 폐쇄몰에 입점해서 쏠쏠한 매출을 올리고 있다. 일단 토스쇼핑, 캐시딜을 대부분의 판매자들이 모르기 때문에 입점 판매자 수도 적고 판매자들 간 경쟁도 매우 낮다. 이번 챕터에서는 숨겨진 블루오션 알짜 폐쇄몰 토스쇼핑과 캐시딜에 대해 알아보도록 하겠다.

토스쇼핑

금융 서비스 토스페이는 개인의 모든 금융 내역을 한눈에 조회하고 한 곳에서 관리할 수 있게끔 만들어진 모바일 금융 서비스이다. 토스에서는 돈 관리, 지출부터 일정, 계좌 잔액 등 일자별 소비와 수입까지 한 번에 볼 수 있다. 또한 신용 관리 기능도 편리하게 만들어져 현재는 전체 가입자 수 2668만 명, 월간 활성 유저 수 1520만 명으로 전 국민 3명 중 1명이 쓰고 있는 앱이 되었다. 이런 토스에서 회원들 대상으로 만든 회원제 폐쇄몰이 바로 토스쇼핑이다.

토스 앱에 들어가서 토스페이를 클릭하면 토스쇼핑몰이 나온다. 토스쇼핑몰에는 타 쇼핑몰과 다른 기능이 하나 있는데 바로 해당 상품을 구경한 사람의 숫자가 나온다는 점이다. 토스의 메인페이지에 있는 상품들의 구경 숫자를 보면 보통 몇 백만, 몇 십만까지 최소 몇 만 단위이다. 물론 메인페이지에 있는 상품들은 매출도 엄청나게 많이 나온다. 입점이 쉽지 않아 그렇지 입점만 하면 매출은 잘 나온다고 고수들 사이에서는 이미 널리 알려져 있다. 특히 온라인 최저

토스에서 운영하는
회원제 폐쇄몰 토스쇼핑

※ 출처 : 토스쇼핑

가를 건드리지 않으면서 폭발적인 매출을 만들려고 하는 제조업체들이 토스쇼핑에서 많은 물량을 빼고 있다.

토스쇼핑은 일반 MD몰들처럼 MD들이 좋은 상품을 선정해 노출해주는 구조이다. 당연히 MD들과 끈끈

엄청난 고객 트래픽을 자랑하는 토스쇼핑

※ 출처 : 토스쇼핑

한 관계가 되어야 폭발적인 매출을 만들 수 있다. 압도적인 트래픽을 자랑하는 토스 쇼핑 광고도 잘 이용하면 큰 매출을 만들 수 있다. 치열한 경쟁으로 효율이 안 나오는 네이버쇼핑, 오픈마켓 광고를 하느니 토스쇼핑 광고가 훨씬 좋은 선택일 것이다.

토스쇼핑 상위 노출

토스쇼핑은 타 쇼핑몰과 달리 입점 하자마자 매출이 나오는 구조이다. 입점 상품도 적고 상품 노출 및 고객 트래픽이 너무 많아서 어느 정도 메리트 있는 상품이면 바로 매출을 만들 수 있다. 토스쇼핑은 처음 등록 후 일주일 안에 매출이 나와야 상단에 올라가는 구조이기 때문에 입점 후 처음 일주일에 모든 힘을 다해 매출을 만들어내야 한다. 첫 일주일에 매출이 적으면 노출 순서에서 뒤로 밀려서 이후 매출을 기대하기 어렵다.

토스는 하루에 두 번 14시, 21시에 상품 노출 순위가 바뀌고 처음 등록하면 모든 상품이 동일하게 1,000명에게 노출되는데 이때 클릭수, 구매율에 따라 그다음 노출 순위가 정해진다. 상품 경쟁력만 좋다면 큰 매출을 기대해 볼 수 있다. 신규 등록 상품에 이렇게 공정한 노출 기회를 보장하는 쇼핑몰은 거의 찾아보기 힘들다.

타깃 고객 & 인기 상품군 ─────

토스쇼핑의 주력 고객층은 4050 여성이고 식품, 패션, 뷰티 카테고리 상품이 특히 인기가 높다. 그래서 4050 여성이 좋아할 만한 상품으로 공략하는 것이 좋은데 내가 공략하려고 하는 상품을 검색해보고 구경한 사람이 많은지 확인해서 해당 상품군의 선호도를 판단하면 된다. 구경 수가 적어도 1만 건은 넘어야 어느 정도 수요가 있는 상품이라고 할 수 있다.

토스쇼핑에서 인기가 높은 식품, 뷰티 카테고리

※ 출처 : 토스쇼핑

썸네일 ───

토스쇼핑은 쿠팡처럼 스크롤을 내릴 때 중단 없이 끊임 없이 상품이 보여지는 상품노출 방식이라 썸네일이 무조건 튀어야 한다. 다행히도 토스쇼핑에는 네이버쇼핑, 쿠팡처럼 흰바탕에 누끼 딴 상품 이미지만 허용하는 규정이 없기 때문에 썸네일은 무조건 고객 눈을 확 사로잡을 수 있게 화려해야 한다. 썸네일은 최소 크기 600*600, 1:1 비율만 등록이 가능하다. 타 쇼핑몰에서 일반적으로 1,000*1,000을 사용하는데 1:1 비율이므로 별도의 수정 없이 등록이 가능하다. 하지만 썸네일은 등록하면 수정이 불가능하니 신중하게 결정해야 한다.

광고 이미지 ───

토스쇼핑에 상품 등록 시 썸네일 이외에 광고 이미지도 등록해놓으면 좋다. 광고 이미지를 등록하면 무료 광고 구좌에 노출될 확률이 높은데 별도의 비용을 내지 않고 노출 확률을 높이기 위해 토스에서 요구하는 이미지 크기를 꼭 준비해서 등록해야 한다. 광고 이미지는 최소 600*240, 2.5:1 비율만 가능한데 광고 이미지는 직사각형이어야 한다. 그런데 귀찮다고 그냥 가장 많이 사용하는 정사각형 이미지 두 개를 붙여서 만들면 상품승인 반려의 사유가 된다. 광고 이미지 역시 등록하면 수정이 불가능하니 신중하게 결정해야 한다.

상세페이지 ──

상세페이지는 5MB 이하 JPG, PNG, GIF 파일 형식이 등록 가능한데 최소 가로 크기가 600이므로 타사 쇼핑몰에서 제작된 것이 있다면 그대로 등록해도 무방하다. 상세 설명은 추후 수정은 가능하나 통 이미지를 넣고 추후 수정을 하게 되면 매우 번거로운 작업을 통해 수정을 해야 한다. 따라서 처음 상품을 등록할 때 상품페이지를 최대한 여러 조각으로 이미지 분할을 해 등록해주는 게 좋다.

매출 확대 전략 ──

토스쇼핑은 1+1, 1+1+1, 2+2+2, 2+1, 3+1과 같은 추가 증정 이벤트에 대한 반응이 높기 때문에 상품을 기획할 때 1+1과 같은 증정 상품을 기획하는 것이 좋다. 토스쇼핑은 전 상품 무료배송이 원칙이라서 타쇼핑몰에는 없는 1+1 기획 상품을 무료배송할 수 있는 신규 제품으로 새롭게 기획해 가격비교가 되지 않으면서도 내 마진을 챙길 수 있는 상품군을 만드는 것이 중요하다.

토스쇼핑에서 인기 있는
N+1 추가 증정 상품군

※ 출처 : 토스쇼핑

고객CS ―――

토스쇼핑은 고객CS가 모두 1대1 문의라서 많이 귀찮다. 배송 문의, 반품·교환, 배송 지연, 상품 불량 등 매출이 많아지면 많은 CS 문의가 발생하게 된다. 그래서 CS 메뉴얼을 만들어서 고객 문의 내용에 따라 복사와 붙여넣기로 신속하게 해결하는 것이 좋다.

토스페이 가입 ―――

토스쇼핑은 토스페이로만 결제가 가능하기 때문에 정산을 위해 토스페이 가맹점 신청이 필수이다. 별도로 신청 방법을 찾을 필요 없이 토스쇼핑 입점 과정에 포함되어 있다.

수수료 및 정산 ―――

토스쇼핑의 수수료는 상품 판매 수수료 8%+토스페이 결제 수수료로 이루어진다. 토스페이 결제 수수료는 판매자의 국세청 등급에 따라 상이한데 다음 표를 참고하면 된다. 정산은 구매확정일 기준 D+2 영업일에 결제 수수료와 상품 판매 수수료를 차감 후 정산한다. 매월 1영업일 오전에 전월에 대한 수수료 세금계산서를 토스에서 발행한다.

입점 신청 및 필요 서류 ―――

토스쇼핑의 입점 신청은 토스쇼핑 판매자센터에서 하면 된다. 개

부가세 별도

등급	연매출	신용·체크카드	계좌 결제
영세 사업자	3억 원 미만	1.6%	1.6%
중소1 사업자	3억~5억 원	1.9%	1.9%
중소2 사업자	5억~10억 원	2.15%	2.15%
중소3 사업자	10억~30억 원	2.4%	2.4%
일반 사업자	30억 원 초과	3%	3%

※ 출처 : 토스페이

인사업자는 사업자등록증만 있으면 되며 법인사업자는 사업자등 록증, 법인등기부등본(3개월 이내), 실제소유자 확인 서류(주주명부, 정 관 등), 법인인감증명서(계약대리인일 때만, 3개월 이내)가 필요하다. 입 점 신청 시 회사 홈페이지 주소와 가맹점 홈페이지 주소를 입력하 는 항목이 있는데 만약 홈페이지가 없다면 판매하고 있는 스마트스 토어, 쿠팡, 오픈마켓의 본인 상점 주소를 적으면 된다.

캐시딜

캐시워크는 2100만 명이 사용하는 대한민국 1등 헬스케어 앱으 로 100걸음 걸으면 1캐시가 지급되는 앱테크 수익 창출로 유명하 다. 그리고 앱상의 퀴즈들의 정답을 맞히면 캐시가 추가로 지급된 다. 하루의 유저트래픽이 무려 1억 3,000번이다. 이런 캐시워크에서 회원들 대상으로 만든 회원제 폐쇄몰이 바로 캐시딜이다. 캐시워크

앱에 들어가서 캐시딜을
클릭하면 캐시딜에 들어갈
수 있다.

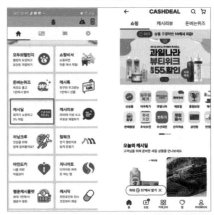

캐시워크 회원들을 위한 폐쇄몰 캐시딜

캐시워크에서 운영하는
캐시딜은 회원들이 캐시워
크 활동을 통해 모은 캐시
를 가지고 상품을 구매할
수 있는 회원제 쇼핑몰이

※ 출처 : 캐시워크

다. 캐시워크에서 모은 캐

시들을 가지고 구매하는 폐쇄몰이기 때문에 언제나 일정 수준 이상
의 안정적인 매출을 유지할 수밖에 없는 구조이다. 캐시워크 회원
들도 열심히 걷거나 퀴즈를 풀고 적립한 캐시를 가지고 쇼핑을 하
는 즐거움을 얻을 수 있다. 게다가 캐시딜에서 적립한 캐시로 상품
을 구매하면 구매 금액의 기본 5%를 추가로 적립도 해준다. 일반
구매 고객들은 구매 금액의 7%를 적립해준다.

보통 회원제 폐쇄몰이 매출이 나오냐 안 나오냐는 해당 폐쇄몰의
회원들이 기본 포인트가 있냐, 없냐에 달려 있다. 아무리 회원 수가
많은 폐쇄몰이라도 기본적으로 제공되는 포인트제도가 없는 경우
매출이 형편 없는 경우가 많다. 캐시딜은 이런 면에서 봤을 때 매력
적인 폐쇄몰이다. 회원들이 적립된 캐시를 가지고 캐시딜에서 구매
를 할 수밖에 없는 구조이기 때문에 매월 안정적인 매출을 기대해

볼 수 있다.

온라인 판매자들이 캐시딜이 있다는 것을 잘 알지도 못하기 때문에 입점 상품 및 입점 판매자 숫자는 캐시딜 규모에 비해 매우 적은 상황이다. 먼저 선점한 판매자들이 안정적으로 고마진을 올리고 있는 상황이라 여건이 되는 판매자라면 지금 당장 입점해서 판매를 해야 할 온라인 유통 채널이다.

캐시딜은 광고 구좌도 꽤 있지만 지금 상황에서는 경쟁이 별로 없기 때문에 광고를 안 해도 어느 정도 매출이 나오는 상황이다. 물론 광고를 하면 더욱 큰 매출도 기대해 볼 수 있다. 추후 캐시딜이 너무 소문이 많이 나서 경쟁이 치열해지면 당연히 매출, 마진은 떨어질 수밖에 없다.

영상 판매 숏핑

영상 판매가 인기를 끌면서 캐시딜에서는 숏핑이라는 영상판매 코너를 운영 중이다. 영상을 보면서 맘에 들면 썸네일 링크를 통해 상세페이지로 가서 구매하는 구조인데 고객 반응이 좋다.

영상을 보면서 쇼핑하는 숏핑

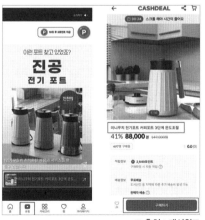

※ 출처 : 캐시워크

입점 상품 조건

캐시딜은 회원들을 위한 회원제몰이기 때문에 다른 폐쇄몰들처럼 온라인 최저가 이하의 가격이어야 입점이 가능하다. 그래서 온라인 최저가보다 100원이라도 저렴해야 입점 신청을 할 수 있다. 온라인상에 가격이 노출이 안 되기 때문에 시장 가격 하락을 원치 않으면서 단기간에 큰 매출이 필요한 제조사 또는 벤더사들이 많이 판매를 하고 있다. 캐시딜의 또 하나 특징 중 하나는 품목별 독점 권한을 준다는 점이다. 정말 경쟁력 있는 상품에 대해서는 품목별로 독점 권한을 줘서 고객이 큰 혜택을 누릴 수 있는 놀랄 만한 최저가 판매가를 제공하고 있다. 위탁판매 상품도 가격경쟁력이 있으면 독점 권한을 받을 수 있다.

주력 고객 및 인기 카테고리

캐시딜의 주력 고객은 40~60대 여성 고객이며 이들을 대상으로 하는 상품이 판매가 좋은데 특히 식품, 패션, 뷰티, 가전, 리빙이 인기가 높다. 가장 매출이 잘 나오는 상품군을 뽑자면 신선식품인데 쌀, 잡곡, 정육, 과일 등의 매출이 가장 우수하다.

제로딜

제로딜은 캐시딜의 대표 타임특가딜이다. 제로딜은 캐시딜이 집중 밀고 있는 특가 행사인데 노출도 많이 시켜주고 그에 따라 매출도 가장 많이 나온다. 하루에 세 번 12시, 18시, 21시에 진행한다. 초초 초특가 가격에 무료배송이 기본 조건이고 MD가 상품을 검토해 경쟁력 있는 상품을 선정한다.

캐시딜의 대표 특가 행사 제로딜

※ 출처 : 캐시워크

매출 활성화 전략 ──

캐시딜은 일반 MD몰들처럼 MD들이 좋은 상품을 선정해 노출해주는 구조이다. 당연히 MD들과 끈끈한 관계가 되어야 폭발적인 매출을 만들 수 있다.

처음 입점이 되면 담당 MD가 1대1로 매칭돼서 1:1 카카오톡방에서 각종 협의를 하게 되는데 MD와 좋은 관계를 유지하기 위해 최선을 다해야 한다. 일단 가능하면 MD가 제안하는 모든 특가 행사, 기획전, 이벤트에 참여하면서 MD와의 컨택을 늘려야 한다. 그리고 MD가 약간 무리한 요구를 하더라도 한 번 손실을 감수하고 들어주게 되면 다음 번부터 더 큰 기회를 계속 가질 수도 있다. MD와의 커뮤니케이션이 잘 안 되면 단순 상품등록 개념이 돼버리며 큰 매출은 기대해 볼 수 없다. 이외에 캐시딜에서 가장 신경을 쓰는 요소가 있는데 바로 품절 취소, 배송 지연, CS 응대 미흡이다. 이 세 가지가 일어나지 않도록 꼭 신경 쓰면서 판매를 해야 한다.

돈버는 퀴즈 광고 ──

캐시워크에서 가장 회원들이 많이 이용하는 '돈버는 퀴즈'에 판매자 상품의 광고를 할 수 있다. 워낙 고객 트래픽이 많은 광고 구좌이기 때문에 상품 가격 경쟁력만 있으면 큰 매출도 기대해 볼 수 있다. 돈버는 퀴즈는 캐시워크 자체의 대규모 회원을 제품 페이지로 직접 보내어 사용자의 흥미를 일으키는 퀴즈 형식으로 제품을 기억한 뒤 구입으로 이어지도록 하는 유일한 광고 상품이다. 잠금화면을 비롯해 다양한 지면들에 노출되어 유저들의 참여를 극대화할 수 있다. 해당 광고 진행은 캐시워크 통합광고팀(ads@cashwalk.io, 070-4365-4291)에 문의하면 된다.

캐시워크 돈버는 퀴즈 광고 노출 및 진행 프로세스

※ 출처 : 캐시워크

판매 수수료 및 정산 ──

캐시워크의 판매 수수료는 일반적으로 15%인데 식품, 가전, 디지털, 여행 카테고리는 8%로 저렴하다. 구매 금액의 5%~7%를 추가로 고객에게 적립해준다는 것을 고려하면 일반 쇼핑몰 대비 정말 낮은 수수료라고 할 수 있다. 정산은 당월 판매 금액에 대해 익월 20일에 입금해주는데 평균 30~40일 걸린다고 보면 된다.

입점 신청 및 필요 서류 ──

입점 신청은 캐시워크 홈페이지 내 캐시딜 메뉴에서 하면 된다. 제출해야 하는 서류는 사업자등록증, 통장 사본, 인감증명서인데 법인사업자는 법인인감증명서를, 개인사업자는 대표자 본인 인감 증명서를 제출해야 한다.

캐시딜 입점 신청 화면

※ 출처 : 캐시워크

김태호 저자가 직접 강의한 유통/온라인 판매 마스터클래스 동영상 교육 '온라인/오프라인 유통 마케팅 마스터클래스'

(5개월 저자 1:1 개인 코칭 포함 & 2025년 강의 촬영 최신판)

저자의 저서 《초보자를 위한 온라인판매 핵심 비밀노트》를 읽고 난 후 온라인 판매/유통에 대해 더 깊게 공부하고 싶은 사람들은 저자가 직접 강의하고 5개월 간 1:1 개인코칭까지 해주는 총 20시간 68강 온라인 동영상 교육 '온라인/오프라인 유통마케팅 마스터클래스'를 추천한다. 특히 온라인 판매/유통 초보자나 우수한 상품을 가진 제조/수입업체 사장님들에게 큰 도움이 될 것이다.

- **교육사이트** : www.retailcampus.co.kr
- **교육 세부 설명 및 강의 신청** : https://cafe.naver.com/aweq123/40976

'온라인/오프라인 유통마케팅 마스터클래스' 교육은 책에서 다룬 기초적인 내용에서 더 나아가서 온라인 판매/유통의 A부터 Z까지 모든 것을 심화해서 다룬 국내 최초 마스터클래스 교육이다. 2025년에 통하는 최신 온라인 판매 노하우와 트렌드를 반영하여 2025년에 저자가 직접 20시간 촬영하였다.

　지면상의 한계로 책에서 다루지 못한 내용과 공개적인 책에서 다루지 못하는 은밀한 온라인 판매/유통 정보 및 노하우를 배울 수 있다. 강의를 듣고 모르는 내용 및 각자 개인별 상황에 따른 온라인 판매/유통 궁금증들에 대해서는 무엇이든, 언제든 강의 수강 기간 5개월 동안 저자에게 무제한 1:1 카카오톡으로 질문을 하면 된다.

　교육 신청은 유통노하우연구회 네이버카페(https://cafe.naver.com/aweq123)에 회원가입 후 전체 필독 공지 게시글에서 할 수 있다.

'온라인/오프라인 유통 마케팅 마스터클래스'
온라인 동영상 교육 목차
(김태호 저자 5개월 무제한 1:1 개인코칭 포함)

Part 1. 온라인/오프라인 유통마케팅 입문

1강	Welcome, 온라인/오프라인 유통마케팅 마스터클래스를 소개합니다.
2강	당신이 유통/마케팅이 안 되는 이유?
3강	온라인/오프라인 유통시장 최신 트렌드
4강	SNS/쇼핑몰 앱 최신 트렌드
5강	온라인 판매 사전준비(사업자등록/통신판매업신고 등)

Part 2. 온라인 유통 채널 완벽분석 & 현재 꼭 해야 할 실전 공략 노하우1

1강	쿠팡 : 국내 유통 전체 1등 커머스
2강	네이버쇼핑 : 쿠팡과 양강구도 구축 커머스
3강	스마트스토어 & 쇼핑윈도 : 네이버 제공 강력한 개인쇼핑몰
4강	오픈마켓 : 힘이 빠지고 있는 전통의 E커머스 강자
5강	종합몰 : E커머스의 프리미엄 유통 채널
6강	홈쇼핑/T커머스/인포머셜 : 리스크 높은, 그러나 폭발적인 매출
7강	전문몰 : 특정 카테고리 최강자

Part 3. 온라인 유통 채널 완벽분석 & 현재 꼭 해야 할 실전 공략 노하우2

1강	SNS 공동구매1 : 카카오스토리/밴드/모바일 앱 공동구매
2강	SNS 공동구매2 : 인스타그램/블로그/네이버카페 공동구매

Part 7. 최적의 상품 공급처 확보 노하우

1강	최적의 아이템을 소싱할 수 있는 국내 상품공급처 집중 분석1
2강	최적의 아이템을 소싱할 수 있는 국내 상품공급처 집중 분석2
3강	고마진, 고매출을 올릴 수 있는 해외 상품공급처 집중 분석
4강	중수/고수의 숨겨진 대박상품 소싱 비법
5강	SNS, 폐쇄몰(인스타그램, 블로그, 카페 등) 판매용 아이템 소싱 방법
6강	상품공급 조건 및 최적의 거래를 끌어내는 핵심 노하우

Part 8. 마진을 극대화하는 유통 가격 결정 노하우

1강	가격의 중요성 & 유통 채널별 수수료/판매가 구조
2강	유통 고수들의 최적의 가격 결정 전략
3강	상품별 특징에 맞는 가격 운영 전략

Part 9. 매출을 비약적으로 올려주는 유통마케팅 노하우1

1강	반드시 알아야 할 온라인마켓 상위 노출 알고리즘
2강	내 상품을 온라인상에 도배하는 핵심 노하우1(네이버/SNS)
3강	내 상품을 온라인상에 도배하는 핵심 노하우2(네이버/SNS)
4강	가성비 극대화 체험단 운영 노하우1
5강	가성비 극대화 체험단 운영 노하우2
6강	상품 카테고리별 온라인판매 전략
7강	온라인광고 완전정복1
8강	온라인광고 완전정복2

Part 10. 매출을 비약적으로 올려주는 유통마케팅 노하우2

1강	특가행사 진행 시 폭발적인 매출을 만드는 비법

중앙경제평론사 Joongang Economy Publishing Co.
중앙생활사 | 중앙에듀북스 Joongang Life Publishing Co./Joongang Edubooks Publishing Co.

중앙경제평론사는 오늘보다 나은 내일을 창조한다는 신념 아래 설립된 경제 · 경영서 전문 출판사로서
성공을 꿈꾸는 직장인, 경영인에게 전문지식과 자기계발의 지혜를 주는 책을 발간하고 있습니다.

초보자를 위한 **온라인판매 핵심 비밀노트**

초판 1쇄 인쇄 | 2025년 4월 15일
초판 1쇄 발행 | 2025년 4월 21일

지은이 | 김태호(TaeHo Kim, 필명 유노연)
펴낸이 | 최점옥(JeomOg Choi)
펴낸곳 | 중앙경제평론사(Joongang Economy Publishing Co.)

대   표 | 김용주
기   획 | 백재운
책임편집 | 정은아
본문디자인 | 박근영

출력 | 삼신문화 종이 | 한솔PNS 인쇄 | 삼신문화 제본 | 은정제책사

잘못된 책은 구입한 서점에서 교환해드립니다.
가격은 표지 뒷면에 있습니다.

ISBN 978-89-6054-342-3(03320)

등록 | 1991년 4월 10일 제2-1153호
주소 | ㉾ 04590 서울시 중구 다산로20길 5(신당4동 340-128) 중앙빌딩
전화 | (02)2253-4463(代) 팩스 | (02)2253-7988
홈페이지 | www.japub.co.kr 블로그 | http://blog.naver.com/japub
네이버 스마트스토어 | https://smartstore.naver.com/jaub 이메일 | japub@naver.com
♣ 중앙경제평론사는 중앙생활사 · 중앙에듀북스와 자매회사입니다.

| 도서
주문 | www.**japub**.co.kr
전화주문 : 02) 2253 - 4463 | https://smartstore.naver.com/jaub
네이버 스마트스토어 |

중앙경제평론사/중앙생활사/중앙에듀북스에서는 여러분의 소중한 원고를 기다리고 있습니다. 원고 투고는 이메일을
이용해주세요. 최선을 다해 독자들에게 사랑받는 양서로 만들어드리겠습니다. **이메일** | japub@naver.com